Der Eheprozeß in der Praxis

Von

Dr. Albert Erhard

Oberamtsrichter

1957

J. SCHWEITZER VERLAG · BERLIN

Gesamtherstellung: Dr. F. P. Datterer & Cie. - Inhaber Sellier - Freising

Vorwort

Diese Arbeit ist aus der Praxis geboren und will der Praxis dienen. Sie beschränkt sich daher auf die Behandlung der für den Praktiker wichtigsten Fragen und ist bestrebt, den Stoff kurz, schlicht und übersichtlich darzustellen und dem Praktiker zeitraubendes Suchen und Literatur und Rechtsprechung zu ersparen. Das Bedürfnis hierfür ergibt sich aus folgender Sachlage: Fundamentale Grundsätze des ordentlichen Verfahrens gelten in Ehesachen nur mit erheblichen Einschränkungen. Dies führt zu einer Verschiebung der Perspektive, die auch zahlreiche Bestimmungen des 1.—3. Buchs der ZPO berührt. In den Kommentaren sind daher die den Eheprozeß betreffenden Fragen an vielen Orten verstreut behandelt. Der Verfasser war bemüht, sie systematisch zusammenzufassen. Darüber hinaus erschien es zweckmäßig, das Verfahren in Ehesachen auch insoweit kurz darzustellen, als es vom ordentlichen Verfahren nicht abweicht. Als Belege wurden nur solche Entscheidungen angeführt, die der Verfasser für besonders aufschlußreich und maßgeblich hielt. Nach Möglichkeit wurden nur solche Entscheidungen zitiert, die in einer Bücherei von durchschnittlichem Umfang zu finden sind.

Die einschlägigen Bestimmungen des GleichberG u. des Gesetzes zur Änderg u. Ergänzg kostenrechtl Vorschriften vom 26. 7. 57 (BGBl 861), sowie der bayer Geschäftsanweisg für die Geschäftsstellen der Gerichte in Zivilsachen vom 6. 5. 57 (bayJMBl 241) — einem Werk, das auch außerhalb Bayerns wertvolle Dienste leisten kann, — wurden, obwohl erst während der Drucklegung erschienen, berücksichtigt.

Das in der Sowjetzone geltende Eherecht, die VO über Eheschließung und Ehelösung vom 24. 11. 55 (GBl I S. 849ff), blieb außer Betracht, da es von dem in der Bundesrepublik geltenden grundlegend verschieden ist[1].

Den 1. Oktober 1957

Der Verfasser

---

[1]) Vgl Brunn FamRZ 56, 3 u. Grandke, Die Justiz 56, 14.

Inhaltsübersicht

Anhang

Abkürzungen

Endsilben wie -lich, -ig, -bar, -sam, -ung, -keit, -schaft, -nis sind in der üblichen Weise abgekürzt

aGr	auf Grund
§ (ohne Zusatz)	Paragraph der ZPO
aA	anderer Ansicht
aE	am Ende
abw	abweichend
Antr	Antrag
Anspr	Anspruch
Anw	Rechtsanwalt
anw vertr	anwaltschaftlich vertreten
AR	Armenrecht
Begr, begr	Begründung, begründet
Bekl	Beklagte(r)
bes	besonders, besondere(r)
dch	durch
desh	deshalb
entspr	entsprechend
entw	entweder
Ehebr	Ehebruch
EheG	KRG Nr 16 vom 20. 2. 1946
EheG 1938	Gesetz zur Vereinheitlichung des Rechts der Eheschließung und der Ehescheidung im Lande Österreich und im übrigen Reichsgebiet vom 6. 7. 1938
EheS	Ehesache(n)
ER	Einzelrichter
ev	eventuell, evangelisch
forml	formlos
fr	früher
gegens	gegenseitig
Ger	Gericht
gg	gegen
GleichberG	Gesetz über die Gleichberechtigg von Mann u. Frau auf dem Gebiete des bürgerl Rechts vom 18. 6. 57 (BGBl 609)
hM	herrschende Meinung
idR	in der Regel
iFd	im Falle des
innerh	innerhalb
insbes	insbesondere
iSd	im Sinne des

kath	katholisch
Kl	Kläger(in)
Komm, komm	Kommissar, kommissarisch
Lit	Literatur
maW	mit anderen Worten
Nachw	Nachweis
o.	oder
obj, subj	objektiv, subjektiv
ö.	öffentlich
prakt	praktisch
priv	privat
Prot	Protokoll
Proz, proz	Prozeß, prozessual
RAGebO	Bundesgebührenordg für Rechtsanwälte vom 26. 7.57 (BGBl 907)
R	Recht
Rechtskr, rechtskr	Rechtskraft, rechtskräftig
RM, RMV	Rechtsmittel, -verzicht
RPflG	Rechtspflegergesetz vom 8. 2. 1957 BGBl. S. 18
Rückn	Rücknahme
rückw	rückwirkend
Rspr	Rechtsprechung
s.o. (u.) S.	siehe oben (unten) Seite . . .
ST	Sühnetermin
st Rspr	ständige Rechtsprechung
str	strittig
SV	Sühneversuch
Tats	Tatsache(n)
unterhpfl	unterhaltspflichtig
Urk	Urkunde(n)
Verf	Verfahren
Vergl	Vergleich
Verz	Verzicht
WKl	Widerkläger(in)
WKlage	Widerklage
zw	zwar
zweckm	zweckmäßig

Abkürzungen, die nur in bestimmten Abschnitten gebraucht wurden (zB S. 21 „StrG" für Streitgegenstand), sind dort erläutert.

Baumb	Baumbach-Lauterbach, Zivilprozeßordnung, 23. Aufl.
BayJMBl	Bayerisches Justizministerialblatt (Jahrgang u. Seite)
BayGAnwZ	Bek über die Geschäftsanweisung für die Geschäftsstellen der Gerichte in Zivilsachen v. 6. 5. 57 BayJMBl. S. 241
BayZRHO 1956	Rechtshilfeordg für Zivilsachen v. 29. 10. 56, BayJMBl 191

BayOLG	Entscheidungen des Bayer. Obersten Landesgerichts in Zivilsachen (Band u. Seite)
BGH	Entscheidungen des Bundesgerichtshofs in Zivilsachen (Band u. Seite)
BGHStr	Entscheidungen des Bundesgerichtshofs in Strafsachen (Band u. Seite)
Erman	Erman, Handkommentar zum BGB, 1952 mit Nachtrag
HEZ	Höchstrichterliche Entscheidungen. Sammlung von Entscheidungen der Oberlandesgerichte u. der obersten Gerichte in Zivilsachen (Band u. Seite)
Hillach	Hillach, Handbuch des Streitwerts, 2. Aufl.
HRR	Höchstrichterliche Rechtsprechung (Jahrgang u. Nummer)
HSt	Hoffmann-Stephan, Kommentar zum Ehegesetz
LZ	Leipziger Zeitschrift (Jahrgang u. Seite)
OGbritZ	Sammlung von Entscheidungen des Obersten Gerichtshofs der britischen Zone in Zivilsachen (Band u. Seite)
OLG	Rechtsprechung der Oberlandesgerichte (Band u. Seite)
Pal	Palandt, BGB mit Nebengesetzen 15. Aufl
Recht	Das Recht, juristisches Zentralblatt für Praktiker (Jahrgang u. Seite)
Rosenbg	Rosenberg, Lehrbuch des deutschen Zivilprozeßrechts, 7. Aufl. (Seite)
SeuffA	Seufferts Archiv für Entscheidungen oberster Gerichte (Band u. Nummer)
StJSch	Stein-Jonas-Schönke, Kommentar zur ZPO, 18. Aufl.
Warn	Warneyer, Rechtsprechung des Reichsgerichts (Jahrgang u. Nummer)
Willenbücher	Willenbücher, Kostenfestsetzungsverfahren u. Rechtsanwaltsgebührenordnung, 15. Aufl.
Zöller	Zöller, Zivilprozeßordnung, 7. Aufl.

Zitiermethode: Die als Fundstelle bezeichnete Seite ist nicht die des Leitsatzes, sondern die des angezogenen Satzes.
Oberlandesgerichte sind nur mit ihrem Sitz bezeichnet (zB Nürnbg = OLG Nürnberg).

Betrachtungen eines Scheidungsrichters

Ehesachen gelten allgem als juristisch „einfach" u. wenig interessant. Gewiß liegt hier das Schwergewicht auf den tatsächl Feststellgen u. lassen sich die ständig zur Anwendg kommenden §§ beinahe an den 10 Fingern aufzählen. Das geltende materielle u. proz EheR hat aber doch eine Fülle von schwierigen RFragen aufgeworfen, um deren Klärg in zahllosen Entscheidgen u. Aufsätzen gerungen wurde, u. das Leben wirft immer neue Fragen auf. Dem vielbeschäftigten Richter u. Anw erster Inst bleibt allerdings wenig Zeit, sich mit Problemen zu befassen[1]). Vor allem in der Schlußverhandlg vor der Kammer werden dem einzelnen Fall oft nur wenige Minuten gewidmet —, ein Fließbandbetrieb, der den Eindruck der Eintöngk erweckt u. wenig davon erkennen läßt, welchen Wert die ROrdg der Ehe beimißt. Dieser Umstand läßt bei vielen Richtern u. Anw keine rechte Freude an ihrer Arbeit aufkommen. Manchen bedrückt überdies die Vorstellg, daß er dch seine Tätigk in die Zuständigk kirchl Instanzen eingreift. Die Abneigg gg die Bearbeitg von EheS kann sich dch das, was ihm die Parteien an Schmutz unterbreiten, bis zum Ekel steigern. Zum mindesten begegnet ihm auf Schritt u. Tritt menschl Unzulänglk, denn jeder Fall, in dem es zum ScheidgProz kommt, beruht letzten Endes auf einem menschl Versagen. In besonderem Maße ist daher der ScheidgRichter einer Gefahr ausgesetzt, auf die der bayJMin kürzl[2]) hingewiesen hat, näml der „Gefahr, daß die seelische Überforderg, die ihm zugemutet wird, seine Spannkraft lähmt, so daß an die Stelle lebh Teilnahme Gewohnh u. Routine treten".

Ggüber seiner gewohnten sonstigen Tätgk nötigt ihn die Bearbeitg von EheS zu einer inneren Umstellg. Ebenso wie der Beruf des StAnw hat der des ScheidgRichters besondere psychologische Voraussetzgen. Die Ehe ist die engste menschl Lebensgemeinsch. In EheS geht es daher um die intimsten Bezirke des menschl Lebens u. weit mehr als auf andern RGebieten um Unwägbares, das mit dem rechnenden Verstand allein weder erfaßt noch richtig beurteilt werden kann. Häufiger als auf jedem andern Gebiet mündet hier das geschriebene Recht in das ungeschriebene Sittengesetz ein. Nur in wenigen Fällen gibt das Gesetz einen fest umgrenzten

---

[1]) Der Pensenschlüssel des JMin Kiel (DRiZ 55, 243) setzt für 1 Richterkraft jährl 700 Urt in EheS an. Zum Absetzen dieser Urt bleiben nach Abzug der Sonn- u. Feiertage, GerFerien u. wöchentl c. 2 SitzgTage etwa 117 Arbeitstage. Das ergibt ein Tagespensum von 6 Urt!

[2]) StAnz 56 Nr 31.

Tatbestand. Die Beurteilg jeder Eheverfehlg erfordert ein Eingehen auf die Wirkg, die sie auf den andern Eheg gehabt hat, u. damit den Willen u. die Fähgk, sich in das Denken u. Fühlen anderer Menschen hineinzuversetzen. Formaljuristische Betrachtg, die sich mit der Feststellg des äußeren Tatbestands begnügt, ist auf keinem Gebiet so wenig am Platz wie in EheS. Ebenso wie Wesen u. Schicksal jedes Menschen — genau genommen — etwas Einmaliges ist, weist jeder Fall eine besondere Struktur auf. Entscheidend sind hier innere Vorgänge, vor allem die Frage, auf welcher Gesinng eine Handlg o. Unterlassg beruht u. welche Wirkg sie auf den andern Eheg gehabt hat. Eine Handlg kann strafb, staatspolit verwerfl, standeswidrig u. doch keine Eheverfehlg sein. Umgekehrt kann sie den Geboten des Staates, der Kirche, der Pietät, der Geschwisterliebe, der Kameradsch entsprechen u. doch gg die Gebote der ehel Liebe verstoßen. Stets ist das Verhalten der Eheg unter dem besonderen Blickpunkt der Ehe zu würdigen.

Dem Richter werden meist nur die Folgen, nicht aber die wahren Ursachen der Ehezerrüttg unterbreitet. Gerade sie muß er aber kennen, wenn sein Schuldspruch mehr als bloß formale Bedeutg haben soll.

Oft reichen sie bis in den Anfang der Ehe zck,

insbes bei „Muß-Heiraten", „Geld-Heiraten", Ehen, die dch Makler o. Inserat zustande gekommen sind, bei Vorbelastg mit unehel o. erstehel Kindern, Verschiedenh der Konfession, der Nationalität o. Stammeszugehörgk, bei zu großen Unterschieden des Alters, der Vermögensverhältn, des BildgGrades, der Temperamente, aber auch bei zu großer Ähnlk der Charaktere (gleiche Schwächen u. Fehler!).

Die Zahl der ZerrüttgUrsachen, die während der Ehe eintreten, ist so groß wie die Zahl der menschl Unzulänglken überhaupt.

Bes häufig beruht die Zerrüttg auf Einmischg Dritter (Schwiegereltern, led Schwester des Mannes), Ohrenbläserei von Freunden, Tanten, Nachbarn, Klatsch, Eifersucht, Mißtrauen, Lüge, „Affenliebe" der Frau zum Kind o. zur Mutter, VergnüggSucht, Verschwendg, Alkoholismus, Kinderlosgk u. — wenn man den Dingen auf den Grund geht — in aller Regel in mangelnder sexueller Übereinstimmung.

Ursache u. Wirkg sind dabei oft schwer voneinander zu unterscheiden.

Trinkt der Mann, weil er eine böse Frau hat o. ist die Frau böse weil er trinkt u. sie vernachlässigt? Ist die Frau von Natur aus zänkisch o., weil der Mann sie schlecht behandelt? Kocht sie nicht mehr, weil er ihr kein Geld gibt, o. gibt er ihr kein Geld, weil sie schlecht wirtschaftet? Geht der Mann „fremd", weil sie den ehel Verk verweigert, o. verweigert sie den ehel Verk wegen seiner Untreue? Hat der Mann die Frau geschlagen, weil sie ihn beleidigt hat, o. hat sie Schimpfworte gebraucht, weil er sie geschlagen hat? usw. Wenn 2 Pferde schlecht im Zug sind, läßt sich oft schwer beurteilen, welches von beiden die Schuld trifft.

Vorwiegend hat es der ScheidgRichter mit den unteren Schichten des Bevölkerg zu tun. Die meisten EheS werden im Armenrecht geführt.

Die Frage nach dem Warum führt in das noch wenig erforschte Gebiet der Soziologie unserer RPflege, insb zu der Frage, aus welchen sozialen Tatbeständen sich häufig Eheprozesse ergeben. Von den Ursachen können hier nur einige angeführt werden.

1. Die GerKosten eines EheProz betragen idR schon in 1. Inst. etwa 300 DM, die Geb eines Anw c. 500 DM. Solche Beträge können nur diejenigen aufbringen, deren Eink erhebl über dem Existenzminimum liegt. 1953 hatte 46,1% der erwachsenen Bevölkerg des Bundesgebietes nur ein Eink von weniger als 250 DM monatl.
2. Da die untern Schichten des Gros der Bevölkerg ausmachen, ist es verständl, daß die absolute Zahl der Ehescheidgen in diesen Schichten am größten ist.
3. Auch die relative ScheidgZiffer ist hier höher als in den mittleren u. oberen Schichten; zT mag dies auf folgende Umstände zckzuführen sein:
   a) In den unteren Schichten ist das dchschnittl Heiratsalter niedriger, der %-Satz der Verheirateten größer. Die größere Zahl von Ehen bedingt größere Zahl von Scheidgen.
   b) Die Führung einer Ehe ist auf schmaler wirtschaftl Basis schwieriger als in auskömml Verhältn. Geldmangel, schlechte WohngVerhältn, lange Arbeitslosgk u. deren schädl Folgen vor allem psychischer Art fördern oft Egoismus, Reizbk u. andere dem ehel Zusammenleben abträgl Eigenschaften. Doppelt gefährdet sind Ehen, in denen diese Eigenschaften nicht die Folge, sondern die Ursache wirtschaftl Not sind. Eigenschaften, die einem sozialen Aufstieg im Wege stehen, wie Trunksucht, unökonom Verhalten, Unverträglk, führen auch in der Ehe häufig zu Konflikten.
4. Wird anstelle des Mannes die Frau zum „Ernährer der Familie", so tritt häufig eine ungesunde Verschiebg des Gleichgewichts der Kräfte ein. Arbeit der Frau außerh des Hauses lockert oft ihre Bindg an die Familie. Nicht selten verliert sie das Interesse an der Fortsetzg der Ehe, wenn sie ihren Unterh — wie im led Stand — selbst verdienen muß.
5. Die Ausweichmöglken, die wirtschaftl stärkeren Eheg zur Verfügg stehen, sind den Armen zumeist versagt. Wo zB die Mittel zu doppelter HaushFührg fehlen, bleibt nur die Alternative: Scheidg o. Zusammenbleiben.

Vor diese Alternative sehen sich Minderbemittelte auch häufig dch die Praxis mancher Fürsorgeämter gestellt, die, solange die Ehe besteht, die Frau auf ihren UnterhAnspr gg den Mann verweisen, auch wenn dieser prakt nicht zu realisieren ist. Um in den Genuß von Fürsorgeunterstützg zu kommen, bleibt der Frau in solchen Fällen kein anderer Weg als der der Scheidg.

Die gleiche — unbeabsichtigte — Wirkg zeitigt auch die Praxis mancher Wohnungsämter, keinem der beiden Eheg eigenen Wohnraum zuzuweisen, solange die Ehe besteht. Dies führt dazu, daß der Eheg, der glaubt, mit dem andern nicht mehr zusammenleben zu können, die Scheidg betreibt, um ein eigenes Zimmer zugewiesen zu erhalten.

Ebenso veranlaßt die Bestimmg, daß der Mann keine Arbeitslosenhilfe erhält, solange die Frau entspr Verdienst hat, manchen Mann, sich scheiden zu lassen um Hilfe zu erhalten (§ 141f AVAVG idF v 23. 12. 56 (BGBl. 1018).

Auch gewisse Bestimmgen des LAG können einen Anreiz zu ScheidgKlagen geben. Wenn zB Eheg, solange die Ehe besteht, zusammen nur monatl 100 DM erhalten, iFd Scheidg aber je 70 DM, so stellt sich zum mindesten die Frau iFd Scheidg besser.

Von höherer Warte aus gesehen, erscheinen solche Beweggründe kleinl. Der real denkende Richter kann sie aber nicht übersehen. Wo es am Nötigsten fehlt, sieht eben alles ganz anders aus.

Der Eheg, der wenig o. nichts in die Gütergemeinsch eingebracht hat, drängt zuweilen auf Scheidg, um im Wege der Auseinandersetzg seinen Hälfteanteil am Gesamtgut ausbezahlt zu bekommen.

Andererseits widersetzt sich häufig eine Beamtensehefrau nur desh der Scheidg, um ihren Anspr auf Witwengeld nicht zu verlieren.

Nach § 24 DVO I z BEG v 17. 9. 54 (BGBl S. 271) lebt der Witwengeldanspr wieder auf, wenn die 2. Ehe der Witwe gelöst wird. Auch solche Bestimmgen können für den Entschluß zur ScheidgKlage bestimmend sein.

Zuweilen geht der EheProz in Wirklk um nichts als um eine Waisenrente der Kinder: die Frau läßt sich scheiden, um das SorgeR für die Person ihrer erstehel Kinder wieder zu erlangen u. um deren Waisenrente ausbezahlt zu erhalten. (Jedenfalls kamen solche Fälle vor Einführg der Gleichberechtigg vor.)

Die Motive einer ScheidgKlage zu erfahren, ist für den ScheidgRichter keineswegs unwichtig. Sie können bei Würdigg der Glaubwürdgk des Parteivorbringens von entscheidender Bedeutg sein.

Die ScheidgZiffer[1]) ist bekanntl in den Jahren 1946—48 (ähnl wie nach dem 1. Weltkrieg) in erschreckendem Maße angestiegen. Seither war zw

[1]) Zahl der jährl Scheidgen umgerechnet auf 10000 der Bevölkrg.

wieder ein Rückgang auf den Stand von 1939 zu verzeichnen. Sie ist aber immer noch c. viermal so hoch wie vor dem 1. Weltkrieg. Diese Zunahme der Scheidgen beruht auf dem Zusammenwirken einer Vielzahl von Faktoren.

Der stärkste Faktor war zweifellos die zunehmende Verstädterg des Volkes mit ihren mannigfachen Auswirkgen u. Begleitscheinungen. Den Beweis liefert die Verschiedenh der Scheidgziffern in Stadt u. Land. In Gemeinden mit weniger als 2000 Einw betrug sie 1954 nur 4,0, in denen mit 2000—100000 Einw bereits das Doppelte, in den Großstädten gar das Vierfache. Zum Teil dürfte diese Erscheing damit zu erklären sein, daß bei der Landbevölkerg die überlieferten Anschauungen über die Ehe als unlösl Lebensgemeinsch noch verhältnismäßig stark verwurzelt sind u. oft die Scheu vor der öffentl Meing o. die Bindg an gemeinsamen Besitz scheidghemmend wirken, während bei der Stadtbevölkerg, insb im Industrieproletariat diese Bindungen weitgehend gelockert sind o. überhaupt nicht bestehen.

Ungefähr im umgekehrten Verhältn zur Zahl der Scheidgen steht die Zahl der Kinder. Beide Zahlen bedingen sich ggseitig. Je größer die Stadt, desto weniger Kinder, desto mehr kinderlose Ehen, desto mehr Scheidgen. Wo keine gemeins minderj Kinder vorhanden sind, fehlt der stärkste scheidghemmende Faktor[1]). Kinderlosgk u. Kinderarmut wiederum beruhen vielfach auf scheidgfördernden Umständen. (Individualist Lebensauffassg, Wohnungsnot, Berufstätgk der Frau usw.)

Von erhebl Einfluß auf die ScheidgHäufigk ist auch die allgem Wirtschaftslage. In Zeiten der Not häufen sich die Fälle, wo der Mann auf Scheidg klagt, um von seiner UnterhPflicht ggüber der Frau befreit zu werden. In Zeiten günstiger Konjunktur dagg nimmt die Frau leichter das Wagnis, sich selbst fortzubringen, auf sich u. wird daher ScheidgKlage mehr von Frauen als von Männern erhoben.

Der Konfessionszugehörigk kommt nur noch geringe Bedeutg zu. Die allgem Säkularisierg des Lebens hat dazu geführt, daß den Maßnahmen der kath. Kirche gg Scheidgen „dem Bande nach" nur noch wenig Erfolg beschieden ist, bes in Großstädten. In Gebieten mit überw kath Bevölkerg sind die ScheidgZiffern sogar zT höher als in den übrigen. Sie betrug 1954 in Österreich 13,2, dagg in dem zu 57,8% evangel Bundesgebiet 9,0. Innerh des Landes Bayern lag sie ebenfalls in den zu 82,5% kath RegBezirken Oberbayern u. Schwaben höher als in den zu 57,8% evangel RegBezirken Mittel- u. Oberfranken (wenn man die Großstädte außer Betracht läßt).

Vergleicht man allerdings den Anteil der rein kath Ehen an der Gesamtzahl der bestehenden Ehen mit ihrem Anteil an der Gesamtzahl der Scheidgen, so scheint die ScheidgHäufgk in diesen

[1]) 41,7 % der 1954 geschiedenen Eheg hatten keine minderj Kinder.

Ehen etwas geringer zu sein als in den nichtkath u. Mischehen. Taugl statist Material liegt jedoch hierüber nicht vor.
Könnte ein Abgehen von der Scheidg „dem Bande nach" unter diesen Umständen noch ernstl in Frage kommen? Die Erfahrgen, die andere Länder damit gemacht haben, sind nicht ermutigend. Die Zahl der „wilden Ehen" würde zunehmen.

Der Einfluß der Gerichte auf die Höhe der ScheidgZiffer ist gering. Der Richter kann zwar dch Abweisg unbegründeter o. gar leichtfertig erhobener ScheidgKlagen dazu beitragen, daß die Achtg vor der Heiligkeit der Ehe im Volk gewahrt wird. Sein volkserzieherischer Einfluß ist aber gering. Seine Urteile werden meistens nur von ganz wenigen gelesen. Wenn die Parteien zu ihm kommen, ist es idR für erzieherische Einwirkgen zu spät. Die wahren Ursachen der heutigen „Ehekrise" kann er nicht beseitigen. Sie liegen im Wandel der sittl Anschauungen u. sozialen Verhältnisse, vor allem in einer sich immer mehr breit machenden materialist Einstellg zum Leben, die keine Opferbereitsch aus Verantwortg vor Gott kennt u. daher zwangsläufig zu Selbstsucht u. Genußsucht führt. Dieser Entwicklg muß der Richter nach Kräften entgegenwirken, er hat aber nicht die Möglk, sie entscheidend zu beeinflussen.

Er könnte zw dch stärkere Zurückhaltg in der Bewilligg des Armenrechts zu einer Verminderg der Zahl der ScheidgKlagen beitragen. Dies würde aber zu einer Benachteilgg der minderbemittelten Schichten führen. Soll etwa nur der Reiche die Möglk haben, sein Recht zu suchen?

Ein Mittel zur Bekämpf der ScheidgFlut steht der JustVerw zu Gebote, näml Abkehr von der bisherigen Praxis, Befreig vom Ehehindernis des Ehebr regelm zu erteilen[1]).

Von Bedeutg wäre insb die indirekte Wirkg eines solchen Vorgehens. Können näml Ehebrecher nicht mehr damit rechnen, daß ihnen dch Befreig vom Ehehindern des Ehebr eine Legalisierg ihrer Verbindg ermöglicht wird, so käme es nicht so häufig zu einer solchen Verbindg u. einer daraus folgenden Ehezerrüttg.

Allein auch ein solches Verf wäre nur von sehr beschränkter Wirksamk, denn die Scheidgen wegen Ehebr machten 1954 nur 8% der Gesamtzahl der Scheidgen aus.

Zudem wird in diesen Fällen nicht immer um Befreig nachgesucht, denn nicht selten gehen solche Verbindgen rasch wieder in die Brüche.
Zum mindesten müßte etwas Anderes hinzukommen: die Rspr müßte den Standpunkt wieder aufgeben, daß die Scheidg auf

[1]) Nach Untersuchgen, die sich allerdings nur auf rd. die Hälfte der westzonalen LGe u. nicht durchwegs auf den gleichen Zeitraum (1945—1952) erstrecken, standen c. 6500 Befreigen nur c. 200 Ablehngen (3%) ggüber (Gritschneder „Drum prüfe, wer sich ewig bindet" S. 52).

einen Ehebr — selbst wenn er erwiesen — nicht gestützt werden darf, wenn der Kl seinen Vortrag auf die Tatbestände des § 43 EheG beschränkt (s. u. S. 19). In aller Regel wird eine solche Beschränkg unter den Parteien ausgehandelt mit der Folge, daß die Ehebrecher einer Befreig überhaupt nicht bedürfen. Gerade hier liegt aber der Kernpunkt des ganzen Problems, denn die Triebfeder der meisten ScheidgProzesse ist der Wunsch, den Ehepartner zu wechseln. Christus wußte in seiner göttl Weish sehr wohl, warum er Geschiedenen die Wiederverehelichg verbot (Markus 10, 11, 12; Matth. 5, 32).

Erfogversprechend wäre ein solcher Wandel der Rspr aber nur, wenn die JustVerw Befreigen vom Ehehindern des Ehebr grundl sätzl versagen würde. Darauf hat jedoch der Richter keinen Einfluß.

Allein — auf's Ganze gesehen — wäre mit einer Verminderg der Zahl der Scheidgen wirkl schon Entscheidendes erreicht? Zur Behebg der modernen Ehekrise würde jedenfalls eine Erschwerg der Scheidgen nicht wesentl beitragen. „Man schafft nicht gesunde Ehen dadch, daß man unheilb kranke zwangsweise aufrechterhält" (Frantz FamRZ 54, 190). Nur solange eine Ehe gesund u. lebensfähig ist, ist sie „Keimzelle des Staates" (dieser Ausdruck ist zw abgegriffen, aber zutreffend). Ist diese Zelle vergiftet u. unheilb krank, so kann sie zu einem gefährl Geschwür, ja zur Quelle von Verbrechen werden. Dann ist ein chirurgischer Eingriff notwendig. Der ScheidgRichter hat bei solchen „sozialen Korrekturen" gewissermaßen den Schalthebel in der Hand. Daraus ergibt sich einerseits seine hohe Verantwortg, andererseits die Notwendigk seiner Funktion.

Den unglückl Kindern, die in einer solchen Ehe aufwachsen müssen, ist mit dch deren Aufrechterhaltg nur in wirtschaftl Beziehg gedient. Wie Umfragen von schweizer Ärzten ergeben haben, empfinden es die meisten Kinder als eine wahre Erlösg, wenn der ständige Zwist der Eltern endl dch eine Scheidg sein Ende findet.

Wenn eine Überwindg der modernen Ehekrise überhaupt mögl ist, dann nicht dch äußere Maßnahmen, sondern nur von innen heraus, näml dch einen Wandel der *opinio communis* über die Ehe u. dch Abkehr vom materialistischen Zeitgeist.

Die wichtigsten literarischen Hilfsmittel

1. Gesetzestexte.

   Den Text des EheG 46 u. der §§ 606—638 ZPO sollte man zusammengeheftet ständig zur Hand haben.
   Verweisgen im EheG 46 auf die entspr Bestimmgen des EheG 38 erleichtern das Studium der (allerdings nur mit Vorbehalt verwertb) Lit u. Rsp aus den Jahren 1938—1945. Eine vergleichende Gegenüberstellg EheG 46 — EheG 38 — BGB findet sich in HSt S. 474.

2. Kommentare.

   Baumbach-Lauterbach, ZPO, 23. Aufl., 1954
   Stein-Jonas-Schönke, ZPO, 18. Aufl., 1956
   Zöller, ZPO, 7. Aufl., 1954
   v. Godin, EheG, 2. Aufl., 1950

   373 Seiten Erläutergen zum EheG u. 60 S. Erläutergen zu §§ 606ff ZPO von Sydow-Busch-Tölke, letztere ein bes prakt Vorzug dieses grundlegenden Werks, das allerdings in der Darstellg u. Gliederg des Stoffs dem Leser wenig entgegenkommt.

   Gerold, EheG, 1950

   334 S. Erläutergen zum EheG, aufgeteilt in viele kurze Anm. Leichte Orientierg dch die jedem § vorangestellte Übersicht. Prakt im Gebrauch.

   Hoffmann-Stephan, EheG, 1950

   373 S. Erläutergen zum EheG u. 91 S. Erläutergen zu den DVen. Ausgezeichnet dch klare systemat Gliederg u. guten Druck.

   Palandt, BGB u. Nebengesetze, 15. Aufl., 1956

   100 S. Erläutergen zum EheG u. 9 S. Erläutergen zur HausratsVO.

   Erman, Handkommentar zum BGB, 1952 mit Nachtrag v. Juni 1953

   EheG mit 6. DV, 134 S. Erläutergen von Hefermehl u. Ronken.

   Achilles-Greiff, BGB, 19. Aufl., 1949

   87 S. Erläutergen zum EheG u. 12 S. Erläutergen zu den DVen.

   Zum EheG 38: Kommentare von Volkmar, v. Scanzoni, Rilk u. a.

3. Internationales Privatrecht.

   Bergmann, Intern Ehe- u. Kindschaftsrecht, 2 Bände, 2. Aufl., ab 1952.
   Raape, Internat Privatrecht, 4. Aufl., 1955
   (insb § 30 „Scheidg u. sonstige Auflösg der Ehe“).

Grundbegriffe

I. **„Ehesachen"** sind gem § 606 I RStreitigkeiten, die zum Gegenstand haben

1. **EhescheidgKlagen** aus §§ 42ff EheG,
2. **EheaufhebgKlagen** aus §§ 30ff EheG,
3. Klagen auf **Herstellg der ehel Gemeinsch** aus § 1353 BGB

   („HerstellgKlagen"), namentl solche auf Herstellg der häusl Gemeinsch (RG 137, 103). Ob sie noch zulässig sind, wurde angezweifelt (Schlüter MDR 51, 584), jedoch zu Unrecht (Gerold 39 zu § 43). Zufolge Streichg des § 1354 BGB (Stichentscheid des Mannes) dürften sie künftig erhebl an Bedeutg gewinnen; denn wenn sich die Eheg über eine das gemeinlschaftehel Leben betr Frage nicht einigen können, kann diese Frage nur dch Herstellg-Klage zur Entscheidg gestellt werden.
4. Klagen auf **Nichtigerklärg** der Ehe aus §§ 17ff EheG,
5. Klagen auf **Feststellg** des Bestehens o. Nichtbestehens einer Ehe unter den Parteien (im folgenden kurz „FeststellgKlagen" genannt),

   zB Feststellg, ob ein EheschließgAkt stattgefunden hat, nicht dagg, ob derselbe gültig ist; denn NichtgkGründe können nur dch NichtgkKlage geltend gemacht werden.
6. Klagen auf Feststellg des Rechts zum **Getrenntleben.**

   Sie können als Herstellg- o. als FeststellgKlagen erhoben werden (RG 150, 72f; vgl auch Hamm MDR 51, 682)

Ob auch HärtemildergKlagen aus § 77 EheG als Ehesachen zu behandeln sind, ist zweifelh (bejahend Gera NJ 47, 102 gg Frankf NJW 47, 66), desgl, ob solche Klagen überhaupt noch zulässig sind (StJSch N 30 vor § 578).

Keine Ehesachen sind Streitigk über vermögensrechtl u. sonstige Folgen der Ehe oder ihrer Auflösg, insb über die UnterhPflicht ggüber dem andern Eheg o. ggüber den Kindern; ebensowenig Klagen von o. gg Dritte, die den Bestand der Ehe betreffen (StJSch III 6 vor § 606). Ferner nicht Klagen auf Feststellg des ScheidgR Verstorbener (s. § 4 I S. 2 DVO V, deren Fortgeltg aber sehr umstr ist, s. Gerold 3 zu § 79).

II. **Wesensmerkmale** der Eheklagen.

Scheidg-, Aufhebg- u. NichtgkKlagen sind **Gestaltg**Klagen, die HerstellgKlage ist eine **Verurteilg**Klage, die **Feststellg**Klage ein bes AnwendgFall des § 256.

Scheidg u. Aufhebg lösen die Ehe für die Zukunft (*ex nunc*), **NichtgkErklärg vernichtet die Ehe rückwirkend.**

Scheidg-, Aufhebg- u. HerstellgUrt beruhen auf Verletzg privater Interessen, NichtgErklärg dagg auf Verletzg öffentl Interessen. Auch an FeststellgSachen besteht ein öffentl Interesse.

III. **RechtskrWirkg.**

a) Scheidg, Aufhebg, NichtigkErklärg u. Feststellg, ob die Ehe besteht, wirken *inter omnes* (§§ 41, 29, 23 EheG, §§ 636a, 638), posthume Fälle ausgenommen,

b) Abweisg einer Nichtgk- o. FeststellgKlage gleichfalls. Dagg wirkt Abweisg einer Scheidg- o. AufhebgKlage nur *inter partes*.

Sofern nicht § 616 entggsteht, ist daher der Kl nicht gehindert, sie von neuem zu erheben.

c) Urteile, die auf HerstellgKlage ergehen, wirken — mögen sie der Klage stattgeben o. sie abweisen — nur *inter partes*.

IV. Die einzelnen **Klagegründe.**

1. **Scheidg**Klage kann erhoben werden

a) wegen **Verschuldens,** näml

wegen Ehebr (§ 42),
wegen anderer Eheverfehlgen (§ 43);

b) aus **andern Gründen,** näml

wegen eines auf geistiger Störg beruhenden ehew Verhaltens (§ 44),
wegen Geisteskrankh (§ 45),
wegen ansteckener o. ekelerregender Krankh (§ 46),
wegen 3jähr Heimtrenng (§ 48).

2. **Aufhebg**Gründe:

Mangel der Einwillgg des gesetzl Vertr (§ 30),
Irrtum über die Eheschließg o. die Person des andern Eheg (§ 31),
arglistige Täuschg (§ 33),
Drohg (§ 34),
gutgläub Wiederverheiratg nach fälschl Todeserklärg des andern Eheg (§ 39).

3. **Nichtigk**Gründe:

Formmangel (§ 17),
Mangel der Geschäfts- o. UrtFähgk (§ 18),

Namensehe (§ 19),
Eheschließg trotz Bestehens des Ehehindern
- a) der Doppelehe (§§ 20, 5),
- b) der Verwandtsch o. Schwägersch (§§ 21, 4),
- c) des Ehebr (§§ 22, 6).

Häufigk.

Weitaus am häufigsten sind ScheidgKlagen. Im Jahre 1954 standen im Bundesgebiet 44438 Scheidgen nur 289 Aufhebgen u. 284 NichtgkErklärgengg über. 88% der Scheidgen erfolgte wegen Verschuldens. Der weitaus häufigste AufhebgGrund war Irrtum, der häufigste NichtigkGrund Doppelehe (etwa 90%). Vgl. Wirtsch u. Statistik 1955, 546.

Unterschied zw Scheidg u. Aufhebg.

Scheidg stützt sich auf Tats, die **während** der Ehe eingetreten sind;
Aufhebg beruht auf Tats, die schon zT der Eheschließg vorgelegen haben, also **vor der Eheschließg** eingetreten sind. Die Aufhebg hat zw andere Voraussetzgen als die Scheidg, aber die **gleiche Wirkg.** Ihre Folgen sind — abgesehen vom Fall des § 39 II EheG — diesselben wie die einer Scheidg (§ 37 I EheG), gleichviel in welchem Gesetz diese geregelt sind. Beide lösen die Ehe für die Zukunft. Sie stehen auch im Verfahrens — von § 620 abgesehen — rechtl einander völlig gleich. Es fragt sich daher, ob nicht das Rechtsgebilde „Aufhebg" entbehrl ist u. — wie in der DDR geschehen — abzuschaffen wäre.

Verhältn der Eheklagen untereinander.

1. Eine „nichtige" Ehe wird, solange sie nicht rechtskr für nichtig erklärt ist, als gültig behandelt (§ 23 EheG). Bis dahin ist sie nur **vernichtb.** Den Gegensatz dazu bildet eine **„Nichtehe"** (absolut nichtige Ehe). Sie liegt vor, wenn die Erfordern des § 11 I EheG (Eheschließg vor einem Standesbeamten) bzw des § 11 II EheG nicht erfüllt sind. In diesem Falle kommt eine Ehe überhaupt nicht zustande. Eine Nichtehe kann daher nur Gegenstand einer FeststellgKlage sein, nicht aber für nichtig erklärt werden.
2. **Nichtigerklärg gelöster Ehen.**

   Von dem Fall, daß eine Ehe von vornherein nicht bestanden hat, ist der Fall zu unterscheiden, daß eine Ehe zu bestehen aufgehört hat. Daß eine Ehe bereits geschieden o. aufgehoben o.dch Tod eines Eheg gelöst ist, schließt ihre Nichtigerklärg nicht aus (§ 24 II EheG). In diesem Falle kann aber nur der StAnw NichtigkKlage erheben.

   Dies kann geschehen, um gewisse Wirkgen der Ehe, die trotz Lösg derselben bestehen geblieben sind, zu beseitigen (zB UnterhAnsprüche aus §§ 58—61, s. aber § 56 EheG).

Sind beide Eheg verstorben, so kann auch der StAnw keine NichtigkKlage mehr erheben (§ 24 II EheG).

3. **Lösg nichtiger o. aufhebbarer Ehen.**
Daß eine Ehe nichtig ist, hindert — solange die Nichtigk nicht rechtskr festgestellt ist — nicht, sie zu scheiden (RG HRR 29, 1101). Auch die Aufhebbk einer Ehe steht ihrer Scheidg nicht entgg (Gerold 16 zu § 41). Ggüber einer ScheidgKlage ist daher der Einwand, die Ehe sei nichtig o. aufhebb, nicht zulässig. Wegen Aussetzg des Verf s. u. S. 173.

4. **FeststellgKlage trotz Nichtigk.**
Nichtigk der Ehe kann auch ggüber einer FeststellgKlage nicht eingewendet werden. Denn dch die Feststellg des Bestehens der Ehe wird einer späteren Nichtigerklärg derselben nicht vorgegriffen (RG 166, 342).

5. **Lösg nach Nichtigerklärg.**
Sie ist undenkb, denn eine für nichtig erklärte Ehe besteht nicht mehr, kann also nicht mehr geschieden o. aufgehoben werden.

6. **Lösg einer bereits gelösten Ehe.**
ist denkb, wenn die 1. Lösg im Ausland erfolgt u. dieses Urt im Inland nicht wirks ist (hinkende Ehe). Ist dagg die Ehe bereits rechtskr mit Wirkg für das Inland geschieden o. aufgehoben, so hat ein gleichwohl ergangenes Scheidg- o. AufhebgUrt keine rechtl Wirkg (RG 58, 319; OGZ NJW 49, 946).

7. **FeststellgKlage nach Lösg der Ehe.**
Klage auf Feststellg, daß eine Ehe bereits gelöst ist, ist zulässig (BGH 4, 320).

V. Die beiden Klagegruppen.

Nach Ziel u. Wesen gliedern sich die Ehes in 2 Gruppen:

a) Scheidg-, Aufhebg- u. HerstellgSachen,
b) Nichtigk- u. FeststellgSachen.

Für beide Gruppen gelten in wesentl Punkten verschiedene VerfVorschr.

Beisp: Nur in Sachen der 2. Gruppe gilt der UntersuchgGrunds unbeschränkt (§ 622), u. wirkt Klageabweisg *inter omnes*. Nur Klagen der 1. Gruppe können dch VersUrt abgewiesen werden (vgl § 635).

Da es untunl wäre, in demselben RStreit für Klage- u. Hilfsantrag, für Klage u. WKlage verschiedene VerfGrundsätze u. -vorschriften anzuwenden, gilt gem §§ 615, 633, 638 folgendes:

1. Nur Klagen derselben Gruppe können miteinander **verbunden** werden.
2. Gg Klagen der einen Gruppe sind **WKlagen** aus der andern Gruppe unzulässig.

Beisp: Keine Klage auf Aufhebg hilfsw Nichtigerklärg!
Keine WKlage auf Nichtigk gg eine AufhebgKlage!
Aber AufhebgWKlage gg ScheidgKlage,
desgl Klage auf Aufhebg (zB aus § 32) hilfsw Scheidg (zB aus § 45).

3. Der **Übergang** von einer Klage der einen Gruppe zu einer Klage der andern Gruppe ist nur unter den Voraussetzgen des § 264 (Einwilligg des Gegners o. Sachdienlk) zulässig (St J Sch II 4 zu § 614).

Da ferner die VerfVorschr für sämtl Ehes von denen des ordentl Verf abweichen (s. u. S. 13ff), ist

4. die **Verbindg** von Eheklagen **mit andern** Klagen (zB UnterhKlagen) unzulässig u. kann gg eine Eheklage keine WKlage anderer Art erhoben werden.

Beisp: Keine HerstellgKlage hilfsw UnterhKlage!
Keine WKlage aus § 1468 BGB auf Aufhebg der ehel Gütergemeinsch gg HerstellgKlage!

Eigentümlichkeiten des Eheprozesses

(Übersicht)

Bedingt dch seinen Gegenstand zeigt der Eheproz zahlreiche Abweichgen vom ordentl Verf. Sie finden sich hauptsächl in §§ 606—638 u. beruhen einerseits auf der höchstpersönl Natur der Ehe, andererseits darauf, daß in EheS weithin ein öffentl Interesse an der Entscheidg besteht u. insoweit an die Stelle des Verhandlggrundsatzes der UntersuchgGrundsatz tritt. Zugleich zielen sie darauf ab, daß über den Bestand einer Ehe in einem Verf entschieden wird (EinheitlkGrunds).

Manche dieser Vorschriften tragen gleichzeitig mehreren dieser Gesichtspunkte Rechng.

1. Aus der **höchstpersönl Natur der Ehe** ergeben sich folgende Besonderheiten:

Nichtöffentlk der Verhandlg (§ 170 GVG),

Erfordern einer **Spezialvollm des Kl** (WKl) u. deren Prüfg von Amts wegen (§ 613),

Erweiterg der **ProzFähigk** (§ 612),

Beisp: Auch ein entmündigter Verschwender kann seinen Anw selbständig bestellen u. instruieren.

Erledigg der Hauptsache dch **Tod** eines des Eheg (§ 628),
einstw Regelg der ggseitigen Beziehgen der Eheg (§ 627).

In Scheidg- u. HerstellgS kommt hinzu:

Obligator **Sühneversuch** (§ 608) u. **Aussetzg** zwecks Aussöhng (§ 620).

2. **Wahrg des öffentl Interesses.**

Die Öffentlk ist daran interessiert, daß einerseits gültige Ehen nicht ohne gesetzl Grund gelöst, andererseits nichtige Ehen beseitigt werden. Auch die Frage, ob zwischen zwei Personen eine Ehe besteht, ist für die Öffentlk von Bedeutg.

Zur Wahrg dieses öffentl Interesses ist dch §§ 632, 634, 638 der **StAnw** zur Mitwirkg berufen.

In der Praxis wird davon fast nur in NichtigkS Gebrauch gemacht. Hinsichtl der Kostenpflicht der Staatskasse s. § 637.

Wirksamer ist dem öffentl Interesse dch die Bestimmungen der §§ 617, 618, 622, 623 Rechng getragen. Sie schränken den Einfluß der Parteien auf das ProzErgebn weitgehend ein u. haben die Findg eines materiell richtigen Urt zum Ziel. Demzufolge sind **Anerkenntn- u. VersäumnUrteile gg den Bekl ausgeschlossen.** Der Verhandlg-Grunds ist insoferne dch den **UntersuchgGrunds** ersetzt, als das Ger nach Anhörg der Parteien auch nichtvorgetragene Tats berücksichtigen u. auch von Amts wegen Beweise erheben kann, insb dch Anhörg o. Vernehmg der Parteien. Deren persönl Erscheinen ist in EheS erzwingb (§ 619 III). Uneingeschränkt gilt der Untersuchg-Grunds allerdings nur in Nichtigk- u. FeststellgS. In den übrigen EheS ist zu unterscheiden zwischen eheerhaltenden u. anderen nicht vorgetragenen Tats. Erstere kann das Ger von Amts wegen berücksichtigen, letztere nur, wenn der Kl nicht widerspricht. Hier findet somit der UntersuchgGrunds seine Grenze in dem grundsätzl Bestreben, gültige **Ehen aufrecht zu erhalten.** Demselben Bestreben dienen in Scheidg- u. HerstellgS die Vorschr des § 608 (obligator Sühneversuch) u. des § 620 (Aussetzg zwecks Aussöhng).

Da in Nichtigk- u. FeststellgS der UntersuchgGrunds uneingeschränkt gilt u. auch gg den Kl kein Sachurt im VersäumnVerf ergehen kann (§ 635, 638), konnte hier das Gesetz dem Urt auch im Falle der **Klageabweisg** rechtsgestaltende Wirkg *inter omnes* beilegen, posthume Fälle ausgenommen (§§ 636a, 638). Ob die Ehe gültig ist, wird also auch iFd Klageabweisg geklärt. Dem Interesse an Klarh über den Bestand der Ehe dient auch die Vorschr des § 625, wonach in sämtl EheS die **UrtZustellg von Amts wegen** erfolgt.

Dadch wird verhindert, daß die Rechtskr längere Zeit (s. § 516) in der Schwebe bleibt.

Offizialcharakter tragen auch die Vorschriften der §§ 623, 624, wonach vor Scheidg aus §§ 44—46 EheG (wie im EntmündiggVerf) **ärztl Begutachtg** obligatorisch ist u. bei Scheidg wegen Ehebr — um den Vollzug des § 6 EheG zu erleichtern — der mitschuldige Dritte im Urt benannt wird.

3. **EinheitlkGrunds.**

Der Grunds der Einheitlk der Verhandlg u. Entscheidg läßt sich aus den §§ 614—616 ableiten. Er beruht auf dem Bestreben, einerseits einer Vervielfältigg der Eheproz entggzuwirken, andererseits einander widersprechende Entscheidgen über dieselbe Ehe zu vermeiden. Jede EheKlage (HerstellgKlagen ausgenommen) macht den Bestand der Ehe in seinem ganzen Umfang rechtshängig (RG 104, 156) u. unterwirft ihn als unteilb Ganzes der richterl Entscheidg. Die Verhandlg muß daher notwendig eine einheitliche sein. Sie muß es auch deshalb sein, damit verschiedene Entscheidgen u. Unklarheiten über den Bestand der Ehe vermieden werden.

Aus diesem Grunde ist für alle dieselbe Ehe betr EheS im Inland nur **ein Gerichtsstand** gegeben (BGH FamRZ 55, 13 u. § 606 idF des GleichberG) u. ist die Zuständgk der Parteivereinbg entzogen (§ 40 II). Dementspr ist in EheS der Begriff der **Rechtshängigk erweitert.** Er umfaßt alle zur selben Gruppe (s. o. S. 12) gehörigen, dieselbe Ehe betr EheS (StJSch II zu § 615). Wäre es zulässig, daß mehrere derartige Prozesse nebeneinander laufen, so wären verschiedene Entscheidgen unausbleibl. Die anderw Rechtshängigk ist daher in EheS von Amts wegen zu beachten (RG 104, 158). Dieselbe Gefahr bestünde, wenn über mehrere in einer Klage geltend gemachte Ansprüche o. bei erhobener WKlage über die Klage o. die WKlage ein Teilurt (§ 301) ergehen würde. Da jedes Teilurt selbständig Rechtskr erlangen kann, wäre die Einheitlk der Entscheidg nicht gewährleistet. **Teilurteile** sind daher, wenn über den Bestand einer Ehe zu entscheiden ist, **ausgeschlossen** (RG 58, 318).

Aus dem gleichen Grund kann auch nicht über die Klage ein VersäumnUrt, über die WKlage ein streitiges Urt ergehen (u. umgekehrt), denn wenn gg ersteres Einspr, gg letzteres Berufg eingelegt wird, wäre der Proz gleichzeitig in 2 Instanzen anhängig u. könnten verschiedene Entscheidgen ergehen.

In gleicher Weise sind **ProzTrenng** (§ 145) u. **Aussetzg** zu behandeln, wenn sie widersprechende Entscheidgen ermöglichen würden (Baumb 3 C zu § 614; Breslau HRR 42, 728).

Ebenso wie über Klage u. WKlage auf Scheidg o. Aufhebg muß auch über die **Schuldfrage** aGr eines einheitl Verf u. in einem einheitl Urt entschieden werden (RG 165, 63).

Da das ProzErgebn nur ein einheitliches sein kann, ist das Urt **nur im ganzen der Rechtskr fähig** (RG 165, 63).

Berufg des Kl hindert daher zugleich den Eintritt der Rechtskr der Entscheidg über die WKlage (RG 151, 182). Desgl muß die

Aufhebg einer über die Klage ergangenen Entscheidg auch die Aufhebg einer über die WKlage ergangenen Entscheidg zur Folge haben (RG 151, 183).

Dementspr hemmt die Einlegg eines Rechtsmittels die Rechtskr auch hinsichtl des nicht angefochtenen Teils (RG 135, 15).

Dieser Teil des Urteils bildet allerdings für das Rechtsmittelgericht eine Art von bindender Vorentscheidg (RG ebenda). Er bleibt auch insoferne von Bedeutg, als das später ergehende Urteil die Partei, die kein Rechtsmittel eingelegt hat, nicht besser stellen darf, als es das von ihr nicht angefochtene Urteil getan hat. Der Bekl, der kein Rechtsmittel eingelegt hat, kann daher nicht mehr auf seine abgewiesene WKlage zurückkommen. Wohl aber kann er erreichen, daß eine Mitschuld des Kl erörtern u. festgestellt wird (RG 165, 13).

Eine Wiederholg von Eheprozessen ist weder für die Parteien noch für die Öffentlk wünschenswert. Darum soll, wenn ein Eheproz ausbricht, reiner Tisch gemacht werden. Zu diesem Zweck gestattet § 614 dem Kl (WKl) bis zum Schluß der letzten mündl Verhandlg 2. Instanz **neue Tats** (dh andere als die in der Klage vorgebrachten) **nachzuschieben.** Aus dem gleichen Gesichtspunkt sind **Klageänderg, Klageverbindg** u. **WKlage** innerh derselben Klagegruppen (s. o. S. 12) **unbeschränkt zulässig.**

Solange die Parteien die Grenzen zwischen den beiden Klagegruppen einhalten, sind sie also weder in 1. noch in 2. Inst gehindert, neue Klagegründe vorzubringen, neue Ansprüche geltend zu machen u. ihre Anträge zu ändern (RG 58, 310). In diesen Grenzen ist sowohl der Übergang von einer Klage zu einer anderen als auch die nachträgl Verbindg mit einer andern Klage o. ein Vertauschen von Haupt- u. Hilfsantrag zulässig u. beseitigt § 614 I die im ordentl Verf geltenden Beschränkgen der Klageänderg (§§ 264, 268).
Der Übergang zu einem neuen Klagegrund u. die Erhebg einer WKlage ist **nicht** von einem neuen **Sühneversuch** abhängig (§ 614 II). Auch bedarf es nicht der Einhaltg einer neuerl EinlassgFrist nach § 262. Einhaltg der ZwFrist nach § 132 genügt.

Bis zum Schluß der letzten mündl Verhandlg 2. Instanz haben die Parteien somit die Möglk, alle Angriffe u. Gegenangriffe, die ihnen zu Gebote stehen, vorzutragen. In Scheidg- u. AufhebgS werden sie dch die Vorschr des **§ 616** sogar genötigt, von dieser Möglk Gebrauch zu machen, wenn anders sie Nachteile vermeiden wollen.

Ist näml der Kl mit einer solchen Klage abgewiesen, so darf er eine 2. Klage dieser Art nicht auf Tats stützen, die er im früheren Proz hätte geltend machen können, ebenso muß der Bekl etwaige Gründe, auf die er eine WKlage stützen könnte, im Rahmen desselben Verf geltend machen.

Eine **Zckweisg verspäteten Vorbringens** ist auch in EheS nicht ausgeschlossen.

In 1. Inst gilt auch hier § 279, so daß Angriffs- u. Verteidiggmittel zckgewiesen werden können, wenn sie in ProzVerschleppg-Absicht o. aus grober Nachlässigk verspätet vorgebracht worden sind. Das Geltendmachen neuen Begehrens fällt aber nicht unter diese Vorschr, weil es nicht nur ein „Angriffsmittel", sondern einen Angriff selbst darstellt (StJSch III zu § 626). Ferner ist es mögl, iFd § 279a verspätetes Vorbringen unberücksichtigt zu lassen.

Von diesen Möglichkeiten wird aber das Ger in EheS nur äußerst selten Gebrauch machen.

In 2. Instanz ist Zckweisg nach § 529 II nur in den engen Grenzen des § 626 zulässig u. sind Klageänderg, Klagehäufg, WKlage u. (Mit-)Schuldantr des Bekl dieser Beschränkg nicht unterworfen (StJSch aaO). Sie sind nur dann ausgeschlossen, wenn in 1. Instanz den Anträgen voll entsprochen worden ist.

4. **Eheerhaltungsgrundstz.**

Wie bereits dargelegt, zeigen die Bestimmungen der §§ 608, 620 u. 622 II das grundsätzl Bestreben, gültige Ehen aufrecht zu erhalten. Demzufolge billigt die Rsp auch dem siegreichen Kl das Recht zu, Rechtsmittel zu dem Zweck einzulegen, um die Ehe aufrecht zu erhalten (BGH 4, 320), FeststellgS ausgenommen. Näheres s. u. S. 236.

Da die EheS — entspr ihrer Bedeutg für die Parteien u. für die Öffentlk — in 1. Instanz den Landgerichten übertragen sind, gelten, woweit nichts abweichendes bestimmt ist, die Vorschr über das landgerichtl Verf.

Erforderl Urkunden u. Angaben:

Bei Erhebg einer EheKlage (o. Stellg eines AR-Gesuchs) hat Kl vorzulegen bzw anzugeben

a) Spezialvollm (§ 613),
b) Familienstandszeugn,
c) Heiratsurkunde (§ 63 PersStG),
d) StaatsangehörigkAusw (s. u. S. 78)
e) etwaige Vorprozesse (§ 616),
f) die die Fristwahrg nach § 51 EheG ergebenden Umstände.

Bei Anträgen aus § 627 auf Übertragg des Personensorgerechts für gemeinsame minderj Kinder empfiehlt sich Angabe der **Konfession** der Kinder u. des Antragstellers.

Der Klageanspruch

1. Scheidg- u. AufhebgKlagen.

Die Gründe, aus denen eine Ehe geschieden o. aufgehoben werden kann (Klagegründe), sind in den §§ 30—34, 42—48 EheG dch Normierg bestimmter Tatbestände niedergelegt. Die Ausdrucksweise, deren sich das Gesetz dabei bedient, verdient Beachtg. Es sagt nicht: „Eine Ehe kann geschieden (aufgehoben) werden, wenn .....", sondern „**Ein Ehegatte** kann die Scheidg (Aufhebg) begehren, wenn ...". Daraus folgt, daß einem Ehegatten ein **Anspruch** auf Scheidg (Aufhebg) zusteht, wenn der gesetzl Tatbestand erfüllt ist.

Dementspr spricht das EheG von einem „Recht auf Scheidg" (§§ 42 II, 49, 50 I) u. von einem „Recht, die Scheidg zu begehren" (§§ 52 III 2, 53 II EheG, ebenso § 616 I ZPO).
Allerdings handelt es sich dabei nicht um Ansprüche iSd § 194 I BGB, also nicht um das Recht, von einem anderen ein Tun oder Unterlassen zu fordern. Denn die Scheidg kann nur dch gerichtl Urteil erfolgen (§ 41 EheG).

Wem ggüber besteht dieses Recht? Ggüber dem Gericht? Ggüber dem anderen Eheg?

Das Wesen eines Anspruchs wird deutl, wenn man seine Kehrseite betrachtet, näml den Verzicht. Verzichten kann immer nur der, dem der Anspruch zusteht. ErklärgsGegner ist notwendig der, dem ggüber der Anspruch besteht. Die obigen Fragen beantworten sich daher aus dem Adressaten des Verzichts auf den Anspruch. Wird der Verzicht nur ggüber dem anderen Eheg erklärt, so erlischt nur der diesem ggüber bestehende Anspruch, nicht aber das Recht des Kl auf eine gerichtl Entscheidg.

Daß diese notwendig zu seinen Ungunsten ausfallen muß, tut nichts zur Sache.

Verzichtet er aber ggüber dem Gericht, so geht sein Anspruch auf eine Sachentscheidg unter. Hat er nur dch Klagerücknahme auf Entscheidg verzichtet, so bleibt sein Anspruch ggüber dem Gegner unberührt. Hat er aber zugleich diesem ggüber auf seinen Anspruch verzichtet, so sind beide Ansprüche erloschen.

Daraus folgt, daß die Tatbestände des EheG jeweils einen doppelten Anspruch eines Eheg begründen, näml

a) einen materiellrechtl ggüber dem anderen Eheg („Recht auf Scheidg"),
b) einen proz Anspruch ggüber dem Gericht, die Rechtsfolge aus dem materiellrechtl Tatbestand dch Urt auszusprechen.

2. **NichtigkKlagen.**

Eine Ausnahme besteht für NichtigkKlagen. Die NichtigkGründe hat das Gesetz ausschließl im öffentl Interesse statuiert. Sie sind daher — abgesehen vom Falle des § 18 II EheG — nicht verzichtb. Von einem der Klage zugrundeliegenden materiellrechtl Anspruch kann hier überhaupt nicht gesprochen werden. Es besteht daher nur ein proz Anspruch.

Anspruchsbeschränkg

Auf welchen Tatbestand der Kl seinen Anspruch stützen will, unterliegt seiner freien Disposition.

a) Auch wenn Ehebr vorliegt u. erwiesen, kann er zB seinen Vortrag auf die Tatbestände des § 43 EheG beschränken[1]).
Häufig geschieht dies, um die Vernehmg von EhebrZeugen entbehrl zu machen o. zur Kompensation für ein Entgegenkommen in der UnterhRegelg. Eine Vereinbg, dch die sich der Kl eine solche Beschränkg „abkaufen" läßt, ist aber sittenw (Stuttg FamRZ 56, 238).
Die Beschränkg kann bis zum Schluß der letzten TatsVerhandlg erklärt werden. Sie bringt an sich nur dem Gegner Vorteile, denn
   1. bewirkt sie, daß die an eine Scheidg wegen Ehebr geknüpften bes Folgen (Eheverbot nach § 6 EheG u. Strafbk nach § 172 StGB) nicht eintreten,
   2. erschwert sie den Bew für einen Schadensersatzanspr gg den ehebr Dritten auf Ersatz der dch den ScheidgProz verursachten Kosten[2]),
   3. eröffnet sie die Möglk, daß die Klage (WKlage) aGr § 43 S. 2 EheG abgewiesen wird,
   4. schließt sie nicht aus, daß die Klage aGr § 42 II EheG abgewiesen wird, denn diese Bestimmg bleibt entspr anwendb, wenn das ehew Verhalten in einem Ehebr besteht (HSt 2 zu § 43).

Der Kl wird daher eine Beschränkg auf § 43 nur erklären, wenn er an den unter 1 u. 2 genannten Folgen kein Interesse u. eine Abweisg seiner Klage nach §§ 43 S. 2 o. 42 II nicht zu befürchten hat.

b) Auf die Bindg des Gerichts an die gestellten Anträge wird im übrigen später (u. S. 95) einzugehen sein.

Häufg von Klagegründen

Der Klageanspr kann auf mehrere Gründe gestützt werden (§ 260),

sei es schon in der Klage (§ 253 II S. 2), sei es später gem § 614 I. Eine solche Häufg ist in Scheidg- u. AufhebgS die Regel, in NichtigkS die Ausnahme.

[1]) Nach einer ausgedehnten, fruchtb Diskussion in der Lit (s. DRZ 49, 7, 128, 148, 248; NJW 49, 374, 572 u. DRZ 50, 31) dürfte dies nunmehr außer Zweifel stehen (vgl BayOLG 1, 79; Gerold 29 zu § 42 u. HSt 4 B zu § 41).

[2]) BGH FamRZ 56, 180 lehnt allerdings einen solchen Anspr im Gegensatz zu andern Gerichten (s. dort) bedauerlweise ab; s. auch BGH FamRZ 57, 133 u. 135.

Die verschiedenen Klagegründe kann der Kl entweder als **gleichwertig** (kumulativ) o. in **Eventual**stellg (gestaffelt) vorbringen,

zB Scheidg aus § 42, hilfsw § 43,
o. aus § 42, hilfsw § 43, weiter hilfsw § 48,
o. aus § 48, hilfsw §§ 42, 43 (als gleichwertig).

Dch die Staffelg bestimmt der Kl die Reihenfolge, in der das Ger die Klagegründe zu prüfen u. über sie zu entscheiden hat.

Das Ger darf also seine Entscheidg auf einen nur hilfsw vorgetragenen Grund nur dann stützen, wenn der primär vorgetragene nicht erwiesen ist.

Sind dagg mehrere Klagegründe als gleichwertig vorgetragen, so hat gem § 300 Endurt zu ergehen, sobald einer von ihnen spruchreif ist.

Dies gilt selbst dann, wenn in Wirklk keine Gleichwertigk besteht (RG 115, 5f).

Ob der Kl die vorgetragenen Gründe kumulativ o. gestaffelt zur Entscheidg stellen will (ev in welcher Reihenfolge), hat der Tatrichter in Zweifelsfällen dch Ausübg des Fragerechts festzustellen.

Werden zB — wie häufig — „ehebr, zum mindesten ehew Beziehgen" geltend gemacht, so hat er zu klären, ob damit beide ScheidgGründe als gleichwertig vorgetragen werden o. ob die Klage primär auf Ehebr u. nur hilfsw auf ehew Beziehgen gestützt wird (BayOLG 1, 41).
Ist eine ScheidgKlage auf Ehebr mit verschiedenen Personen gestützt, so bedarf es ebenfalls der Klärg, ob diese Ehebrüche als gleichwertig o. gestaffelt vorgetragen werden. Werden sie als gleichwertig vorgetragen, so hat sich die Prüfg u. Entscheidg des Ger auf sämtl behaupteten Ehebr zu erstrecken. Andernfalls ist der Kl beschwert (RG 123, 135; 156, 113). Ist dagg das Begehren des Kl erkennb auf sofortige Scheidg wegen des 1. erwiesenen Ehebr gerichtet, so ist demgem zu erkennen (RG JW 36, 2918).

Erfolgt keine Klärg, so ist anzunehmen, daß die stärker wirkenden Klagegründe vor den schwächer wirkenden den Vorrang haben sollen.

Ungleichwertigk kann sich aus der Verschiedenh der rechtl u. tatsächl Auswirkgen der begehrten Entscheidg ergeben.

1. Scheidg (Aufhebg) aus Verschulden hat andere rechtl Wirkgen als eine solche ohne Schuldausspr,

   insb hinsichtl der künftigen RBeziehgen der Eheg zueinander u. zu minderj Kindern aus der Ehe (s. u. S. 30).

2. Scheidg aus § 42 ist einer Scheidg aus § 43 ebenfalls nicht „gleichwertig",

denn nur dch erstere erreicht der Kl, daß der Bekl, um den ehebr Dritten heiraten zu können, eines Dispenses bedarf (§§ 6, 21 EheG) u. erlangt er die Befugn, Strafantrag nach § 172 StGB zu stellen.

3. Verschieden ist auch die Wirkg je nachdem, aus welchem der Tatbestände der §§ 44—48 EheG die Scheidg erfolgt.

   zB hat Scheidg wegen Geisteskrankh o. ekelerregender Krankh (obwohl sich die Rechtskr des Urt nicht auf den ScheidgGrund erstreckt) für den Bekl idR eine diffamierende Wirkg, während bei einer Scheidg aus § 48 davon nicht ohne weiteres die Rede sein kann.

4. Ein Unterschied in der tatsächl Wirkg besteht auch zwischen Aufhebg aus §§ 30 o. 31 u. einer solchen aus § 32 u. erst recht zwischen Aufhebg aus §§ 30—32 ggüber Aufhebg aus §§ 33 u. 34.

   Keine Verschiedenh der Wirkg könnte allenfalls nur zwischen Aufhebg aus § 30 u. solcher aus § 31 u. zwischen Scheidg aus § 44 ggüber Scheidg aus § 45 angenommen werden.

Reinl Scheidg der Klagegründe.

Enthält der Vortrag des Kl eine **Vermengg** verschiedener Tatbestände, so ist sofortige Klärg im Wege des § 139 geboten, um zu verhindern, daß der Proz „auf ein falsches Gleis" gerät.

In einer Klage aus § 48 haben, solange der Bekl der Scheidg nicht widerspricht, Ausführgen über Eheverfehlgen des Bekl nichts zu suchen; sie bewirken häufig, daß der Bekl zur Wahrg seiner Ehre der Scheidg widerspricht, obwohl er an sich mit der Scheidg einverstanden ist. Auch bei Klagen aus §§ 44—46 wird oft dch solche Ausführgen eine völlig zwecklose Schärfe in den RStreit getragen.

Der Streitgegenstand (= StrG)

Wie so viele RFragen ist die Frage nach dem StrG — wenn das Wortspiel erlaubt ist — Gegenstand des Streites.

a) Nach der einen Ansicht[1]) ist StrG das Scheidg- bzw AufhebgBegehren schlechthin (*arg* §§ 614, 616) u. gehört der Sachverhalt nicht zum Begriff des StrG. Er ist zur Individualisierg des StrG nicht erforderl; das Klagebegehren ist schon dadch genügend individualisiert, daß es in bezug auf eine bestimmte Ehe erhoben wird. StrG ist es nicht dem Grunde, sondern dem Ziele nach. Ziel ist nur die Lösg der Ehe.

---

[1]) Rosenbg S. 403 u. die dort zit Lit, sowie SJZ 50, 318.

Folge: Unter mehreren erwiesenen Scheidg-(Aufhebg-)Gründen kann das Ger wählen. Es kann die Ehe auch aus einem andern Grunde lösen als dem, den der Kl gemeint hat. Wenn es die Ehe löst — gleichviel aus welchem Grunde —, so ist die Klage erschöpft. Es kann eine Ehe für nichtig erklären (zB aus § 18 EheG), auch wenn die Klage nur auf einen AufhebgGrund (zB aus § 32 EheG) gestützt ist.

b) Nach der andern Ansicht[1]) ist der Sachverhalt integrierender Bestandteil des Klageanspr[2]). Scheidg (Aufhebg) wird nicht schlechthin, sondern aus einem bestimmten Grunde begehrt u. zugesprochen, zB wegen ehew Verhaltens. Desgl ist „Anspruch" iSd § 322 nicht der auf NichtigkErklärg schlechthin, sondern der auf NichtigkErklärg aus einem bestimmten Grunde.

Folge: Löst das Ger die Ehe aus einem andern Grunde o. erklärt es die Ehe aus einem andern Grunde für nichtig, so geht es über das *petitum* des Kl hinaus u. verstößt gg § 308. Nicht das Ger, sondern der Kl kann wählen, über welchen Klagegrund entschieden werden soll.

Wir folgen der letzteren Ansicht. Sie entspricht der Auffassg vom StrG im ordentl Verf u. wir vermögen nicht einzusehen, warum diese nicht auch in EheS gelten soll. Sie allein entspricht auch dem Grundsatz, daß die Parteien den StrG bestimmen u. daß der Gegenstand des Urt dch den Vortrag u. die Anträge der Parteien begrenzt wird.

Gg die 1. Ansicht spricht auch folgende Überlegg: Unstr kann ein Eheg auf seinen ScheidgAnspr verzichten o. ihn auf einen bestimmten Klagegrund beschränken. Bestünde nur ein einheitl Anspr auf Lösg der Ehe schlechthin, dh gleichviel aus welchem Grunde, so könnte auf diesen Anspr auch nur im ganzen verzichtet werden.

Als einzige Ausnahme von der Regel läßt Rosenbg aaO die Berücksichtigg der Ungleichwertigk der ScheidgGründe aus §§ 42 u. 43 gelten. Wie bereits dargelegt, ist dies aber keineswegs der einzige Fall von Ungleichwertgk. Im übrigen erscheint es überhaupt verfehlt, die Frage nach dem StrG auf die Folgen der begehrten Entscheidg abzustellen. Jene Auswirkgen sind nicht im Wesen des geltend gemachten Anspr begründet. Sie sind dem Anspr ebensowenig essentiell wie die sonstigen öffentl- u. privrechtl Auswirkgen jeder Scheidg. Das RSchutzbegehren des Kl ist überdies keineswegs immer auf sie gerichtet. Sie sind notwendige, aber durchaus nicht immer vom Kl begehrte Begleiterscheingen der von ihm begehrten Entscheidg; der aus

[1]) StJSch I 2 zu § 614 u. III 2 zu § 633.

[2]) „Am Anspr hängt das ganze Wurzelwerk seiner tatsächl Umstände" (Beisler).

§ 42 Klagende denkt zB idR nicht im entferntesten daran, Strafantrag aus § 172 StGB stellen zu wollen.

Es läßt sich daher nicht rechtfertigen, nur hinsichtl der §§ 42, 43 die Wahl dem Kl zu überlassen. Vielmehr kann in jedem Falle nur über einen vorgetragenen Sachverhalt eine Entscheidg ergehen. Das Urt ist das Ergebn der RAnwendg auf einen bestimmten vorgetragenen Sachverhalt, aus dem der Kl eine RFolge geltend macht.

Das Ger darf nicht Tatsachen, die irgendwie in der Verhandlg auftauchen, von Amts wegen an die Stelle derjenigen Tats setzen, die vom Kl zur Stütze seines Antr vorgetragen werden. Das würde dem **VerhandlgsGrunds** widersprechen (RG 151, 98). Dieser Grunds gilt, soweit er nicht dch §§ 617, 622 eingeschränkt ist, auch in Ehes. Die erste vom Richter aufzuwerfende Frage ist daher die, welche Klage nach den Ausführgen des Kl als erhoben anzusehen ist (RG JW 28, 3039[4]). Dann kann der Fall nicht eintreten, daß er der Klage aus einem andern Grunde stattgibt als dem, den der Kl gemeint hat.
Dies geht so weit, daß das Ger, wenn nur ehew Verhalten erwiesen ist, der Kl aber — trotz Befragg nach § 139 — auf Scheidg aus § 42 beharrt, die Klage aus § 42 abweisen muß (Palandt 2 vor § 42 EheG); idR wird aber als Wille des Kl zu unterstellen sein, daß er hilfsw seine Klage auf § 43 stützen will. Aus dem gleichen Grunde werden keine Bedenken bestehen, einer Scheidg aus § 43 andere als die behaupteten Eheverfehlgen zugrunde zu legen, soweit sie ebenfalls den Tatbest des § 43 erfüllen, denn idR kann das Einverständn des Kl unterstellt werden. Ist er nicht einverstanden, so mag er den Widerspr aus § 622 II erheben.

Sachanträge des Bekl

Im Verf vor dem ProzGer besteht für alle ProzHandlgen AnwZwang (§ 78 I). Ausnahmen vom AnwZwang bestehen nur im Verf vor dem Richterkomm u. für ProzHandlgen, die vor dem UrkBeamten vorgenommen werden können (§ 78 II). Um Anträge (Sach- u. Prozanträge) stellen zu können, muß der Bekl daher dch einen beim ProzGer zugelassenen Anw vertreten sein.

Will der Bekl sich nicht verteidigen, so wird es sich nicht vertreten lassen. Andernfalls kommt in Betracht:

I. Antrag auf Abweisg der Klage aus proz Gründen

1. Einrede der rechtskr entschiedenen Sache,
2. Einrede der Unzuständgk des Ger,
3. Einrede der Rechtshängigk (s. u. S. 63),

4. Einrede der mangelnden ProzFähigk o. gesetzl Vertretg, sowie Fehlen einer Spezialvollm des Kl (s. u. S. 86, 93).

   Zu 1—4: Da diese Einreden sämtl von Amts wegen zu berücksichtigen sind, kann sie der Bekl dch Verhandeln zur Hauptsache nicht verlieren.

5. Einrede aus § 274 Nr 5, wenn der Kl einem fremden Staat angehört o. Staatenloser ohne inländ Wohnsitz u. nicht gem § 110 II von SicherhLeistg befreit ist[1]).

   Die übrigen prozhindernden Einreden aus § 274 kommen in EheS prakt nicht in Frage.

6. Einrede der mangelnden Kostenerstattg aus einem Vorproz (§ 271 IV). Sie entfällt aber, wenn die Kosten dem Gesamtgut o. im Verh der Eheg zueinander dem Bekl zufallen (Baumb 5 B zu § 271) s. u. S. 39.

Ggüber NichtigkKlage kann auch Bestreiten der Klagebefugn nach § 24 EheG in Frage kommen; ggüber FeststellgKlage Bestreiten des FeststellgInteresses. Mangelndes RSchutzinteresse kann ggüber Scheidg-, Aufhebg- u. NichtgkKlagen nicht geltend gemacht werden, denn deren Ziel ist nur dch Urt zu erreichen.

II. AbweisgAntrag aus materiellrechtl Gründen

Ggüber **Scheidg- u. Aufhebg**Klage kann der Bekl geltend machen:

1. ein Scheidg-(Aufhebg-)Anspr habe **nie bestanden,** denn
   a) die Ehe habe nie bestanden o. bestehe nicht mehr
      (Auf diesen Einwand muß das Ger gem §§ 154 o. 148 aussetzen, s. u. S. 173),
   b) der gesetzl Tatbest sei in tatsächl o. rechtl Hinsicht nicht erfüllt,
   c) das ScheidgBegehren sei nach § 43 S. 2 o. § 47 EheG, das AufhebgBegehren sei nach § 30 II EheG sittl nicht gerechtfertigt,
   d) das ScheidgBegehren sei nach § 42 II EheG ausgeschlossen o. der Kl habe den Ehebr nicht als ehezerstörend empfunden (§ 49 EheG).

2. der Klagegrund sei zw entstanden, aber **erloschen** dch

   Verzicht (s. u. S. 183; im Gesetz nicht geregelt),
   proz Verwirkg nach § 616 (s. u. S. 176)
   Verzeihg (§ 49 EheG) } nur ggüber Klage auf Scheidg aus
   Fristablauf (§ 50 EheG) } Verschulden!

3. ggüber ScheidgKlage aus § 48 EheG:

   Widerspr nach § 48 II[2]),
   Einwendgen aus § 48 III (Interesse gem mindj Kinder).

---

[1]) S. Bek. v. 21. 9. 56 bayJMBl 155.

[2]) Hat der Bekl Klageabweisg beantragt u. Allein- o. überw Verschulden des Kl behauptet, so liegt bereits darin ein Widerspr aus § 48 II (Warn 40 Nr. 32).

Ggüber NichtigkKlage

Einwendgen aus § 17 II, 18 II, 19 II, 21 II u. 22 II.

III. **Widerklage.**

Erstrebt der Bekl gleichfalls die Lösg der Ehe, so erhebt er die WKlage **unbedingt,** andernfalls nur **bedingt,** näml nur für den Fall, daß der Klage stattgegeben wird.

A. **Ggüber Scheidg- o. AufhebgKlage** kann Ziel der WKlage sein

Scheidg aus Verschulden des Kl
(auch ggüber Klagen aus §§ 44—48),
Scheidg ohne Schuldausspr
(auch ggüber Klagen aus §§ 42, 43; RG 160, 34),
Aufhebg der Ehe mit o. ohne Schuldausspr,
Verurteilg des Kl zur Wiederherstellg der Ehegemeinsch.

WKlagen anderer Art sind nicht zulässig (s. o. S. 12).

Zusammentreffen der WKlage mit einem Widerspr aus § 48 II EheG:

Der Widerspr ist mit einer WKlage aus §§ 42, 43 nicht ohne weiteres unvereinb (aA HRR 39, 625, Gerold 96 zu § 48). Seine Beachtlk ist aber nur zu prüfen, wenn dieser WKlage nicht stattgegeben wird (RG 160, 36; OGHbritZ NJW 49, 945). Ebenso erübrigt sich eine Prüfg der Beachtlk des Widerspr gg eine W-Klage aus § 48, wenn der Klage aus §§ 42, 43 stattgegeben wird. WKlage aus § 48 gg Klage aus § 48 ist zulässig (RG 160, 282) u. erhöht nicht das Kostenrisiko des Bekl (StJSch II 4 zu § 93a).

B. **Ggüber NichtigkKlage** kann im Wege der WKlage Nichtig-Erklärg aus einem andern NichtgkGrund begehrt werden.

Grund: StrG ist nicht das NichtgkBegehren schlechthin, sondern das NichtgkBegehren aus einem bestimmten Sachverhalt (StJSch I 2 zu § 614).

WKlagen auf Feststellg des Bestehens der Ehe sind nur in den seltenen, bei StJSch III 4a vor § 606 aufgeführten Fällen denkb.

IV. **Schuldanträge des Bekl.**

Steht dem Bekl kein Klagegrund für eine WKlage zu Gebote o. will er einen solchen nicht geltend machen, so beschränkt er sich auf einen Schuldantrag.

Er vermindert dadch sein Kostenrisiko; denn Kosten können ihn nur treffen, wenn der Klage stattgegeben wird. Erhebt er dagg WKlage, so können ihn auch iFd Klageabweisg Kosten treffen. Streitet der Kl im AR, so ist es für den Bekl auch deshalb zweckm, sich auf einen Schuldantrag zu beschränken, weil er in diesem Falle von der AuslVorschPfl befreit ist (§ 120), nicht dagg, wenn er WKlage erhebt.

Er hat folgende Möglichkeiten:

a) ggüber einer Klage aus §§ 42, 43 **Mitschuldantr aus § 52 III.**

Vorsorgl wird er diesen Antrag in jedem Falle stellen, selbst wenn er einer Abweisg der Klage sicher zu sein glaubt; denn mit Sicherh läßt sich nie voraussagen, ob die Klage nicht doch Erfolg hat.
In dem Antrag auf Abweisg der Klage (WKlage), ist er nicht ohne weiteres enthalten (RG DR 41, 1206), es sei denn, daß dieser auf § 43 S. 2 gestützt ist (Warn 41 Nr 41; aA StJsch III 3 zu § 622).

b) ggüber Klage aus §§ 44—48 **Schuldantr aus § 52 II.**

Widerspr aus § 48 II enthält stets zugleich diesen Antrag (BGH 9, 282), es sei denn daß sich aus dem Verhalten des Bekl Gegenteiliges ergibt (RG 165, 25).

c) ggüber einer **AufhebgKlage** hat der Bekl die gleichen Verteidgg-Möglichkeiten wie ggüber einer ScheidgKlage.

Er kann also eine (Mit-)Schuld des Kl nicht nur dch WKlage, sondern auch dch Schuldantrag aus §§ 52, 53 geltend machen (HSt 3 B zu § 37). Erforderl ist ein solcher Antr aber nicht, denn gem § 17 DVO I hat das Ger, wenn ein Eheg als schuldig anzusehen ist, dies von Amts wegen im Urt auszusprechen (RG 164, 245).

Seinen Schuldantr kann der Bekl ggüber einer **Scheidg**Klage auch auf einen **Aufhebg**Grund (RG 165, 319) u. ggüber einer **Aufhebg**-Klage auch auf einen **Scheidg**Grund (RG 163, 319) stützen.
Jeder der beiden Schuldanträge begreift zugleich den andern in sich.

In dem Schuldantr aus § 53 liegt im Zweifel stets zugleich ein für den Fall einer Scheidg aus Verschulden gestellter Mitschuldantr u. umgekehrt (RG 161, 219).

Beide Anträge können auch **neben WKlage gestellt werden,**

ausdrückl o. stillschw. Ist die WKlage auf Verschulden gestützt, so enthält sie stets — aber nur dann — einen für den Fall ihrer Abweisg gestellten Mitschuldantr (RG 160, 109). Schuldantr kann hilfsw auch neben einer WKlage auf Wiederherstellg der Ehegemeinsch gestellt werden (RG JW 04, 488). Rücknahme der WKlage schließt Aufrechterhaltg des (Mit-) Schuldantr nicht aus.

Eines Antrags, das **Überwiegen** der Schuld des Gegners festzustellen, bedarf es nicht, denn hierüber hat das Ger von Amts wegen zu entscheiden, soferne nicht darauf verzichtet wird (Palandt 4 aE zu § 52 EheG). **Aus BilligkGründen** kann dem (Mit-)Schuldantr des Bekl auch dann entsprochen werden, wenn dieser das Recht, Scheidg o. Aufhebg zu begehren, bei der Klageerhebg (bzw in dem in § 50 III bezeichneten Zeitpunkt) bereits **verloren** hatte.

Selbstverständl Voraussetzg dafür ist, daß er dieses Recht vorher besessen hat (BayOLG NJW 49, 262).

Zur Begr einer WKlage können solche erloschene Klagegründe nur unterstützend (§ 51 II EheG) geltend gemacht werden.

(Mit-)Schuldantr kann **bis zum Schluß der letzten TatsVerhandlg** gestellt werden.

Wurde der Klage stattgegeben, so kann der Bekl ausschließl zu dem Zweck Berufg einlegen, um einen (Mit-)Schuldantr stellen zu können (StJSch N 27, 28 zu § 511). Hat der Kl Berufg eingelegt, so kann der Bekl einen Schuldantr stellen, ohne sich der Berufg anzuschließen (RG 162, 404).

In **NichtigkS** kann gleichfalls Feststellg der Schuld des andern Eheg (dh der Kenntnis der Nichtgk bei Eheschließg) beantragt werden[1]).

Diese Feststellg erwächst zw nicht in Rechtskr (aA Stuttg NJW 55, 1360), ist aber zweckm, da sie für den Vormundsch-Richter u. im UnterhProz (§§ 25, 26 EheG) von Bedeutg sein kann. Soweit die Kostenentscheidg nach § 93a davon abhängt, ist sie sogar notwendig (s. die Anm von Stephan zu Stuttg aaO; vgl auch Schwab JZ 55, 730).

Gegenanträge des Kl

1. Ggüber einer WKlage o. einem Schuldantr aus § 53 AbweisgAntr

   Ggüber einem Mitschuldantr aus § 52 ist AbweisgAntr überflüssig, da er bereits in dem Antrag auf Scheidg aus Verschulden enthalten ist.

2. Ggüber einer WKlage auf Scheidg o. Aufhebg kann der Kl (Mit-) Schuldantr aus §§ 52, 53 bzw 37 stellen

   Anlaß dazu hat er aber nur, wenn er nicht schon dch die Klage ein Verschulden des Bekl geltend gemacht hat. Andernfalls liegen diese Anträge schon im Klageantr (RG 164, 245)[2]).

3. Ggüber einer nach Erledigg der Klage durchgeführten WKlage ist die sonst unzulässige Wider-Widerklage statth

   (RG 135, 17; Celle NJW 53, 1797, StJSch III 4 N 32 zu § 33; Baumb 2 D Anh § 253). (Fortsetzg. s. S. 30).

[1]) aA München-Augsbg NJW 57, 954.

[2]) Der in einer Klage auf Scheidg aus Verschulden liegende Schuldantr behält auch dann seine Bedeutg, wenn die Klage abgewiesen wurde u. in 2. Inst nur noch über die WKlage zu entscheiden ist (RG HRR 40, 1176), denn über Klage u. WKlage kann nur einheitl entschieden werden.

Tabellarische Übersicht

Klageantr	Schuld-antr des Bekl	Gegen-antrag des Kl	Widerklagen: Scheidg aus Ver-schulden	Widerklagen: Scheidg aus §§ 44—48	Widerklagen: Aufhebg	Widerklagen: Herstellg	Widerklagen: Nichtigk	Widerklagen: pos o. neg Fest-stellg
a	b		c	d	e	f	g	h
Scheidg aus Verschulden	ja (§ 53)	—	ja	ja	ja	ja	nein (§ 615)	nein (§ 615)
Scheidg aus andern Gründen	ja (§ 53)	ja (§ 53)	ja	ja	ja	ja	nein (§ 615)	nein (§ 615)
Aufhebg mit o. ohne Schuld-antr	ja (§ 37)	ja (§ 37)	ja	ja	ja, aber nur aus anderem Grund	ja	nein (§ 615)	nein (§ 615)
Herstellg der ehel Gemein-schaft	—	—	ja	ja	ja	ja, wenn selb-ständ Anspr	nein (§ 615)	nein (§ 615)
NichtgkErklärg	—	—	nein (§ 633 II)	nein (§ 633 II)	nein (§ 633)	nein (§ 633)	ja, aber nur aus anderm Grund	ja
Feststellg des Bestehens (Nichtbestehens) der Ehe	—	—	nein (§ 638)	nein (§ 638)	nein (§ 638)	nein (§ 638)	ja	nein

Beispiele für mögl Ergebnisse:	Kostenentscheidg	
zu		
a: Scheidg auf Klage o. Abweisg der Klage.	Bekl(Kl) $^1/_1$	(§ 91)
b: Scheidg auf Klage. Kl ist mitschuldig,	$^1/_2 : ^1/_2$	(§ 92)
ev Verschulden des Kl (Bekl) überwiegt.	$^1/_3 : ^2/_3$	(§ 92)
c: Scheidg auf Klage u. WKlage.	$^1/_2 : ^1/_2$	(§ 92)
Im übrigen wie unter b.	$^1/_3 : ^2/_3$	(§ 92)
d: Scheidg auf Klage u. WKlage. Bekl ist schuldig.	$^1/_4 : ^3/_4$	(§§ 92, 93 a)
e: Aufhebg auf Klage u. WKlage (§ 18 DVO I).	$^1/_2 : ^1/_2$	(§ 92)
f: Scheidg auf Klage u. Abweisg der WKlage,	Bekl $^1/_1$	(§ 91)
ev Abweisg der Klage u. Stattgeben der WKl.	Kl $^1/_1$	(§ 91)
a: Scheidg auf Klage.	$^1/_2 : ^1/_2$	(§ 93 a)
Abweisg der Klage.	Kl $^1/_1$	(§ 91)
b: Scheidg auf Klage. Kl ist schuldig.	$^3/_4 : ^1/_4$	RG 160, 37
ev Beide sind schuldig.	$^1/_2 : ^1/_2$	(§ 92)
ev Verschulden des Bekl (Kl) überwiegt	$^1/_3 : ^2/_3$ (Gerold 11 zu § 53)	
c: Scheidg auf Klage u. WKlage. Kl ist schuldig	$^3/_4 : ^1/_4$	
Scheidg auf Klage, Abweisg der WKlage u. „Kl ist schuldig"	$^1/_4 : ^3/_4$	
d: Scheidg auf Klage u. WKlage	$^1/_2 : ^1/_2$	
e: Aufhebg auf Klage u. WKlage	$^1/_2 : ^1/_2$	
ev Scheidg auf Klage u. Abweisg der WKlage	Bekl $^1/_1$	
f: Es kann nur entweder der Klage oder der WKlage stattgegeben werden	Bekl (Kl) $^1/_1$	
a: Aufhebg auf Klage	Bekl $^1/_1$	
b: Aufhebg auf Klage. Kl(Bekl) ist schuldig	$^1/_4 : ^3/_4$	
ev Beide Teile sind schuldig,	$^1/_2 : ^1/_2$	
ev Verschulden des Kl (Bekl) überwiegt	$^1/_3 : ^2/_3$	
c—e: Aufhebg auf Klage u. WKlage (§ 18 DVO I)	$^1/_2 : ^1/_2$	
ev Kl (Bekl) ist schuldig	$^1/_4 : ^3/_4$	
f: Es kann nur entweder der Klage o. der WKlage stattgegeben werden	Bekl (Kl) $^1/_1$	
a, c, d, e: wie vor	wie vor	
f: Beispiel: Verurteilg 1. auf Klage, die häusl Gemeinsch herzustellen, 2. auf WKlage, sich einer Operation zur Beseitigg der EmpfUnfähgk zu unterziehen	$^1/_2 : ^1/_2$	
a u. g: NichtgErklärg auf Klage u. WKlage	$^1/_2 : ^1/_2$ s. aber StJSch IV 2, 3 zu § 93 a	
h: s. StJSch III 4a vor § 606		
a u. g: s. StJSch aaO		

4. Ggüber einem Schuldantr aus § 53 kann der Kl denselben Antr stellen

(Gerold 11, HSt 5 B u. Palandt 3 zu § 53; **aA** BGH 9, 225 u. FamRZ 57, 307, OGHbritZ DRZ 50, 157 u. Köln FamRZ 57, 24).

Den Antr, ihn selbst für mitschuldig zu erklären, kann der Kl nicht stellen (Weber NJW 49, 373). Ebensowenig kann er einerseits auf Scheidg aus Verschulden klagen, andererseits aber auf einen Schuldausspr gg den Bekl verzichten (Gaedeke DR 42, 825).

Rechtsfolgen der Lösg einer Ehe

Der Gesetzgeber hat die Folgen der Scheidg, Aufhebg u. Nichtgerklärg jeweils am Schluß behandelt. Der Praktiker — Anw u. Richter — muß sie an den Anfang seiner Überleggen stellen, mag es sich um den Entschluß zur Klageerhebg oder um die Stellgnahme zur Klage oder um eine Sühneversuch handeln („. . . *et respice finem!*").

I. Folgen einer Scheidg o. Aufhebg

a) bezügl der Kinder:

Die **UnterhPflicht** ggüber gemeins Kindern bleibt unverändert (§ 1606 III BGB idF d. GleichberG).

Im Verhältn der Eheg untereinander begründete § 71 EheG eine Beitragspfl des nicht unterhpfl Teils. Diese Bestimmg tritt am 1. 7. 58 außer Kraft.

Die **Vermögenssorge** bleibt ebenfalls — abgesehen von dem seltenen Falle des § 1684 I Ziff. 2 BGB[1]) unberührt.
Die **Sorge für die Person** der minderj Kinder wird nach § 74 EheG geregelt.

Diesbezügl eAOen bleiben gem § 627a bis dahin in Kraft.

Änderg dch das GleichberG: Ab 1. 7. 58 soll gem § 1671 BGB nF die **gesamte** elterl Gewalt (Personen- u. Vermögenssorge einschließl Vertretg) idR einem Elternteil übertragen werden.

Der **persönl Verkehr** der Eltern mit den minderj Kindern bestimmt sich nach § 75 EheG (ab 1. 7. 58 nach § 1634a BGB nF).
Ein Kind, das die Frau innerh von 302 Tagen nach Auflösg der Ehe geboren hat, gilt — abgesehen vom Falle des § 1600 BGB — als **ehel,** sofern nicht seine Unehelk festgestellt ist.

b) bezügl der Eheg:

Die **EhegUnterhPflicht** bestimmt sich nicht mehr nach den §§ 1360 ff, 1602 ff BGB, sondern — sofern sie nicht dch UnterhVertrag (§ 72 EheG) geregelt — nach den §§ 58—70 EheG,

---
[1]) Neufassg s. GleichberG.

also in 1. Linie nach dem Schuldausspr u., wo ein solcher nicht ergeht, nach der Klägerrolle u. Billigk. Entspr gilt für die Gewährg von Witwengeld an die frühere Frau eines Beamten (§ 102 DBG mit 2. DVO).

Das Rangverhältn der Haftg des unterhpfl Eheg zur Haftg von Verwandten des andern Eheg bestimmt sich nicht mehr nach § 1608 BGB, sondern nach § 63 EheG.

Für die UnterhPfl der Frau ggüber ihren Verwandten kommt § 1604 BGB (Neufassg s. GleichberG) nicht mehr zur Anwendg.

Auch die übrigen sich aus der Ehe ergebenden persönl **Rechte u. Pflichten der Eheg untereinander** (§§ 1353ff BGB) entfallen,

zB die Schlüsselgewalt der Frau u. ihre Pflicht zur Mitarbeit (§§ 1356ff; Neufassg s. GleichberG).

Die RVerhältnisse an der **Ehewohng** u. am **Hausrat** werden, wenn keine Einigg zustande kommt, richterl geregelt (DVO VI).

Der gesetzl o. vertragl **Güterstand endet.**

Bis zur **Auseinandersetzg** (§§ 1421ff, 1471ff, 1546, 1549) gelten für die Verwaltg u. Nutznießg bes Vorschr (insb §§ 1424, 1472).

Änderg dch das GleichbergG:

bei Zugewinngemeinsch Ausgleich des Zugewinns nach BGB nF §§ 1372—1390. Mit Beendigg des Güterstandes wird die Ausgleichsforderg vererbl u. übertragb (§ 1378 III aaO). VerjährgFrist s. § 1378 IV, ggüber Dritten § 1396 III aaO,

bei Gütergemeinsch Auseinandersetzg nach §§ 1471—1481 aaO u. Wegfall der UnterhPflicht ggüber bedürftigen Verwandten nach § 1604 aaO. Bes w i c h t i g: Anspr des schuldlos o. nicht überwiegend schuldig Geschiedenen auf Wertersatz des Eingebrachten nach § 1478 BGB aF u. nF je nach Schuldausspr bzw Klägerrolle.

Der **Widerruf von Schenkgen,** die ein Eheg dem andern während der Brautzeit o. Ehe gemacht hat, bestimmt sich nach § 73 EheG.

Ferner entfallen:

das gesetzl **EhegErbrecht** aus § 1931,
das Recht der Frau auf den **Voraus** (§ 1932; Neufassg s. GleichberG),
der ehel **Pflichtteil** aus § 2303 II (vgl auch § 2325 III),
die Wirksamk **letztw Verfüggen,** dch die ein Eheg den andern bedacht hat (§ 2077), eines gemeinschaftl Testaments (§ 2268) u. eines Erbvertrags, auch soweit ein Dritter bedacht ist (§ 2279),

— uU tritt der Verlust des Erbrechts schon vor der Lösg der Ehe ein (§§ 1933, 2077) —,

die **Eigentumsvermutg** des § 1362 (Neufassg s. GleichberG), der abgeleitete **Wohnsitz** der Frau (§ 10 BGB aF).

Ab 1. 7. 58 gegenstandslos, da § 10 BGB ersatzlos gestrichen (GleichberG Art. 1 Nr. 3). Für Frauen von 18—21 Jahren gilt dann BGB nF § 8 II S. 2, sofern sie nur wegen Minderjk beschränkt geschäftsfähig sind.

Die Staatsangehörigk der Frau bleibt unberührt[1]).

Ihr **Familienname** bestimmt sich nach §§ 54—57 EheG.

Erhält sie ihren früheren Familiennahmen wieder, so erstreckt sich diese Namensänderg auf ein von ihr adoptiertes Kind unter 18 J., das ihren Ehenamen führt (§ 1758a V BGB nF; ÜberleitgVorschr s. GleichberG Art. 8 I Nr. 10).

Eine dch die Ehe begr **Schwägersch** endet,

nicht aber das ZVerwR aus § 383 I Ziff. 3, 384 Ziff. 1 u. 2 ZPO, §§ 52 I Ziff. 3 u. 55 StPO.

Wegen **Wiederverheiratg** s. §§ 6, 8 u. 9 EheG.
Über die Folgen nach **internat PrivR** s. HSt 2 vor § 54.
ÜbergangsR s. HSt 5 zu § 37.

Auf die zahlreichen sonstigen rechtl Auswirkgen der Lösg einer Ehe, zB auf dem Gebiete des Beamten-, Handels-, Gewerbe-, Steuer-, Zwangsvollstr-, Fürsorgerechts kann hier nicht eingegangen werden.

II. Folgen der Nichtigerklärg.

Sie entsprechen zT den Folgen einer Scheidg o. Aufhebg:

die **erbrechtl** Folgen sind dieselben,
der abgeleitete **Wohnsitz** der Frau entfällt auch hier,
die RVerhältnisse an der **Ehewohng** u. am **Hausrat** werden in sinngem Anwendg der §§ 1—24 DVO VI geregelt (§ 25 DVO VI).

Erhebl Abweichgen ergeben sich aber aus dem januskopfigen Charakter der Nichtigerklärg, die die Ehe nicht nur für die Zukunft löst, sondern sie **rückwirkend** auf den Zeitpunkt der Eheschließg vernichtet.

Daraus folgt:

Die Frau erhält wieder ihren früheren Familiennamen u. ihre frühere StAngehörigk. Ihre Schlüsselgewalt entfällt rück-

[1]) Von Bedeutg ist aber die Scheidg für die Dauer des EinbürggAnspr einer mit einem Deutschen verh Ausländerin (Ges. v. 19. 8. 57, BGBl 1231, Art. I).

wirkend. Für die ggseitigen vermögens-, bes unterh- u. güterrechtl Beziehungen ist entscheidend, ob Bösgläubigk vorlag, dh Kenntn der Nichtigk der Ehe bei deren Eingehg.

a) Waren **beide** Teile **gutgläubig** (der Normalfall), so bestimmen sich ihre ggseitigen vermögensrechtl Beziehungen nach **ScheidgR** (§ 26 I S. 1 EheG). Für die UnterhRegelg gilt § 61 II EheG mit § 16 DVO I.

b) War **ein Teil bösgläubig,** so kann der gutgläubige **wählen,** ob sich die ggseitigen vermögensrechtl Beziehgen nach ScheidgR bestimmen oder ob es bei den Folgen der Nichtigk bewenden soll. Letzteres kann für ihn günstiger sein. Will er von dieser Möglk Gebrauch machen, so muß er dies **binnen 6 Monaten** nach Rechtskr der Nichtigerklärg dem andern Teil erklären. In diesem Falle bestimmen sich die ggseitigen vermögensrechtl Beziehungen nicht mehr nach den güterrechtl, sondern nach den schuld- u. sachenrechtl Vorschr u. erlischt die ggseitige UnterhPflicht rückwirkend.

Folge: War der Mann der bösgläubige Teil, so kann die Frau die von ihm gezogenen Nutzgen ihres Eingebrachten zckfordern, wobei allerdings der ihr vom Mann gewährte Unterh abzuziehen ist (RG 104, 250). War sie der bösgläubige Teil, so kann der Mann den ihr gewährten Unterh nach Maßgabe der §§ 812ff BGB zckfordern.

c) Waren **beide bösgläubig,** so treten in jeder Beziehg die vorerwähnten NichtigkFolgen ein.

Die **Ehelk von Kindern** aus nichtiger Ehe wird dch Nichtigerklärg **nicht berührt** (§ 25 I EheG).

Für das **Verhältn der Eltern zu diesen Kindern** kam es aber bisher wiederum auf den guten Glauben an. Der bösgläubige Elternteil verlor die Verwaltg u. Nutznießg des Kindesvermögens, sowie die vermögensrechtl Vertretg der Kinder u. stand hinsichtl der Personensorge einem für schuldig Erklärten gleich (§ 25 II u. III EheG). Diese Bestimmgen verlieren jedoch gem Art. 8 II Nr. 1 GleichberG am 1. 7. 58 ihre Wirksamk, da sich nunmehr die Verwaltg des Kindesvermögens nach §§ 1627ff, die Nutznießg der Eltern nach § 1649 u. die Vertretg nach § 1629 BGB nF bemißt u. § 1671 VI aaO auch für Kinder aus nichtiger Ehe eine Regelg der elterl Gewalt dch das VormundschGer vorsieht.

Schwägersch entfällt rückwirkend. Hinsichtl der strafrechtl Auswirkgen bezgl Blutschande s. § 4 VO v. 23. 4. 38 RGBl I 417.

Geschlechtsverk mit Dritten in der Zeit zwischen Eingehg u. Nichtigerklärg der Ehe gilt nicht mehr als **Ehebr** iSd § 42 EheG u. bildet, wenn die Ehe hierwegen vor ihrer Nichtigerklärg geschieden worden ist, kein Ehehindern aus § 6 EheG (HSt 4 zu § 42). Seine Strafbk aus § 172 StGB bleibt dagg bestehen.

Das Sühneverfahren

(§§ 608—610 ZPO)

Für Scheidg- u. Herstellgklagen hat der Gesetzgeber in das Verfahren eine Bremse eingebaut: das Sühneverfahren. Sein Zweck ist, zu verhindern, daß es zum Proz kommt, bevor die Möglichkeiten einer Aussöhng geprüft und ausgeschöpft sind. Solange den Vorschriften über den Sühneversuch (= SV) nicht genügt ist, soll der Vors die Anberaumg eines Termins zur mündl Streitverhandlg ablehnen, selbst wenn beide Parteien auf SV verzichten.

Der Antrag.

SV erfolgt nur auf Antrag. Der Antrag unterliegt nicht dem AnwZwang. Er kann auch stillschweigend gestellt werden, nämlich durch Einreichg der Klage[1]). Zur Vermeidg von Rückfragen empfiehlt es sich aber, ihn ausdrücklich zu stellen, u. zw, wenn primär Erlaß beantragt wird, hilfsweise.

Der Antrag ist zu stellen, wenn Klageerhebg „beabsichtigt" ist, wird aber idR in der Klage gestellt.

Erlaß des SV. Der SV kann erlassen werden,

1. wenn sich Bekl im Ausland aufhält oder unbekannten Aufenthalts ist,
2. wenn dem SV ein anderes schwer zu beseitigendes Hindernis entgegensteht, zB weite Entferng einer Partei vom Sitz d. Proz-Gerichts, jedoch nicht, wenn dieser Umstand vom Kl verschuldet ist (zB durch bösliche Verlassg),
3. wenn die Erfolglosigk des SV mit Bestimmth vorauszusehen ist. Der Wortlaut des Gesetzes nötigt, dabei einen strengen Maßstab anzulegen. Denn was kann man wirklich „mit Bestimmth" voraussehen? Die allg Erfahrg, daß SVe idR erfolglos bleiben, genügt nicht. Stets ist auf den konkreten Fall abzustellen. Auf Grund einseitiger Behauptg des Kl wird Erfolglosigk des SV nur selten angenommen werden können. Daher mündl oder schriftl Anfrage bei Bekl zweckmäßig, ev. gelegentl der Anhörung im AR-Verfahren. Zeigt Bekl Versöhngbereitschaft, so sollte stets eine Aussöhng versucht werden.

Entscheidung.

Über den Erlaß des SV entscheidet der Vors. Seine Entscheidg wird den Parteien mitgeteilt. Wird SV nicht erlassen, so leitet der Vors die Akten, sofern er den SV nicht selbst abhalten will, dem ER zu und bestimmt dieser

---

[1]) StJSch IV und Baumb 2 zu § 609.

Sühnetermin (= ST).

Gleichzeitig für den Fall des Scheitern des SV mündl Verhandlg anzuberaumen, entspricht nicht den Absichten des Gesetzgebers.
Zum ST ist stets das **persönl Erscheinen** beider Parteien anzuordnen. Vertretg durch Bevollm ist ausgeschlossen. Die Ladg ist an die Parteien persönl zu richten u. zw im Wege der förml Zust[1]).
Mit der Ladung erhält der Bekl eine Abschrift des Antrags. Aus ihr ersieht er uU. erstmals, daß und aus welchen Gründen Klageerhebg beabsichtigt ist. Die Wirkg kann verschieden sein:

1. (günstigster) Fall: Er gelobt Besserg, sei es auch nur aus Scham oder Scheu vor dem Gericht (bes Alkoholiker sind fast immer dazu bereit), es kommt vielleicht gar zu einer Aussöhng, der Antrag wird zurückgenommen, — er hat seinen Zweck als „Schreckschuß" erfüllt.
2. (häufigster) Fall: Bekl hat kein Interesse an der Aufrechterhaltg der Ehe; er rüstet zum Kampf, kommt zum ST nur, um seinerseits vom Leder zu ziehen und die Gegenrechng aufzumachen, oder geht überhaupt nicht hin. Der Richter kann ja sein Erscheinen wohl anordnen, aber nicht erzwingen.

Erscheint nur der Antragsteller,

so erörtert der Richter mit diesem die Möglichk einer Aussöhng. Je nach dem Ergebnis trifft er im Protokoll die Feststellg „SV gilt als mißlungen" oder ordnet die Wiederholg des SV an. Letzteres kann aber nur einmal geschehen, es sei denn, daß der Gegner am Erscheinen ernstl verhindert war oder die Ladg nicht erhalten hat, was bes dann vorkommen kann, wenn sie entgegen § 185 ZPO ersatzw dem Kl zugestellt worden ist. Zu dem neuen ST ist der Gegner erneut zu laden.

Erscheint nur der Gegner,

so entläßt ihn der Richter nicht, ohne mit ihm die Möglichk einer Versöhng besprochen zu haben. Je nach dem Ergebnis wird der SV nun erlassen oder dem Antragsteller anheimgegeben, neuen SV zu beantragen. Durch die Säumnis des Antragstellers verliert der Antrag seine klagefristwahrende Wirkg nach § 50 III und I S. 4, 51 I EheG.

In jedem Fall fragt der Richter den Erschienenen, ob etwa eine Aussöhng bereits erfolgt ist. Diese Frage ist bes dann veranlaßt, wenn die Streitsteile noch in häusl Gemeinsch leben.

Erscheinen beide Teile,

so bespricht der Richter mit ihnen ihre ehel Verhältnisse zum Zweck einer Aussöhng und stellt das Ergebnis im Protokoll fest u. zw. Erklärg, aus denen sich ergibt, daß der Klageanspruch durch Verzicht, Verzeihg o. Fristablauf erloschen ist, sowie Geständnisse in der Form des § 162 ZPO.

Solche erste, in Gegenwart des Gegners abgegebene Erklärg entsprechen meistens mehr der Wahrheit als schriftl abgegebene,

---

[1]) StJSch III zu § 610.

mit Hilfe Dritter ausgeklügelte. (Auf dem Papier zu lügen, ist viel einfacher als Aug in Auge mit dem Richter und dem Gegner). Trotzdem können sie aber nicht denselben Beweiswert wie Aussagen bei einer Parteivernehmg im Rechtsstreit beanspruchen. Das Gericht darf solche Protokolle nur urkundenbeweisl würdigen (vgl Baumb 4 zu § 286). Als Parteiaussagen dürfen sie im Urteil nur verwertet werden, wenn beide Parteivertr sich damit einverstanden erklärt haben. Geständnisse haben überdies in EheS nie die Wirkg des § 288 (§ 617)[1].

Die Aussöhng im ST

Sie ist weder ein Rechtsgeschäft noch eine ProzHandlg, sondern ein rein tatsächl Vorgang, der regelm als **Verzeihg** zu werten ist. Sie stellt nicht ohne weiteres eine Klagerücknahme dar. Eine solche kommt überdies nur in Frage, wenn die Klage — regelwidrig — bereits vor dem ST zugestwllt worden ist.

Ebenso wie die Verzeihg kann die Aussöhng **bedingt** erklärt werden. Die Bedinggen können in Form von Vereinbargen oder einseitigen Verpflichtgserklärgen zu Protokoll gegeben werden (zB Zahlg eines bestimmten Wirtschafts- oder Taschengeldes, Unterlassg weiterer Mißhandlgen und Beleidiggen, ehw Verkehrs, unsoliden Lebenswandels u. dgl). Eine **Zwangsvollstreckg** aus solchen Erklärgen ist aber **nicht möglich,** denn eine Vereinbarg, die ledigl Verpflichtgen feststellt, die ohne weiteres aus der Ehegemeinsch folgen, stellt keinen Vergleich iSd § 794 Z. 1 ZPO dar.

Für **Vergleiche nach §§ 627, 627b** ZPO ist im Falle einer Aussöhng kein Raum mehr. Bei Getrenntleben der Eheg ist zwar eine vertragl Regelg der Herausgabeansprüche nach § 1361 BGB, der Ausübg des Personensorgerechts und der UnterhPflicht ggüber den Kindern im Verhältnis der Eheg zueinander und — soweit nicht § 1614 BGB entgegensteht — auch der Unterhaltsansprüche aus § 1361 BGB mögl (Gerold 2 zu § 72). Solche Vereinbargen im ST stellen aber keinen ProzVergleich dar.

AnwGebühr 3/10 im SVerf, 1/1 für Mitwirkg bei Aussöhng (aus dem Wert der EheS), 1/1 für Mitwirkg beim Abschluß eines Vergleichs über vermögensrechtl Anspr (aus dem Wert dieser Anspr) s. §§ 42, 36 mit 23 RAGebO.

Wie alle Verhandlgen in Ehes sind STe **nicht öffentlich** (§ 170 GVG). RAe u. a. Beistände darf der Richter zurückweisen (§ 610 III ZPO).

Von dieser Befugnis wird er Gebrauch machen, wenn er glaubt, ohne Beistände eher zu einer Einigg zu kommen. Der Gebühr nach § 42 RAGebO geht der Anw durch seine Zurückweisg nicht verlustig, denn diese entsteht schon mit der Einreichg des SVAntrags.

---

[1]) Verschweigen wesentl Klagegründe im SV-Antrag kann zur Folge haben, daß neuerl SV erforderl wird, um sie im RStreit vortragen zu können. Dch Hinweis darauf kann der Richter auf eine sachgemäße, die wirkl Konfliktspunkte behandelnde Aussprache hinwirken.

Taktik des SV

Unternimmt der Richter einen SV, so muß trotz aller entmutigenden Erfahrgen seine Parole lauten: Wenn schon, denn schon!

Ob ein SV Erfolg hat, hängt uU wesentl von seiner **Vorbereitg** ab. Zur Vorbereitg gehört, daß der Richter schon auf Grund der Akten nach dem Kernpunkt des Streits forscht und diesen nach Möglk (u U durch Zeugenvernehmg nach § 118a ZPO) vorweg aufklärt. Solange dies nicht geschehen, kann die Vornahme eines SV völlig zwecklos sein, zB wenn die Kernfrage die ist, ob der Verdacht des Ehebruchs begründet ist (s. u. S. 52).

Nicht gleichgültig ist die **Form der Vorladg.** Der in Streitsachen übliche Vordruck, der mit der unpersönl Formel „In Sachen . . ./. . .“ beginnt, sollte nicht verwendet werden, ebenso der wenig glückliche Ausdruck „Sühneversuch“ (es soll ja nicht „gesühnt“, sondern „versöhnt“ werden). Zweckmäßig erscheint folgende Fassung:

„**Ladung:** Das LG . . . beabsichtigt, zwischen Ihnen und Ihrer Gattin — Ihrem Gatten eine Aussöhnung zu versuchen, und hat zu diesem Zweck Ihr persönliches Erscheinen angeordnet. Sie werden daher auf . . . . vor das LG . . . . Zimmer Nr. . . . geladen. Wenn Sie wegen Mittellosigkeit nicht in der Lage sind, die Kosten der Hin- und Rückreise zu bestreiten, wird Ihnen empfohlen, unverzüglich ein Armutszeugnis vorzulegen und die Bewilligung einer Reiseentschädigung zu beantragen[1]). Der Termin ist gebührenfrei“.

Von großer Bedeutung kann es sein, ob der ST kurz- oder langfristig anberaumt wird. Ersteres empfiehlt sich in akuten, letzteres in latenten Fällen. Vergehen bis zum ST mehrere Wochen, so kann inzwischen der Riß in der Ehe im einen Fall unheilbar geworden, im andern Fall vernarbt sein. Die Einhaltg einer Ladungsfrist ist nicht vorgeschrieben.

Individuell zu entscheiden ist auch die Frage, ob es zweckmäßig ist, eine **einstw Anordnung** bereits vor dem ST zu erlassen. Solche Anordnggen können zuweilen eine Aussöhng erhebl erschweren, manchmal aber auch erleichtern, nämlich durch ihre Schockwirkg auf den Betroffenen.

Wenn dieser zB die Kinder herausgeben muß, wird er uU eher zu einer Versöhng bereit sein. Soweit es der Aufrechterhaltg der Ehe dient, wird man dem Richter eine gewisse Freiheit, den Zeitpunkt seiner Entscheidg zu bestimmen, zugestehen müssen.

---

[1]) Vgl Bekm v. 23. 5. 57 bayJMBl S. 336 u. die entsprechenden Bekm in den übrigen Ländern der Bundesrepublik.

Zur Durchführg eines SV braucht man **Zeit** und **Ruhe.** Daher keine SVe in Gegenwart ungeduldig wartender Anwälte und möglichst nicht zwischen streitigen Verhandlgen. Ferner unterscheiden, ob es angebracht ist, die richterl Autorität hervorzukehren oder darauf zu verzichten und nur als Freund und Helfer von Mensch zu Mensch zu sprechen. Vorweg wird sich der Richter ein Bild machen, mit wem er es zu tun hat. Beeinflußb oder starrköpfig? Richterl Autorität zugängl oder gewohnt, sich seine Meinung selbst zu bilden? Religiös ansprechb oder gleichgültig? usw. Je nach dem wird der Richter seine Taktik einrichten. Er kann u U sich erkundigen, wo die Trauung stattgefunden hat, wie das Treugelöbnis wie der Trautext gelautet hat, durch entsprechende Fragen die Erinnerung an glücklichere Zeiten der Ehe (zB die Gründung des eigenen Heims, die Geburt des 1. Kindes) wecken, behutsam vorwärts tastend den Verlauf der Ehe erforschen und vor allem versuchen, die Wurzel des Übels zu ergründen. Aus den Schriftsätzen ist diese oft garnicht oder nur „zwischen den Zeilen" zu ersehen. Oft werden aus taktischen Gründen Dinge in den Vordergrund gerückt o. aufgebauscht, die in Wirklichk nicht entscheidend sind.

Zeigt sich, daß die Ursachen der Ehezerrüttg in Verhältnissen oder Eigenschaften liegen, die nicht zu ändern sind, so sind die Aussichten auf eine Versöhng gering.

Zuweilen heuchelt der Bekl Versöhngsbereitschaft, weil er im Falle einer Scheidg befürchten muß, für alleinschuldig erklärt zu werden und für seine Frau Unterhalt bezahlen zu müssen, ohne von ihr Nutzen zu haben. In diesem Fall wird sich der Richter um eine Aussöhng nur bemühen, wenn der Frau die Fortsetzg der Ehe zuzumuten ist.

Erscheint der Fall nicht hoffnungslos, so muß der Diagnose der Versuch der **Therapie** folgen und gilt es zu überlegen: wie kann man dem Übel an die Wurzel gehen? Durch Wohnungswechsel? Durch Ortswechsel? Durch vorübergehendes Getrenntleben? Oder wenigstens getrennte Kassenführung? Durch güterrechtl Vereinbargen? Durch Aufhebg eines verfrüht geschlossenen Ehe- und Erbvertrags? Durch Unterlassungsklage gegen den Ehebrecher? Durch Antrag auf Wirtshausverbot (Art 26 BayLStVG) gegen den trunksüchtigen Ehemann? Einige Fingerzeige müssen hier genügen. Der praktische Blick des erfahrenen Richters wird im Einzelfall das richtige Heilmittel finden[1]).

Auch wirtschaftliche Erwägungen, die gegen die Durchführg eines Scheidgsprozesses sprechen, wird der Richter den Parteien zu bedenken geben, z. B. durch Hinweis auf die Höhe der ProzKosten, die gesamt-

---

[1]) Wie man es nicht machen soll, schildert Bismarck in „Gedanken u. Erinnerungen" I, 25 an einem ergötzl Beispiel.

schuldnerische Kostenhaftg beider Teile gem § 99 Ziff. 3 GKG[1]), die Gefahr der Nachzahlungsanordng gem. § 125 ZPO in Armensachen, die vermögensrechtl Folgen eines Schuldspruchs (§ 1478 BGB!), Verlust des Erbrechts durch Scheidung, die Frage der Unterhaltspflicht, der Sorge für die Person der Kinder usw.

In jedem Fall kann der SV dazu dienen, die Parteien vor übereilten Entschlüssen zu bewahren und für den Rechtsstreit, wenn dieser unvermeidl, wertvolle Vorarbeit zu leisten.

Nur selten gelingt es allerdings, eine Versöhng zustande zu bringen, noch seltener eine dauerhafte[2]).

Was ist der Grund? Wenn schon ein Ehegatte den andern vor den Kadi zitieren läßt, ist die Ehe krank und der Riß in der Ehe meistens schon so tief, daß ihn kein Richter mehr heilen kann — und wenn er „mit Engelzungen redete". Erloschene Liebe kann kein Außenstehender wiedererwecken. Mehr Aussichten haben Vermittlungsversuche Dritter, die beiden Teilen nahe stehen oder wenigstens deren Verhältnisse kennen, vor allem Freunde, Verwandte, Geistliche, Bürgermeister und Anwälte. Ist der Fall aber bereits bei Gericht anhängig, so ist es meistens dazu zu spät. In der Regel fehlt schon auf seiten des Antragstellers der Wille zur Versöhng. Der SV wird nur widerwillig beantragt, weil er nicht erlassen wurde. Hat der Antragsteller schon einen Rechtsanwalt beauftragt oder gar bereits an diesen einen Vorschuß bezahlt, so gibt es für ihn meistens kein Zurück mehr. Wenigstens entschließt er sich nur selten sogleich wieder die Segel zu streichen.

Der Richter darf sich aber durch Mißerfolge nie entmutigen lassen. Auch wenn der SV scheitert, wirken die Worte des Richters oft in den Parteien nach mit der Folge, daß die Klage später zurückgenommen wird.

---

[1]) Bis 31. 3. 53: Gesamtschuldn Haftg des Mannes für Kostenschuld der Frau bis zur Rechtskr eines Urt, das
a) die Ehe u. damit den Güterstand beendet oder
b) die Kosten der Frau auferlegt
(bei Verwaltg u. Nutznießg: §§ 1387, 1388, 1416;
bei Gütergemeinsch: §§ 1459 II, 1460 II, 1464 I BGB aF).

ab 1. 4. 53: bei gesetzl Güterstd haftet der Mann nicht mehr für Kosten der Frau, da § 1388 außer Kraft, u. umgekehrt.
Bei Gütergemeinsch: wie bisher.

ab 1. 7. 58: bei Zugewinngemeinsch keine gesamtschuldn Haftg der Eheg. § 1388 ist dch Art. I Nr. 9 GleichberG aufgehoben.
Bei Gütergemeinsch: wie bisher (§§ 1437 II, 1438 II, 1443; 1459 II, 1460 II, 1465 I BGB nF).

[2]) Statistische Erhebungen bei einem bayer. LG bestätigen diese Erfahrungen. Nur 6,1 % der SVe, die dort in den Jahren 1938—1952 abgehalten wurden, führten zu einem Vergleich. Aber selbst dieser geringe Erfolg ist trügerisch. Denn fast ausnahmslos wurde die betr Ehe dort später doch geschieden. Ob in den wenigen übrigen Fällen die Aussöhnung von Bestand war, ist zum mindesten zweifelhaft. Daß sie nicht erneut dasselbe Gericht beschäftigt haben, kann auch auf andern Gründen beruhen (z. B. Abwanderg, Tod).

Führen die Verhandlungen mit den Streitsteilen zu keiner Aussöhng, so empfiehlt es sich, wenn Anträge nach § 627 ZPO zu erwarten sind oder bereits vorliegen, hierüber eine gütliche Einigung zu versuchen. Eine solche Regelung verdient stets den Vorzug vor einer gerichtlichen Entscheidung.

Einschaltg von Eheberatungsstellen (= EBSt)

Die geringen Erfolge gerichtlicher SVe haben den Gedanken gezeitigt, die Hilfe sog. EBSt in Anspruch zu nehmen. Die Vornahme des SV einer solchen Stelle zu übertragen, ist dem Ger nach geltendem Recht verwehrt. Selbst die Zulassg von Mitarbeitern einer EBSt zum SV ist nur mit Zustimmung der Parteien mögl.
Zur Umgehg dieses rechtl Hindernisses sind manche Gerichte dazu übergegangen, von solchen Stellen **Gutachten** über die Aussichten eines SV einzuholen.

Die Zulässgk eines solchen Verfahrens ist zu bejahen (StJSch I 1b N 1 zu § 609 im Anschluß an Blau JZ 52, 712), denn das Ger ist befugt, Sachverst von Amts wegen zuzuziehen, wo immer es ihrer bedarf (StJSch III 1 vor § 402), also auch zur Vorbereitg der Entscheidg über den Erlaß des SV[1]).
Wird jedoch der SV nach Erholg eines solchen Gutachtens regelmäßig erlassen, so liegt im Ergebn eine unzulässige Übertragg des SV auf die EBSt vor.
Es wurde daher angeregt, dieses Verf dch entspr **Gesetzesänderung** zu legalisieren. Dagg bestehen jedoch erhebl Bedenken. Die Folge wäre, daß die Gerichte noch weniger als bisher SVe selbst abhalten u. sich damit der oben aufgezeigten Aufklärg-Möglichkeiten u. sonstigen Vorteile, die ein SV bietet, begeben. Ein wesentl Stück des Verf würde herausgebrochen. Die Vornahme des SV ist nun einmal eine richterl Aufgabe, mag sie auch noch so oft vernachlässigt werden. Im übrigen ist zu befürchten, daß den Bemühungen der EBSt ebensowenig echte u. nachhaltige Erfolge beschieden sein werden wie den gerichtl SVen. Sehen sie sich doch den gleichen Schwierigkeiten ggüber. Durchführb ist ein SV ja nur, wenn beide Teile erscheinen. Dem steht aber häufig der Umstand entgg, daß sich die Parteien nicht mehr am Sitz des ProzGer aufhalten. Bes häufig ist der Fall, daß die Frau nach Scheitern ihrer Ehe zu auswärtigen Angehörigen zieht o. der Mann eine auswärtige Beschäftigg annimmt. Häufig besteht die räuml Trenng der Eheg schon vorher; nicht selten ist gerade sie der Grund der eingetretenen

[1]) Bei der Erholg solcher Gutachten handelt es sich nicht um eine BewAufn iSd §§ 282. Es findet daher weder eine persönl Vernehmg noch eine Beeidigg statt; ebensowenig ist für eine Ablehng gem § 406 Raum. Die Vernehmg erfolgt vielmehr in der Form des sog. Freibeweises, der nicht den Vorschr des 8. Titels der ZPO unterliegt (StJSch III 2 vor § 402).

Entfremdg. Aber auch wenn beide Teile zum SV erscheinen könnten, scheitert dessen Durchführung häufig von vornherein daran, daß der Antragsgegner nicht erscheint. Daß der Vorladg einer EBSt, also einer nichtamtl Stelle eher Folge geleistet werden wird als einer gerichtl Vorladg, ist nicht anzunehmen. Den EBSten die Befugn einzuräumen, das Erscheinen des Antragsgegners zu erzwingen, wäre nicht angängig. Ein Zwang zum Erscheinen wäre überdies mit dem Wesen des SV kaum vereinbt.

Um es den **kirchl** Seelsorgern zu ermöglichen, daß sie außerh des gerichtl Verf auf die Aussöhng der Eheg hinwirken, wurde in Bayern angeordnet, das zuständige Pfarramt von der Anberaumg eines SV zu benachrichtigen, wenn das Religionsbekenntn freiwillig angegeben wird (JMBl nF Bd. I. S. 604). In den Jahren nach 1933 kamen diese Benachrichtigungen außer Übg. Ein wesentl Erfolg dürfte von ihrer Wiedereinführg nicht zu erwarten sein.

Das Armenrechtsverfahren

§§ 114ff

„Die vom Gesetzgeber vorgesehene Möglk, für eine Klage das AR zu bewilligen, verfolgt den Zweck, daß die arme Partei bei der klageweisen Verfolgg ihrer Ansprüche, soweit sie hinreichende Aussicht auf Erfolg bietet, nicht schlechter gestellt werden soll als die nicht arme Partei" (BGH 10, 143)

I. Der Antrag.

Das AR kann nur dem bewilligt werden, der es beantragt.
Der Antrag kann zu Prot der GeschStelle[1]) oder schriftl gestellt werden.

Gleichzeitige Einreichg von Klage u. AR-Gesuch:

Wird der Antr von einem RAnw gestellt, so wird er häufig in die Klageschr aufgenommen o. dieser beigefügt[2]).
Meist geschieht dies nicht nur zur Erspar g von Schreibwerk, sondern zur Fristenwahrg, näml um dem Kl die Rückwirkg der späteren Klageerhebg gem §§ 261b III, 207 ZPO (s. auch § 203 BGB) zu sichern o. um schon jetzt Anordngen nach § 627 beantragen zu können (s. § 627 II).
Will der Kl die Klage nur unter der Voraussetzg, daß ihm das AR bewilligt wird, erheben, so muß er dies eindeutig erklären. Andernfalls wird die Klage als eingereicht angesehen[3]) u. tritt GebPflicht nach §§ 95, 106 GKG ein, die auch iFd Versagg des AR bestehen bleibt (StJSch I 3 zu § 118) u. nur auf dem Wege des § 29 GKG (KlageRückn vor Terminsbestimmg) beseitigt werden kann. Im Zweifel empfiehlt es sich daher, dch Rückfrage beim Anw des Kl zu klären, ob die Klage ohne Rücksicht auf das Ergebn des AR-Gesuchs als eingereicht angesehen werden soll. Lautet die Antwort Ja, so wird die Sache als R-Sache, andernfalls als OH-Sache eingetragen[4]). In beiden Fällen bleibt die Klage bis zum Abschluß des ARVerf unbearbetet bei den

---

[1]) Über die hierbei aufzunehmenden Angaben s. bayGAnwZ § 4, insb V, VI.

[2]) Hierzu s. Schwieren NJW 51, 946.

[3]) Ist die Klageschr vom Anw unterzeichnet u. nicht als bloßer Entwurf bezeichnet, so hat sie auch dann selbständige Bedeutg, wenn sie nur als Anlage zum AR-Gesuch eingereicht worden ist (BGH 4, 333).

[4]) AktO § 38 II u. Fußnote 5c zu Muster 21 der Anl. II.

Akten liegen. Terminbestimmg u. Klagezustellg erfolgen erst nach Bewilligg des AR bzw bei Verweigergg des AR nach Zahlg der ProzGeb gem § 111 GKG.
Gelegentl kommt es vor, daß die ProzGeb bezahlt u. trotzdem um das AR nachgesucht wird. In diesem Falle erfolgt Terminsbestimmg u. Klagezustellg unabhängig vom AR-Verf.

II. Die Voraussetzgen.

Die einstw Kostenbefreig armer Parteien hat für den Staat eine erhebl finanzielle Belastg zur Folge. Die angestrengte Finanzlage des Staates verlangt zZt eine bes sorgfältige Prüfg der ARGesuche. Diese Prüfg hat sich zu erstrecken:

a) auf die StAngehörigk des Antragstellers,
b) auf seine wirtschaftl Verhältnisse, näml ob er „arm" ist,
c) auf die Erfolgsaussichten der von ihm beabsichtigten Anträge.

Die Prüfg zu c) erübrigt sich, wenn die Voraussetzgen unter a) o. b) nicht gegeben sind.

1. Die StAngehörigk des Antragst.

Deutsche StAngehörige haben unter den Voraussetzgen des § 114 I Anspruch auf Gewährg des AR, Angehörige **fremder** Staaten dagg nur, wenn Gegenseitigk verbürgt ist (§ 114 II).

Verzeichn der betr Staaten s. Bek. v. 21. 9. 1956 (bay. JMBl. S. 155). **Verschleppte** Personen u. Flüchtlinge iSd AHKG Nr. 23, sowie heimatlose Ausländer iSd Ges. v. 25. 4. 51 (BGBl I S. 269) u. volksdeutsche Flüchtlinge stehen den deutschen StAngehörigen gleich.

Verweigerg des AR mangels Gegenseitigk des Heimatstaates würde dazu führen, daß dem DP die vom Ges. Nr. 23 erstrebten Vorteile versagt bleiben, wenn er arm ist. §§ 110, 114 sind in Art 3 offensichtl nur versehentl nicht aufgeführt (aA Schwenn SJZ 50, 655).
Nachw der Betreuung dch die IRO kann seit deren Auflösg nicht mehr gefordert werden (vgl Rdschr. d. BMdI v. 27. 3. 53 — GemMABl S. 313).

Staatenlose, die unter keine dieser Kategorien fallen, haben keinen Anspr auf Zulassg zum AR; es kann ihnen aber, wenn die Voraussetzgn des § 114 I gegeben sind, das AR gewährt werden. Bei Staatenlosen, die schon lange in Deutschland leben, u. bei ehemal Deutschen, die ohne ihr Zutun staatenlos geworden sind, wird das Ger regelm von dieser Ermächtigg Gebrauch machen. Frauen, die zZt der Eheschließg deutsche StAngehörige waren, sind für die in § 606b Nr. 2 bezeichneten Klagen hinsichtl der Gewährg des AR wie Deutsche zu behandeln (StJSch II 4 zu § 110, aA Hamm JZ 52, 242).

2. Armut

„Arm“ ist, wer die ProzKosten nicht bestreiten kann o. dch Bezahlg der ProzKosten eine Beeinträchtigg des für ihn u. seine Familie notwendigen (nicht „notdürftigen“) Unterhalts (vgl § 850d ZPO) erleiden würde. Die Prüfg dieser Frage erfordert eine Abschätzg des Kostenrisikos.

a) Unter „ProzKosten“ iSd § 114 I sind nicht nur die Kosten zu verstehen, von denen die arme Partei einstw befreit wird, sondern auch die Kosten, die sie iF ihres Unterliegens treffen, also auch die Kosten des Gegners (StJSch II 1a zu § 114). Andernfalls würde für die arme Partei nur die finanz Unmöglk, den Proz zu beginnen o. sich auf ihn einzulassen, beseitigt, nicht aber das Risiko einer weiteren untragb Kostenlast, das sie bei vernünftiger Überlegg von der Verfolgg bzw Verteidigg ihrer Rechte abhalten muß. Es würde gerade das eintreten, was § 114 verhindern will, näml, daß ein Rechtssuchender sein Recht desh nicht finden kann, weil er arm ist. Immerhin sind aber nur die Kosten der Inst, für die um das AR nachgesucht wird, einzukalkulieren (*arg* § 119 I). § 119 II steht dem nicht entgg, denn diese Bestimmg setzt nicht voraus, daß die untere Inst bereits die möglichw anfallenden Kosten weiterer Rechtszüge einkalkuliert hat, sondern beruht offensichtl auf folgender Erwägg: hat die Prüfg der unteren Inst ergeben, daß der GesSteller die Kosten dieser Inst nicht tragen kann, so ist anzunehmen, daß er weitere Kosten erst recht nicht tragen kann.

b) Ist der GesSteller Kläger u. ist mit Sicherh anzunehmen, daß sich der Bekl nicht vertreten läßt u. eine BewAufn nicht stattfinden wird, so genügt es 2 GerGeb (§ 25 I Z. 1 u. 3 GKG) u. 2 AnwGeb (§ 31 I Z. 1—2 RAGebO) aus einem Streitwert von 3000 DM (§ 14 I GKG) zuzügl Auslagen zugrunde zu legen, also einen Betrag von etwa 450 DM. In allen anderen Fällen sind außer den GerGeb 2 mal 3 AnwGeb also 1047 DM zuzügl eines geschätzten Betrages für Geb der Zeugen, Sachverst, Ganggeb der Parteien u. sonstige Auslagen zugrunde zu legen.

c) Die Summe dieser Beträge ist von dem monatl Einkommen des GesStellers abzusetzen. Reicht der Rest zur Bestreitg des notw Unterh für ihn u. seine Familie aus, so muß ihm das AR verweigert werden. Andernfalls ist zu prüfen, ob er die Kosten nicht wenigstens teilw o. in Raten aufbringen kann (s. u. S. 45)

In der Ostzone lebenden GesStellern, die im westdeutschen Währgsgebiet keine Barmittel besitzen, wird das AR idR schon desh zu bewilligen sein, weil sie die Kosten nicht überweisen können, ohne sich strafb zu machen.

Zur Darlegg seines Unvermögens hat der GesSteller gem § 118 II ein **Armutszeugnis** vorzulegen.

Die Angaben in diesen Zeugn sind für das Ger in keiner Weise bindend. Sie sind oft unvollständig u. unzuverlässig. Häufig ist dem betr Beamten die Höhe der voraussichtl ProzKosten nicht einmal annähernd bekannt. Wie soll er da beurteilen können, ob sie der GesSteller aufbringen kann? Bes dürftig sind die Armutszeugn ostzonaler Behörden.
Wie alle anderen tatsächl Angaben hat der GesSteller auch sein Unvermögen auf Verlangen des Ger glaubh zu machen. Zu Ermittlgen von Amts wegen ist das Ger nicht verpfl, aber berechtigt.
Ist dem GesSteller die Beibringg eines vorschriftmäßigen AR-Zeugn nicht mögl (bes in der Ostzone ein häufiger Fall) so kann sich das Ger mit anderen Nachweisen (Steuer-, Rentenbescheiden etc) begnügen.
Ein vom einen Eheg vorgelegtes AR-Zeugn enthebt den anderen Eheteil nicht ohne weiteres von der Verpflichtug, ebenfalls ein AR-Zeugn vorzulegen.

Teilbewilligung. Besteht Unvermögen nur zu einem Teil, so ist das AR nur hinsichtl dieses Teiles zu bewilligen. § 115 II eröffnet hierfür folgende Wege:

1. Beschränkg des AR auf einen **Teil der ProzKosten** (zB nur für die GerKosten o. nur für die AnwKosten o. nur, soweit die Kosten einen bestimmten Betrag übersteigen).

   In diesem Fall muß in dem Beschluß bestimmt werden, auf welche Geb dieser Betrag zu verrechnen ist.
   Eine solche finanz Beteiligg der armen Partei ist bes zu empfehlen. Irgendeinen Beitrag zu den Kosten kann fast jede Partei leisten. Wieviel sie mindestens leisten kann, ist meistens leichter abzuschätzen als die Höhe der tatsächl Kosten.

   Der Teil der Kosten, für den das AR bewilligt wird, kann auch als **Bruchteil** bestimmt werden.

   Folge: Von jedem **Gebührenbetrag** wird nur dieser Bruchteil gestundet[1]). Für eine BewAufn darf nur ein entspr Bruchteil der zu erwartenden **Auslagen** von der armen Partei als Vorschuß erhoben werden. Auch der ErstattgsAnspr des ArmAnw gg die Staatskasse beschränkt sich dieser Quote entspr.

2. Das AR kann auch auf bestimmte gerichtl Auslagen beschränkt werden, zB auf die Kosten einer BewAufn.

   Dies kann zB angezeigt sein, wenn die Mittel einer Partei dch die Leistg der Proz- u. AnwGebVorschüsse bereits erschöpft

[1]) War dem Bekl das AR zu ½ bewilligt, u. sind ihm die Kosten des RStreits zu ½ auferlegt worden, so kann von ihm von den GerKosten, für die er gem § 99 Z. 1 GKG haftet, auch nur die Hälfte, also nur ¼ des gesamten Betrages eingezogen werden (StJSch VI a zu § 115).

sind u. eine angeordnete BewAufn desh nicht ausgeführt werden kann, weil der BewFührer den ihm auferlegten AuslVorschuß nicht aufbringen kann.

3. Ferner kann das Ger **bestimmte Gebühren** von der Befreiung ausnehmen, ganz o. teilw. Ein solcher Beschluß kann lauten:

„Dem Kl wird das AR bewilligt. Von der einstw Kostenbefreig wird jedoch 1 ProzGeb ausgenommen".

Falsch wäre folgende Fassg:

„Dem Kl wird das AR bewilligt, **wenn** (o. „mit der Maßgabe, daß) er bis . . . eine ProzGeb (o. einen AuslVorschuß) von DM . . . . bezahlt".

Nach alledem gibt das Gesetz dem Richter die denkb größte Freiheit, die Bewilligg des AR der jeweiligen Sachlage anzupassen. Es wäre zu begrüßen, wenn die Ger von diesen Möglk mehr Gebrauch machen würden, denn eine — wenn auch nur geringe finanz Beteiligg der RSuchenden wirkt erzieherisch u. stellt vor allem ggüber Querulanten leichteren o. schwereren Grades ein wirksames Abschreckgmittel dar.

Stets ist zu beachten:

1. Die Beschränkg des AR muß eindeutig sein. Sonst ist sie unwirksam.
2. Jede einstw Kostenbefreig wirkt in gleicher Weise für den **Gegner** (§ 120), soweit er nicht selbst als Angreifer (zB als WKl o. BerufgKl) auftritt. Braucht zB der angreifende Teil infolge Teilbewilligg des AR die Auslagen nicht o. nur in begrenzter Höhe o. nur zu einem Bruchteil vorzuschießen, so genießt der Gegner denselben Vorteil, auch wenn er nicht im AR streitet.

Die Frage, ob das AR mit der Maßgabe bewilligt werden kann, daß die arme Partei die Ger- u. AnwKosten in bestimmten Raten bezahlt (sog. **Ratenzahlg-AR**), ist seit langem umstr.[1]) Ist derj, der die Kosten nur in Raten aufbringen kann, „arm"? Oder ist er gerade deswegen, weil er die Kosten immerhin in Raten aufbringen kann, nicht „arm"? Der BGH hat sich in einem Fall der letzteren Ansicht angeschlossen u. das AR versagt (MDR 51, 732; ebenso Düsseldf NJW 54, 721 gg BGH NJW 53, 1510). Dem Kl, der kein bes Interesse an alsbaldiger Dchführung des RStreits darlegen kann, wird man zumuten können, mit der Erhebg der Klage solange zu warten, bis er die erforderl Beträge zckgelegt hat[2]). Dagg wäre es unbillig, den Bekl, der um das AR nachsucht, auf diese Möglk zu verweisen.

Den prakt Bedürfnissen dürfte am meisten die Ansicht von StJSch (VI 5 zu § 115) entsprechen[3]), die es für zulässig erachtet, die AR-Be-

[1]) Bejahend Köln, Celle, KG: DRsp IV (410) 28g, 40f, 44g, 53d u. Stuttg MDR 52, 236. Diese Ansicht scheint sich durchzusetzen.

[2]) Die ggteilige Ansicht des BGH (MDR 53, 675) dürfte auf EheS nicht zutreffen.

[3]) Ebenso nunmehr auch BGH 10, 139.

willigg mit einer **NachzahlgAnordg** nach § 125 zu verbinden u. in dieser Ratenzahlgen aufzuerlegen. Diese Ansicht räumt zugleich die Bedenken aus § 120 aus.

Bei Nichterfüllg drohen der armen Partei folgende Nachteile: Die GerKasse treibt rückständige GerGebRaten bei; der ArmAnw setzt seine Tätigk aus, bis die rückständigen Raten bezahlt sind. Der Beschl muß aussprechen, zu welchem Teil die Raten an die GerKasse u. an den ArmAnw zu entrichten sind, u. den Streitwert festsetzen. Er kann auch aussprechen, daß zunächst die GerGeb u. Auslagen zu bezahlen sind (Karlsruhe NJW 55, 592). Die Entscheidg ist auf die **gegenwärtige** wirtschaftl Lage des GesStellers abzustellen. Daß er bei iFd Scheidg vorzunehmender Auseinandersetzg Vermögen zu erwarten hat, kann die Verweigerg des AR nicht rechtfertigen.

Ob das Unvermögen **verschuldet** ist, ist nach hM bedeutglos,

denn es kommt nicht auf die Ursache, sondern allein auf die Tats des Unvermögens an. Unbefriedigend, wenn AntrSteller verschwenderischen Aufwand treibt o. sich gar in Hinblick auf einen bevorstehenden Eheprozeß absichtl zahlgunfähig gemacht hat (zB dch Arbeitsniederlegg, Verzicht auf Barlohn, Vermögensverschiebg). Mit Recht verneint daher Baumb 2 A zu § 114 Unvermögen, wenn der auf dem elterl Anwesen arbeitende Sohn auf Barlohn verzichtet (vgl auch Bambg JZ 51, 593).

Die Frage, ob einer Partei das AR zu bewilligen ist, die zw selbst arm ist, aber vermögende unterhpfl **Eltern** hat, ist umstr.

Verneinend Neustadt NJW 54, 353. Bejahend die hM (s. Frankf NJW 51, 197, Koblenz MDR 51, 681, Celle NJW 52, 1140 u. die dort zit Lit; vgl. auch Celle NJW 56, 1150 u. Pohlmann NJW 56, 1404).
Die Entscheidg hängt davon ab, ob die Kosten eines Eheproz zum „Lebensbedarf" iSd § 1610 BGB gehören. Selbst bei berechtigten ScheidgKlagen kann dies zweifell sein. In jedem Falle wird man die arme Partei nur dann auf ihren UnterhAnspr ggüber Verwandten verweisen können, wenn dieser rasch realisierb ist.

Die wirtschaftl Verhältnisse **getrenntlebender** Eheg sind getrennt zu beurteilen.
Hat ein Eheg gg den andern einen realisierb **ProzKostenVorschAnspr,** so kann ihm das AR nicht bewilligt werden (StJSch II 1b zu § 114). Näheres s. u. S. 278.

3. Die Erfolgsaussichten

Bei Prüfg der Erfolgsaussichten der beabsichten Anträge wird vorweg die Frage der Zuständgk (s. u. S. 74) geprüft; wenn zweifelh, auch die

Frage der ProzFähgk (s. u. S. 86), ferner bei Scheidg- u. AufhebgKlagen, ob die Ehe rechtswirksam geschlossen ist u. noch besteht. Sind diese Fragen zu verneinen, so erübrigt sich jede weitere Prüfg.

Bei Unzuständgk Verweisg auf Antr des Kl in entspr Anwendg des § 276 (StJSch I 2 u. Baumb 1 A zu § 276; bestr).

Obwohl die gesetzl Voraussetzgen für Kl u. Bekl die gleichen sind, erfordert die Billigk eine unterschiedl Behandlg.

a) **AR-Gesuch des Bekl**

Dem unvermögenden Bekl ist das AR schon dann zu bewilligen, wenn es ihm dadch ermöglicht wird, eine für ihn irgendwie günstigere Sachentscheidg herbeizuführen.

Auch wenn Bekl nur die Abweisg der Klage beantragen will, kann ihm das AR nicht mit der Begr versagt werden, das Ger müsse Tats, die der Aufrechterhaltg der Ehe dienen (zB Verzeihg), von Amts wegen berücksichtigen.

Zu **versagen** ist dem Bekl natürl das AR, wenn er eine ernstl Verteidigg gar nicht beabsichtigt,

also, wenn er weder die Abweisg der Klage beantragen noch WKlage erheben noch (Mit-)Schuldantr stellen will u. daher auch eine Schuldabwägg nicht in Frage kommt. Daß sich vielleicht später Anlaß dazu bieten kann, reicht nicht aus (Tübg NJW 50, 111; abzulehnen Frankf NJW 49, 312). Desgl, wenn sein tatsächl Vorbringen keinen dieser Anträge zu rechtfertigen vermag o. wenn er für seine Behauptgen keine Bew anbietet.

b) **AR-Gesuche des Kl**

Ein strengerer Maßstab ist an ein AR-Gesuch des Kl anzulegen. Die Prüfg seiner Erfolgsaussichten ist eine „WahrscheinkRechng". Der Erfolg braucht nicht sicher, darf aber auch nicht unwahrscheinl sein.

Die Klage muß schlüssig begr, die Zuständgk muß gegeben, die entscheidenden Tats müssen unter Beweis gestellt sein. Hierzu kann auch Antr auf Parteivernehmg genügen, selbst wenn Bekl bestreitet (Düsseldf NJW 53, 307).

Ist der Richter von der Möglk der BewFührg überzeugt, so wird er idR die unter Beweis gestellten Tats als wahr unterstellen müssen. Ob diese Tats die Klage zu begr vermögen, ist eine Frage, bei deren Beurteilg seiner Lebenserfahrg ein weiter Spielraum bleibt. Wo es auf die Würdigg des Gesamtsverhaltens der Eheg ankommt (zB bei Prüfg der Frage, ob ein Widerspr aus § 48 II EheG begr ist), lassen sich aber die Erfolgsaussichten der Klage idR kaum im voraus abschätzen. Auch die Frage, ob der ScheidgKlage § 43 S. 2 entggsteht, läßt sich häufig nur nach mündl Verhandlg beurteilen.

Die Erfolgsaussichten sind **für Klage u. WKlage getrennt** zu prüfen.

Dem Kl das AR in der Erwägg zu bewilligen, daß es — wenn nicht auf die Klage, so doch auf die WKlage — zur Auflösg der Ehe kommen werde, wäre nicht angängig.
Reicht das Vorbringen des Kl zur Begr seiner Klage nicht aus, so muß ihm das AR für die Klage auch dann verweigert werden, wenn es immerhin dazu führen kann, den WKl für mitschuldig zu erklären. Es kann ihm dann nur zur Verteidigg gg die WKlage bewilligt werden.

Bei Klageverbindg kann der Fall eintreten, daß von den miteinander verbundenen Klagen nur eine hinreichende Erfolgsaussicht hat. Das AR kann dann nur für diese bewilligt werden.

Wie aber, wenn er nun trotzdem eine andere Klage einreicht? Wenn er zB aus § 43 klagt, obwohl ihm nur für eine Klage aus § 48 das AR bewilligt worden ist? Die Terminsbestimmg kann in diesem Falle nicht von der Vorwegleistg einer ProzGeb nach § 111 GKG abhängig gemacht werden; eine BewErhebg über die Tatbestände des § 43 muß aber von AuslVorsch abhängig gemacht werden.

Mutwilligk

Selbstverständl darf die RVerfolgg nicht mutwillig sein. Als mutwillig ist sie anzusehen, wenn eine nicht das AR beanspruchende Partei bei verständiger Würdigg der Umstände von der ProzFührg absehen würde.

„Mutwillig" kann zB eine ScheidgKlage aus § 43 sein, wenn die Ehe erst ganz kurz besteht, ferner wenn mit baldigem Ableben eines der beiden Teile zu rechnen ist u. der Kl nicht ein bes Interesse an der Scheidg (zB in Hinblick auf erbrechtl Folgen) darlegt. Auch mangelndes RSchutzbedürfn kann es rechtfertigen, dem Kl das AR zu verweigern (zB wenn aGr des ST mit Aussetzg gem § 620 zu rechnen ist).
Nicht angängig wäre es aber, das AR für eine Klage aus § 43 mit der Begr zu versagen, die Scheidg könnte mit geringeren Kosten aus § 48 erreicht werden.

In jedem Falle ist zu bedenken, daß beide Teile bei Gefahr der **Verwirkg** (§ 616) alle Tats, die eine Klage o. WKlage begr können, vorbringen müssen. Rechtsunkundige sind sich dessen idR überhaupt nicht bewußt. Ohne Beistand eines Anw können sie überdies oft nicht beurteilen, welche Tats hierfür in Betracht kommen. Auskünfte der GeschStelle vermögen den Rat eines erfahrenen Anw in dieser Beziehg nicht zu ersetzen.

In der Rechtsmittelinstanz

Das AR-Gesuch des RechtsmKl ist nach denselben Grundsätzen zu prüfen u. daher zB abzulehnen, wenn die Berufg auf verspätetes Vorbringen gestützt wird, das keine hinreichende Aussicht auf Zulassg hat.

Dem RechtsmBekl ist das AR ohne Prüfg der Erfolgsaussichten zu gewähren (§ 119 II S. 2), es sei denn, daß seine RVerteidigg aussichtslos erscheint:

a) aGr der in der BerufgVerhandlg erzielten Verhandlg- u. BewErgebnisse,
b) infolge Änderg der Verhältnisse,
c) infolge neuer Behauptgen,
d) infolge Änderg der Gesetzgebg (Rosenbg S. 369).

Eines erneuten Nachweises des Unvermögens bedarf es nicht, wenn das AR bereits in der vorherigen Instanz bewilligt war (§ 119 II S. 1).

Das AR-Prüfungsverfahren

§ 118a

1. **Glaubhaftmachg.** Das Ger kann verlangen, daß der GesSteller seine tatsächl Angaben glaubh macht u. zw im Rahmen des § 294.

   Eidesstattl Versichergen von Zeugen o. Parteien über Parteibehauptgen zu verlangen, empfiehlt sich jedoch nicht. Solche Versichergen sind meist unzuverlässig u. führen zu einer vorzeitigen Festlegg auf bestimmte Angaben.

2. **Anhörg des Gegners.** Grundsätzl soll das Ger vor Bewilligg des AR den Gegner hören, sofern dessen Aufenth bekannt ist. Die Anhörg ist auch bezügl „Armut" oft aufschlußreich. Sie kann schriftl o. mündl, vor dem Richter o. vor der GeschStelle erfolgen[1]). Schriftl Anhörg wird idR nur genügen, wenn der Gegner dch einen Anw vertr ist. Wurde mit dem AR-Gesuch bereits die Klageschr eingereicht, so wird Abschr derselben dem Gegner zur Stellgn formlos zugeleitet[2]). Zur mündl Anhörg empfiehlt es sich häufig, auch den GesSteller vorzuladen u. dessen Stellgn zu dem Vorbringen des Gegners entggzunehmen. Die mündl Anhörg erfolgt idR dch die GeschStelle des ProzGer o. eines ersuchten Ger.

   Wohnen die Streitsteile nicht weit vom Sitz des ProzGer entfernt, so sollte der ER die Anhörg selbst vornehmen. Gelegenh dazu kann bes im Anschluß an einen ST gegeben sein. Das persönl Erscheinen der Parteien ist aber im AR-Verf nicht erzwingb (Pohlmann NJW 54, 947; Hamm NJW 54, 1688).

---

[1]) Über die Möglk der Einschaltg von Eheberatungsstellen s. Schulz FamRZ 54, 234 u. o. S. 40.

[2]) Als Zustellg der Klage ist dies aber nicht anzusehen, wenn Zustellg nicht gewollt war (BGH 7, 270). Dagg ist § 187 anwendb, wenn der Richter die Zustellg angeordnet hatte (BGH NJW 56, 1878).

Soferne ein ST stattfindet, sollte eine Entscheidg über ein AR-Gesuch des einen o. anderen Teils **nicht vor Abhaltg des ST** ergehen.

Grund: Wenn der ST zu einer Aussöhng führt, ist für die Bewilligg des AR kein Raum mehr. Das AR kann dem Kl aber nicht mit der Begr verweigert werden, eine Aussöhng sei ihm zuzumuten.

Der Kl kann dem nicht dadch entggtreten, daß er zunächst nur um das AR nachsucht; denn einen SV kann das Ger in jeder Lage des Verf von Amts wegen unternehmen.

3. **Erhebgen.** Soweit es ohne erhebl Verzögerg mögl ist, kann das Ger Erhebgen anstellen, insbes die Vorlegg von Urk anordnen u. von Behörden Auskünfte einholen. Es kann auch die Vernehmg von **Zeugen** u. Sachverst anordnen. Eine **Beeidigg** derselben findet aber **nicht** statt. Außerdem gelten 2 wichtige Einschränkungen[1]:

a) die Vernehmgen dürfen nicht zu einer erhebl Verzögerg der Entscheidg über das AR führen.

Erhebl ist eine Verzögerg bes dann, wenn sie für die arme Partei nachteilige Folgen hat (zB Weiterzahlg von Unterh an den als alleinschuldig zu scheidenden Eheg).

b) Sie sind nur insoweit zulässig, als sie notwendig sind, um die Frage, ob die RVerfolgg bzw -Verteidigg hinreichend Aussicht auf Erfolg bietet u. nicht mutwillig ist, entscheiden zu können.

Fiskal Interessen dürfen hier nicht den Ausschlag geben. Eine Ersparg von AnwGeb tritt übrigens nur ein, wenn die Vernehmgen zu einer Versagg des AR führen. Führen sie zur Bewilligg des AR, so kann für die beigeordneten Anwälte eine BewGeb auch dann anfallen, wenn sämtl angebotenen Beweise bereits im AR-Verf erhoben worden sind. Denn die Anwälte werden, soweit das BewErgebn anfechtb ist, Wiederholg der BewAufn, andernfalls Vorlage der Ermittlgen zum Zwecke des UrkBew[2]) verlangen.

Sind die Aussagen weniger Zeugen, deren Vernehmung in einem Termin dchgeführt werden kann, von entscheidender Bedeutg für die Beurteilg der Erfolgsaussichten der Klage, so wird idR deren Vernehmg vor Entscheidg über das AR-Gesuch geboten sein.

Vernehmgen nach § 118a sind grundsätzl eine **richterl** Aufgabe; können aber dem RPfleger übertragen werden s.u. Regelm führen sie mangels BeeidiggMöglk zu keinem sicheren Ergebn.

---

[1]) Hierzu Jakobs-Martini NJW 53, 246.

[2]) Vgl StJSch I 3 Abs. 2 zu § 118a.

Die Vernehmg von EhebrZeugen kann gleichwohl zweckm sein, schon um zu erkunden, ob der Zeuge von dem ihm etwa zustehenden ZeugnVerweigerggR Gebrauch macht. Wenn ja, erübrigt sich seine Vorladg im Proz u. können dadch Kosten gespart werden.
Auch empfiehlt sich Vernehmg nach § 118a bei Zeugen, auf deren Aussagen es entscheidend ankommt, die aber wegen Eidesunfähgk o. -unwürdgk auch im Proz nicht beeidigt werden können; denn deren Aussagen im AR-Verf haben den gleichen BewWert wie im Proz.
Zweckm kann es sein, die Zeugenvernehmg unmittelb vor dem ST dchzuführen. Ihr Ergebn kann die Herbeiführg einer Versöhng erleichtern (zB wenn ein EhebrZeuge in einer auch den Kl überzeugenden Weise Ehebr verneint).

In jedem Falle ist eine bes eindringl Belehrg über die strafrechtl Folgen einer falschen uneidl Aussage (§ 153 StGB) geboten.

Den Zeugen darauf hinzuweisen, daß er nur uneidl vernommen werden kann, wäre ausgesprochen unzweckm. Ist anzunehmen, daß ihm dies bereits bekannt ist, so ist es ratsam, ihn von vornherein darauf hinzuweisen, daß er im Proz voraussichtl schwören muß, u. ihn zu ermahnen, seine Aussage so einzurichten, daß er sie im Proz ev beschwören kann. Es gibt aber auch Fälle, wo es nicht unbedenkl ist, einen Zeugen bereits im AR-Verf auf eine bestimmte Aussage festzulegen, denn mancher Zeuge beharrt später bei seiner eidl Vernehmg auf einer im AR-Verf gemachten falschen uneidl Aussage ledigl, um sein Gesicht zu wahren.

Von jeder Vernehmg sind die Parteien u. ihre Anwälte rechtzeitig zu verständigen, damit sie ihre Rechte hierbei wahren können.

Zuständg für Maßnahmen nach § 118a ist der Vors; er kann sie ebenso wie die gesamte Vorbereitg der Entscheidg dem ER übertragen. Übertragbk auf RPfleger s. § 19 I Nr. 4 RPflG.

BewBeschl nicht erforderl.

Überhaupt ist das Ger im Verf nach § 118a nicht unbedingt an die im 5.—10. Titel aufgestellten Regeln für die BewAufn gebunden (StJSch III 1 vor § 355).

Ungehorsamsstrafen nach § 380 zulässg.

Vergleiche

nach § 118a III sind in EheS bezügl der Hauptsache nicht mögl, da der „streitige Anspr" der Parteidisposition entzogen ist. Im übrigen s. u. S. 214ff.

Kosten. AnwGeb: 3/10 (§ 51 RAGebO[1]) GerGeb: keine.

---

[1]) AR-Bewilligg für das AR-Verf uU mögl (LG Bad Kreuznach NJW 54, 1371).

Kein AuslVorschuß. Kostenerstattg: § 118a IV. Dessen S. 1 ist schlecht gefaßt; er müßte lauten: „Die dem Gegner im AR-Verf entstandenen Kosten sind in diesem Verf nicht erstattgsfähig" (Gaedecke JW 34, 1630). Kommt es aber anschließend zum Proz, so gilt § 91 uneingeschränkt auch bezügl der im AR-Verf erwachsenen Kosten (KG JW 38, 55). Andernfalls nur Haftg des GesStellers für die Auslagen ggüber der StKasse gem § 95 GKG. Streitwertfestsetzg im AR-Verf: Nur bei Zurückweisg eines AR-Gesuchs im BeschwVerf; sonst fallen keine GerGeb an u. kann daher eine Streitwertfestsetzg nach § 23 GKG nicht erfolgen (Hillach S. 279, 407).

Die Entscheidg über AR-Gesuche

Alle das AR betr Entscheidgen[1]) sind der Beschlußfassg der **Kammer** bzw des Senats vorbehalten.

Der ER kann ledigl für ein vor ihm anhängiges Verf nach § 627 das AR selbständig bewilligen, verweigern u. entziehen.

1. Die Bewilligg des AR

Sie erfolgt für jeden Rechtszug besonders. Bezügl höherer Instanzen s. § 119 II[2]). Für die BeschwInstanz bedarf es bes AR-Bewilligg, ebenso für Verf nach §§ 627, 627b, für BewSichVerf, für Vergleiche über vermögensrechtl Ansprüche, für eine Klageerweiterg, u., soweit eine WKlage besondere Kosten verursacht[3]), auch für diese. Dagg nicht für Verteidigg gg WKlage (§ 122 III Nr. 4 RASchO).

Wirkg. der AR-Bewilligg: § 115; ledigl Stundg, nicht Erlaß o. Ermäßigg.

Der beigeordnete Anw bedarf einer Vollmacht (§ 80); dch die bloße Beiordng wird er noch nicht zum ProzBevollm, selbst wenn die arme Partei um seine Beiordng ausdrückl ersucht hatte (RG 94, 342ff) s. u. S. 92.
Bei teilw Bewilligg muß der Vors den Anw beiordnen, den die arme Partei bestellt hat (Celle NJW 54, 721).
Die Bewilligg des AR befreit nicht von der Pflicht zur Kostenerstattg nach § 91 (§§ 117, 123, 124).
Ist dem Kl (Rechtsmittelkl) das AR bewilligt, so entfällt die AuslVorschPfl auch für den Gegner (§ 120), soweit dieser nicht

[1]) Anordngen nach § 118a sind darunter nicht zu verstehen.

[2]) Beschränkgen s. StJSch II 1 u. III 2 zu § 119.

[3]) Bei ScheidgsWKlagen gg ScheidgsKlagen regelm nur bei Fortführg der WKklage nach Rücknahme der Hauptklage. Zur Vermeidg von Zweifeln empfiehlt es sich, im AR-Gesuch u. in der AR-Bewilligg zum Ausdruck zu bringen, ob das AR nur zur Verteidigg gg die Klage o. auch zur Erhebg einer WKlage erbeten bzw bewilligt wird.

selbst Angreifer (WKl, BerufsKl) ist. § 120 kommt dem Kl auch dann zu statten, wenn eine BewErhebg zur Klage auch für die WKlage von Bedeutg ist, aber keine bes Kosten verursacht (RG 55, 270).
Ein bloßer Mitschuldantr ist kein Angriff.

Grundsätzl treten die Wirkgen der AR-Bewilligg erst mit der Verkündg o. Mitteilg an den GesSteller ein. **Rückwirkende** AR-Bewilligg ist aber mögl.

In diesem Falle muß der Beschl aussprechen, auf welchen Tag die Bewilligg zurückwirkt (idR der Tag, an dem die Bewilligg bei ordngsmäßigem GeschGang erfolgt wäre[1]). Rückw Bewilligg ist namentl angebracht, wenn sich eine Beschwerde gg die Versagg als begr erweist.

Nach Beendigg der Instanz kann das AR nur bewilligt werden, wenn der Antr vor Beendigg der Instanz gestellt u. der Anw zur vorl unentgeltl Vertretg der armen Partei beigetreten war.
Nach Rechtskr des Urt ist nachträgl Bewilligg des AR nicht mehr mögl (Näheres s. StJSch IV 3 zu § 119).

2. **Verweigerg des AR** ist ebenso wie Entziehg beschwerdefähig u. daher zu begründen (§ 126 II). Der Gegner ist nur beschwberechtigt, soweit ihm die Entscheidg in Hinblick auf § 120 abträgl ist.

Die Entziehg des AR

§ 121

Das AR ist nicht frei widerrufl. Es kann nur entzogen werden, wenn die Voraussetzgen für die Bewilligg nicht gegeben waren o. nicht mehr gegeben sind. Unter „Voraussetzgen" sind die Tats zu verstehen, die für die Bewilligg maßgebend waren,

zB ein bestimmtes Einkommen, Schlüssigk der Klage, hinreichende BewAngebote.

Daß das Ger diese Tats nachträgl anders beurteilt o. daß das BewErgebn nicht seinen Erwartgen entsprochen hat, kann die Entziehg des AR nicht rechtfertigen.

„Ein Hin- und Herschwanken nach dem jeweiligen ProzStand und der Besetzg des Ger will das Gesetz nicht" (Baumb 1 A zu § 121). Das Ergebn der BewAufn kann aber dann zur Ent-

[1]) Dabei ist der an diesem Tag bestehende Sachverhalt zugrundezulegen. Rückw AR-Bewilligg für eine ScheidgsKlage ist daher dch eine später erfolgte Verzeihg nicht ohne weiteres ausgeschlossen.

ziehg des AR führen, wenn sie ergibt, daß die arme Partei ihre Behauptgen (zB Ehebrüche) „ins Blaue hinein", also ohne hinreichende Anhaltspunkte aufgestellt hat.

Die Entziehg des AR beraubt arme Parteien der Möglk, Anträge zu stellen, u. führt daher praktisch idR zu ihrem Unterliegen.

Wegen Mutwilligk o. unzureichender Erfolgsaussichten wird daher eine Entziehg des AR nur angängig sein, wenn das Unterliegen der armen Partei ohnehin bereits so gut wie sicher ist (zB aus formellen Gründen).

Beschränkt sich Bekl auf die Rüge der Zuständgk o. auf die Geltendmachg eheerhaltender Tats (zB Verzeihg), so rechtfertigt der Umstand, daß diese von Amts wegen zu berücksichtigen sind, nicht die Entziehg des AR.
Dagg ist es als ausreichender EntziehgGrund anzusehen,

wenn die arme Partei sich hartnäckig weigert, ihrem beigeordneten Anw Vollm u. Information zu erteilen.
Auf seiten des Kl (WKl) genügt es, wenn er sein mangelndes Interesse an der Dchführg des RStreits dadch bekundet, daß er dch Geheimhaltg seines Aufenth seine notwendige Anhörg unmögl macht.

Die Entziehg wegen Fehlens sachl Voraussetzgen wirkt **nur für die Zukunft.** Ergibt sich dagg, daß die persönl Voraussetzgen (zB Armut) nie bestanden haben o. weggefallen sind, so kann das AR auch **rückw** entzogen werden,

allerdings nur, soweit dadch nicht in Rechte Dritter (zB des ArmAnw) eingegriffen wird.

Ist das AR dch wissentl unwahre Angaben erschlichen, ev Strafanzeige wegen Betrugs.

Gebühren: GerGeb keine, AnwGeb 3/10 Geb (§ 51 RAGebO).

Der Prozeß beginnt

Weder das Sühneverf noch das AR-Verf begründet zwischen den Parteien ein ProzRVerhältn. Dies geschieht erst dch Erhebg der Klage. Erst dch Zustellg der Klageschr an den Bekl wird der RStreit rechtshängig (§§ 253 I, 263 I).

I. Die Einreichung der Klage

Die Klageschr ist beim Ger einzureichen. Die für ihre Zustellg erforderl Zahl von Abschr ist beizufügen (§ 253 V).

Die Klage **muß** enthalten:

1. die Bezeichng der Parteien u. des Ger,
2. den Gegenstand u. Grund des Anspr, dh den begehrten RAusspr u. die Tats, die den Anspr begr sollen,
3. einen bestimmten Antr, dh die genaue Angabe der begehrten Entscheidg,
4. die Unterschr eines zugelassenen Anw o. seines Vertr nach § 29 RAO.
   Fehlen dieser Angaben führt, wenn sie nicht nachgeholt werden, zur ProzAbweisg (in EheS selten).

Die Klage **soll** enthalten:

Stand o. Gewerbe u. Wohnort der Parteien bzw gesetzl Vertr (§§ 253 IV, 130 Nr. 1),
Fehlt die ladgfähige Anschr des Bekl, so kann die Klage nicht zugestellt, der RStreit also nicht rechtshängig werden u. treten nur die Wirkgen der Klageeinreichg (s. u.) ein.
Angabe des Streitwertes nach § 253 III ist in EheS nicht erforderl, aber bei Abweichg vom Mindestwert (3000 DM) zweckm.

Form der Einreichg: s. StJSch IV zu § 207.
Wirkg der Einreichg der Klageschr:

1. Fristwahrg u. VerjährgUnterbrechg, wenn die Zustellg „demnächst", dh ohne erhebl Verzögerg, die Kl zu vertreten hat, erfolgt (§ 261b III). Näheres s. BGH NJW 53, 1140 (Ziff. 2), Celle MDR 53, 685.
2. Von Einreichg der Klage an sind Anträge aus § 627 zulässig.
3. Dch die Einreichg der Klage wird der RStreit eingeleitet, aber noch nicht rechtshängig.

Registereintrag: als R-Sache s. § 38 I AktO.

Mitteilg: Steht der Bekl im öffentl Dienst, so sind die nach den einschlägigen VerwAnordgen erforderl Mitteilgen zu fertigen; für Anwälte, Notare u. deren Assessoren s. AV v. 1. 10. 37 (DJ S. 1570).

ProzGeb: Sofern dem Kl nicht das AR bewilligt ist o. er Antrag aus § 111 IV GKG gestellt hat, legt der UrkBeamte die Akten dem Vors erst nach Eingang der erforderten ProzGeb zur Terminsbestimmg vor.

II. Die Terminsbestimmg

Sie erfolgt dch den Vors o. den von ihm bestimmten ER.
Zu prüfen ist, ob den Vorschr über den SV (§§ 608ff) genügt ist, ferner ob die ProzGeb (§§ 111 I, 25 GKG) eingezahlt o. nach § 111 IV nicht erforderl ist[1]). Dagg brauchen Form u. Inhalt der Klageschr — von groben Verstößen abgesehen (Beisp. s. Rosenbg S. 425) — nicht geprüft zu werden. Auch die ProzVoraussetzgen (Zuständgk, ProzFähgk, gesetzl Vertretg) sind nicht bei Terminsbestimmg, sondern erst nach mündl Verhandlg zu prüfen[2]).

Bei der Terminsbestimmg ist auf Wahrg der **Ladg- u. Einlassgfristen** (§§ 217, 262, 226 u. bayGAnwZ § 75) zu achten. Im übrigen aber bestimmt das Ger den Termin nach pflichtigem Ermessen, denn § 261 gilt in EheS nicht (§ 618 I). EheS sind nur selten eilbedürftig. Sie sind daher auch nicht ohne weiteres FerienS[3]).

Ist die Klage im Ausland zuzustellen, so wird bei Festsetzg des Termins die EinlassgFrist bestimmt (§ 262 II).

Bei Zustellg in Jugoslawien mindestens 6—8 Wochen (BayZRHO 1956).

Mitteilg: Gem § 38 V AktO ist der Termin der StAnw mitzuteilen.

III. Die Ladg der Parteien

Nach der Bestimmg des VerhTermins ist die Ladg der Parteien dch die GeschStelle zu veranlassen[4]). Dem Bekl ist mit der Ladg die Klageschr zuzustellen (§ 261 a), sofern die Zustellg der Klage nicht bereits erfolgt ist.

---

[1]) Verstoß gg § 111 GKG begr aber keinen Mangel, den der Gegner rügen kann, u. hindert nicht den Eintritt der Rechtshängigk.

[2]) StJSch II 2 zu § 216.

[3]) Über Feriensachen s. bayGAnwZ § 5.

[4]) Hierzu s. bayGAnwZ §§ 66ff.

Dies kann der Fall sein, wenn die Klage gleichzeitig mit einem AR-Gesuch, aber unabhängig von diesem eingereicht war u. daher schon vor Terminbestimmg zugestellt wurde. Zustellg vor Terminsbestimmg wird in solchen Fällen gelegentl zur Fristwahrg verlangt.
Klagezustellg ohne Terminsbestimmg kann nur dch den Richter veranlaßt werden; wird aber die Zustellg eigenmächtig vom UrkBeamten bewirkt, so ist die Klage gleichwohl erhoben (München BayJMBl. 55, 78).

IV. Mängel der Klageerhebg

Die Erfordernisse der Klageerhebg sind ausschließl im Interesse des Bekl aufgestellt (StJSch IV 1 zu § 253). Alle Mängel der Klageerhebg (nicht der Klage!) können daher nach Maßgabe des § 295 dadch **geheilt** werden, daß der Bekl sie nicht rügt o. auf die Rüge verzichtet (BGH 4, 335f); so das Fehlen der Terminsbestimmg[1]), der Ladg, der Aufforderg, einen Anw zu bestellen (§ 261a II), der Zustellg der Klage sowie Fehler des ZustellgAktes. Verzicht u. Verlust des RügeR bewirken, daß die fehlerh ProzHandlg **rückw** als gültig zu behandeln ist[2]).

In der Praxis bes häufig: Verz des Bekl auf förml Zustellg der Klage, wenn ihm diese bereits bekannt (zB im AR-Verf formlos ausgehändigt); ferner Verz auf Ladg u. Klagezustellg, um nach Scheitern eines SV sofort verhandeln zu können. Noch weiter geht die Praxis gewisser landgerichtl „ScheidgMühlen": Die Parteien erscheinen mit ihren Anwälten ohne Ladg bei Ger, der Kl entrichtet die ProzGeb, der Bekl verzichtet auf Terminsladg u. Klagezustellg, beide verhandeln zur Sache u. das Ger erläßt sofort Urt. Man kann dieses Verf mißbilligen, rechtl zu beanstanden ist es nicht.

V. Die Zustellg der Klage

Halten wir uns an den Normalfall, daß die Klage zugestellt werden muß!

Die Zustellg erfolgt von Amts wegen (§ 261b I) u. zw auf Veranlassg der GeschStelle (§§ 208ff u. bayGAnwZ §§ 7—49).

Die Klage ist dem **Bekl selbst** bzw — wenn er geschäftsunfähig — seinem gesetzl Vertr (§ 171 I) zuzustellen. Sie kann aber auch einem etwa schon bestellten **ProzBevollm** zugestellt werden.

---

[1]) Hierzu Arndt DRiZ 52, 130 u. München BayJMBl 55, 78.

[2]) Ausnahme: Muß die Klage innerh einer Ausschlußfrist (zB nach § 50 EheG) erhoben werden u. leidet sie an einem wesentl Mangel (z. B. aus § 253 II), so wirkt Heilg erst ab Behebg dieses Mangels (BGH NJW 57, 263 = BGH 22, 257).

Hierzu genügt, daß das VertretgVerhältn dem Ger dch Mitteilung o. schlüssige Handlgen des Bekl o. des Vertr bekannt geworden ist[1]). Nicht genügt bloße Beiordg als Pflichtanw (RG 135, 304), selbst wenn im AR-Gesuch ausdrückl um Beiordg dieses Anw gebeten war (RG 94, 342).
Hat Bekl keinen ProzBevollm, sondern ledigl einen **Zustellg-**Bevollm benannt, so kann die Klage diesem zugestellt werden (StJSch II 3 zu § 173).
Dagg ist Zustellg an einen **General**bevollm (§ 173) in EheS unzulässig (StJSch I 2 zu § 173).
Auftretende Schwierigkeiten der Klagezustellg können selbstverständl nicht dch **Anwendg der §§ 174, 175** ausgeräumt werden, denn eine Anordg nach § 174 I kann nicht zum Zwecke der Klagezustellg ergehen (StJSch I 3 zu § 174) u. eine Verpflichtg zur Benenng eines ZustellgBevollm nach § 174 II kann für einen Bekl, der keinen ProzBevollm hat, nicht vor dem VerhandlgTermin, also nicht vor Zustellung der Klage eintreten.
Bei Ersatzzustellg ist in EheS bes § 185 zu beachten[2]).
Eine Zustellg, bei der gesetzl Formvorschriften verletzt sind, ist ungültig. Heilg dch Nichtrüge gem § 295 aber mögl; ferner nach § 187, wenn das zuzustellende Schriftstück demj, an den es zu richten war o. gerichtet werden konnte, tatsächl zugegangen ist.

Klagezustellg im Ausland

Neben §§ 199—202 kommt vor allem das Haager ZivProzAbk vom 17. 7. 1905 (RGBl 1909 S. 409) in Betracht. Vertragsstaaten s. StJSch VIII C 1 vor § 1 u. BayZRVO 1956).
„Ausland" sind auch die deutschen Ostgebiete unter poln Verwaltg (StJSch III zu § 203 N 15a); nicht dagg die sowjetisch besetzte Zone.
Das ZustellgErsuchen erläßt der Vors (§ 202).
Wege für den RHilfeVerk mit ausländ Behörden:

1. unmittelb Verk,
2. der konsular Weg,
3. der diplomat Weg.

Adresse:

wenn unmittelb Verk besteht, die zuständ Behörde des fremden Staates (Verzeichn der dän, österr u. schweizer Gerichte s. BayZRHVO 1956),
andernfalls der in diesem Staat residierende deutsche Konsul o. Gesandte.

---

[1]) Dazu genügt Einreichg einer eigenen ScheidgKlage des Bekl, auch wenn es zu deren Zustellg nicht gekommen ist, zB weil ihm das AR nicht bewilligt u. der ProzGebVorsch von ihm nicht entrichtet worden ist.

[2]) Zu § 185 s. bayGAnwZ § 21.

Die deutschen Auslandsvertretgen erledigen forml Zustellgen an deutsche StAngehörige, sofern nicht unmittelb RHilfeVerk mit dem betr Staat besteht. Um Zustellg an Nichtdeutsche, bes an Angehörige des Empfangsstaats sind idR dessen Behörden zu ersuchen. Da somit die **StAngehörgk des Zustellg-Empfängers** für den einzuschlagenden Weg von Bedeutg ist, ist diese nach Möglk festzustellen u. anzugeben.

Erledigg

der Ersuchen (Weg, Form, Kosten, Verzeichn der deutschen Konsulate etc.): s. die einschlägigen VerwAnordgen der Länder. Für Bayern: Bek v. 29. 10. 56 JMBl 191. In jedem Fall ist das Ersuchen vor Absendg der zuständ **PrüfgStelle** (idR der LGPräs) vorzulegen; diese hat das Ersuchen, wenn unmittelb Verk besteht, an die ausländ Behörde, sonst an das JustMin o. die anderw bestimmte Stelle zu leiten; in vielen andern Ländern unmittelb an den deutschen Konsul.

ZustellgNachw

nur dch schriftl Zeugn der ersuchten (nicht der ausführenden) Behörden o. Beamten. Im GeltgsBereich des Haager ZivProzAbk genügt ein datiertes u. begl Empfangsbekenntn des ZustellgsGegners, ebenso nach manchen Staatsverträgen. Über Zustellg an ZustellgsBevollm s. bayJME v. 1. 6. 1956 9341 J 3-I-1476/56.

Hat der ZustellgsGegner das zuzustellende Schriftstück zwar nicht zurückgelassen, aber die Annahme verweigert, so liegt eine wirksame Zustellg nicht vor (OLG 13, 126).

Die öffentliche Zustellung (= öZ)

Ist der Bekl unbekannten Aufenthalts o. weilt er im Ausland u. ist dort nicht erreichb, so eröffnet § 203 dem Kl einen Weg, den RStreit trotzdem rechtshängig zu machen: den Weg der öZ. Diese Zustellg ist aber nur eine **fiktive.** Der Bekl erfährt von ihr in aller Regel überhaupt nichts. Sie führt daher praktisch zur **Versagg des rechtl Gehörs.** Dem Grundsatz des rechtl Gehörs — einen Eckpfeiler unseres ProzRechts! — zu dchbrechen, läßt sich nur rechtfertigen, wenn der Bekl selbst seine Anhörg unmögl gemacht hat. Hat er **freiwillig** seinen bisherigen Lebenskreis verlassen, ohne dafür zu sorgen, daß sein neuer Aufenth bekannt wird, o. hält er sich gar **absichtl** verborgen, damit ihn Zustellgen nicht erreichen können, so hat er seinen Anspr auf rechtl Gehör verwirkt u. muß er mit öZ rechnen.

Unbillig wäre es aber, diese Nachteile auch den Bekl erleiden zu lassen, der infolge der Kriegs- o. polit Ereignisse, also ohne sein Zutun, die Verbindg mit der Heimat, seinen Angehörigen u. Bekannten verloren hat o. gg seinen Willen an einem Ort festgehalten wird, wo ihn Zustellgen nicht erreichen u. er seine Rechte nicht wahrnehmen kann.

Über **die Bewilligg der öZ** hat das LG, bei dem der RStreit anhängig gemacht werden soll, zu entscheiden u. zw **dch Kammerbeschluß.** Mündl Verhandlg ist nicht nötig.

Da die Zustellg Sache der GeschStelle ist (§ 261 b I), genügt es, wenn diese die Bewilligg der öZ anregt; idR sucht aber der Kl selbst um die Bewilligg nach[1]).

Vorweg zu prüfen ist

1. **die Notwendigk** einer persönl Zustellg an den Bekl. Diese entfällt, wenn er im Inland einen ges Vertreter, Abwesenheitspfleger, ProzBevollm o. sonstigen ZustellgsBevollm hat.
2. das **Interesse** des Kl an der Zustellg. Dieses ist zu verneinen, wenn der RStreit ohnehin nicht alsbald dchgeführt werden kann, zB wenn die **VO zum Schutz Kriegsbetroffener** v. 4. 12. 43 (RGBl I 666) anwendb ist, also das Verf nach Klagezust sofort unterbrochen würde, insbes bei Klagen gg Kriegsgefangene u. Kriegsvermißte, ferner gg Deutsche, die als solche im In- o. Ausland interniert werden u. polit Internierte der BesMacht[2]). Nicht darunter fallen freie Auslandsdeutsche, die privat im Ausland weilen o. die sich freiwillig zur Fremdenlegion gemeldet haben, auch nicht Emigranten schlechthin.
   Das RSchutzinteresse ist ferner zu verneinen, wenn Aussetzg nach § 247 zu erwarten ist (etwa weil Bekl sich „hinterm eisernen Vorhang" aufhält), ferner wenn ScheidgsKlage nur erhoben ist, weil Todeserklärg des Bekl noch nicht mögl (StJSch I zu § 203).

Nicht zu prüfen ist,

ob die Klage Aussicht auf Erfolg hat. Die Bewilligg der öZ kann auch nicht davon abhängig gemacht werden, ob Scheidg mit o. ohne Schuldausspr beantragt ist, ob es sich um eine alte kinderreiche Ehe o. eine „Kriegsehe" handelt (StJSch II 4 zu § 203).

Bewilligg der öZ ist zulässig

a) wenn der Aufenth des Bekl unbekannt ist (§ 203 I),
b) wenn bei einer im Ausland zu bewirkenden Zustellg die Befolgg der für diese bestehenden Vorschr unausführb ist o. keinen Erfolg verspricht (§ 203 II),
c) ggüber Exterritorialen (§ 203 III).

---

[1]) Über Zulässgk u. Ausführg der öZ s. bayGAnwZ §§ 59—64.

[2]) S. die bei Schilling SJZ 48, 85 aufgeführte Rspr u. Baumb Anh zu § 247 Anm. 2 zu SchutzVO Art. 1.

Zu a): **„Unbekannt"** ist der Aufenth, wenn er nicht nur dem Kl, sondern allgemein unbekannt ist.

Für diese Feststellg gelten die Regeln des Freibeweises. Bewpfl ist der Kl. Als BewMittel kommen Bescheiniggen der Polizei- o. Gemeindebehörden in Betracht. Polizeil Abmeldg genügt nicht. Zumutb Nachforschgen dürfen nicht versäumt sein. Hierfür können in Betracht kommen: Anfragen beim Suchdienst des DRK, bei Behörden des fr AufenthOrts, bei dort noch wohnenden Bekannten[1]). Unzulässig ist die öZ, wenn ernstl Zweifel an dem **Fortleben** des Bekl begründet sind[2]).

Zur Frage der Zuständigk bei unbek Aufenth des Bekl nach § 16 s. LG Düsseldorf NJW 1955, 1231.

Zu b): Der Bekl befindet sich **im Ausland** an einem Ort, wo eine vorschrmäßige Zustellg nicht ausführb o. voraussichtl erfolglos ist. Begriff „Ausland" s. o. S. 59.

Unausführb ist die Zustellg im Ausland, wenn die dortigen Behörden keine ZustellgsErsuchen vermitteln u. sich dort auch kein deutscher Konsul o. Gesandter befindet; ferner wenn die deutsche JustVerwaltg Zustellgen dorthin nicht zuläßt.

Voraussichtl erfolglos ist sie bes in Ländern, die RHilfe verweigern.

Ob dies der Fall ist, kann — soweit nicht gerichtsbekannt — erst nach erfolglosem ZustellgsErsuchen angenommen werden. Ist erfahrgsgem eine so außergewöhnl langsame Erledigg zu erwarten, daß ein Zuwarten dem Kl nicht zuzumuten ist, so ist öZ gleichfalls zulässig (StJSch III 3 zu § 203).
Die **tschech-slowak** Ger pflegen die RHilfe abzulehnen, wenn der Bekl tschech-slowak StAngehöriger ist u. sich auf den Proz nicht einläßt; desgl lehnt Ungarn in EheS ab, wenn auch nur eine der Parteien die ungar StAngehörgk besitzt (BayZRHO v. 29. 10. 56 JMBl 191).

Allgemein sind die Voraussetzgen des § 203 II zZt nur im Verhältn zur **Sowjetunion** u. zu **Rumänien** gegeben (BayZRHV 1956).

Rechtsmittel:

gg Bewilligg **keine** (Rosenbg S. 319);
gg Versagg **Beschwerde** (§ 567 ZPO), Ob die Voraussetzgen der öZ gegeben sind, unterliegt uneingeschränkt der Nachprüfg dch das BeschwerGer[3]).

---

[1]) Celle MDR 47, 239, Stuttg HEZ 2, 51.

[2]) Hamm MDR 48, 223.

[3]) Kassel NJW 47/48, 555.

Die öZ ist wirksam, auch wenn eine ihrer Voraussetzgen fehlt (RG 161, 362f). **Erschleichg** der öZ des Urt kann RestitKlage aus § 580 Z. 4 ZPO begründen (Baumb 2 D zu § 580).
Wird nachträgl bekannt, wo sich der Bekl aufhält o. daß er einen ProzBevollm etc. hat, so ist die Bewilligg der öZ zu **widerrufen.** Ist sie bereits ausgeführt, so bleibt sie wirksam.

Ersatz für rechtl Gehör.

Ist der Aufenthl des Bekl bekannt, aber eine Zustellg an ihn unausführb, so hat das Ger dem Grundsatz des rechtl Gehörs dadch Rechng zu tragen, daß es ihm die Klageschr („Eingeschrieben gg Rückschein!") zusendet.
Ob es dem Kl aufgeben kann, dies zu tun (Frkf NJW 47/48, 105) ist strittig (StJSch III 5 zu § 203).
Beispiel für Schreiben an Bekl im Ausland:
„Ihr Ehemann X. Y. hat hier die anliegende Klage eingereicht. Er strebt eine Scheidg der Ehe ohne Schuldausspr an, dh ohne eine Entscheidg darüber, ob die Zerrüttg der Ehe von Ihnen o. von ihm selbst verschuldet ist. Ich ersuche Sie, mir binnen 2 Wochen mitzuteilen, ob Sie mit einer solchen Scheidg einverstanden sind. Wenn Sie der Scheidg widersprechen wollen, müssen Sie angeben, welche Eheverfehlgen Sie Ihrem Ehemann zur Last legen, u. müssen Sie für Ihre Behauptgen Zeugen o. andere BewMittel angeben. Wollen Sie erreichen, daß die Klage abgewiesen o. ein Verschulden Ihres Ehemannes festgestellt wird, so müssen Sie sich dch einen beim hiesigen Ger zugelassenen RAnw vertreten lassen. Wenn Sie zur Bezahlg der dadch entstehenden Kosten nicht imstande sind, müssen Sie um Bewilligg des AR nachsuchen u. ein von der Gemeindebehörde Ihres Wohnorts ausgestelltes Armutszeugn vorlegen.

Wenn Sie dagg mit einer Scheidg ohne Schuldausspr einverstanden sind, brauchen Sie sich nicht dch einen Anw vertreten lassen u. wäre es überflüssig u. zwecklos, um Bewilligg des AR nachzusuchen."
Ggüber Personen, die in der Tschechoslowakei wohnh sind, empfiehlt es sich allerdings von einem unmittelb Schriftverkehr abzusehen u. an dieselben nur auf dem RHilfeweg über das JMin heranzutreten. Insbes wäre bedenkl, sie zur Bestellg eines ZustellgBevollm aufzufordern. Die Urteile ausländ Gerichte werden in der Tschechoslowakei nicht anerkannt, wenn die Vorladg o. die Anordg, mit der das Verf vor dem ausländ Ger begonnen hat, den Beteiligten nicht zu eigenen Händen zugestellt worden ist (BayJME v. 20. 9. 55-9341 T 2-I-2165/55).

Die Rechtshängigkeit

I. **Eintritt** der Rechtshängigk.

Erst **dch Zustellg der Klage** an den Bekl wird der RStreit rechtshängig (§ 263 I) u. wird ein ProzRVerhältn zwischen den Parteien begr.

Dagg tritt Rechtshängigk noch nicht dadch ein, daß das Ger dem Gegner eine gleichzeitig mit einem AR-Gesuch eingereichte Klageschr formlos zur Stellgn übersendet (BGH 7, 270), es sei denn daß Zustellg angeordnet war (BGH NJW 56, 1878).
Bei Klageerweiterg kann die Rechtshängigk des neuen Anspr entweder dch Verlesen in der mündl Verhandlg o. dch Einreichg u. Zustellg eines Schriftsatzes herbeigeführt werden, wobei Zustellg von Anw zu Anw genügt (BGH NJW 55, 1030).
Für die WKlage gilt dasselbe (StJSch I 1 zu § 263).

II. **Wirkgen** der Rechtshängigk.

a) materiellrechtl: Wahrg der Klagefrist für AufhebgKlage (§ 35 EheG) u. für Klage auf Scheidg aus Verschulden (§ 50 EheG); s. hierzu § 261b III.
Stichtag für die Berechng des Endvermögens (§§ 1384, 1376 II, 1378 II BGB idF d. GleichberG) u. für Anspr auf SicherhLeistg hinsichtl des Zugewinns (§§ 1389, 1390 IV aaO).

b) Von den proz Wirkgen der Rechtshängigk kommen in EheS nur folgende in Betracht:

1. Erhaltg der Zuständgk.

Die Zuständgk des ProzGer wird dch Veränderg der sie begründenden Umstände nicht berührt (§ 263 II Nr. 2).

2. Beschränkg der Klagerückn.

Eine rechtshängig gewordene Klage kann, wenn der Bekl zur Hauptsache verhandelt hat, nur noch mit dessen Zustimmg zckgenommen werden.
Verhandeln zur HauptS setzt anw Vertretg voraus. Zustimmg des Bekl daher nicht erforderl, wenn er nicht anw vertr; desgl wenn nur einseitig streitige Verhandlg nach § 618 stattgefunden hat (Nürnberg BayJMBl 53, 272).

3. Gegner kann nun WKlage erheben.

Solange die Vorklage nicht rechtshängig, ist WKlage unzulässig.

4. **Klagesperre** nach § 263 II Nr. 1.

Solange ein Anspr rechtshängig ist, kann er nicht zum Gegenstand eines weiteren Proz zwischen denselben Parteien gemacht werden. Die Klagesperre ist **von Amts wegen** zu berücksichtigen (RG 104, 158)[1]) u. hat zur Folge, daß die Zweitklage dch ProzUrt abzuweisen ist.

---

[1]) Erleichtert wird diese Nachprüfg dch § 606 II S. 2 ZPO idF d. GleichberG, wonach, wenn beide Eheg Klage erhoben haben, von den Gerichten, die nach S. 1 zuständig wären, das Ger ausschließl zuständig ist, bei dem der RStreit zuerst rechtshängig geworden ist, u. zw auch dann, wenn die Klagen nicht miteinander verbunden werden können.

Voraussetzg ist:

a) Gleichh der Parteien.

Auf die Parteirollen kommt es dabei nicht an. Klagesperre besteht auch dann, wenn der Kl der Zweitklage im Erstproz Bekl ist u. umgekehrt. Desgl, wenn er im einen Proz Kl, im andern WKl ist.

b) Gleichh der Prozesse,

maW Identität des Anspr u. des Klagegrundes (dh der Tats, die den Anspr begründen sollen).

Dies gilt jedoch nicht für alle Eheklagen.

aa) **Scheidg- u. AufhebgKlagen.**

Hier ist Gleichh des Anspr u. des Klagegrundes nicht erforderl. Der Begriff der Rechtshängigkeigk ist hier dahin erweitert, daß die Rechtshängigk einer Scheidg o. AufhebgKlage **jede weitere auf Lösg der Ehe gerichtete Klage ausschließt** (RG 59, 412; 104, 156, ständ Rsp).

Diese Ausnahme von der Regel beruht auf der eigentüml Gestaltg des Eheproz dch die §§ 614—616, die im öffentl Interesse darauf abzielen, einer Vervielfältigg der auf Lösg der Ehe gerichteten Proz zwischen denselben Eheg vorzubeugen u. mehrere, voneinander abweichende Entscheidgen u. damit Unklarheiten über den Bestand der Ehe zu vermeiden (EinheitlkGrunds). Die Rechtshängigk umfaßt hier den gesamten auf den Bestand der Ehe bezügl Streitstoff. Dch die von einem Teil erhobene Scheidg- o. AufhebgKlage werden auch die dem andern Teil zustehenden Scheidg- u. AufhebgRechte rechtshängig. Alle Angriffe gg den Bestand der Ehe müssen bei Gefahr des Ausschlusses nach § 616 vorgebracht werden u. sind in einem einzigen Verf zu erledigen (RG aaO).

bb) **HerstellgKlagen.**

Hier gilt die Regel, dh Klagesperre besteht nur für Klagen, dch die derselbe Anspr u. derselbe Klagegrund zur Entscheidg gestellt wird.

Anspr Identität besteht hier mit keiner der übrigen Eheklagen. Jedoch wäre das RSchutzbedürfn für eine HerstellgKlage zu verneinen, wenn eine Klage derselben Partei auf Scheidg, Aufhebg, Nichtigk-Erklärg o. Feststellg des Nichtbestehens der Ehe rechtshängig ist. Eine Klage dieser Art zu erheben, ist dagg der andere Eheg dch die Rechtshängigk einer HerstellgKlage nicht gehindert. Er kann seine

ScheidgKlage auch auf bösl Verlassg stützen. Bei Entscheidg über die ScheidgKlage ist jedoch die Rechtskr einer Entscheidg über eine HerstellgKlage zu beachten (StJSch I 2 zu § 616). Das Recht zum Getrenntl kann also nicht in einem Urt bejaht, im andern verneint werden. Wird umgekehrt im Erstproz auf Scheidg wegen bösl Verlassg, im Zweitproz dagg auf Herstellg der ehel Gemeinsch geklagt, so ist die Einrede der Rechtshänggk gleichfalls nicht begr, denn weder ein Durchdringen noch eine Abweisg der ScheidgKlage macht eine Entscheidg über die HerstellgKlage unnötig. Ein Durchdringen der ScheidgKlage hat für die HerstellgKlage ledigl die Folge, daß sie der Abweisg verfällt.

cc) **Nichtigk- u. FeststellgKlagen.**

Auch hier gilt die allgem Regel. AnsprIdentität ist aber zwischen solchen u. anderen Eheklagen nie gegeben.

Über die Nichtigk einer Ehe kann nur auf Nichtgk Klage entschieden werden (§ 24 EheG). AnsprIdentität besteht auch nicht zwischen Nichtgk- u. FeststellgKlage. Über die Frage, ob die Ehe nichtig ist, wird im FeststellgProz nicht entschieden (RG 166, 342). Ebensowenig wird im NichtigkProz geprüft, ob die Ehe besteht. Nichtgk- u. FeststellgKlage können also nebeneinander herlaufen. Aber ev Aussetzg des Nichtigk Proz gem § 148 o. § 154. Dagg besteht zwischen pos u. neg FestellgKlage AnsprGleichh, denn die Abweisg der neg FeststellgKlage enthält die pos Feststellg (StJSch III 3c *β* zu § 263) u. umgekehrt. Rechtshängigk der einen Klage schließt daher Erhebg der andern aus.

Besteht Klagesperre für eine weitere Klage, so ist es unerhebl, wenn die Erstklage mit Mängeln der Klageerhebg o. der ProzVoraussetzgen behaftet, zB vor einem unzuständ Ger erhoben ist (StJSch II 1 zu § 263).

Unerhebl ist auch, ob die Erstklage in der **Sowjetzone** o. in der Bundesrepublik rechtshängig ist. Auch ostzonale Rechtshänggk steht grundsätzl einer westzonalen ScheidgKlage entgg (Karlsruhe u. KG NJW 54, 844f; KG NJW 55, 27; Celle NJW 55, 26; München BayJMBl 56, 143).

Über die im **Ausland** begr Rechtshänggk in EheS s. StJSch II 1c zu § 615.

Bezügl Oder-Neißelinie s. Baumb 4 A zu § 263. Über Rechtshängigk vor einem Breslauer Ger aus der Zeit vor der Kapitulation s. BGH 4, 315.

III. **Beseitigg** der Rechtshängigk: dch Rückn der Erst- o. Zweitklage.

Die Widerklage

I. Gg eine Scheidg-, Aufhebg- u. HerstellgKlage ist die Erhebg einer WKlage anderer Art unstatth (§ 615 II).

II. **Die WKlage hat diesselben proz u. materiellen Voraussetzgen u. Wirkgen wie eine Klage:**
Zuständigk, ProzFähgk u. gesetzl Vertretg ist wie bei der Vorklage zu beurteilen, also nach §§ 606, 612.

Nur für eine WKlage einer Deutschen nach § 606b Nr. 2 gilt Besonderes (s. StJSch VI 1 zu § 606).

Spezialvollm nach § 613 ist ebenso wie für die Klage erforderl (für Schuld- bzw Mitschuldantr dagg nicht!)

WKlage kann erhoben werden,

a) **erst wenn** die Vorklage rechtshängig, also zugestellt ist,

also nicht, wenn Kl ledigl Bewilligg des AR o. Anberaumg eines ST beantragt hat. In diesem Falle ist die Klage proz- u. kostenrechtl als nicht erhoben anzusehen.

b) **solange** die Vorklage — sei es auch nur noch wegen der Kosten — anhängig ist, u. zw auch noch in 2. Inst.

Die einschränkende Vorschr des § 529 IV gilt in EheS nicht!

In der RevInst ist sie ausgeschlossen.

Rechtshängig wird die WKlage dch Einreichg u. Zustellg (§ 281) o. dch Verlesen in der mündl Verhandlg. Ersatz für Verlesen s. § 297 IV.

Ist die WKlage zw zugestellt, aber nicht verlesen, so kann sie bei der Entscheidg nicht berücksichtigt werden (§ 297 V).

Einhaltg der EinlassgFrist ist nicht erforderl; Wahrg der Zwischenfrist nach § 132 genügt.

Teilurt über Klage o. WKlage ist nicht zulässig (s. o. S. 15).

VersäumnUrt gem §§ 330, 618 auf Abweisg der WKlage kommt daher nur in Frage, wenn — zB infolge Klagerückn — nur noch über die WKlage zu entscheiden ist.

Verwirkg nach § 616 erfaßt auch die WKlage.

Terminsbestimmg auf die WKlage kann, wenn die Klage zugestellt, aber der erforderl ProzGebVorsch nicht einbezahlt ist, nicht mit der Begr abgelehnt werden, die Einheitlk der Entscheidg verbiete es, auf Klage u. WKlage getrennt zu verhandeln (Neustadt/Weinstr NJW 54, 1371).
Dch Erhebg einer WKlage aus §§ 42, 43 ggüber einer Klage aus § 48 begibt sich der Bekl nicht seines Rechts, der Scheidg aus § 48 zu widersprechen (s. o. S. 25).

Kosten: Dch Erhebg einer WKlage fällt keine bes Ger- o. AnwGeb an. Streitw s. § 16 GKG. Keine Zusammenrechng, da Streitgegenstand derselbe. ArmAnwGeb erhält der im Hauptproz beigeordnete Anw für das Verf über die WKlage nur, wenn er ausdrückl auch hierfür beigeordnet ist, ausgenommen die Verteidigg gg eine WKlage (§ 122 III Nr. 4 RAGebO).

Der Einzelrichter (= ER)

§§ 348—350

Bei Eingang der Klage prüft der Vors, ob Vorbereitg vor dem ER erforderl ist. Wenn ja, schreibt er die Sache einem Mitgl des Kollegiums als ER zu; andernfalls beraumt er unmittelb Termin vor dem Kollegium an.

> Vorbereitg dch ER ist beim LG idR erforderl, beim OLG idR entbehrl; in der RevInst ist sie überhaupt nicht vorgesehen. Entbehrl ist sie, wenn nur RFragen str sind o. der Sachverh einfach gelagert o. schon genügend geklärt ist. Maßgebend ist stets, ob die Überweisg an den ER der ProzBeschleunigg dient. Die Überweisg an den ER u. dessen Bestellg sind interne Vorgänge der GeschVerteilg. Daher keine Mitteilg an Parteien u. keine Rechtsmittel der Parteien. Um die Nachprüfg dieses die Zuständgk des ER begründenden Aktes zu ermöglichen, muß sie der Vors aktenkundig machen (München BayJMBl 53, 183). Dch Verhandlg vor dem Kollegium geht die Befugn zur Verweisg bzw Rückverweisg an den ER auf dieses über.
> Solange nicht ein anderer Richter als ER bestellt ist, kann auch der Vors selbst als ER tätig werden.

Mit der Überweisg tritt der ER an die Stelle des Kollegiums. Das Kollegium verhandelt u. entscheidet dch ihn als Spruchabteilg.

Daraus folgt:

1. Die Verhandlg vor dem ER ist ein Teil der „Verhandlg vor dem erkennenden Ger". Sie hat die gleiche Bedeutg u. die gleichen RFolgen wie die Verhandlg vor dem Kollegium u. unterliegt den gleichen Grundsätzen (zB Öffentlk, Mündlk, AnwZwang, ProtZwang). Dem ER steht in vollem Umfang die ProzLeitg zu.
2. Weder der Vors noch das Kollegium darf dem ER Weisgen erteilen. Seine Bestellg ist grundsätzl unwiderrufl; aus Gründen der GeschVerteilg kann allerdings der Vors (§ 69 GVG) einen andern ER bestellen.
3. Das Kollegium ist an Urteile u. Beschlüsse des ER in gleicher Weise gebunden (§ 318) wie an seine eigenen.
4. Gg Entscheidgen des ER gibt es keine Anrufg des Kollegiums nach § 576, sondern nur Rechtsmittel zur nächsten Inst (§ 350 II)

5. Ob einer Beschwerde abzuhelfen ist, hat der ER selbst zu entscheiden; er kann diese Entscheidg nicht auf das Kollegium abwälzen (wie das zuweilen geschieht, um die Autorität des Kollegiums vorzuspannen).

Aufgaben u Befugn des ER

A) **beim Landgericht:**

Der ER hat ledigl die Aufgabe, die Entscheidg des Kollegiums **vorzubereiten** (§ 348), den RStreit soweit zu fördern, daß tunl nur 1 Verhandlg vor dem Kollegium nötig ist (§ 349 II 1) u. in 1. Inst das Kollegium von Entscheidgen über ProzVoraussetzgen u. -hindern, sowie von einigen formellen Entscheidgen zu entlasten (§ 349 I).

Daraus folgt:

a) er ist **nicht befugt**

1. zum Erlaß von Sachurt u. Entscheidgen, die dem Sachurt vorgreifen. Eine Befugn des ER, dch Sachurt zu entscheiden, kann in Ehes auch nicht dch Einverständn beider Parteien (§ 349 III) begründet werden. Erst recht nicht kann der ER bei Säumn beider Parteien ein Sachurt nach Aktenlage gem § 251a erlassen[1]). Auch zur Verkündg eines Urt der Kammer ist er nicht befugt, selbst wenn ihn die Kammer im Einverständn beider Parteien damit beauftragt hat (RG 135, 118).
2. zu Entscheidgen über die Bewilligg o. Entziehg des AR oder NachzahlgAnordgen nach § 125; denn mit der Aufgabe des ER, die Verhandlg zu fördern, hat das alles nichts zu tun;
3. zur Bewilligg der öffentl Zustellg nach § 204 (Baumb 1 zu § 204 mit 3 zu § 188; aA StJSch II zu § 204).
4. zu Entscheidgen, die ausdrückl dem Vors vorbehalten sind, zB Erlaß des SV (§ 609), Ersuchen um Zustellg im Ausland (§ 202) (aA StJSch I zu § 202).

b) Im übrigen aber ist er, solange der RStreit vor ihm schwebt, **zu allen Maßnahmen u. Entscheidgen zuständig, die zur Erledigg seiner vorbereitenden Aufgabe erforderl** sind, insbes zu

Erlaß einstw Anordgen gem § 627,

nebst Entscheidg über Bewilligg u. Entziehg eines auf dieses Verf beschränkten AR u. Beiordg eines Pflichtanw hierfür;

Anberaumg von Terminen

einschl Entscheidg nach § 111 IV GKG, ob Kl die ProzGeb vorwegleisten muß (JW 26, 845);

---

[1]) KG JW 30, 2802 u. 3332, sowie Rosenbg S. 514 verneinen, Baumb 2 A zu § 618 u. StJSch IV 1 vor § 606 bejahen generell diese Befugn des ER.

Abkürzg der Ladg- u. EinlassgFristen nach § 226 (in EheS selten);
Bestimmg der EinlassgFrist bei Zustellg im Ausland (§ 262 II),
Erklärg zur Feriensache[1]),
Bestellg eines gesetzl Vertr für prozunfähg Bekl gem § 57 (StJSch II 6),
Anordg von SicherhLeistg gem §§ 108ff,
Vorbereitg des Termins nach § 272b
ev unter Auflage eines AuslVorsch
Anordg abgesonderter Verhandlg über prozhindernde Einreden (§ 275),
Verweisg des RStreits an das zuständg Ger (§ 276),
Anordg des persönl Erscheinens der Parteien zur Aufklärg des Sachv (§ 141). Vernehmg nach §§ 619, 448 nur in seltenen Ausnahmefällen (StJSch II zu § 619),
Ausübg des richterl FrageR u. Entscheidg über diesbezügl Beanstandg (§ 140),
Entscheidg über Zulässgk von Fragen (§ 397 III),
Erlaß von AufklärgBeschl (§ 279a),
Setzen von Ausschlußfristen (§ 356),
Entscheidg über ZeugnVerwR (§ 387),
Entscheidg über die Ablehng eines Sachverst (§ 406),
Handhabg der SitzgPolizei (§§ 176, 183 GVG),
Zwangsmaßn gg nichterschienene Parteien, Zeugen u. Sachverst (§§ 619 III, 380, 409),
Bewilligg von ReisekostEntschädigg an mittellose Parteien u. Zeugen (AV v. 12. 8. 35 — DJ 1171 — Ziff. 3), sowie ZuSGebG v. 26. 7. 57 (BGBl 902) § 13.
Bestimmg e. VerkündgTermins mit ErklärgFrist (§ 272a),
ProzVerbindg nach § 147[2]),
Aussetzg des RStreits nach §§ 148, 246—248, 620
u. deren Aufhebg,
Anordg des Ruhens der Verf (§ 251),
Zckweisg verspäteten Vorbringens (§ 279),

BewAufn einschl Augenschein.

Wichtigere sind jedoch der Kammer vorzubehalten. Der ER beschränkt sich in solchen Fällen auf den Erlaß des BewBeschl, überläßt aber dessen DchFührg der Kammer.
Den Absichten des GesGebers würde zB zuwiderlaufen: eidl Parteivernehmg, Beeidgg zweifelh Zeugen, bes wenn Aussage gg Aussage steht.
BewErhebg dch ER soll nur geschehen, soweit es zur Vereinfachg der Verhandlg vor der Kammer erwünscht u. von

[1]) Baumb 8 C zu § 200 GVG. Nach Verweisg an die Kammer kann selbstverständl diese die Erklärg zur FerienS aufheben, jedoch nicht rückwirkend.

[2]) ProzTrenng dürfte in EheS kaum vorkommen, ebenso Anordg nach §§ 146, 150.

vornherein anzunehmen ist, daß der Kammer auch ohne unmittelb Eindruck eine sachgem BewWürdgg mögl sein wird (§ 349 II 2).

Eine **Überschreitg** dieser dem ER gezogenen Grenzen bildet aber **keinen Verstoß,** der selbständig gerügt werden kann. Der **persönl Eindruck,** den der ER bei der Vernehmg von Zeugen u. Parteien gewonnen hat, darf im Urt nur verwertet werden, wenn der ER hierüber einen Vermerk **im Prot** gemacht hat u. dieser gem § 285 II verlesen ist. Andernfalls Verstoß gg § 128 I (JW 33, 2215; 38, 2767; 39, 650).

Festsetzg der einem Zeugen o. Sachverst zu gewährenden Beträge nach ZuSGebG § 15,

BewSicherg (§ 485),

Streitwertfestsetzg nach § 23 GKG,
aber nur in den Fällen, die der ER beendet[1]),
dasselbe gilt für Kostenstrafen nach § 102[2])
u. Entscheidg über Erinnerg gem § 4 GKG[3]).

c) **kraft ausdrückl Vorschr des § 349:**

ProzUrt über prozhindernde Einreden (§ 349 I 2), näml über Einrede der Unzuständgk, der RHängigk, der mangelnden Kostensichh o. -erstattg, der mangelnden ProzFähigk o. gesetzl Vertretg,

Verzichturt nach § 306
(Entscheidg nach § 307 bei Anerkenntn kommt in Ehes nicht in Frage, s. § 617),

Kostenentscheidg bei Klagerückn (§ 271 III, 349 I Ziff. 3); analog auch bei BerufgRückn (Baumb 2 C zu § 349); desgl Kostenentscheidg nach § 91a, wenn Erledigg unstr (andernfalls steht die Entscheidg der Kammer zu);

VersäumnUrt gg Kl nach §§ 330, 635, 638 (§ 349 I Ziff. 4),

Aktenlageentscheidg bei Säumn einer Partei (§§ 349 I Ziff. 4, 331a),

Entscheidg über Zulässigk des Einspruchs u. über Wiedereinsetzg gg VersUrt, ferner über EinsprRückn u. -Verz.

B) **beim OLG:**

Beim OLG hat der ER zw grundsätzl die gleiche Stellg wie in 1. Inst, doch sind seine Befugnisse hier wesentl dadch eingeschränkt, daß er **über die Zulässigk einer Berufg o. Beschwerde nicht** abschließend entscheiden kann. Er hat die Zulässigk nur zu prüfen. Hält er sie nicht für gegeben, so schließt er seine Tätigk ab u. verweist die Sache in den Senat. Selbst darf er die Berufg nicht als unzulässig verwerfen, weder dch Beschluß nach § 519b II noch dch Urt (Baumb 2 C zu § 349; aA

---

[1]) Hillach S. 410 (abw Meingen s. dort).

[2]) StJSch V vor § 348.

[3]) Baumb 3 A zu § 4 GKG, str.

StJSch II zu § 523a u. III B zu § 519b — nur dch Urt —). Damit entfällt zugleich seine Befugn, über Anträge auf Wiedereinsetzg gg die Versäumg der Berufg- o. BegrFrist (§ 237)[1]) u. über prozhindernde Einreden[2]) zu entscheiden. Ebenso ist ihm die Entscheidg über Berufg gg ein VersäumnUrt (§ 513 II), sowie die Zckweisg der Berufg bei Säumn des BerufgBekl (§ 542 II)[2]) entzogen. Auch zur Zckweisg o. Zulassg verspäteten Vorbringens (§§ 529, 626) ist er nicht befugt.

Welche Folgen hat eine Überschreitg dieser ZuständgkGrenzen?

a) Übergriffe des Kollegiums in die Zuständgk des ER bilden keinen AnfechtgGrund (Analogie zu § 10).
b) Übergriffe des ER in die Zuständgk des Kollegiums führen zwar nicht zur absoluten Nichtgk, stellen aber einen VerfMangel dar, der von Amts wegen zu beachten ist u. Aufhebg der Entscheidg des ER u. Rückverweisg an die Kammer gem § 539 begründet. Keine Heilg dch Rügeverzicht (§ 295).
c) Übergriffe des Vors in die Zuständgk des ER: wie unter b).

Erlaß eines Sachurt dch den ER ist absoluter RevGrund aus § 551 Nr. 1 u. begründet WiederaufnKlage aus § 579 I Nr. 1 (StJSch III zu § 350); die ggteilige Ansicht von Rosenbg S. 81, wenn die Bestellg des ER der Vorschr des § 350 I entsprochen habe, sei das Ger vorschriftsmäßig besetzt gewesen, vermag nicht zu überzeugen.

Ende der Tätigkeit des ER.

Sie endet, wenn die Sache zur Verhandlg vor dem Kollegium reif ist. Ob dies der Fall ist, entscheidet, wenn Vors u. ER hierüber verschiedener Meing sind, das Kollegium (§ 349 II S. 4).
Die Verweisg in die Kammer hat nur die Bedeutg, daß nun Kammertermin bestimmt werden kann. Mitteilg an die Parteivertr ist zwar nicht vorgeschrieben, aber zur Vermeidg von Unklarheiten zweckm.
Die Verweisg in die Kammer kann der ER nicht rückgängig machen, auch nicht bei Einverständn beider Parteien (HRR 32 Nr. 1246). Sie ist für ihn ebenso bindend wie eine Verweisg nach § 276 o. § 506. Dagg kann das Kollegium — uU ohne mündl Verhandlg — die Sache an ihn zckverweisen, zB wenn nach der Verweisg in die Kammer Beweise angeboten werden, deren Erhebg dch den ER zweckm erscheint.

[1]) aA Baumb 1 A zu § 519b.
[2]) Rosenbg S. 660.

Die Zuständigkeit

Nur soweit das Ger sachl u. örtl zuständig ist, ist es zur Ausübg seiner Gerichtsbk berechtigt u. verpflichtet. Seine Zuständgk muß gegeben sein

a) im Verhältn der deutschen Gerichte untereinander (innerdeutsche Zuständgk) und

b) dem Ausland ggüber (internationale Zuständgk).

Letztere ist von Bedeutg, wenn keiner der Eheg o. nur einer derselben die deutsche StAngehörgk besitzt. In diesen Fällen nimmt Deutschland unter den Voraussetzgen des § 606 II u. III (**ab** 1. 7. 58 § 606a u. § 606b) **nicht** die ausschließl Zuständgk in Anspruch oder enthält sich der Ausübg seiner Gerichtbk um Kollisionen mit einer ausländ zu vermeiden.

Die Zuständgk ist **von Amts wegen zu prüfen.** Da sie von den **StAngehörgkVerhältnissen** der Eheg abhängt, sind auch diese von Amts wegen zu prüfen (StJSch I 3a zu § 606). Soweit sich die Zuständgk nach **ausländ Recht** bemißt, ist dieses ebenfalls von Amts wegen zu ermitteln (s. u. S. 114, vgl. aber § 293).

Im übrigen hat der Kl die die Zuständgk begründenden Tats zu beweisen. Wird dieser BewPfl nicht genügt, so ist die Klage dch ProzUrt abzuweisen.

Maßgebender **Zeitpunkt** für die Beurteilg der Zuständgk ist der Schluß der mündl Verhandlg.

Änderg der die Zuständgk begründenden Umstände nach Klageerhebg (zB Wegfall dch Auswanderg o. StAngehörgkWechsel) ist gem § 262 II unschädl u. zw auch iFd § 606 III = § 606b (Hambg NJW 50, 509, StJSch N 1f, Baumb 3 C). Eintritt nach Klageerhebg genügt.

a) Die **innerdeutsche Zuständgk** ist sachl in § 71 GVG, örtl in § 606 I (ab 1. 7. 58 § 606) geregelt. Sie ist eine ausschließl, also der Parteivereinbg entzogen (§ 40 II). Vgl im übrigen Baumb 3 D zu § 606. Anknüpfungspunkt ist der **gewöhnl Aufenth im Inland** u. zw

primär der gegenwärtige gemeinsame,
hilfsw der letzte gemeinsame,
seit 1. 4. 53 hilfsw der des Bekl,
ab 1. 7. 58 hilfsw der des Kl,
hilfsw das LG Berlin.

Die an 1. 4. 53 eingetretene Änderg beruht darauf, daß § 606 I S. 2 ZPO aF mit dem Grunds der Gleichber (Art. 3 II GG) unvereinb u. daher außer Kraft getreten ist[1]), weshalb die allgem Regel der §§ 12, 13 gilt. Das GleichberG hat diese Regelg ab 1. 7. 58 übernommen u. dahin ergänzt, daß der gewöhnl AufenthOrt des Kl maßgebend ist, wenn der des Bekl nicht im Inland liegt. Haben beide Eheg Klage erhoben, so entscheidet die Priorität, bei Klageerhebg am gleichen Tag das gemeinsame Obergericht (§ 606 II nF).

b) Die **internationale Zuständgk** ggüber dem Ausland ist in § 606 II u. III (ab 1. 7. 58 §§ 606a, b) geregelt.

Abs. II (= § 606a) ist in Zusammenhalt mit § 328 Ziff. 1 zu verstehen, wonach die Anerkenng eines ausländ Urt ausgeschlossen ist, wenn das ausländ Ger nach deutschem Recht nicht zuständg war. Beruht diese Unzuständgk auf Abs. I, so gibt Abs. II diesen Grundsatz auf, wenn einer der Eheg

entweder nicht deutscher StAngehöriger ist
oder seinen gewöhnl Aufenth nicht im Inland hat.

Ab 1. 7. 58 tritt an die Stelle des § 606 II folgende Vorschr des § 606a:

„Die Vorschr des § 606 stehen der Anerkenng einer von einer ausländ Behörde getroffenen Entscheidg nicht entgg,

1. wenn der Bekl eine fremde StAngehörgk besitzt,
2. wenn der Bekl seinen gewöhnl Aufenth im Ausland hat oder wenn die Eheg ihren gemeins gewöhnl Aufenth zuletzt im Ausland gehabt haben, oder
3. wenn der Bekl die Anerkenng der Entscheidg beantragt".

Abs. III (= § 606b) beschränkt die deutsche Gerichtsbk ggüber dem Ausland in den Fällen wo **weder der Mann noch die Frau** die **deutsche** StAngehörgk besitzt. In diesem Falle kann von einem deutschen Ger nur dann entschieden werden,

1. wenn wenigstens einer der Eheg seinen gewöhnl Aufenth im Inland hat

   und

   nach dem HeimatR des Mannes die von dem deutschen Ger zu fällende Entscheidg anerkannt werden wird, was idR dch Erholg einer Auskunft des zuständg Konsulats zu klären ist. Dieses 2. Erfordern entfällt selbstverständl, wenn der Mann staatenlos ist u. erst recht, wenn beide Eheg staatenlos sind.
2. in dem seltenen Sonderfall des Abs. III Ziff. 2 (= § 606b Ziff. 2).

---

[1]) So RegEntw, StJSch, Baumb, Zöller u. a., aber umstr (s. insbes BGH FamRZ 55, 13 u. 56, 186, sowie KG NJW 54, 218).

Zeichenerklärung:

□ = Mann ○ = Frau

graues Feld = deutsche Staatsangeh
schraffiert = ausländ Staatsangeh
weiß = staatenlos

J = gew Aufenth i. Inland a = ausschließl deutsche Zuständigk
A = gew Aufenth i. Ausland B = LG Berlin zuständig

Ein deutsches Gericht kann in folgenden Fällen zuständig sein:

1. Fälle des § 606 I u. II (= nF § 606 u. § 606a):

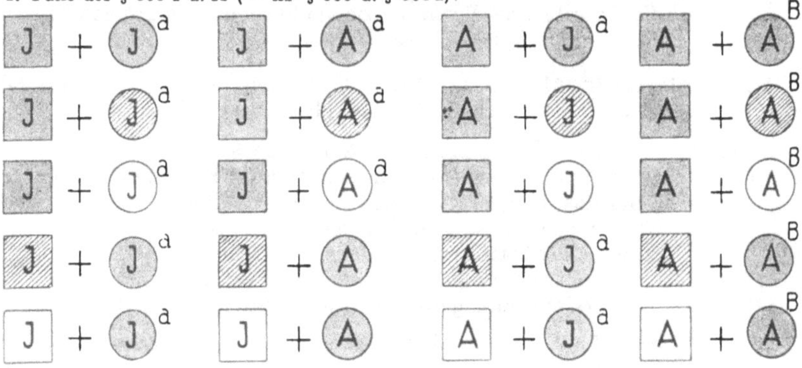

2. Fälle des § 606 III Ziff. 1 (= nF § 606b Ziff. 1):

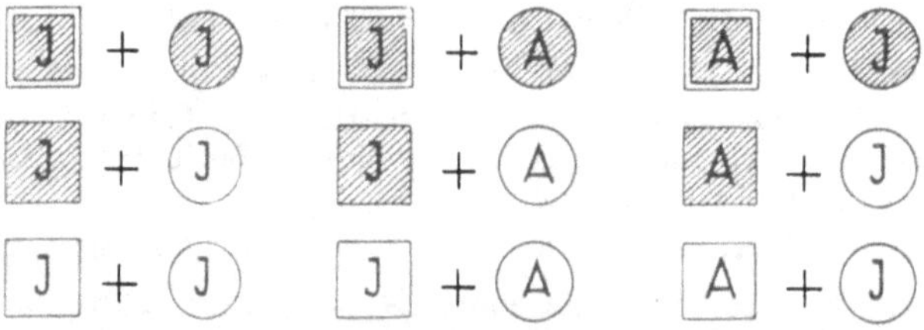

Zeichenerklärg. Doppelte Umrandg bedeutet: Voraussichtl Anerkenng nach Heimatrecht des Mannes erforderl

3. Fälle des § 606 III Ziff. 2 (= nF § 606b Ziff. 2):

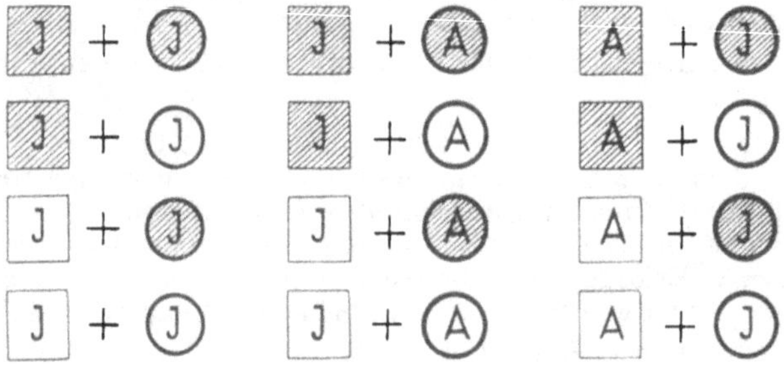

Fette Umrandg: frühere deutsche Staatsangehörige

Keine deutsche Zuständigk.

Zusammenfassg:

1. Ist auch nur einer der Eheg deutscher StAngehöriger, so kann ein deutsches Ger auch dann entscheiden, wenn keiner der Eheg seinen gewöhnl Aufenth im Inland hat.
2. Ist keiner der Eheg deutscher StAngehöriger, so geht uns ihr Streit nur dann an, wenn wenigstens einer von ihnen dch seinen gewöhnl Aufenth mit dem Inland verbunden ist.

   Welches deutsche Ger zuständg ist, ergibt sich in beiden Fällen aus § 606 I (= § 606).
3. Sind beide Eheg fremder Nationalität (derselben o. verschiedener), so kommt als weiteres Erfordern hinzu, daß die zu fällende Entscheidg nach dem HeimatR des Mannes (auf das der Frau kommt es nicht an) anerkannt werden wird (Raape S. 286, 250).

   Dieses Erfordern entfällt selbstverständl, wenn beide Eheg staatenlos sind; denn in diesem Falle ist nicht zu befürchten, daß die Ehe dch Auflösg im Inland zu einer „hinkenden" wird. Es entfällt aber auch dann, wenn nur die Frau staatenlos ist u. der Mann einem Staate angehört, der die Auflösg der Ehe dch ein deutsches Ger nicht anerkennt. Diese Regelg konnte deshalb getroffen werden, weil es in diesem Falle nur dann zu einer hinkenden Ehe kommen kann, wenn das deutsche Ger entgg Art. 17 I EG BGB das die Auflösg der Ehe verbietende HeimatR des Mannes nicht anwendet. — Dagg kann es im umgekehrten Falle (Mann staatenlos, Frau Angehörige eines Staates, der nicht anerkennt) zu einer hinkenden Ehe kommen. Maßgebend ist hier gem Art. 29 mit 17 I EG BGB das Recht des AufenthStaates des Mannes. Lebt dieser in Deutschland, so kann er seine Scheidg nach deutschem Recht auch dann erzielen, wenn das HeimatR der Frau diese nicht anerkennt.

Optisch Veranlagten diene folgende **Übersicht** zur Veranschaulichg:

Gewöhnl Aufenthalt.

Aufenth ist ein rein **tatsächl** Zustand u. unabhängg vom Willen zur Begr eines Wohnsitzes. Praktisch deckt sich aber der (nicht abgeleitete) Wohnsitz idR mit dem gewöhnl Aufenth (StJSch IV 1 zu § 606).

Polizeil Anmeldg ist nicht entscheidend, ebensowenig bei Heimkehrern Wahl des Entlassungsortes.

Gemeinsamer gewöhnl Aufenthalt ist dort anzunehmen, wo die Eheg hauptsächl u. nicht nur kurze Zeit vorübergehend ihr gemeinsames Eheleben führen.

Bei Soldatenehen ist dies der AufenthOrt der Frau, wenn der Mann dort regelm seinen Urlaub verbrachte (BayOLG I 40).

Ein getrennt lebender Eheg hat seinen gewöhnl Aufenth dort, wo er sich aufzuhalten pflegt u. den Mittelpunkt seiner Lebenshaltg, insb Wohng o. sonstiges Nachtquartier hat. Wo dies der Fall ist, wird der gewöhnl Aufenth dch vorübergehende Abwesenh nicht aufgehoben.

Daher kein gemeins gewöhnl Aufenth, wenn Ehefrau mit den Kindern bei ihrem Vater wohnt u. der Mann sie ledigl übers Wochenende o. in KrankhFällen besucht, jedoch seine Whng u. Arbeitsstelle an einem andern Ort beibehält (Celle MDR 54, 489).

Als vorübergehend ist unter dieser Voraussetzg auch Abwesenh dch Wehrdienst, Kriegsgefangensch, Internierg o. Evakuierg anzusehen. Längere Unterbringg in einer Heil-, Strafanstalt u. ä. kann aber gewöhnl Aufenth begründen. Nicht jedoch Aufenth in ostzonal Straflager (Erholt NJW 52, 292).
Bei verschiedenem Wohn- u. Arbeitsort ist ersterer maßgebend.

Inland iSd § 606 ist der Geltungsbereich dieser Bestimmg, also das Bundesgebiet u. Berlin, desgl das Saargebiet (Lauterbach NJW 52, 450 u. Saarbrücken ebd 475), **nicht** dagg das Gebiet der **DDR** (BGH 7, 219 u. FamRZ 56, 183, Baumb, Zöller; aA Hamm NJW 54, 1531).

Hat Kl gewöhnl Aufenth im Geltungsbereich des § 606, so muß ihm ermöglicht werden, sein Recht dort zu suchen, auch wenn § 606 auf ein ostzonal Gericht verweist, weil der letzte gemeinsame gewöhnl Aufenth dort war u. Bekl noch dort wohnt (BGH ebd).
„Inland" ist ferner nicht mehr das Gebiet inner- u. außerh der Grenzen vom 31. 12. 37 iSd Potsdamer Abk v. 2. 8. 45, soweit dort keine deutsche Gerichtsbk mehr ausgeübt wird. Gewöhnl Aufenth **östl der Oder-Neiße-Linie** begründet daher für einen deutschen Staatsangeh keinen ausschließl Gerichtsstand bei einem dortigen Gericht[1]).

Ob gewöhnl Aufenth im Inland gegeben, ist nach deutschem Recht zu entscheiden (RG JW 36, 3571).

Staatsangehörigk.

Zum Nachweis der deutschen StAnghk ist StAnghkausweis der Paßbehörde erforderl (GütigkDauer 5 Jahre). Gemeindeamtl Bestätigg genügt nicht. Sonst Ermittlg durch Gutachten eines der bei verschiedenen Universitäten bestehenden Institute für Rechtsvergleichg, Auskünfte diplomat. Vertretgen[2]) u. dgl.
Übersetzgen ausländ StAnghkGesetze s. BayJMBl 51, 179 u. in der von der Forschungsstelle für internat Recht u. ausländ öffentl Recht der Univ Hamburg, herausgegebenen Sammlung (Verlag Wolfgang Metzner, Frankfurt).

Doppelte StAnghk: Eine neben der deutschen StAnghk bestehende ausländ StAnghk des Mannes oder der Frau bleibt außer Betracht (Celle NJW 52, 475).

---

[1]) Wegen der Aufnahme von Verf, die am 8. 5. 45 dort anhängig waren, s. ZustErgG v. 7. 8. 52 BGBl 407.

[2]) Aber keine Ersuchen um Auskunft über ausländ Recht an ausländ Vertretgen! S. §§ 47, 48 BayZRHO 56.

Ob der betr ausländ Staat die deutsche Entscheidg anerkennt oder die ausschließl Zuständigk beansprucht, ist ohne Belang (BGH 3, 178).

Volksdeutsche, denen die deutsche StAnghk dch **Sammeleinbürgerg** verliehen worden ist:

Sie sind noch als deutsche Staatsangeh zu behandeln, wenn sie nicht bis 25. 2. 1956 die deutsche StAnghk ausgeschlagen haben (Gesetz vom 22. 2. 55 BGBl I S. 65; Sonderfälle s. dort §§ 19—21) Ehefrau und Kinder haben selbständiges Ausschlaggsrecht; Ausschlaggsrecht der Frau entfällt, wenn sie schon zZt der Eheschließg deutsche Staatsangeh war (§ 1 II aaO). Hat die Frau die deutsche StAnghk dch Eheschließg erlangt, so kann sie nur für die Zeit vor der Eheschließg ausschlagen (§ 4 aaO). Ausschlagg eines Eheg bedarf nicht der Zustimmg des andern (§ 16 aaO). Dienst in der deutschen Wehrmacht, Waffen-SS etc. hat nicht automatisch Erwerb der deutschen StAnghk bewirkt (§ 10 aaO). Mit diesem Gesetz haben sich zahlreiche Streitfragen erledigt.

Gleichstellg:

Den deutschen Staatsangeh prozeß- u. materiellrechtl gleichgestellt sind

a) **verschleppte** Personen u. **Flüchtlinge** iSd Art. 10 AHKG Nr. 23 (ABlAHK S. 140 = BayJMBl 50, 51; gilt noch trotz Auflösg der IRO s. BayJMBl 52, 142),

b) **heimatlose Ausländer** iSd Bundesgesetzes v. 25. 4. 51 (BGBl I S. 269),

c) **Volksdeutsche Flüchtlinge** iSd der von den Ländern erlassenen Flüchtlingsgesetze, selbst wenn sie noch eine fremde StAnghk besitzen (Bambg NJW 51, 407)[1]),

d) volksdeutsche Flüchtlinge iSd Art. 116 I GG in Verb m. § 6 Bundesvertriebenengesetzes v. 19. 5. 53 BGBl I S. 201[2]) (Celle NJW 55, 1190). Ausnahme bei Aufenthaltsverlegg in die Ostblockstaaten s. § 7 Ges. v. 22. 2. 55 (BGBl I S. 65). Kein Verlust der Vertriebeneneigensch dch Heirat (§ 8 BVertriebenenges), sei es mit einem Nichtflüchtling, sei es mit einem Ausländer oder Staatenlosen.

Diese Gleichstellg bewirkt deutsche Zuständgk nach § 606 I. Anerkenng nach Heimatrecht des Mannes ist also nicht erforderl.
Nicht gleichgestellt sind Volksdeutsche, die nicht Flüchtlinge sind, vor allem solche, die schon vor 1944 Anfenth im ehem Reichsgebiet nach dem Stand von 1937 genommen hatten.

---

[1]) aA BGH NJW 57, 100 hinsichtl Volksdeutscher, die von der Einbürgerungsmöglk nach § 6 Ges v. 22. 2. 55 keinen Gebrauch gemacht haben.

[2]) Neufassg v. 14. 8. 57 (BGBl I S. 1215).

Österreicher.

Zur Bereinigg deutsch-österr StAngehörigkFragen erging das Ges v. 17. 5. 56 (BGBl I 431)[1]), das — BGH 3, 178 folgend — im wesentl Folgendes bestimmt:

1. Die deutsche StAngehörigk von Anschluß-Österreichern(innen) ist am 26. 4. 45 erloschen (§ 1 S. 2).
2. Gegenteilige rechtskr VerwGerUrt werden aufrechterhalten (§ 10).
3. Ziff. 1 gilt nicht für Anschluß-Österreicherinnen, die die deutsche St-Angehörigk dch Heirat mit einem Reichsdeutschen erlangt haben (§ 2).
4. Anschluß-Österreicher(innen) können die deutsche StAngehörigk rückwirkend zckerwerben, wenn sie seit 26. 4. 45 (Ausnahmen s. § 5) dauernden Aufenth in Deutschland haben (§ 3 I).
5. Dieses Recht haben auch andere Frauen, wenn sie nach dem 26. 4. 45, aber vor 1. 4. 53 einen Anschluß-Österreicher geheiratet haben, der die deutsche StAngehörigk zckerwirbt, u. wenn sie seit der Eheschließg dauernden Aufenth in Deutschland haben (§ 3 II).
6. Hat eine Anschluß-Österreicherin die deutsche StAngehörigk nach dem 26. 4. 45 dch Heirat mit einem Ausländer verloren, so kann sie dieselbe nur für die Zeit bis zu ihrer Verheiratg wiedererwerben (§ 3 IV).
7. Hat eine Reichsdeutsche in der Anschlußzeit einen Anschluß-Österreicher geheiratet, so ist ihre deutsche StAngehörigk am 26. 4. 45 erloschen, wenn sie ihren dauernden Aufenth damals nicht in Deutschland gehabt oder vor dem 1. 5. 52 ins Ausland verlegt hat; hat sie aber seit 1. 1. 55 dauernden Aufenth in Deutschland, so kann sie die deutsche StAngehörigk zckerwerben (§ 4).

StAngehörigkWechsel dch Heirat.

a) Verlust der **deutschen** StAngehörigk.

Nach § 17 Ziff. 6 RuStAG verlor eine Deutsche dch Heirat mit einem Ausländer ihre StAngehörigk. Sie wurde daher, wenn sie nicht gleichzeitig die fremde StAngehörigk ihres Mannes erwarb, staatenlos. Dasselbe trat ein, wenn sie einen Staatenlosen heiratete. AGr Art. 16 I GG behält sie nunmehr die deutsche StAngehörigk, wenn sie nicht bei der Eheschließg vor dem Standesbeamten einen gegenteiligen Willen bekundet. Dies gilt auch dann, wenn die Eheschließg schon vor Inkrafttreten des GG (24. 5. 49) erfolgt ist (Entschl d. StMdI v. 28. 1. 50 BayStAnz Nr. 5). Zufolge der Gleichberechtigg kann seit 1. 4. 53 ein Verlust der deutschen StAngehörigk dch Heirat mit einem Ausländer überhaupt nicht mehr eintreten, da § 17 Ziff. 6 RuStAG außer Kraft getreten ist (Art. 3 II, 117 II GG).

b) EinbürgergAnspr von Ausländerinnen s. Ges v. 19. 8. 57 (BGBl I S. 1251).

c) **Erwerb ausländ StAngehörigk dch Heirat.**

Die Frau erwirbt dch Heirat mit einem Angeh der folgenden Staaten **automatisch** dessen StAngehörigk:

---

[1]) Zur Verfassungsmäßigk des Gesetzes s. Reyher NJW 56, 1782.

Belgien, Bulgarien (wenn Heirat vor 21. 12. 40), Dänemark, Finnland, Frankreich, Italien, Japan, Luxemburg, Norwegen, Niederlande (bei Heirat nach 29. 12. 50 BayJMBl 51, 72), Österreich, Polen, Portugal, Rumänien, Schweden, Schweiz, Türkei, Ungarn (bei Aufenth im Ausland muß ungar StAngehörigk dch Reisepaß bzw ein vom Innenminister nach 1945 ausgestelltes StAngehörigkZeugn nachgewiesen werden).

Dagg tritt **kein** Erwerb der StAngehörigk des Mannes ein, wenn dieser einem der folgenden Statten angehört:

Argentinien, Brasilien, Canada, Chile, China, Kolumbien, ČSR, Griechenland, Großbritannien, Jugoslawien, Luxemburg, Nielande (bei Heirat nach dem 9. 5. 40 u. vor dem 29. 12. 50), Paraquay, Peru, Spanien, Uruquay, UdSSR, USA.
vgl Fischer in „Das bayer Standesamt" 1950, 71.

Der Verlust der deutschen StAngehörigk beurteilt sich nach deutschem Recht (BGH 3, 178), der Erwerb einer fremden StAngehörigk nach dem Recht des betr fremden Staates. Erwerb fremder StAngehörigk dch Heirat setzt daher voraus, daß die Ehe nach dem Recht des fremden Staates gültig ist (LG Frankf MDR 51, 297). Bes wichtig, wo kirchl Traug obligatorisch (wie in Griechenland) o. wo eine im Ausland geschlossene Ehe der Eintragg beim Standesbeamten o. Generalkonsul des Heimatstaates bedarf (wie in der Türkei).

Hinkende Ehe.

Eine Ehe zw Ausländern, die zwar nach deutschem Recht, nicht aber nach ausländ Recht besteht, kann in Deutschland von dem nach § 606 zuständigen Gericht geschieden werden (vgl LG Berlin FamRZ 55, 110).

Anerkennung iSd § 606 III Ziff. 1 (nF § 606b Ziff. 1).

Ob Anerkenng der deutschen Entscheidg dch den Heimatstaat des Mannes zu erwarten ist, hängt davon ab, ob dieser für seine StAngeh die ausschließl Zuständgk in EheS beansprucht, ferner in ScheidgSachen davon, ob die Ehe nach dem Recht dieses Staates dem Bande nach geschieden werden kann.

a) **Keine ausschließl Zuständgk** beansprucht u. a.

Argentinien, Belgien (auch wenn Bekl in Belgien, soferne Art. 10 belg Ges. v. 25. 3. 1876 beachtet, s. Köln NJW 54, 1533; Raape S. 289; vgl aber Zielke JR 51, 38 u. LG Aachen FamRZ 54, 113), Bulgarien, China, Costarica, Cuba, Dänemark, Finnland, Frankreich (Raape S. 288), Grönland, Großbritannien, Island, Japan, Luxemburg, Mexiko, Niederlande, Norwegen, Österreich (Raape S. 289, aber bestr), Peru, Rumänien. Schweden, Schweiz, USA (wenn der wirkl Wohnsitz beider Teile o. des Kl (Mann o. Frau) in Deutschland liegt u. Bekl sich dort dch Anw vertreten läßt; Schwenk NJW 55, 1707; 56, 660; Raape S. 290), Tschechoslowakei seit Ges v. 25. 10. 50 (Raape S. 290; aber Gegenseitigk nicht verbürgt s. Bekl. v. 9. 12. 52 BayJMBl 53, 3).

b) **Ausschließl Zuständgk** beanspruchen:

Ägypten, wenn es sich um Mohamedaner handelt,
Israel,
Iran für Mohamedaner (vgl aber Baumb 5 C),
Jugoslawien, wenn die Ehe dort geschlossen u. der jugoslaw Teil dort Wohnsitz hat. Dagg Anerkenng, wenn beide im Ausland leben (Raape, S. 289, StJSch N 15b),
Polen, solange Gegenseitgk nicht verbürgt ist (Raape S. 289), selbst wenn die Eheschließg in Deutschland erfolgt ist (Schlesw-Holst NJW 49, 673),
Rumänien, wenn der Mann seinen allgem Gerichtsstand dort hat (SchlHA 49, 288).
Türkei, auch wenn beide Eheg im Ausland wohnen,
Ungarn, auch wenn die Ehe in Deutschland geschlossen (Stackelberg NJW 50, 808); erkennt aber Scheidg Deutschsprachiger o. -stämmiger an, wenn auch nur ein Teil ausgesiedelt o. ausgewiesen (s. VO 3225—47, abgedr. in BayJME v. 12. 3. 94 Nr. 3464),
UdSSR (Raape S. 288).

Keine Scheidg dem Brande nach lassen zu:

Andora, Bolivien, Brasilien, Chile, Columbien, Irland (soweit es sich um Katholiken handelt), Italien (s. aber Raape S. 290 u. LG Frankf NJW 52, 1381, dazu Hoffmann NJW 53, 530), Liechtenstein u. Spanien (Ausnahme s. RG 166, 374), Paraguay, San Marino u. Vatikanstadt.

Anschriftenverzeichn der ausländ Vertretgen in der Bundesrepublik s. Bundesanz Nr. 100 v. 26. 5. 56.

Die Verweisung des Rechtsstreits

§ 276 ZPO

Um zu verhindern, daß die Klage wegen Unzuständigk abgewiesen wird, kann der Kl beantragen, das Gericht möge sich für unzuständig erklären u. den RStreit an das zuständige Gericht verweisen. Diesen Antrag kann er auch hilfsw stellen.

Die Entscheidg über diesen Antrag ergeht grundsätzl aGr mündl Verhandlg. Hat jedoch der Bekl gleichfalls das angerufene Ger als unzuständig u. das vom Kl bezeichnete andere Ger als zuständig bezeichnet, so ist mündl Verhandlg überflüssig u. kann schriftl entschieden werden, ohne daß es hierzu einer nochmaligen Einverständniserklärg der Parteien bedarf (StJSch N 8a zu § 276). Sachl ist aber das Einverständnis der Parteien über die Zuständigk bedeutungslos (§ 40 II), denn in EheS hat das Ger seine **Zuständigk von Amts wegen zu prüfen.** Säumnis des Bekl in der mündl Verhandlg steht daher einer Entscheidg über den VerweisgAntrag nicht entgegen u. hat nicht die Wirkg des § 331 I. Auch § 274 III gilt hier nicht.

Bejaht das Ger seine Zuständigk, so spricht es dies in den Gründen des Endurt aus o. erläßt Zwischenurt nach § 275 II; letzteren Weg muß es wählen, wenn es abgesonderte Verhandlg angeordnet hatte.

Verneint es seine Zuständigk, so erklärt es sich für unzuständig und verweist den RStreit an das zuständige Ger[1]). In 1. Inst ergeht diese Entscheidg dch **Beschluß.**

Voraussetzg hierfür ist jedoch

1. Antrag des Kl (VerwAntrag des Bekl genügt nicht!)
2. daß es das zuständige Ger bestimmen u. an dieses verweisen kann.

Verweisg an ein **ausländ** Ger ist **unmögl,** denn außerhalb des GeltgBereichs der ZPO ist weder eine Verweisg noch die Kostenvorschr des § 276 III bindend (RG 159, 171). Die **sowjet** BesatzgZone, in der die Zuständigk in EheS den Amtsgerichten übertragen ist, ist nicht mehr Inland i. S. des § 606 (BGH NJW

[1]) Selbstverständl ist für eine solche Entscheidg erst nach Eintritt der Rechtshängigk Raum. Bis dahin keine Verweisg nach § 276, sondern formlose Abgabe der Akten an das vom Kl bezeichnete Gericht.

52, 1415). Verweisg an ein AG der OstZone ist daher unzulässig (Oldenburg NJW 53, 425).

Sind diese Voraussetzgen nicht gegeben, so ist die **Klage** als unzulässig **abzuweisen.**

Der Vorsitzende muß jedoch den Kl zuvor auf diese Bedenken hinweisen (§ 139).

Den fehlenden VerweisgAntrag kann der Kl **nachholen** u. zw nicht nur in der **Berufg**Instanz (RG 95, 281), sondern auch noch in der **Rev**Instanz (BayOLG NJW 49, 223; aA RG 130, 55).

Kommt in diesem Falle auch das RMGericht zur Verneing der Zuständigk u. kann es das zuständ Ger bestimmen, so nimmt es die Verweisg an dieses unter Aufhebg des Urt der Vorinstanz vor u. zw dch **Urteil** (BGH 2, 279).

Bejaht es aber im Gegensatz zur Vorinstanz die Zuständigk o. kann es das zuständ Ger nicht bestimmen, so ist zurückzuverweisen (§ 538 I Ziff. 2).

Verneint das RMGericht im Gegensatz zum untern Ger, so ist, sofern das zuständ Ger bestimmt werden kann, an dieses zu verweisen u. das in der unteren Instanz ergangene Urt (Zwischen- o. EndUrt) aufzuheben.

Die Verweisg wird mit ihrer Verkündg bzw Mitteilg (§ 329 III) bzw UrtZustellg (§ 310 II) **wirksam.**

Von da ab geht die Rechtshängigk auf das Ger über, an das verwiesen wurde. Die Entscheidg ist für dieses Ger **bindend.** Sie unterliegt weder der Nachprüfg dch dieses Ger noch der dch ein RMGericht, ist also **unanfechtb,**

selbst wenn der erforderl Antrag des Kl fehlte (Celle NJW 47, 67) o. das Ger nicht vorschriftmäßig besetzt war (BGH 2, 278) o. das verweisende Ger ausschließl zuständ o. die Verweisg aus einem sonstigen Grunde sachl unrichtig o. proz unzulässig war (BGH 1, 342):

es sei denn, daß jede gesetzl Grundlage fehlte (BGH aaO) o. der betr Beschluß nicht als eine im Rahmen des § 276 getroffene Anordng angesehen werden kann, zB wenn die Prüfg der örtl Zuständigk dem andern Ger überlassen wurde (Celle MDR 53, 111); ferner bei Verweisg an OstzonenGer (s. o.).

Grund: Verzögerg u. Verteuerg der Prozesse dch Zuständigk-Streitigk sollen vermieden werden (BGH 2, 280).

Dch die Verweisg wird dem Richter *ad quem* die Prüfg seiner örtl u. sachl Zuständigk entzogen (StJSch N 21 zu § 276).

Das Verfahren vor dem Ger, an das verwiesen wurde, bildet mit dem bisherigen Proz eine **Einheit**[1]). Es **setzt** den bisherigen Proz **fort.**

Bisherige ProzHandlgen bleiben wirksam. Keine neuerl EinlassgFrist. Wiederholg von BewAufnahmen nicht erfordert.

Die dch Anrufg des zuständ Ger entstandenen **Mehrkosten** sind dem Kl auch dann aufzuerlegen, wenn er in der HauptS obsiegt.

Ist dies **versehentl** unterblieben, so ist diese Kostenfolge auf Antrag des Bekl dch ErgänzgUrt (§ 321) auszusprechen (nach Düsseldorf MDR 54, 303 im KostenfestsetzgVerf zu berücksichtigen).

[1]) Auch kostenrechtl bildet das Verf vor u. nach der Verweisg eine Inst (§ 33 I GKG, § 14 RAGebO). Bereits bloßes Verhandeln über die Verweisg begründet eine — wenn str volle, sonst halbe — AnwGeb (Baumb 2 zu § 26 RAGebO).

Die Prozeßfähigkeit

§ 612

A. Mit Rücksicht auf die höchstpersönl Natur der Ehe bedürfen in EheS keines gesetzl Vertreters

1. Minderjährige,
2. wer — ohne geisteskrank zu sein — wegen Geistesschwäche, Verschwendg o. Trunksucht entmündigt o. nach § 1906 BGB unter vorl Vormundsch gestellt ist,

Solche Personen sind, soferne nicht Geschäftsunfähigk vorliegt, **aktiv u. passiv in vollem Umfang prozfähig.**

Soweit ein beschr Geschäftsfähiger prozfähig ist, besitzt er auch die für die ProzFührg erforderl Geschäftsfähgk. Andernfalls wäre die Verleihg der ProzFähgk an ihn wertlos. Er kann zB einen **Anw bestellen** u. den Dienstvertrag mit ihm abschließen (Rosenbg S. 180 m. Hinweisen; bestr).

Ausnahme: AufhebgKlage aus § 30 EheG wegen mangelnder Einwilligg des gesetzl Vertr kann nur dieser erheben.

B. **Geschäftsunfähige** dagg sind **auch in EheS prozunfähig,** näml

1. wer wegen Geisteskrankh entmündigt ist,
2. wer wegen krankh Störg der Geistestätgk iSd § 104 Nr. 2 BGB geschäftsunfähig ist[1]).
   Einem ProzUnfähigen gleichgestellt ist, wer in dem RStreit dch einen Pfleger vertreten ist (§ 53). In Betracht kommt nur GebrechlkPfleger nach § 1910 BGB. Ein AbwesenhPfleger ist in EheS nicht zur Vertretg befugt (RG 126, 262).

Für eine prozunfähige Partei führt deren gesetzl Vertr den RStreit. In gewissen Fällen bedarf der gesetzl Vertr des Kl einer Genehmigg des VormundschGer, näml zur Erhebg einer Klage o. WKlage auf Scheidg o. Aufhebg.

Nicht dagg zur Stellg eines Schuldantrags! Die Genehmigg kann noch im Laufe des Verf erteilt werden (RG 86, 16).

C. ProzFähigk, Legitimation des gesetzl Vertr u. Genehmigg des VormundschGer sind ProzVoraussetzgen. Diesbezügl Mängel sind **von Amts wegen zu beachten (§ 56)**

---

[1]) Hierzu genügt partielles Irresein, das auf das Verhältnis zum Ehepartner beschränkt ist (zB Wahnvorstellgen betr ehel Untreue des Partners) RG JW 22, 1008[6].

u. zw in jeder Lage des Verf, auch noch in der RevInst. Terminsbestimmg kann aber wegen eines solchen Mangels nicht verweigert werden (StJSch II 2 zu § 216; aA Rosenbg S. 425).

Bestehen Bedenken, ob diese ProzVoraussetzgen gegeben sind, so hat der Vors darauf hinzuweisen (§ 139 II). Aber keine Amtsermittlung, sondern BewPfl dessen, der Rechte aus diesen ProzVoraussetzgen ableitet (Baumb 1 B zu § 56).

Im Streit um die ProzFähgk ist die Partei, deren ProzFähgk bestr ist, prozfähig (HRR 29, 959). Hier genügt eine von ihr erteilte Vollm. Zur Sache selbst kann aber, wenn Prozunfähgk gegeben ist, nur ein ProzBevollm ihres gesetzl Vertr verhandeln. Auch alle sonstigen ProzHandlgen sind diesem vorbehalten (zB Klagerückn, Zustimmg zur Klagerückn des Gegners, Einlegg von Rechtsmitteln, Verz auf dieselben u. Rückn derselben).

D. Mängel dieser ProzVoraussetzgen sind stets **heilbar** dch Genehmgg nach Beseitigg des Mangels, Kenntn der Sachlage vorausgesetzt (RG 121, 64).

Das Verf kann aber nur im ganzen genehmigt werden. Die Genehmigg ist daher unwirksam, wenn einzelne ProzHandlgen (zB Rechtsmittelverz) ausgenommen werden (RG 110, 231).

Im übrigen diene nachstehende Übersicht (S. 88) zur Orientierg!

In der Praxis tritt die Frage der ProzFähgk bes häufig auf seiten des Bekl auf,

vor allem bei AufhebgKlagen aus § 32, NichtigkKlagen aus § 18 u. ScheidgKlagen aus §§ 44 o. 45 EheG. Ein den Tatbestand des § 44 erfüllendes Verhalten schließt nicht ohne weiteres die ProzFähgk aus.

Parteivernehmg: Anordg persönl Erscheinens u. Vernehmg nach § 619 auch ggüber ProzUnfähigen. Persönl Erscheinen nach § 619 III erzwingb, aber Geldstrafe nur ggüber Zurechnungsfähigen (HSt 4 A zu § 45). Duldg **ärztl Untersuchg** nur idF § 623 erzwingb, also nur wenn auf Scheidg aus §§ 44—46 geklagt ist. Ggüber geistig Kranken kommt als Zwangsmittel nur Vorführg in Frage.

In andern Fällen ist Duldg nicht erzwingb, Weigerg aber nach § 286 frei zu würdigen. Weigerg macht den Kl nicht ohne weiteres bewfällig. Ev Gutachten ohne Untersuchg (BGH NJW 52, 1215). Prakt genügt idR Vernehmg nach § 619 unter Zuziehg eines Sachverst.

Wegen förml Parteivernehmg nach §§ 445ff s. § 455. Anstelle einer prozunfähg Partei ist deren gesetzl Vertr zu vernehmen (Abs. 1); idF § 53

ProzUnfähgk besteht **von vornherein**	ProzUnfähgk **tritt** erst während des RStreits **ein**	ProzUnfähgk **fällt** während des RStreits **weg**
A. auf seiten des Klägers (Widerklägers):		
ProzVollm des gesetzl Vertr erforderl, ev einstw Zulassg nach § 89. Hat Kl keinen gesetzl Vertr, so muß er, um klagen zu können, Bestellg eines **Pflegers** erwirken. Der gesetzl Vertr bedarf der Genehmigg des **VormundschGer** für Scheidg- u. AufhebgKlage (WKlage); desgl für Genehmigg der vom ProzUnfähigen selbst erhobenen **Klage** (WKlage). Genehmigg des VormGer kann bis zum Schluß der letzten TatsInst **nachgeholt** werden (RG 86, 16). Für Nichtgk- u. FeststellgKlagen ist Genehmigg des VormGer nicht erforderl. HerstellgKlage kann der gesetzl Vertr nicht erheben; sie ist einem GeschUnfähigen versagt[1]). Wird ProzVollm des gesetzl Vertr u. Genehmigg des VormGer nicht beigebracht, so wird die Klage (WKlage) — iFd § 89 nach Fristablauf — dch ProzUrt **abgewiesen** (§ 56 I).	ProzVollm bleibt bestehen (§ 86). Auf Antr des ProzBevollm aber **Aussetzg** (§ 246). Dch Eintritt des gesetzl Vertr u. Genehmigg der ProzFührg wird der Mangel der ProzFähgk geheilt. Zum Eintritt bedarf der gesetzl Vertr der Genehmigg des VormGer (Rosenbg S. 774 gg hM). Nach Aussetzg muß der ProzBevollm Vollm des gesetzl Vertr beibringen (§ 86 Halbsatz 2). Andernfalls **Abweisg** der Klage nach § 56 I.	Partei tritt kraft Gesetzes in den Proz ein (RG 33, 412). Die von ihrem gesetzl Vertr erteilte Vollm bleibt bestehen. War der RStreit **ausgesetzt,** so muß der ProzBevollm auf Verlangen des Gegners eine Vollm der prozfähig gewordenen Partei beibringen. Ev einstw Zulassg nach § 89. Andernfalls Zckweisg des Vertr für die Zukunft (Rosenbg S. 220).
B. auf seiten des Beklagten (WBeklagten):		
Um wirksam zustellen zu können, muß Kl (WKl) den **gesetzl Vertr** des Bekl ermitteln bzw dch VormGer bestellen lassen. Besteht für Kl Gefahr im Verzug, so hat auf seinen Antr der Vors einstw einen **gerichtl Vertr** zu bestellen (§ 57)[2]). Hat Bekl keinen gesetzl Vertr, so hat der Vors gem § 50 FGG dem zuständ VormGer **Anzeige** zu machen. Weist Kl nicht binnen bestimmter Frist Bestellg eines gesetzl Vertr nach, so ist die Klage **abzuweisen.**	a) Hat Bekl ProzVollm erteilt, so bleibt diese bestehen (§ 86 Halbsatz 1). Auf Antr aber **Aussetzg** wie unter A. b) Ist Bekl nicht vertr: **Unterbrechg** des Verf bis zum Eintritt des gesetzl Vertr gem § 241. Genehmigg des VormGer zum Eintritt hier nicht erforderl.	Wie unter A.

[1]) Dagg ist Geisteskrankh des Gegners natürl kein Hindern für eine HerstellgKlage gg ihn.

[2]) Dies kann auch noch im Laufe des RStreits geschehen, wenn die ProzUnfähgk des Bekl erst später erkannt wird (RG 105, 404).

kann das Ger entw den Pfleger o. den Pflegling vernehmen u. beeidigen (Abs. 2 S. 2)[1].
Die Frage der ProzFähgk ist auch für den Beginn der **Klagefristen** nach § 35 IV u. § 50 I EheG von Bedeutg (Näheres s. Gerold 24—27 zu § 35). Entspr Anwendg findet § 612 idF § 50 I S. 3 (Aufforderg, die Gemeinschaft herzustellen o. ScheidgKlage zu erheben), s. Gerold 10 zu § 50. Zu materiellrechtl Fragen s. Marloh „Der Geisteskranke als ScheidgKl", FamRZ 55, 319.

[1]) § 455 II S. 1 ist in EheS gegenstandslos, da in diesen Fällen ProzFähgk gegeben ist, also die Partei ohne weiteres selbst vernommen u. beeidigt werden kann.

Die Vertretung durch Anwälte

I. Da in Ehe AnwZwang herrscht, können die Parteien **ProzHandlgen nur dch einen** beim ProzGer zugelassenen **Anw vornehmen** (§ 78).

Ausnahmen: für ProzHandlgen, die vor dem UrkBeamten vorgenommen werden können (zB AR-Gesuch, Richterablehng, Kostenerinnerg),

im Sühnetermin (§ 610 III),

vor dem Richterkom (§ 78 II),

für RAnw in eigener Sache (§ 78 III) u. als gesetzl Vertr.
Bezügl RMV ggüber dem Gegner s. u. S. 209.

Dem zugelassenen RAnw stehen gleich: dessen

amtl bestellte Vertr,

AnwAssessor,

Unterbevollm für einzelne in den Rahmen der ProzVollm fallende Handlgen („Terminsvertr"), sofern er bei dem Ger als RAnw zugelassen ist.
Für den RStreit im ganzen darf der ProzBevollmächtigte aber einen Vertr nicht bestellen (OLG 15, 73).

Die Ausführg der Parteirechte (nicht die Antragstellg u. sonstige ProzHandlgen) kann der zugelassene Anw einem nicht-zugelassenen Anw o. Rechtskundigen übertragen. Das von diesem Vorgetragene gilt als von der Partei vorgetragen, soweit es nicht dieser sofort widerrufen o. berichtigt wird (§ 90 II).

II. Hat ein Anw seine Bestellg dem Ger o. dem Gegner angezeigt o. ist er als Vertr tätig geworden, so dürfen Gegner u. Ger, solange er ProzVertr ist, **nur ihm ggüber** handeln (RG JW 26, 809[6]), selbst wenn ihm keine ProzVollm erteilt ist (RG 89, 45).

Also Zustellg nur an ihn (§§ 176, 208), desgl formlose Mitteilg (zB nach § 261b II). Wegen Zustellg der Rechtsmittelschriften s. § 210a.

III. Bei **Wegfall des Anw** dch Tod, Verlust der Zulassg o. der Geschäftsfähgk tritt **Unterbrechg** des Verf ein (§ 244).

Diese endet, wenn ein neuer Anw seine Bestellg anzeigt. Die Anzeige ist an das Ger zu richten u. dem Gegner von Amts wegen zuzustellen.

Bei Verzögerg Aufforderg an Partei zur Bestellg eines anderen Anw. Auf Antr des Gegners Fristsetzg.

Fällt dagg die **Partei selbst** o. ihr gesetzl Vertr **weg,** so tritt, da dadch die Vertretg nicht berührt wird, **keine Unterbrechg** ein; jedoch auf Antr des Bevollm Aussetzg (§ 246); Unterbrechg nur, wenn die Partei nicht vertr, zB zwischen 2 Instanzen (BGH 2, 229). Erledigg der Hauptsache dch Tod einer Partei s. § 628.

Die Prozeßvollmacht

Zu unterscheiden ist

a) die bürgerl-rechtl Vollm
im Innenverhältn zwischen ProzeßBevollm u. Partei,

b) die prozrechtl Vollm.
Sie wirkt nach außen u. ist ausschließl in der ZPO geregelt.

Erteilg: bürgl-rechtl formfrei,
prozrechtl schriftl (§ 80 I).
Erteilg zum SitzProt o. zu Prot der GeschStelle steht dem gleich. Auch ein Brief mit Auftrag zur Vertretg genügt. Auf Antr des Gegners kann das Ger öffentl Beglaubigg verlangen (§ 80 II).

Die VollmUrkunde ist zu dem GerAkten abzugeben (§ 80 I).

Auch ein ArmAnw bedarf der Vollm.

In dem Gesuch um Beiordng eines nicht namentl bezeichneten Anw liegt noch nicht die Erteilg der Vollm für den vom Ger beigeordneten Anw. Im Zweifel ist anzunehmen, daß die Partei nicht ohne eigene Prüfg es dem Ger überlassen will, welcher Anw ihren RStreit führen soll (BGH 2, 229). Auch bei Bewilligg des AR behält die arme Partei volle Freiheit der Entschließg in der Auswahl ihres ProzVertr (RG 94, 345). Die Beiordng begründet noch kein privrechtl Verhältn zwischen dem Anw u. der Partei (StJSch V 2 zu § 115 u. II 5 zu § 80).
Dagg wird ein Gesuch um Beiordng eines bestimmten Anw idR die Erteilg einer prozrechtl Vollm enthalten. Diese braucht nicht dem Anw ggüber erklärt zu werden. Sie bedarf — im Gegensatz zur bürgerl-rechtl — nicht der Annahme. Erklärg ggüber dem Ger genügt.
Die prozrechtl Vollm kann also auch im AR-Gesuch erteilt werden, mit o. ohne Benenng eines bestimmten Anw. Bürgerl-rechtl Wirkg erlangt sie aber erst dch die Annahme seitens des Anw.

Umfang der Vollm.

ProzVollm ermächtigt zu allen den Proz betr Handlgen (Klageerhebg, -änderg, -rücknahme, -verzicht, Rechtsmitteleinlegg, -rückn, -verzicht usw) einschließl WKlage, WiederaufnVerf, AnordngsVerf nach §§ 627ff (§ 82), sowie Gesamtvergleich, ferner KostenfestsetzgVerf, Beitreibg u. Empfangnahme der Kosten vom Gegner, endl Bestellg eines Vertr (s. o.) u. Bestellg eines Bevollm für die höhere Instanz (§ 81).

Beschränkg der Vollm ist dem Gegner u. dem Ger ggüber **wirkgslos,**

es sei denn daß sie AnsprVerz o. Vergleichsabschluß betrifft. (Die andern Fälle des § 83 kommen in Ehe nicht in Betracht.) Die Beschränkg muß aus der VollmUrk ersichtl sein. Ausschluß der Ermächtigg zu VerglAbschluß nur wirksam, wenn dem Gegner mitgeteilt (BGH 16, 170).

Mehrere Bevollm dürfen einzeln o. gemeinsam handeln (§ 84).

Bei Bürogemeinsch ist idR wahlweise Bevollmächtigg anzunehmen (Baumb). Gilt auch für Handlgen ggüber denselben. UrtZustellg an einen von ihnen setzt daher RMFrist in Lauf (RG HRR 31, 1977).

Beendigg der Vollm.

1. **Kündigg** dch Anw o. Partei wirkt nur im Innenverhältn sofort. Nach außen (dem Gegner u. dem Ger ggüber) wirkt sie **erst mit Anzeige der Bestellg eines anderen Anw.**

   Die bloße Mitteilg des Anw, er habe die Vertretg **niedergelegt,** o. die Mitteilg der Partei, sie habe ihrem Anw die Vollm **entzogen,** ist proz **wirkgslos.** Weder der Gegner noch das Ger (RG JW 32, 109) braucht sie zu beachten, solange ihm nicht die Bestellg eines neuen Anw angezeigt worden ist (§ 87 I). Auch wenn der ProzBevollm die Vertretg niedergelegt hat, muß die Zustellg von Beschlüssen an ihn erfolgen (München JW 26, 809[4]). Trotz Entziehg der Vollm ist der Anw aber befugt, solange für seinen Mandanten aufzutreten u. zu handeln, bis dieser anderweitig vertreten ist (§ 87 II).
   Tritt der Anw des Kl nicht mehr auf, so können VersäumnFolgen eintreten.

2. **Tod** o. Verlust der VertretgsFähgk (Zulassg, GeschFähgk) des Anw bewirkt Unterbrechg des Verf (§ 244).

   Verlust der ProzFähgk der Partei u. Wechsel ihres gesetzl Vertr beendigen die Vollm nicht. Nach Aussetzg ist neue Vollm erforderl (§ 87).

Sondervollmacht des Klägers (WKl)

§ 613

Mit der höchstpersönl Natur der Ehe unvereinb wäre es, wenn ein Anw auf Grund allgem Vollm, also uU ohne Wissen o. gar gg den Willen seines Mandanten einen EheProz anstrengen könnte.

Der Bevollm des **Kl** bedarf daher einer besonderen, ausdrückl auf diesen RStreit gerichteten Vollm. Dasselbe gilt für den Bevollm des **WKl** (RG 45, 419).

Der Anw des Kl bedarf dieser Sondervollm in 1. Instanz stets, in höherer Instanz nur, wenn er Angreifer ist, also sein Klagebegehren dch Rechtsmittel verfolgt (RG 45, 420).
Der Anw des Bekl bedarf ihrer nur, wenn er WKlage erhebt. Zur Stellg anderer Anträge (Klageabweisg, Schuldanträge) ist Sondervollm nicht erforderl.

Der **Mangel der Sondervollm** ist — abw von § 88 II — **von Amts wegen** zu berücksichtigen (§ 613 II) u. zw auch noch in der RevInst (RG aaO).

Häufiger Mangel: Das Vollm Formular ist zwar unterschrieben, aber nicht ausgefüllt, dh die Art der Klage u. die Namen der Parteien sind nicht angegeben.
Da Scheidgs-, Aufhebg- u. HerstellgsKlagen sich in ihrem Ziel und Wesen erhebl von Nichtigk- u. FeststellgKlagen unterscheiden, muß die Vollm ersehen lassen, für welche Art von Ehe-Klagen sie erteilt ist, u. bedarf es zum Übergang zu einer Klage der anderen Gruppe einer für diese erteilten Vollm (Baumb 1, v. Godin 3, StJSch I 2 zu § 613),

Einstw Zulassg ohne Vollm u. **Nachreichg** ist bis zur UrtVerkündg mögl (§ 89).
Wird die Vollm nicht nachgebracht, so erfolgt **ProzAbweisg.**
Keine Vollm braucht der **Unterbevollm** des ProzBevollm („Terminsvertreter") nachzuweisen.

Denn auch im EheProz genügt mündl Untervollm. Aber absoluter Rev- u. NichtigkGrund (§§ 551 Nr. 5, 579 I Nr. 4), wenn er gg eine Weisg des Hauptbevollm gehandelt u. die Partei die ProzFührg nicht genehmigt hat (RG 161, 93).

Der Einfluß der Parteien auf das Prozeßergebnis

1. Auch in EheS wird der Streitgegenstand dch die Anträge der Parteien bestimmt. Das Ger darf — außer bei der Kostenentscheidg — nichts zusprechen, was nicht beantragt ist (§ 308). Es hat ausschließl über die gestellten Anträge zu entscheiden.

Es kann also nicht

die Ehe für nichtig erklären, wenn Scheidg o. Aufhebg beantragt u. umgekehrt,

Scheidg- o. AufhebgKlage mit der Begr abweisen, die Ehe sei nichtig (HRR 29, 1101),

Sind AufhebgGründe zur Begr einer NichtigkKlage vorgetragen (Beispiel s. Rosenbg S. 403), so ist im Wege des § 139 zu klären, welcher Antr gestellt werden will.

die Ehe aufheben, wenn ausschließl Scheidg beantragt ist (RG 115, 4) u. umgekehrt,

ohne Schuldausspr scheiden, wenn Scheidg aus Verschulden beantragt (HRR 40, 1340)

zB keine Scheidg aus § 48 auf Klage aus § 45,
keine Scheidg aus § 44 auf Klage aus § 43 (RG DR 40, 1675; Gerold 171 zu § 43; Münzel NJW 49, 573).

aus Verschulden scheiden, wenn Scheidg ohne Schuldausspr beantragt,

ohne Antr des ScheidgBekl den Kl für mitschuldig erklären o. ein Verschulden des Kl nach § 53 II feststellen.

Dagg erfolgt der Schuldausspr gg den ScheidgBekl (§ 52 I) u. der Schuldausspr bei Aufhebg (§ 37 II) von Amts wegen (§ 39 EheG, §§ 17, 19 DVO I, RG 164, 244).

ein überwiegendes Verschulden feststellen, wenn Scheidg aus beiderseits gleichem Verschulden beantragt u. dadch auf die (von Amts wegen vorzunehmende) Schuldabwägg verzichtet ist (BayOLG SJZ 50, 541; StJSch III 3 zu § 622; Palandt 4 u. StH 4 B zu § 52; Dresden DR 40, 1364; KG DR 40, 1678; RG JW 33, 154, 155; aA Gaedecke DR 42, 824 u. v. Godin 2 zu § 622).

Eine Vereinbarg, dch die ein Teil ausschließl aus materiellen Gründen (zB gg eine ihm günstige UnterhRegelg) sich verpflichtet, auf Feststellg des überw Verschuldens des Gegners zu verzichten u. die Klage auf § 43 EheG zu beschränken, ist aber sittenwidrig (Stuttg FamRZ 56, 238).

Die Parteien sind berechtigt darüber zu verfügen, **ob** sie ein **Verschulden** des andern Eheg im ScheidgProz erörtert haben wollen o. nicht (RG 163, 338).

2. Auch in EheS kann der Kl bestimmen, welche Klagegründe er zur Entscheidg stellen will.

Stehen ihm mehrere ScheidgGründe zur Seite, so kann er sich auf die Geltendmachg eines bestimmten ScheidgGrundes beschränken; das Ger darf dann nicht aus einem andern Grunde die Scheidg aussprechen (Gerold 29 zu § 42).

Der Kl kann auch die **Reihenfolge,** in der die geltend gemachten Klagegründe geprüft werden sollen, bestimmen (RG 151, 45; Gerold 17 zu § 41).

Beschränkg auf bestimmte Klagegründe kann auch zwischen den Parteien vereinbart werden, zB zur Abkürzg des Verf (RG 126, 321; v. Godin 8 zu § 617).

3. Ein wichtiges BestimmgR ist dem Kl dch § 622 II verliehen: Er kann in Scheidg- u. AufhebgS der Berücksichtigg nicht vorgetragener ehefeindl Tats **widersprechen.**
4. Dagg ist das Ger in der **rechtl** Würdigg des vorgetragenen Sachverhalts frei. Um verschiedene rechtl Würdigg handelt es sich aber nicht, wenn das Ger einer Klage aGr eines Sachverhalts stattgibt, den der Kl gar nicht vorgetragen hat (zB Scheidg aus § 46 auf Klage aus § 48). Eine solche Entscheidg entspricht nur dem Wortlaut nach dem Klageantr. Desgl keine Scheidg aus § 42, wenn die Klage nur auf § 43 gestützt ist, u. umgekehrt (s. o. S. 19),

es sei denn, daß es sich um eine vom Vortrag des Kl abw rechtl Beurteilg der von ihm vorgetragenen u. bewiesenen Tats handelt (Zöller 2 zu § 622), zB wenn es entgg der Ansicht des Kl anormalen außerehel Verk nicht als Ehebr wertet.

Dementspr keine Feststellg des Ehestörers nach § 624 bei Beschränkg der Klage auf § 43.

Desgl keine Scheidg wegen Ehebr mit einer andern Person als der vom Kl benannten (RG 123, 134 u. DR 40, 1140).

5. Ebenso wie die Einleitg des RStreits vom Willen des Kl abhängt, hängt auch die Beendigg des Proz vom Willen der Parteien ab. Sie können dch Rückn von Klage u. WKlage, dch Verz auf den Klageanspr u. dch Rückn ihrer Rechtsmittel den RStreit beenden. In gleicher Weise können sie gestellte (Mit-)Schuldanträge dch **Rückn** der Entscheidg des Ger entziehen.

Grenzen der Parteiherrschaft

I.

Wie im ordentl Verf findet die Parteiherrsch selbstverständl auch in EheS ihre Grenze in der WahrhPfl (§ 138 I) u. kann das Ger zur Vermeidg eines unrichtigen ProzErgebn auch hier dch richterl ProzLeitg beitragen. **Gewisse BewMittel** kann das Ger auch hier **ohne Antr** benutzen, so

Augenscheins- u. SachverstBew (§§ 144, 287),
Anordg der Vorlegg von Urk (§§ 142, 143, 272b),
Anordg der Vernehmg einer o. beider Parteien (§ 619),
Beeidigg einer Partei (§ 452).

II.

Wie in jedem Proz sind die **ProzVoraussetzgen** von Amts wegen zu prüfen. Der Parteiherrsch entzogen ist also:

die Zuständgk, die ProzFähigk, die gesetzl Vertretg,
die Prüfg der Vollm, die Rechtshängigk, die Rechtskr.

Amtsprüfg ist aber nicht gleichbedeutend mit Amtsermittlg. Sie begründet keine ErmittlgPflicht des Ger wie im Offizialverf. Vielmehr müssen die Parteien die erhebl Tats darlegen u. beweisen. Nicht das Ger, sondern die Partei, die Rechte daraus ableitet, muß diese Tats — soweit sie nicht offenkundig — ermitteln. Das Ger hat sie nur zu prüfen u. zw unabhängig vom Verhalten der Parteien. Die BewLast gilt auch hier. Bewpflichtig ist für ProzVoraussetzgen der Kl, für ProzHindernisse der Bekl. Beweislosigk geht zu Lasten des Beweispflichtigen. Hat der Kl seiner BewLast nicht genügt, so ist die Klage als unzulässig abzuweisen. Das Ger darf Ermittlgen von Amts wegen insoweit nicht anstellen, weder um dem Kl zu Hilfe zu kommen, noch um die Klage aus proz Gründen abweisen zu können; denn § 622 bezweckt nur die Ermittlg der materiellen Wahrh in der Sache selbst (RG 104, 158). Der Vors muß aber die Parteien gem § 139 auf etwaige Bedenken hinweisen u. die Parteien auffordern, diese zu entkräften bzw zur Gewißh zu machen (Baumb 3 H Grdz zu § 128).

III.

Im ordentl Verf hängt das ProzErgebn weitgehend von dem Verhalten der Parteien ab, näml davon, was sie behaupten, bestreiten, zugestehen, beweisen, beantragen o. nicht beantragen. Das Ger kann nur proz Fragen von Amts wegen prüfen u. im Wege der ProzLeitg (§ 139) zur Vermeidg eines materiell unrichtigen Urteils beitragen. Im übrigen ist es auf die BewWürdigg u. die rechtl Beurteilg des vorgetragenen Sachverhalts beschränkt. Das besagt:

1. Der ProzGegenstand wird dch die Sachanträge der Parteien bestimmt.
2. Was nicht vorgetragen ist, darf das Ger nicht berücksichtigen.
3. Was nicht unter Beweis gestellt ist, darf das Ger nicht nachprüfen.
4. Was zugestanden o. nicht bestritten ist, bedarf keines Beweises.

Die 1. dieser Thesen gilt selbstverständl auch in EheS. Würden aber auch die übrigen gelten, so hinge der Bestand der Ehe ausschließl von dem proz Verhalten des Bekl ab. Wenn er sich nicht vertreten läßt o. nicht verhandelt, könnte gg ihn VersäumnUrt ergehen; wenn er anerkennt, AnerkenntUrt. Dch Nichtbestreiten o. Zugestehen der klagebegründenden Tats könnte er erreichen, daß die Ehe gelöst bzw für nichtig erklärt wird, auch wenn die materiellrechtl Voraussetzgen dafür nicht gegeben sind. Dasselbe könnte dadch eintreten, daß er eheerhaltende Tats nicht geltend macht o. nicht unter Beweis stellt. Auch für den Schuldausspr, ja sogar für die Entscheidg der Frage, ob die Ehe besteht, o. nicht besteht, wäre das proz Verhalten der Parteien maßgebend.

Daß dies nicht angängig wäre, liegt auf der Hand. Für EheS gelten daher bes VerfVorschr, die eine Beschränkg der Parteiherrsch u. die Findg eines materiell richtigen Urt zum Ziele haben (§§ 617, 622, 618 IV).

Seit Neufassg des § 617 dch § 35 DVO I (s. hierzu Fechner JW 38, 2108f) gilt dies nicht nur für ehefeindl Tats, sondern allgem für alle vorgetragenen Tats, also auch für Tats, die nur die Schuldfrage betreffen (Palandt 7 zu § 52; Scanzoni 9 zu § 60 EheG 1938).

Im einzelnen gilt folgendes:

1. **Säumnis des Bekl** hat nicht die Wirkg, daß das tatsächl Vorbringen des Kl gem § 331 I als zugestanden gilt.

   VersäumnUrt gg den Bekl ist unzulässig.

2. Ein **Anerkenntn** wirkt nie nach § 307, ist also stets frei zu würdigen.

   AnerkenntnUrt ist ausgeschlossen. Auch eine Kostenentscheidg nach § 93 kommt in EheS nie in Frage.

3. **Gerichtl Geständnisse** des Bekl o. des Kl haben nicht die Wirkg des § 288,

   dh auch zugestandene Tats können des Beweises bedürfen. Für GeständnZusätze nach § 289 gilt dasselbe. Gerichtl Geständnisse sind entgg §§ 290, 532 frei widerrufl.

4. **Nichtbestreiten** hat nicht GeständnWirkg nach § 138 III,

   dh das Ger ist nicht gezwungen, eine Tats allein deswegen, weil sie nicht bestr ist, für wahr zu halten. Dasselbe gilt für Erklärg mit Nichtwissen über Tats, die eigene Handlgen der Partei o. Gegenstand ihrer Wahrnehmg waren (§ 138 IV). Ebensowenig ist das Ger gehalten, eine PrivUrk, deren Echth nicht nach § 439 widersprochen wird, als anerkannt anzusehen.

5. **Verzicht auf Beeidigg** von Zeugen u. Sachverst hat nicht die Wirkg der §§ 391, 402.

   Zeugen u. Sachverst können also auch dann beeidigt werden, wenn beide Parteien darauf verzichtet haben.

6. **Verzicht auf Beeidigg der Gegenpartei** gem § 452 III schließt deren Beeidigg nicht aus.

   Die Aussage erlangt dch einen solchen Verz nicht den BewWert einer eidlichen.

In jedem dieser Fälle kann das Ger das Verhalten u. die Erklärungen der Parteien frei würdigen.

Bes kritisch wird es den Widerruf von Geständnissen würdigen. In der Praxis kommt den Geständnissen eine ganz erhebl Bedeutg zu.

Die Vorschr unter 1—4 verhindern, daß das Ger Tats als wahr unterstellen muß, deren Wahrh nicht geprüft, geschweige denn erwiesen ist. Sie vermehren dadch die BewLast der Parteien. Trotzdem könnten sie zu einem materiell unrichtigen Urt führen, näml dann, wenn die Parteien — absichtl o. unabsichtl — ihrer BewLast nicht genügen o. erhebl Tats überhaupt nicht vortragen. Als notwendige Ergänzg tritt daher zu § 617 die Vorschr des § 622, die den UntersuchgGrundsatz statuiert.

Verhandlg- u. Offizialgrundsatz gleichen in EheS zwei kommunizierenden Röhren: Wo der eine aufhört, greift der andere ein.

Der Untersuchungsgrundsatz

§ 622

I. **Zweck.**

Man kann zuweilen lesen, in EheS gelte der UntersuchgGrundsatz wegen des öffentl Interesses an der Erforschg der materiellen Wahrh u. an der Aufrechterhaltg der Ehen. In dieser Allgemeinh trifft dies nicht zu. An den ehel Streitgk der Parteien hat die Öffentlk ganz u. gar kein Interesse. An der Aufrechterhaltg der Ehe ist sie dchaus nicht in jedem Falle interessiert. Ist eine Ehe nicht rechtsgültig geschlossen, so hat die Öffentlk sogar ein Interesse daran, daß die Ehe nicht (dem Scheine nach) aufrechterhalten bleibt. Das öffentl Interesse daran, daß eine Klage nicht zu Unrecht abgewiesen wird, ist in Scheidgs-, Aufhebgs- u. HerstellgS nicht größer als im ordentl Verf.

Dagg hat die Öffentlk ein erhebl Interesse daran, daß kein unrichtiges **rechtsgestaltendes** Urt ergeht,

> also ein Urt, dch das eine Ehe gelöst o. für nichtig erklärt wird, obwohl die materiell-rechtl Voraussetzgen dafür nicht gegeben sind.

Dasselbe gilt für andere *inter omnes* wirkende Urteile,

> also für Urt, die über das Bestehen einer Ehe entscheiden o. eine NichtigkKlage abweisen, in den Grenzen der §§ 636a, 638.

Daß in solchen Fällen dch proz Unterlassgen der Parteien ein unrichtiges Urt zustande kommt, muß verhindert werden. Dies u. nichts anderes ist der Zweck des § 622.

> Es erscheint nötig, dies festzuhalten, denn aus dieser Zweckbestimmg beantwortet sich die Frage, in welchem Umfang das Ger zu Amtsermittlgen berechtigt ist, ferner ob die in KindschS ergangene Rsp auf Scheidgs- u. AufhebgS entspr anwendb ist, u.a.m.

II. **Durchführung.**

§ 622 I besagt:

1. Das Ger kann BewAufn auch von Amts wegen anordnen.
2. Es kann (nach Anhörg der Parteien) auch nichtvorgetragene Tats berücksichtigen.

Das Ger kann also von sich aus Tats in den Proz einführen, eine Ausnahme von dem Grundsatz, daß die Parteien die tatsächl Behauptgen abschließend dem Ger zu unterbreiten haben (RG 126, 303).

Diese Ausnahme vom VerhandgsGrundsatz gilt jedoch uneingeschränkt nur in Nichtigk- u. FeststellgS. In Scheidg-, Aufhebg- u. HerstellgS erfährt sie dch § 622 II eine erhebl Einschränkung. Hier kann näml das Ger nichtvorgetragene Tats nur berücksichtigen, wenn sie der Aufrechterhaltg der Ehe dienen o. wenn der Kl ihrer Berücksichtigg nicht widerspricht.

A. Nichtigk- u. FeststellgS.

Hier forscht das Ger — im Rahmen der gestellten Anträge u. der ihm zur Verfügg stehenden BewMittel — nach der materiellen Wahrh, also nach den Tats, die für o. gg die Nichtigk bzw das Bestehen der Ehe sprechen. Es darf erhebl Tats auch dann prüfen u. berücksichtigen, wenn sie von den Parteien nicht vorgetragen o. nicht unter Beweis gestellt sind. Selbstverständl Voraussetzg dafür ist, daß es von diesen Tats Kenntn o. wenigstens Anhaltspunkte für das Vorliegen derselben hat. **Auf welche Weise es diese Kenntn erlangt hat, ist gleichgültig.** Würde es diese Kenntn ungenutzt lassen, so könnte ein materielunrichtiges Urt die Folge sein. Dies zu verhindern, hat der Staat ein bes Interesse, weil das Urt — auch wenn es die Klage abweist — *inter omnes* wirkt (s. o.). Aus diesem Grunde gewährt § 622 dem Ger die rechtl Möglk zur vollen Erforschg der materiellen Wahrh. Aus dem gleichen Grunde ist hier der **StAnw** auch dann zur Mitwirkg berufen, wenn er die Klage nicht erhoben hat (§ 634). Seine Aufgabe ist es, dem Ger die rechtl erhebl Tats zu unterbreiten u. dch Stellg der erforderl Anträge auf die Findg eines materiell richtigen Urt hinzuwirken.

Völlig anders ist die Stellg des StAnw in den übrigen EheS. Hier kann er neue Tats u. BewMittel nur insoweit vorbringen, als sie der Aufrechterhaltg der Ehe dienen (§ 607 III).

B. Scheidg- u. AufhebgS.

Hier ist folgende Unterscheidg geboten:

a) **Eheerhaltende Tats** („Tats, die der Aufrechterhaltg der Ehe dienen") kann das Ger in jedem Fall berücksichtigen,

also auch dann, wenn sich der Bekl nicht auf sie berufen hat u. sie sich auch nicht aus dem Vortrag des Kl ergeben.

Eheerhaltend sind alle Tats, die der Geltendmachg der klagebegründenden Tats entggstehen u. aus diesem Grund eine Abweisg der Klage dch SachUrt (RG 104, 158) rechtfertigen, insbes

proz Verwirkg nach § 616,
Versäumg der Klagefrist (§§ 35, 50 EheG),
bei ScheidgKlagen aus §§ 42, 43: mangelndes Verschulden, Fehlen ehezerst Wirkg, Verzeihg (§ 49), eigene Verfehlgen des Kl (§ 43 S. 2), Zustimmg zum Ehebruch (§ 42 II),
bei Klagen aus §§ 44—46: mangelnde sittl Rechtfertigung (§ 47),
bei Klagen aus § 48: Tats, aus denen folgt, daß der Widerspruch zulässig u. beachtl ist (§ 48 II) o. daß das Interesse gemeins minderj Kinder entggsteht (§ 48 III)[1]),
bei Klagen aus §§ 30—34: nachträgl Bekundg des Willens zur Fortsetzung der Ehe (s. jeweils Abs. 2),
bei Klagen aus § 30: nachträgl Zustimmung,
bei Klagen aus § 32: mangelnde sittl Rechtfertigg.

Klagesperre dch Rechtshängigk gehört nicht hierher (aA von Godin 2 u. StJSch II 2 zu § 622), da sie nur zur Abweisg dch ProzUrt führt. Sie ist aber ohnehin von Amts wegen zu berücksichtigen (s. o. S. 64).
Ob eine Tats „eheerhaltend" ist, ist **für Klage u. WKlage getrennt** zu beurteilen. Auch wenn bereits feststeht, daß die Ehe aGr der Klage zu scheiden ist, muß eine ggüber der WKlage geltend gemacht Verzeihg als „eheerhaltend" angesehen werden.

Eheerhaltende Tats muß das Ger auch dann berücksichtigen, wenn sie der Bekl nicht geltend macht. Prakt **wichtigste Folge:** Sachabweisg der Klage ist auch dann mögl, wenn der Bekl nicht vertr ist o. sich nicht verteidigt (RG 126, 303).

b) **Andere** nichtvorgetragene Tats darf das Ger **nicht** berücksichtigen, wenn der Kl widerspricht,

maW es kann sie — nach Anhörg der Parteien — berücksichtigen, wenn der Kl **nicht** widerspricht.
Dieser Widerspr ist eine ProzHandlg, die unmittelb eine proz RWirkg erzeugt u. unterliegt daher dem AnwZwang.

In Betracht kommen:

1. **Ehefeindl** Tats.

Ihrer Berücksichtigg kann der Kl widersprechen, denn Scheidg- u. AufhebgGründe dürfen ihm nicht aufgedrängt werden. Dagg ist ein Widerspr des Bekl selbstverständl unbeachtl.

[1]) Eng auszulegen! Bes, wenn Kinder unter 18 J. vorhanden! Auch wenn Rückkehr des Kl in die Familie nicht mehr zu erwarten! Denn Scheidg führt idR dazu, daß Kl sich anderw wiederverheiratet u. die Möglk o. den Willen, für die Kinder aus der gesch Ehe zu sorgen, verliert. Übereigng von Grundbesitz idR kein ausreichender Ersatz für laufenden Unterh.

2. Tats, die **weder** eheerhaltend **noch** ehefeindl, zB nur für den Schuldausspr o. die Kostenentscheidg von Bedeutg sind.

   Ihrer Berücksichtigg im Schuldausspr kann die Partei widersprechen, die einen Schuldantr gestellt hat, denn Gründe für diesen Antr dürfen ihr nicht aufgedrängt werden. Widerspricht sie nicht, so können sie von Amts wegen berücksichtigt werden, denn die Schuldfrage gehört als untrennb Teil zur Frage der Lösg der Ehe (RG 165, 63).

3. Tats, die **sowohl** eheerhaltend **als auch** ehefeindl sind,

   zB Eheverfehlgen, die gem § 43 S. 2 die Klageabweisg u. zugleich eine WKlage rechtfertigen. Ihrer Berücksichtigg kann nur der WKl, nicht aber der Kl widersprechen. Bei Entscheidg über die Klage kann sie das Ger von Amts wegen berücksichtigen. Die ggteilige Ansicht von Rosenberg S. 773 ist dch die Abschaffg der Eideszuschiebg überholt.

C. **HerstellgS.**

„Ehefeindl" Tats sind hier solche, die ein Recht zum Getrenntleben begründen. Dieses Recht darf der die Herstellg verweigernden Partei nicht gg ihren Willen zuerkannt werden. Dagg kann das Ger Tats, die diesem Recht entggstehen („eheerhaltende" Tats) berücksichtigen, auch wenn sie nicht vorgetragen sind o. eine der Parteien widerspricht.

Zu A—C: **Form der Anhörg.**

Zu der nach § 622 I gebotenen Anhörg genügt, daß den Parteien vor Schluß der mündl Verhandlg Gelegenh zur Stellgn gegeben worden ist. Verstoß ist RevGrund.
Eine Partei kann aber nur „gehört" werden, wenn sie dch einen **Anw** vertr ist (Baumb 1 B zu § 622); denn die Anhörg bezweckt die Feststellg, ob die Partei widersprechen will; widersprechen kann aber nur eine anw vertr Partei (s. o.).

Grenzen der Amtsermittlungen

I. **Berechtigg.**

§ 622 handelt in Abs. 1 von Amtsermittlgen u. in Abs. 2 von der Frage, inwieweit das Ger nichtvorgetragene Tats „berücksichtigen" kann.

Abs. 1 gestattet Amtsermittlgen, ohne zwischen vorgetragenen u. nichtvorgetragenen, ehefeindl u. eheerhaltenden Tats zu unterscheiden u. ohne Rücksicht darauf, ob die Parteien Beweis angeboten haben oder nicht.

Für Nichtigk- u. FeststellgS gilt dies — wie bereits dargelegt — uneingeschränkt. Kann das Ger aber auch in Scheidg-, Aufhebg- u. HerstellgS über nicht vorgetragene **ehefeindl** Tats von Amts wegen Beweis erheben? Kann es ferner, über ehefeindl Tats Amtsermittlgen anstellen, wenn sie zwar vorgetragen, aber nicht unter Beweis gestellt sind?

> Kann es, wenn der Kl nicht widerspricht, nach Scheidg o. AufhebgGründen **forschen,** um ein gerechtes Urt zu erzielen? Kann es zB, wenn die zur Begr einer Klage aus § 43 vorgetragenen Eheverfehlgen nicht erwiesen sind, von sich aus Hausgenossen, Verwandte der Parteien, den Bürgermeister etc. vorladen u. darüber vernehmen, ob der Bekl etwa eine andere Eheverfehlg begangen hat u. wer nun eigentl der schuldige bzw überwiegend schuldige Teil ist? Kann es, wenn der behauptete Ehebr des Mannes nicht erwiesen ist, nun von Amts wegen stadtbekannte „Damen" vorladen u. darüber vernehmen, ob der Bekl etwa mit ihnen . . .?

Die Frage ist nicht so absurd, wie es den Anschein hat. Denn es wird die Ansicht vertreten, seit Neufassg des § 622 dch § 37 DVO I könne das Ger, wenn der Kl nicht widerspricht, auch ehefeindl Tats von Amts wegen ermitteln[1]).

Diese Auffassg hat zw den Wortlaut des § 622 I für sich, ist aber mit § 622 II unvereinb. „Das Ger darf ebensowenig wie der StAnw (§ 607 III) die die Auflösg der Ehe betreibende Partei dadch unterstützen, daß es gg ihren Widerspr neue ehefeindl Tats in den RStreit zieht" (StJSch II 2 zu § 622). Für ehefeindl u. die Schuldfrage betr Tats gilt die allgem Regel: „*Da mihi facta, dabo tibi jus*". Sie vorzu-

[1]) Faber DR 41, 523; Wälde NJW 49, 374; Baumb 3 zu § 622.

tragen u. unter Beweis zu stellen, muß dem Kl, der ja (im Gegensatz zum Bekl) in jedem Falle anwaltsch vertr ist, überlassen bleiben. Die Nichtberücksichtigg solcher Tats führt nicht zu einem „unrichtigen" Urt, dh nicht zu einer der materiellen RLage widersprechenden RGestaltg. Vom VerhandlgGrundsatz abzugehen, besteht daher kein Anlaß (s. o.).

Jene Fragen sind überdies aus folgendem Grund zu verneinen: Soweit § 622 II die Berücksichtigg nichtvorgetragener Tats einschränkt, ist darunter nicht nur die Berücksichtigg im Urt, sondern jede Berücksichtigg zu verstehen, also auch die Berücksichtigg in der BewAufn[1]).
Nichtvorgetragene ehefeindl Tats darf das Ger auch nicht in der Weise berücksichtigen, daß es, wenn der Kl vorgeschützte Klagegründe geltend macht, auf den wahren Klagegrund zckgreift. Vielmehr muß es in solchen Fällen die Klage als unbegr abweisen (Fechner JW 38, 2110).

Kann aber das Ger zwecks Aufrechterhaltg der Ehe **nach eheerhaltenden Tats forschen?**

Insbes wenn der Bekl nicht vertr ist? Kann es ihm, wenn er zw vertr, aber bewfällig geblieben ist, dch Amtsermittlgen zu Hilfe kommen? Wie, wenn er gar eheerhaltende Tats erkennb absichtl verschweigt o. zu beweisen unterläßt? Ist da das Ger nicht sogar verpflichtet, nachzuforschen? Muß es, wenn eine behauptete Mißhandlg, Beschimpfg o. Verlassg erwiesen, im Interesse der Aufrechterhaltg der Ehe nach RechtfertiggGründen forschen? Also ob nicht etwa der Kl der angreifende Teil war u. wer wen „ausgeschafft" hat? Muß es eine erwiesene Verzeihg auf ihre Ernstlk u. Unbedingth prüfen, auch wenn der Kl diese nicht angezweifelt hat?

Diese Fragen sind sämtl unbedingt zu **bejahen,** denn die Nichtberücksichtigg eheerhaltender Tats würde zu einem unrichtigen rechtsgestaltenden Urt führen (s. o.).

Nach eheerhaltenden Tats zu forschen, hat das Ger aber natürl nur Anlaß, wenn greifb Anhaltspunkte für das Vorliegen solcher Tats gegeben sind. Andernfalls würden die Amtsermittlgen ins Uferlose führen.

Auf welchem Wege das Ger von einer eheerhaltenden Tats Kenntn erlangt hat, ist ohne Belang.

So können zB Anlaß zu Amtsermittlgen geben:
Zeugenaussagen, Angaben der Parteien bei ihrer Anhörg, Eingaben des nichterschienenen Bekl, Mitteilgen Dritter, der Inhalt

[1]) aA StJSch II 2 zu § 622, wo die Ansicht vertr wird, jene Beschränkg gelte nur für Tats, nicht aber für Beweismittel. Welchen Zweck hätte es aber, Tats zu ermitteln, die im Urt nicht berücksichtigt werden können?

von Akten des Ger, insb solcher, die in einem andern EheProz (zB bei Doppelehebr) o. in einem Verf nach § 627 angefallen sind, ja sogar priv Wissen des Richters (StJSch II 1 zu § 622).

Dies gilt jedoch nur für **nicht**vorgetragene eheerhaltende Tats. Hinsichtl der **vorgetragenen** darf das Ger ausschließl die proz ErkenntnQuellen benützen. Es darf also zB **nicht** dch Verwertg priv Wissens über die Wahrh einer diesbezügl Behauptg dem Kl den **Gegenbeweis abschneiden.**

Außerdem besteht folgender Unterschied:

Nichtvorgetragene eheerhaltende Tats **kann** es berücksichtigen, vorgetragene **muß** es berücksichtigen

u. zw sogar dann, wenn sie iSd §§ 279, 279a, 283 II, 626 **verspätet** vorgetragen sind (Baumb 1 zu § 626).

In jedem Fall darf das Ger aber eine Tats nur dann im Urt von Amts wegen berücksichtigen, wenn es sie zum Gegenstand der Verhandlg gemacht hat u. als **erwiesen** ansieht.

Nichterwiesene Tats darf es nicht als wahr unterstellen, um die Ehe aufrechterhalten zu können. Ist zB zweifelh, ob der letzte ehel Verk vor oder nach der Eheverfehlg stattgefunden hat, so darf es nicht diese Frage offen lassen u. die Klage abweisen (Warn 31 Nr. 231).
Das Bestreben, die Ehe aufrechtzuerhalten, darf das BerufgGer auch nicht dazu verleiten, eine der Klage entggstehende, erst in der BerufgInst zutage getretene Verzeihg zu berücksichtigen, wenn es mit der Klage gar nicht befaßt ist (RG 126, 303; 151, 182 u.a).

II. **Verpflichtg** zu Amtsermittlgen.

§ 622 ist eine Kannvorschr, begründet also keine Verpflichtg des Ger zu BewErhebg, sondern gibt ihm nur die Möglk zu BewAufn ohne Antrag.

Von dieser Möglk Gebrauch zu machen, steht im Ermessen des Ger (BayOLG DRPfl 1, 1949, 471). Hat es aus der konkreten Sachlage keinen Grund für die Ausübg dieser Befugn gewonnen, so ist dies der Nachprüfg dch das RevGer entzogen. Ein RevGrund ist nur gegeben, wenn es die Grenzen seines Ermessens verkannt hat o. sich seiner gesetzl Befugn nach § 622 gar nicht bewußt war (RG JW 09, 500[27]).
Weitergehend Rosenb S. 778, der aus § 622 eine unbeschränkte Pflicht zu Amtsermittlg ableitet.

Dieses Ermessen des Ger berechtigt aber nur dann zur Unterlassg weiterer Ermittlg, wenn das bisherige BewErgebn bereits zur vollen richterl Überzeugg geführt hat (StJSch III 1 zu § 622).

III. **Wege** der Amtsermittlg.

§ 622 u. die Erläutergen dieser Bestimmg in der Lit erwecken den Anschein, als ob das Ger bei Amtsermittlgen völlig freie Hand habe, welcher Beweismittel es sich dabei bedienen will. Theoretisch trifft dies auch zu. Praktisch ist dem aber durchaus nicht so. Denn die Vorladg von Zeugen u. die Benutzg anderer Beweismittel, die Kosten verursachen, scheitert idR von vornherein am Kostenpunkt.

Die Kosten einer solchen von Amts wegen angeordneten BewAufn gehören zwar zu den baren Auslagen des Ger, die der Kostenschuldner zu erstatten hat. Wenn sie aber nicht beitreibb sind, ist der Fiskus der Leidtragende. Einer Partei zur Deckg solcher Auslagen die Leistg eines Vorschusses nach § 379 I aufzugeben, wäre nicht anhängig, denn keine der Parteien ist in diesem Falle BewFührer. Gerade aus diesem Grunde erfolgt ja die BewAufn von Amts wegen. Einer Partei nur desh, weil sie bewpfl ist, einen AuslVorsch aufzugeben, wäre nicht zulässig (RG DR 39, 969) u. meistens ohne Erfolg, denn idR führt der BewPflichtige den Beweis desh nicht selbst, weil er daran kein Interesse hat. Außerdem werden die meisten EheS im Armenrecht geführt u. gewährt dieses einstw Befreig von den Auslagen (§ 115 I Nr. 1). Die Auferlegg eines AuslVorsch würde eine teilw Entziehg des AR darstellen (RG 55, 268). Da in AR-Sachen die Kosten häufig nicht beitreibb sind, fallen also die Kosten von Amtsermittlgen häufig dem Staat zur Last.

Das Ger benutzt daher bei Amtsermittlgen idR nur solche Beweismittel, die ihm ohnehin zur Verfügg stehen (zB Anhörg o. Vernehmg der Parteien) o. die keine Kosten verursachen (zB Beiziehg von Akten, Erholg amtl Auskünfte) u. vernimmt Zeugen nur gelegentl ihrer Vernehmg über behauptete Tats auch über solche Tats, über die eine BewErhebg von Amts wegen veranlaßt ist. Daß es grundsätzl zulässig ist, Zeugen von Amts wegen zu laden (Zöller 1 zu § 622), sei aber zugegeben.
Dch fiskal Rücksichten sind somit den Amtsermittlgen zieml enge Grenzen gezogen.

Die Frage, in welchem Umfang das Ger von Amts wegen Beweis erheben darf, konkretisiert sich in der Praxis dahin, welche Fragen es bei Anhörg o. Vernehmg von Parteien u. Zeugen an diese richten bzw nicht richten darf. Diese Frage wird namentl iFd Aussageverweigerung von Bedeutg; denn aus der Verweigerg der Aussage auf eine Frage, die das Ger nicht hätte stellen dürfen, darf es keinerlei Schlüsse ziehen.

Beisp: Hat das Ger, obwohl nur Ehebr mit der A behauptet war, dem Bekl die Frage vorgelegt, ob er mit der B Ehebr begangen habe, u. hat der Bekl hierauf die Aussage verweigert, so darf das Ger nicht — entgg dem Widerspr des Kl — Ehebr mit der B als erwiesen ansehen u. die Scheidg darauf stützen.

Auch bei Verzicht auf Zeugen (§ 399, s. u. S. 138) kann die obige Frage Bedeutg erlangen. Soweit näml das Ger über eine Tats nicht von Amts wegen Beweis erheben darf, muß es einen solchen Verzicht beachten.

Die Anhörung der Parteien

Das Gesetz knüpft seine RFolgen an bestimmte Tats. Diese Tats müssen die Parteien zur Begründg ihrer Sachanträge vortragen. Zur Grundlage des Urt können behauptete Tats aber nur gemacht werden, wenn sie feststehen. Als feststehend können nur solche Tats angesehen werden, die entweder bewiesen sind o. keines Bew bedürfen. Im ordentl Verf bedürfen Tats, die nicht bestritten o. zugestanden sind, keines Bew (§§ 138, 288). Im EheProz gilt diese Regel nicht (§ 617). Trotzdem ist es auch hier von erhebl Bedeutg, ob eine tatsächl Behauptg bestritten ist. Denn schon das Nichtbestreiten einer tatsächl Behauptg kann die Überzeugg des Ger begründen, daß sie wahr ist (§ 286; HRR 1930, 172). Zu wissen, was die Parteien eigentl behaupten wollen, ist auch desh notwendig, um die Vernehmg von Zeugen richtig dchführen zu können u. überflüssige Zeugenvernehmg zu vermeiden.

Vor Eintritt in eine BewAufn bedarf es daher einer genauen

Feststellg des Sach- u. Streitstandes,

also der Feststellg, was von den Parteien behauptet, bestritten o. zugestanden wird.

Wo die Parteien dasselbe ProzErgebn anstreben (ein nur in EheS vorkommender, hier aber häufiger Fall!) u. in einfach gelagerten Fällen ist diese Feststellg einfach. Schwieriger ist sie bei umfangreichem Sachvortrag. Umfangreich ist der Sachvortrag der Parteien vor allem in den Fällen, wo es auf das Gesamtverhalten der Eheg ankommt, zB bei Prüfg der Zulässigk eines Widerspr nach § 48 II EheG.

Hier gibt idR jede Partei eine geschichtl, oft Jahrzehnte umfassende Darstellg des Verlaufs der Ehe, um darzutun, daß die Zerrüttg der Ehe ganz o. überwiegend von dem anderen Eheg verschuldet ist. Dem Richter wird zu diesem Zweck eine Fülle von tatsächl Behauptgen unterbreitet, die häufig der Objektivität ermangeln. Sie entspr auch dchaus nicht immer dem wahren Willen dessen, der sie vortragen läßt. Nicht selten beruhen sie auf Mißverständn, falscher o. ungenügender Information o. dem Bestreben des Anw nach wirkgsvoller Darstellg.

Hier gilt es zunächst zu klären, was die Parteien wirkl behaupten wollen u. was außer Streit ist. Ihre persönl Anhörg ist in solchen Fällen unentbehrl.

Bei dieser Erörterg des Sach- u. Streitstandes ergibt sich oft in vielen Punkten eine Übereinstimmg der beiderseitigen Darstellgen, so daß zahlreiche Behauptgen von vornherein als ProzStoff ausscheiden. Andrerseits können bisher ausstehende Erklärgen zu Behauptgen des Gegners gem § 138 II hinzukommen.

Wenn Anw u. Partei verschiedene Erklärgen abgeben

Schon bei dieser Feststellg des Sach- u. Streitstandes kommt es zuweilen vor, daß die Aussage einer Partei vom Vortrag ihres Anw abweicht. Hierbei sind hauptsächl folgende Fälle denkb:

1. Die Partei stellt neue Behauptgen auf.
2. Sie hält eine Behauptg ihres Anw nicht mehr aufrecht.
3. Sie stellt den vorgetragenen Sachverh anders dar (zB hinsichtl der Zeit- u. Ortsangaben, Nebenumstände u. dgl).
4. Sie bestreitet eine Behauptg, die ihr Anw nicht bestr o. zugestanden hat.
5. Sie gesteht eine von ihrem Anw bestr tatsächl Behauptg zu o. erklärt, dieselbe nicht bestreiten zu wollen.
6. Abw vom Vortrag seines Anw erklärt der aus § 18 EheG klagende NichtigkKl o. der aus §§ 30—33 klagende AufhebgKl, die Ehe fortsetzen zu wollen, o. der aus §§ 42, 43 klagende ScheidgKl Verzeihg zu gewähren, o. der aus § 48 Bekl, keinen Widerspr zu erheben bzw den von seinem Anw erhobenen Widerspr zurücknehmen zu wollen.

In solchen Fällen wird das Ger den Anw fragen, ob er sich die Erklärg seines Mandanten zu eigen macht, u. die Antwort im Prot festhalten. Nur selten wird der Anw auf seiner abw Erklärg beharren.

Sollte dieser Fall aber doch einmal eintreten, so gilt folgendes:

Zu 1: Handelt es sich um eine von Amts wegen zu berücksichtigende Tats, so kann sie das Ger aufgreifen u. in den Proz einführen. Andernfalls wird sie dch den Vortrag der Partei noch nicht zum ProzStoff.

Zu 2: Der Vortrag des Anw scheidet nur dann aus dem ProzStoff aus, wenn die Partei ihm nach Maßgabe des § 85 wirksam widersprochen hat. Proz wirksam ist eine solcher Widerspr nur, wenn er „sofort" erfolgt, dh sobald die Partei gem § 137 IV nach dem Vortrag ihres Anw zu Worte kommt (StJSch II zu § 85). Ist der Widerspr schon vorher erfolgt, so kann er erst recht nicht als verspätet angesehen werden (Baumb 2 zu § 85). Ist er aber verspätet erfolgt, so darf ihn das Ger nicht berücksichtigen. Ein verspäteter Widerspr der Partei rechtfertigt es also nicht, die vom Anw vorgetragenen Behauptgen im BewAufnVerf u. im Urt zu übergehen. Handelt es sich um eine Eheverfehlg, so wird das Ger allerdings auch aus einem verspäteten Widerspr der Partei folgern, daß diese die Verfehlg nicht als ehezerstörend empfunden hat.

Zu 3: Auch in diesem Falle bleibt, wenn die Berichtigg dch die Partei nicht sofort erfolgt, die Darstellg des Anw maßgebend. Sie darf im Urt nicht übergangen werden. Ob sie auch der BewAufn zugrundegelegt wird, hängt davon ab, welche Darstellg mehr Glauben verdient. Beruht die Darstellg der Partei auf eigenem Wissen, die des Anw dagg nur auf Information dch die Partei, so wird diese Entscheidg idR nicht schwer fallen.

Zu 4 u. 5: Bestreiten u. Nichtbestreiten, Geständnisse u. ihr Widerruf haben im EheProz keine proz Wirkgen (§ 617), sind keine ProzHandlgen (OLG 17, 183), unterliegen nicht dem AnwZwang u. sind frei zu würdigen, mögen sie vom Anw o. von der Partei abgegeben sein. Weichen beide von einander ab, so werden die Gründe dieses Verhaltens aufzuklären sein. Der Umstand, daß die Aussage der Partei vom Vortrag ihres Anw abweicht, kann Bew gg diesen Vortrag liefern (RG JW 36, 1778[15]).

Zu 6: Ehebestätigg u. Verzeihg sind keine ProzHandlgen, sondern sachlrechtl Handlgen, die ohne Rücksicht auf den Vortrag des ProzBevollm zu würdigen sind. ProzHandlgen ihres Anw muß die Partei im Rahmen des § 85 gg sich gelten lassen. Dadch werden aber Handlgen des Vertr, soweit es sich um die Feststellg eines ScheidgGrundes handelt, noch nicht zu eigenen Handlgen der Partei (RG 27, 373). Dagg ist die Rückn des Widerspr aus § 48 ebenso wie dieser selbst eine dem AnwZwang u. der Vorschr des § 85 unterliegende ProzHandlg. Eine Parteierklärg des Inhalts, keinen Widerspruch zu erheben, vermag den vom Anw erhobenen Widerspr nicht außer Kraft zu setzen, enthebt also das Ger nicht der Prüfg der Frage, ob der Widerspr zulässig u. die Aufrechterhaltg der Ehe sittl gerechtfertigt ist[1]).

Dasselbe gilt für einen Widerspr aus § 622 II gg die Berücksichtigg einer nichtvorgetragenen ehefeindl Tats (s. o. S. 102).

Die von v. Godin 8 zu § 617 vertretene Ansicht, § 85 gelte in EheS nicht, maßgebend sei allein der Wille der Partei, diese sei an die Erklärgen ihres Vertr nicht gebunden, wenn sie nicht ihrem wirkl Willen entspr, findet weder im Gesetz noch in der Entscheidg des RG 27, 373, auf die sich v. Godin beruft (die aber nur den Fall der Einwilligg zur Ehescheidg nach § 716 ALR II 1 betrifft), eine Stütze. Erklärgen des ProzBevollm sind, soweit sie in den Grenzen seiner Vollm abgegeben sind, auch in EheS nach Maßgabe des § 85 verpflichtend (RG 59, 348).

---

[1]) Ebenso wie der Klageanspr (s. o. S. 18) gehört auch das WidersprR des Bekl aus § 48 II sowohl dem sachl als auch dem proz Recht an. Der Widerspr ist seiner RNatur nach einerseits ein proz RBehelf, andrerseits ein sachlrechtl GestaltgR (Erman-Ronken 5 A zu § 48), dch das der Bekl in der Lage ist, auf die Gestaltg des ScheidgAnspr des Kl Einfluß zu nehmen, indem er das Ger nötigt zu prüfen, ob die Aufrechterhaltg der Ehe sittl gerechtfertigt ist (RG 164, 320; DR 40, 1626). Die Rückn des Widerspr ist daher einerseits eine Verfügg über ein sachl Recht, andrerseits eine ProzHandl. Ebenso wie die Rückn der Klage unterliegt auch die Rückn des Widerspr dem AnwZwang.

Die Durchführung der Anhörung

Die Feststellg des Sach- u. Streitstandes bezweckt die Klärg der „taktischen Lage". Sie ist in erster Linie Aufgabe des **Einzelrichters.** Er ordnet, wenn nicht zwingende Gründe entggstehen, schon zur 1. mündl Verhandlg das persönl Erscheinen der Parteien dch **vorbereitende** Verfügg (§ 272b Nr. 3) an.

In ScheidgS ist die Anhörg **beider** Teile idR geboten, insb wo zu prüfen ist, ob u. von wem die Ehe zerrüttet ist. Die Anhörg des **Bekl** kann zur Ermittlg eheerhaltender Tats unerläßl sein.

Ladung analog § 141 II, III persönl mit Strafandrohg, aber ohne BewSatz (Zöller 1 zu § 619).

Auslagen, die einer Partei dch ihr persönl Erscheinen entstehen, sind erstattgfähig. Reisekostenvorschüsse an mittellose Parteien nach Anordng der Landesjustizverw (Bay-JMBl 1957, 336, NRW JMBl 1952, 151).

Folgen unentschuldigten Ausbleibens.

Die Grundlage für die Anordng des persönl Erscheinens — auch wenn sie nach § 272b erfolgt — bietet im EheProz § 619.

Abweichg von § 141: Der Sonderart des EheProz Rechng tragend reicht § 619 in seiner Wirkg weiter als § 141. Im Ehe-Proz ist das persönl Erscheinen der Parteien oft wichtiger als das eines Zeugen. Dementspr wird hier eine säumige Partei grundsätzl ebenso behandelt wie ein säumiger Zeuge. Sie kann zw nicht zu Haftstrafe, muß aber beim 1. Fernbleiben zu Ordng-Strafe in Geld, sowie in die dch ihr Ausbleiben verursachten Kosten verurteilt werden; iFd wiederholten Ausbleibens ist nochmals auf Strafe zu erkennen u. kann zwangsw Vorführg angehordnet werden (§§ 619 III, 380). Dies selbst dann, wenn die Partei eine Erklärg gem § 386 abgegeben hat, denn diese Vorschr gilt nur für Zeugen (OLG 2, 237). Das Ger kann aber nur das Erscheinen, nicht eine Aussage erzwingen.

§ 141 gestattet demggüber nur die Verhängg einer Geldstrafe. Auch diese entfällt im ordentl Verf ggüber dem Kl in Hinblick auf § 330, ggüber dem Bekl, der sich auf die Klage nicht eingelassen hat, in Hinblick auf § 331 u. ggüber beiden, wenn sie einen zur Aufklärg des Sachverhalts befähigten u. ermächtigten Vertreter entsenden (§ 141 III S. 2) o. das Ger von seiner Strafbefugnis keinen Gebrauch machen will.

Abweichg von §§ 445ff: Hier kann das Ger das persönl Erscheinen einer Partei, deren Vernehmg es angeordnet hat, nicht erzwingen. Es kann nur gem § 454 die Aussage als verweigert ansehen u. daraus gem §§ 446, 453 II seine Schlüsse ziehen.

Anhörg einer nicht vertretenen Partei.

Auch wenn der Bekl nicht anwaltschaftl vertr ist, kann das Ger sein persönl Erscheinen anordnen, ihn über Behauptgen des Kl befragen u. seine Erklärgen als im Proz abgegeben berücksichtigen.

Die ggteilige, sich auf den AnwZwang stützende Ansicht (u. a. KG OLG 11, 92) ist unhaltb. Soweit es sich um Maßnahmen nach § 622 handelt, liegt dies auf der Hand. Aber auch ausserhalb des UntersuchgsGrundsatzes ist sie nicht haltbar. Folgt man ihr, so könnte der Bekl auf sehr einfache Weise den Erfolg der Klage o. eines Rechtsmittels des Kl vereiteln, näml dadch, daß er in Fällen, wo seine Anhörg o. Vernehmg zur Aufklärg des Sachverhalts unentbehrl ist u. dem Kl kein anderes BewMittel zu Gebote steht, sich nicht vertreten läßt (OLG 17, 183).

Protokollierg der Aussagen der Parteien ist, da es sich nur um Parteierklärungen handelt, nicht vorgeschrieben (RG DJ 35, 1742), aber im 1. Rechtszug immer zweckm u. vor dem ER o. Richterkomm unerläßl.

IdR wird die Anhörg mit der Protkollierg der **Generalien** beginnen (StAngehörigk, relig Bekenntn, Kinderzahl, Zeitpunkt der Trenng u. des letzten ehel Verkehrs).

Ferner wird der Richter in Scheidg- u. AufhebgS von vornherein danach forschen, aus welchen **Motiven** die Scheidg begehrt bzw abgelehnt wird. Denn dies zu wissen, ist für die Würdigg der Parteiaussagen wichtig. Vielfach ergibt sich, daß die vorgetragenen Klagegründe nur vorgeschützt u. in Wirklichk ganz andere, dchaus nicht schutzwürdige Gründe maßgebend sind (s. o. S. 4).

Kommissarische Anhörg.

Häufig hat das Scheitern der Ehe einen der Eheg zum Wegzug veranlaßt, so daß sein Erscheinen vor dem ProzGer unverhältnmäßig hohe Kosten verursachen würde, die bei Mittellosigk von der StKasse vorgeschossen und dieser zwar vom Kostenschuldner erstattet werden müssen, aber oft nicht beitreibb sind. In solchen Fällen muß sich das ProzGer mit einer Anhörg dch einen ersuchten Richter begnügen, wenn es nicht gleich eine förml Vernehmg dieser Partei anordnen will. Eine solche komm Anhörg ist zwar zulässig (Baumb 2 zu § 141), bleibt aber immer ein Notbehelf. Zu begrüßen ist, daß zufolge der örtl ZuständgkRegelg in aller Regel wenigstens ein Teil seinen Aufenth im Bezirk des ProzGer hat.

Schriftl Anhörg der Parteien nicht ratsam.

Bei persönl Anhörg besteht mehr Aussicht, die Wahrh zu erfahren; denn hier hat die Partei nicht in dem Maße Zeit zu überlegen, welche Behauptg für sie am günstigsten ist.

Umfang der Anhörg.

Bei allem Streben nach Gründlk gilt es die Anhörg auf das richtige Maß zu beschränken. Etwaigen Versuchen eines Anw, seinen schriftl Vortrag dadch wirksamer zu machen, daß er ihn dch seinen Mandanten dem Ger mündl vortragen läßt, gilt es idR zu widerstehen. Auch besteht idR keine Veranlassg, eine Partei zu Behauptgen des Gegners zu hören, zu denen ihr Anw bereits ausreichen Stellg genommen hat. Die Anhörg der Parteien steht im Ermessen des Ger (Warn 42, 18).

Würdigg von Parteiaussagen.

Alle Parteierklärgen müssen als solche gewürdigt werden. In eigener Sache einen Sachverhalt einwandfrei wiederzugeben, ist auch dem Redlichsten nicht immer mögl. Wo es sich um die ggseitigen Beziehgen von Eheg handelt, ist die Gefahr einer Verzerrg der Wahrh dch Affekte bes groß. Mit Recht spricht Baumb hier von einem „Hohlspiegel" u. mahnt zur Vorsicht. Immerhin lehrt die Erfahrg, daß dch gründl, beharrl u. psycholog richtige Befragg der Parteien sehr oft die Wahrh ans Licht gebracht werden kann. Es ist daher schwer verständl, daß manche ausländ Gesetze (zB Art 685 der griech ZPO) Parteiaussagen in ScheidgS nicht als Bew gelten lassen.
Nicht unberücksichtigt sollte u. a. die psycholog Lage der Parteien bleiben. Manche Frau kann trotz schwerster Eheverfehlgen des Mannes ihr UnterordnungsVerhältn nicht vergessen. (Vielfach ist gerade eine solche Hörgk u. Nachgiebgk der Frau die Ursache der Verfehlgen des Mannes!) Ja, es gibt Fälle, wo eine Frau unwahre Angaben macht, um dem Mann zu der von ihm gewünschten Scheidg zu verhelfen u. ihm dadch einen „letzten Liebesdienst" zu erweisen.

Kosten.

Mehr als alle bisher erörterten Fragen interessiert manchen Anw die Frage, ob bei dieser Tätigk des Gerichts eine **BewGeb** anfällt. Diese Frage ist in Lit u. Rsp bis zum Überdruß erörtert worden (Zusammenstellg s. StJSch N 1 u. 5—8 zu § 619). Die Neufassg des GKG (§ 25 I Nr. 2) u. der RAGebO (§ 31 Nr. 3) haben insofern eine Klärg gebracht, als sie die Anordg einer Parteivernehmg nach § 619 gebührenrechtl der Anordg einer BewAufn gleichstellen.
Damit ist aber noch nicht die Frage entschieden, ob die Anordg des persönl Erscheinens u. die Vernehmg o. Anhörg einer Partei in EheS in jedem Falle eine BewGeb auslöst.
Vorweg ist festzustellen, daß die Anordg des persönl Erscheinens nach §§ 141, 272b o. 619 noch nicht die Anordg einer BewAufn enthält (s. u. S. 122). Eine solche liegt erst vor, wenn sie ausdrückl (dch BewBeschluß gem § 358) oder stillschweigend (dch Eintritt in die BewAufn) erfolgt. Ob die Partei auf An-

ordg oder freiwillig zu ihrer Vernehmg erschienen ist, dürfte unerhebl sein.

Die Vernehmg einer Partei kann verschiedenen Zwecken dienen:

1. der Feststellg des Streitstandes, also richterl Aufklärg nach § 139,
2. einer Vernehmg über behauptete Tats nach § 619,
3. einer Amtsermittlg nach § 622.

Nur Vernehmgen nach §§ 619, 622 können eine BewGeb auslösen, denn die bloße Feststellg des Streitstandes nach § 139 erfüllt nicht die Voraussetzgen des § 619 u. stellt unzweifelhauch keine BewAufn dar. Zur Vermeidg von Zweifeln sollten Vernehmgen nach §§ 619, 622 stets dch BewBeschl ausdrückl angeordnet werden. Ist ein solcher Beschl nicht ergangen, so kann sich immerhin aus den Umständen, insbes aus der Niederschr ergeben, ob eine Vernehmg nach § 619, 622 oder eine bloße Anhörg nach § 139 vorliegt.

Lautet zB die Niederschr: „Der Bekl erklärte nach Ermahng zur Wahrh bei Ausübg des richterl Fragerechts . . .", so handelt es sich offensichtl nur um eine Anhörg nach § 139. Dasselbe wird im Zweifel anzunehmen sein (jedenfalls in 1. Inst), wenn die Aussage überhaupt nicht (weder zur Person noch zur Sache) protokolliert worden ist (vgl. u. S. 225f).

In der Rsp wird vielfach darauf abgestellt, ob die Partei über **bestrittene** Behauptgen vernommen worden ist (zB Hambg MDR 52, 689), — mE zu Unrecht, denn in EheS können auch unbestrittene Tats des Beweises bedürfen. Auch wenn eine Tats unbestr ist, kann das Ger die Parteien in Ausübg des richterl Fragerechts (also ohne Beweis erheben zu wollen) auffordern, sich hierzu zu äußern. Es kann andrerseits bestrittene Tats auch ohne BewAufn für wahr erachten, wenn der Behauptende bei seiner Anhörg einen glaubwürdigen, der Bestreitende dagg einen unglaubwürdigen Eindruck macht. Die Prüfg der Glaubwürdgk der Parteien u. ihrer Angaben dch ihre Anhörg stellt noch keine BewAufn dar; auch nicht die Prüfg der Wahrh eines Geständnisses (KG JZ 51, 518). Fragen wie die, ob eine Ehe unheilb zerrüttet ist, kann das Ger auch aGr des VerhandlgErgebn ohne BewAufn entscheiden (aA Stuttg JZ 54, 333).

Nach überw Ansicht fällt dch die Vernehmg einer Partei nur dann eine BewGeb an, wenn die Vernehmg aGr eines klaren u. förml BewAnordng zu BewZwecken erfolgt ist.

Die Beweisaufnahme

Ihr Zweck u. Gegenstand

1. Zweck der BewAufn ist die **Feststellg der Tatsachen,** an die das Gesetz seine RFolgen knüpft.

Tatsachen sind nach Raum u. Zeit bestimmte, vergangene o. gegenwärtige Geschehnisse o. Zustände u. zw nicht nur solche der Außenwelt, sondern auch solche des menschl Wollens u. Fühlens.

Gegenstand der tatsächl Feststellg kann also zB die Frage sein, ob eine Eheverfehlg als ehezerstörend empfunden wurde, ob sie verziehen wurde, ob der Wille zur Fortsetzg der Ehe vorhanden ist, ob zw 2 Personen ein Liebesverhältnis besteht (Warn 18, 35) u. dgl.

Solche innere Tats lassen sich idR nur dch

Indizien beweisen, dh dch Tats, aus denen nach der Lebenserfahrg auf die unmittelb erhebl Tats geschlossen wird. Sie bilden in EheS neben den Parteiaussagen oft die einzige tatsächl Grundlage des Urteils. Ihre Tragfähigk hängt in jedem Falle davon ab, ob der Richter die erforderl Lebenserfahrg besitzt.

Davon zu unterscheiden sind

juristische Urteile, dh Aussagen darüber, ob in bestimmten Tats ein Rechtsbegriff (zB Verschulden) verkörpert ist (StJSch, II zu § 282). Sie können **nicht** Gegenstand des Beweises sein,
so zB nicht die Frage, ob eine Ehe eine Scheinehe, eine nichtige Ehe ist (RG 91, 403).

2. **Beweisbedürftige Tatsachen.**

Im ordentl Verfahren gilt die Regel: BewBedürftig ist, was nicht bestr, anerkannt, offenkundg, gesetzl zu vermuten o. zu unterstellen ist. In EheS hängt die BewBedürftigk einer Tats nicht ohne weiteres davon ab, ob sie bestr ist, u. gibt es weder gesetzl Vermutungen noch Fiktionen. Dagg bedürfen selbstverständl offenkundge Tats auch hier keines Beweises. **Offenkundg** sind

a) allgemeinkundge Tats, dh solche, die nicht nur dem Gericht, sondern der Allgemeinh, also unbestimmt vielen Personen bekannt sind,

b) gerichtkundge, dh solche, die dem ProzGericht aus seiner gegenw o. früheren Amtstätigkeit (zB aus früheren Proz o. aus einem Parallelproz) bekannt sind.

Dagg ist privates Wissen der Richter über Tats, die nicht allgemeinkundig sind, nicht offenkundg. Über die Frage der Offenkundigk ist dch MehrhBeschl zu entscheiden.

ErfahrgSätze sind zw ihrer Natur nach offenkundg, im Streitfall aber dch Sachverst zu beweisen.

Für **Rechtssätze** besteht keine BewPflicht der Parteien, denn „*jura novit curia*". Der Richter muß sie, wenn er ihrer bedarf, von Amts wegen erforschen.

Ausnahme für ausländ Recht s. § 293. Dies gilt auch für interzonales Recht (Riezler SJZ 47, 239) u. nicht mehr geltendes Recht.

Bei der Ermittlg des anzuwendenden Rechts kann sich das Gericht beliebiger Erkenntnisquellen im Wege des Freibew bedienen. Bedient es sich eines Sachverst, so sind die Regeln des förml BewVerf zu beachten u. fallen auch BewGeb an (StJSch IV 1, aA bezügl fremden Rechts Baumb 2 zu § 293).
Ist das anzuwendende Recht nicht zu ermitteln, so geht es nicht an, die Klage deshalb abzuweisen o. inländ Recht anzuwenden. Vielmehr ist das Recht heranzuziehen, das dem eigentl anzuwendenden vermutl am nächsten verwandt ist (StJSch IV 2).

3. **Bestrittene u. unbestrittene Tats.**

Ob eine Tats bewbedürftg ist, hängt im Eheproz — wie gesagt — nicht in jedem Fall davon ab, ob sie bestr ist.

a) Auch **zugestandene** Tats können hier bewbedürftg sein,

insbes wenn beide Teile die Lösg der Ehe anstreben. Die Feststellg des Ehebrechers nach § 624 kann wegen ihrer öffentlrechtl Wirkg sogar nie ohne BewAufn getroffen werden.
Wie bereits dargelegt, haben Geständnisse im Eheproz keine proz Wirkg (§ 617). Das Gericht darf daher sein Urt nicht ohne weiteres auf ein Geständnis stützen. Kommt es aber aGr des persönl Eindrucks der Parteien o. besonderer Begleitumstände zu der Überzeugg, daß das Geständn den Tats entspricht, so kann es das Geständn zur Grundlage seiner Entscheidg machen (KG JZ 51, 518). Dabei steht die Erklärg, nicht bestreiten zu wollen, einem Geständn gleich (RG DR 45, 93[47]).

b) Umgekehrt wird eine Tats dadch, daß sie **bestritten** wird, nicht ohne weiteres bewbedürftg.

Die Vorstellg, das Gericht dürfe „keiner Partei glauben", ist falsch. Der Richter ist nicht nur in der rechtl, sondern auch in der tatsächl Würdigg des von den Parteien Vorgebrachten frei (RG LZ 25, 772, RG 80, 365). Nach § 286 hat er unter Berücksichtigg des gesamten Inhalts der Verhandlg u. des Ergebn einer „etwaigen" BewAufn über die Wahrh einer tatsächl Behauptg nach freier Überzeugg zu entscheiden. Es ist ihm also unverwehrt, eine bestr Behauptg **auch ohne BewAufn** für wahr zu erachten, wenn der gesamte Inhalt der Verhandlg ihm diese Überzeugg verschafft (RG HRR 28, 1651), zB mittels Schlußfolgerg aus unbestr o. bereits feststehenden Tats (StJSch II 1 zu § 286).

Der Beweisantritt

Erforderl ist

a) bestimmte Bezeichng der Tats, über die Bew erhoben werden soll **(BewThema)**, §§ 373, 403.

Bloße Vermutgen (zB Verdacht der ehel Untreue) können nicht Gegenstand des Bew sein; wohl aber Tats, die einen Verdacht begründen (HRR 28, 1940).

Jurist Urteile (zB daß die Ehe zerrüttet ist, Verschulden des Bekl) sind in tatsächl Behauptgen aufzulösen, ev im Wege des § 139.

b) Bezeichng der **BewMittel.**

BewMittel sind Parteivernehmg, Vernehmg von Zeugen, Gutachten von Sachverst, BewUrk u. Augenschein.

Zur Benenng von Zeugen gehört die Angabe der ladgfähg Anschrift (RG 97, 126); Bezeichng mit „NN" u. Erklärg, die Anschrift werde nachgebracht, genügt nicht (Baumb 1 zu § 373). Beibringg der Anschrift ist Sache des BewFührers. Dessen Gegner kann daher nicht aufgegeben werden, die nur ihm bekannte Anschrift bekannt zu geben. Der Ausnahmecharakter des § 425 verbietet entspr Anwendg.

BewMittel können **bis zum Schluß** der mündl Verhandlg der letzten TatsInst geltend gemacht werden (§§ 283 I, 278 I). Als **verspätet** können sie in 2. Inst nur in den engen Grenzen des § 626, in 1. Inst nach §§ 279, 279a zckgewiesen werden. Ev Kostenpflicht s. § 278 II.

Der BewAntritt ist eine ggüber dem ProzGer vorzunehmende, dem **Anw Zwang** unterliegende ProzHandlg.

Erklärg dch Partei vor dem Richterkomm o. UrkB (§ 78 II) genügt daher nicht.

Kein BewAntritt ist erforderl für den Bew dch
Augenschein u. Sachverst (§§ 144, 272b Nr. 5, 287),
Parteivernehmg nach § 448,
Anordg der Vorlegg von Urk (§§ 142, 143, 272b Nr. 1, 2).

Sofern Bew dch diese BewMittel angetreten wird, gelten hierfür die Bestimmg §§ 371, 403, 445, 420.

Vorbereitg der Beweisaufnahme durch Anordnungen nach § 272b[1])

1. Anordgen dieser Art sind in EheS bes zweckm u. hier dch die freiere Stellg des Ger auch in weiterem Umfang mögl als im ordentl Verf. Sie tragen wesentl zur Konzentration des Verf bei, weil sie es ermöglichen, ohne BwBeschluß schon im 1. Termin Beweis zu erheben.

   Auf welche der angebotenen Zeugen es ankommt, läßt sich idR schon aGr der Klage u. einer ev Klageerwiderg abschätzen. Dagg ist die für den Erlaß eines BewBeschl erforderl präzise Formulierg der BewSätze in diesem Stadium, bes in ScheidgS oft noch nicht mögl, weil erst die Verhandlg ergibt, welche Tats bewbedürftig sind.

   Selbstverständl muß jede Überrumpelg der Parteien dch BewAufn, auf die sie nicht vorbereitet sind, vermieden werden. Die Parteien sind daher von jeder Anordg rechtzeitig vor dem Termin schriftl zu **verständigen** (s. Abs. IV).

   Der Erlaß der vorbereitenden Anordg steht dem **Vors** u. im Verf vor dem **ER** diesem zu. Die Kammer kann solche Anordgen dem **Berichterstatter** überlassen.

   Eine bestimmte **Form** ist für solche Anordgen nicht vorgeschrieben.

2. **Zeitpunkt.** Um tunlichst in einer Verhandlg den RStreit erledigen zu können, sollen vorbereitende Anordgen **schon zum 1. Termin** ergehen (s. Abs. I). Sie können aber **auch noch später** ergehen,

   zB zur Vorbereitg der Fortsetzg der mündl Verhandlg (§ 370 II S. 2) nach auswärt BewTerminen.

   Die Vernehmg von Zeugen **vor** dem VerhTermin — etwa dch einen ersuchten Richter — ist nicht zulässig (StJSch III 4), ausgenommen Vernehmg im AR-PrüfgVerf. Wohl aber kann Begutachtg dch Sachverst u. Augenscheinseinnahme vor den VerhTermin erfolgen.

   Anordgen nach Nr. 4, 5 (zB Ladg von Zeugen) sollen nur getroffen werden, wenn der **Bekl** dem Klageanspr bereits **widersprochen** hat (Abs. III).

   Hierzu genügt auch ein ohne Begr gestellter KlageabwAntr. Liegt aber überhaupt keine Gegenerklärg vor, so können mit Kosten verbundene Anordgen nur getroffen werden, wenn sie

[1]) Vgl hierzu Riedel DRiZ 52,114.

Amtsermittlgen bezwecken. Jedoch begr ein Verstoß gg diese Vorschr keine RevRüge, denn es handelt sich hier nur um VorbereitgMaßnahmen u. das Urt kann nicht auf solchen beruhen.

3. **Bei Säumnis einer Partei** will Baumb 4 eine Zeugenvernehmg (StJSch V 2 auch sonstige BewAufn) nur über solche Punkte zulassen, die von Amts wegen zu beachten sind. In EheS kann dies nur iFd Säumnis des **Kl** gelten. Dagg unterliegt die BewAufn (schon im 1. Termin) bei Säumnis des **Bekl** nicht dieser Beschränkg, weil in diesem Falle einseitige str Verhandlg nach § 618 stattfindet u. hierbei das Vorbringen des Kl als bestr gilt (§ 617 u. u. S. 202). Ist WKlage erhoben, ist also auch der Kl Bekl, so gilt dasselbe bei Säumnis des Kl.

Sind **beide** Teile säumig, so kann unter den Voraussetzgen des § 251a die BewAufn dch Aktenlageentscheidg angeordnet u. sofort dchgeführt werden u. zw nicht nur über die von Amts wegen zu beachtenden Punkte (StJSch I zu § 367).

4. **Gebühren.**

Für Anordgen nach § 272b fällt e. BewGeb nur an, wenn aGr der Anordg eine BewAufn stattgefunden hat (§ 30 GKG).

Auch die Verwertg einer nach Nr. 2 o. 4 erholten schriftl Auskunft in der mündl Verhandlg löst eine BewGeb aus (Wedewer 7 zu § 20 GKG).

Findet keine BewAufn statt, so fällt keine GewGeb an.

Dies kann zB der Fall sein, wenn geladene Zeugen nicht vernommen werden, weil wegen Säumnis der Parteien keine mündl Verhandlg stattfindet o. weil diese ergibt, daß es auf die Zeugen nicht ankommt, o. weil sie von den Parteien nicht benannt werden u. Vernehmg von Amts wegen nicht veranlaßt ist.

5. **Auslagenvorschuß.**

Die Ladg von Zeugen u. die Erholg von SachverstGutachten kann in entspr Anwendg der §§ 379, 402 von der Erlage eines AuslVorsch abhängig gemacht werden (Baumb 3 D),

soweit es sich nicht um AR-Sachen (§§ 115 Nr. 1, 120) o. um Amtsermittlgen (s. o. S. 107) handelt. Vorschlußpfl ist die Partei, die sich auf das BewMittel bezogen hat.

Der Umfang der Beweisaufnahme

1. Taktische Überlegungen

Schon bei vorber Anordg nach § 272b u. erst recht im weiteren Verlauf des Verf wird der Richter stets den Sachstand im Auge behalten. Vor jeder Anordg u. Dchführg einer BewAufn wird er sich die Frage vorlegen: **Was bedarf des Beweises?** Sie beantwortet sich in erster Linie aus den gestellten **Sachanträgen.**

Solange zB der Bekl keinen (Mit-)Schuldantr gestellt o. einer Klage aus § 48 nicht widersprochen hat, besteht daher in ScheidgS nur dann Anlaß zu BewErhebg über ein (Mit-)Verschulden des Kl an der Zerrüttg der Ehe, wenn aus § 43 geklagt ist u. eine Abweisg der Klage nach § 43 S. 2 in Frage kommt.

Alle zulässigen Beweise wahllos zu erheben, sobald sie angeboten sind, wäre aus prozökonom Gründen unzweckm. Vielmehr wird sich der Richter zunächst darauf beschränken, diej Beweise zu erheben, denen seiner Ansicht nach **proz-entscheidende** Bedeutg zukommt.

So wird er bei Klagen aus § 43 zunächst über die schwerste unverziehene Eheverfehlg u. bei Verbindg mit Klage aus § 42 zunächst über den absoluten ScheidgGrund des Ehebr Beweis erheben.

In gleicher Weise wird er über Eheverfehlgen, die nur unterstützend gem § 51 II EheG geltend gemacht sind, nicht Beweis erheben, solange nicht eine Eheverfehlg erwiesen ist, bezügl der das ScheidgR nicht erloschen ist.

Bei Verbindg von Klagen aus §§ 44 u. 45 wird er über Eheverfehlg des Bekl erst Beweis erheben, wenn feststeht, daß die Voraussetzgen des § 45 nicht gegeben sind.

Ist von mehreren Klagegründen einer erwiesen, so wird er zweckm zu BewErhebg darüber übergehen, ob auch einer der Mitschuld- o. WKlagegründe gegeben ist; denn wenn dies nicht der Fall ist, wird der Kl idR nicht darauf bestehen, daß auch über die übrigen Klagegründe Beweis erhoben wird.

In Scheidg- u. HerstellgS empfiehlt es sich, vor jeder BewAufn zu prüfen, ob nicht etwa die Voraussetzgen für eine **Aussetzg** nach § 620 gegeben sind.

Denn wenn der Kl bisher eine schwere Eheverfehlg nur vermutet u. sich dieser Verdacht dch die BewAufn zur Gewißh verdichtet hat, wird er sich schwerl noch zu einer Aussöhng bereit finden.

Prozrechtl bedenkl wäre es, wenn der Richter ohne Aussetzg versuchen würde, *cunctando rem restituere*. Es gibt aber Fälle, wo dies zur Aufrechterhaltg der Ehe in gewissen Grenzen vertretb ist.

Die Anordnung der Beweisaufnahme

In EheS ist das Gericht insoferne freier gestellt als im ordentl Verf, als es auch **von Amts wegen** Bew erheben kann u. nicht nur über Parteibehauptg (§ 622).

Jede BewAufn bedarf einer **gerichtl Anord.**

Nur eine angeordnete BewAufn löst e. BewGeb aus. Die Anordg kann zw stillschweigend erfolgen. Zur Vermeidg von Zweifeln empfiehlt sich aber stets **ausdrückl** Anordg.

Die Aufn des Bew erfolgt tunlichst **sofort** (§ 357a),

zB wenn BewMittel dch vorbereitende Anordg nach § 272b herbeigeschafft o. von den Parteien mitgebracht worden sind. Untunl ist aber sofortige BewAufn, wenn sie zu einer Überrumpelg des Gegners des BewFührers führt (Baumb 2).

Andernfalls ist die BewAufn **dch BewBeschl** anzuordnen (§ 358).

Dieser muß enthalten (§ 359):

1. Bezeichng der Tats, über die Bew erhoben werden soll.

Diese Tats sind so bestimmt zu bezeichnen, daß Zweifel über das BewThema ausgeschlossen sind. Nur unter dieser Voraussetzg genügt Bezugnahme auf ein schriftl BewAngebot. Bes sorgfältige Formulierg geboten, wenn Vernehmg kommiss erfolgen muß.
Übl Formel: „Es ist Bew zu erheben, über die Behauptg des Kl (Bekl), **daß** . . .". Zulässig aber auch Frageform „**ob** . . ." (RG 162, 318). Letztere **vorzuziehen,** da sie es ermöglicht, das BewThema so zu umschreiben, daß dem Zeugen nicht geradezu in den Mund gelegt wird, was er aussagen muß, um dem BewFührer zu nützen o. zu schaden. Kommt es auf Zeitangaben an (zB seit wann ein ehebr(-widr)Verh besteht), so dürfte es auch zulässig sein, zu fragen, **„ob bzw seit wann . . .".** Würde die Frage lauten „Ist es richtig, daß Sie seit 3 Jahren . . .?", so könnte ein spitzfindg Zeuge diese Frage verneinen, wenn er seit mehr o. weniger als 3 Jahren solche Beziehg unterhält.

2. Bezeichng der **BewMittel** (Zeugen, Sachverst, Partei, Urk).

Dabei ist die ladgfähg Anschrift der zu Vernehmenden anzugeben. Ist diese nicht bekannt, Ausschlußfrist nach § 356. Die Ernennung von Sachverst kann dem Richterkomm übertragen werden (§§ 372, 405).

3. Bezeichng des **BewFührers,**

   gleichviel, wer die Behauptg aufgestellt hat u. wer die BewLast trägt.

4. Angabe, **dch wen** die BewAufn erfolgen soll (ProzGer, Berichterst, ersuchter Richter, ausländ Beh), s. §§ 355, 361, 363, 364.

Terminsbestimmg s. §§ 361, 370.

Auslagenvorschuß gem § 379 ZPO, § 114 GKG,

soweit nicht AR-Bewilligg entggsteht o. der Bew von Amts wegen erhoben wird, unter Fristsetzg. Nachholb.

Verkündg des BewBeschl s. § 329.

Rücknahme — ganz o. teilw — jederzeit mögl (RG 97, 127).

Anfechtg nur zus mit dem Endurteil, da ledigl prozleitende Anordg.

Abänderg.

1. nach erneuter mündl Verhandlg unbeschränkt,
2. ohne mündl Verhandlg,

   a) soweit das BewThema dasselbe bleibt u. es sich nur um Änderg o. Berichtigg einzelner BewTats oder um die Vernehmg anderer Zeugen o. Sachverst handelt.
   Entspr gilt für Änderg der Art der Ausführg.
   Die gleiche Befugnis hat der Richterkomm.

   b) Unbeschränkt, wenn der Gegner des BewFührers zustimmt; desgl bei BewAufn von Amts wegen.

Vorherige Anhörg der Parteien, soweit tunl. Unverzügl Benachrichtigg obligatorisch (§ 360 S. 4)!

Ablehnung von Beweisanträgen

IdR legt jede Partei Wert darauf, daß sämtl von ihr angebotenen Beweise erhoben werden. Aufgabe des Richters ist, sie auf ihre Zulässigk zu prüfen. Er darf sie nicht einfach übergehen, sondern muß, wenn er sie nicht erhebt, im Urt darlegen, warum dies geschehen ist (RG 97, 243), denn § 286 verlangt Berücksichtigg des gesamten Inhalts der Verhandlgen, also auch der gestellten BewAnträge. Dabei braucht er allerdings nicht auf jedes einzelne BewAngebot ausdrückl eingehen. Die Gründe für die Ablehng eines BewAngebots können sich also auch aus der gesamten Würdigg des Streit- u. BewStoffs ergeben (RH JW 12, 754). Es genügt, wenn sich ergibt, daß eine sachentsprechende Beurteilg überhaupt stattgefunden hat (BGH 3, 175).

Über den Umfang der BewAufn enthält unsere ZPO im Gegensatz zu ausländ ProzOrdngn keine allgemeinen Bestimmg. Maßgebend sind daher die in der Rsp entwickelten Grundsätze. Die einschlägge Rsp ist äußerst umfangreich, denn Verstöße gg § 286 gehören zu den häufigsten RevRügen. Sie war fr auch keineswegs einheitl. Der BGH hat jedoch in den wichtigsten Punkten eine klare Linie aufgezeigt. Die Rsp kann hier nur in ihren Grundzügen dargestellt werden.

§ 286 begründet eine Pflicht des Gerichts zur Aufklärg des Sachverhalts (BGH 6, 192) u. verlangt **Erschöpfg** aller BewMittel (BGH 4, 108), die angeboten, mögl. u. für die Sachentscheidg erhebl sind. Die BewAufn darf nicht dch Vermutungen über das, was sie ergeben könnte, ersetzt werden (RArbG 8, 322). Der Bew einer erhebl Tats kann nicht um deswillen abgeschnitten werden, weil sich aus andern Tats ihre Unwahrscheinlk ergibt (RG 95, 191). Die Vernehmg eines Zeugen darf nicht deshalb unterbleiben, weil die unter Bew gestellte Behauptg dch das Ergebn der bisherigen BewAufn widerlegt sei. Eine Vorwegnahme des BewErgebn dch das Gericht ist nicht zulässig. Eine beantragte BewAufn darf nur dann abgelehnt werden, wenn jede Möglk, daß sie Sachdienliches ergeben werde, ausgeschlossen ist, also der **völlige Unwert** des BewMittels ersichtl ist (BGH NJW 51, 482). Mit diesen grundsätzl Einschränkg können als

Gründe für die Ablehng eines BewAntrags angesehen werden:

1. **Überflüssigk** des angebotenen Bew,
   näml wenn die unter Bew gestellte Tats
   - a) offenkundig ist (s. o. 116).
   - b) bereits erwiesen ist.
   - c) als wahr unterstellt wird (RG 97, 242, st Rspr).

d) völlig bedeutglos, also unerhebl ist, weil es für die Entscheidg des RStreits auf diese Tats überhaupt nicht ankommt u. der Bew dieser Tats auch nicht mittelb geeignet ist, Einfluß auf die richterl Überzeugg auszuüben, was jedoch eingehenden Begründg bedarf (Warn 37, 140).

e) nach materiell o. proz Recht (zB § 616) nicht geltend gemacht werden kann.

BewAngebot über eine unterstützend vorgebrachte Eheverfehlg kann nicht mit der Begr abgelehnt werden, selbst wenn sie erwiesen wäre, könnte sie wegen eigener Verfehlg des Kl (§ 42 S. 2) das ScheidgBegehren nicht rechtfertigen (BayOLG 1, 67).

2. **BewHindernisse,**

zB eine bereits ordggem erklärte Zeugnverweigerg (s. aber u. S. 137), Schweigepflicht eines Arztes o. Beamten u. dgl.

3. **Unerreichbk** des BewMittels,

zB eines Zeugen o. einer Urk. Unerreichb ist ein Zeuge, wenn seine Persönlk o. sein Aufenthalt unbekannt u. nicht zu ermitteln ist (die Ermittlg obliegt dem BewFührer); ferner wenn er sich im Ausland an einem Ort aufhält, wo er nicht im Wege der RHilfe vernommen werden kann. Solange mit Polen kein RHilfeVerk besteht, gilt dies auch bei Aufenthalt im poln besetzten Gebiet (Zöller zu § 356).

Steht der BewAufn ein Hindern von ungewisser Dauer entgg, so ist dem BewFührer eine Ausschlußfrist nach § 356 zu setzen. Ablehng erst nach Fristablauf, auch wenn Zeuge nur mit „N. N." bezeichnet.

4. **Verspäteter** BewAntritt (s. o. S. 17).

5. **Ungeeigneth** des BewMittels.

Ungeeigneth eines Zeugen kann sich zB daraus ergeben, daß er an geistigen Gebrechen leidet o. im maßgebenden Zeitpunkt betrunken war. Ferner wenn es sich um ein weit zurückliegendes Ereign handelt u. es nach allg Lebenserfahrg ausgeschlossen erscheint, daß dieses in seinem Gedächtn haften geblieben ist. Bes gilt dies für Anträge auf Vernehmg von Kindern in ScheidgProz, zB über häusl Ordg vor der Trenng (Warn 40, 116).

6. **Unglaubwürdgk** (nur in begründeten Ausnahmefällen!)

„Es genügt nicht der allgem Hinweis auf Unglaubwürdgk o. auf erhebl Bedenken gg die Glaubwürdigk; erforderl ist vielmehr eine nähere Darlegg, aGr welcher bes Tats das BewMittel als unglaubwürdig u. damit nutzlos angesehen wird" (StJSch B III 2b zu § 284) zB Eidesverletzg des Zeugen o. Versuch, andere Zeugen zu falschen Aussagen zu verleiten. Über die Glaubwürdigk eines Zeugen kann sich das Gericht aber idR erst auf Grund der Vernehmg ein Bild machen, zumal ein Zeuge gerade in gewissen Punkten Glauben verdienen kann (Baumb 3 A zu § 286). Jedoch kann die Wiederholg der Vernehmg eines bereits vernommenen Zeugen mit der Begründg abgelehnt werden, einer anderslautenden Aussage könne jetzt kein Glauben mehr geschenkt werden (RArbG 26, 328).

7. **bereits erfolgte Vernehmg** des angebotenen Zeugen.

Wiederholg der Vernehmg eines Zeugen im gleichen RStreit über dieselbe Tats steht gem § 398 im Ermessen des Gerichts. Sie ist abzulehnen, wenn nicht ersichtl ist, warum die neue Aussage anders ausfallen solle als frühere (Warn 20, 16). Wiederholg ist aber geboten, wenn die frühere Vernehmg prozordgwidrig war (RG 114, 2) u. der Mangel nicht geheilt ist (Warn 14, 229). Hat ein Zeuge von seinem **ZeugnVerwR** Gebrauch gemacht, so ist seine nochmalige Vernehmg nur statth, wenn Grund zu der Annahme besteht, daß er über sein ZeugnVerwR nicht ordggem belehrt worden ist o. die Belehrg nicht verstanden hat o. nunmehr aussagebereit ist (HRR 39, 575).

Der Antrag, einen Zeugen zu vernehmen, der bereits in einem andern Proz zum gleichen BewThema vernommen worden ist, kann nicht mit dem Hinweis auf die vorliegende Niederschr über diese Vernehmg abgelehnt werden. Diese Niederschr kann nur als BewUrk dienen, aber nicht Zeugenbew ersetzen, denn ihr BewWert ist idR geringer, weil der persönl Eindruck des Zeugen, die Anwesenh der Parteien, ihr Fragerecht u. die Möglk der Ggüberstellg von Zeugen eine größere Gewähr für die Ermittlg der Wahrh bietet (BGH 7, 122).

8. **Ausforschgsbew.**

Ein BewAntritt für eine aus der Luft gegriffene Behauptg ist unzulässig. Keine Partei darf Behauptg aufs Geratewohl, also ohne Anhaltspunkte für die Richtigk derselben aufstellen (§ 138 I). Das würde dem auch im ProzRecht geltenden Grundsätzen von Treu u. Glauben widersprechen (Freibg NJW 53, 834). Auf solche Behauptg braucht sich der Gegner nicht einzulassen u. darf das Gericht eine BewAufn nicht vornehmen. Ein BewAntritt ist daher unbeachtl, wenn tatsächl Unterlagen für die unter Bew gestellte Tats ganz fehlen u. sich der BewFührer dch die BewAufn erst die Grundlage für neue Behauptg schaffen will (HRR 40, 619).

Unzulässig ist zB eine Zeugenvernehmg zu dem Zweck zu beantragen, um dch sie erst ScheidgGründe zu erfahren (Warn 08, 97, HRR 28, 40).

Wie bereits dargelegt, muß der BewFührer die zu beweisenden Tats bestimmt bezeichnen (§§ 373, 371).

Unzulässig ist daher ein Antrag, eine Person als Zeugen zu vernehmen, weil sie „etwas Wichtiges" zum BewThema wisse (vgl Warn 35, 127).

Hat aber der BewFührer tatsächl Grundlagen für eine Behauptung, so ist er nicht gehindert, die Vernehmg von Zeugen o. der Gegenpartei über Tats, die er selbst noch nicht kennt, also die Erforschg von etwas Unbekanntem zu beantragen (HRR 40, 619).

zB ist der Antrag auf Vernehmg einer Zeugin darüber, daß die Bekl mit einem dem Kl unbekannten, aber der Zeugin bekanntem Manne ein Liebesverhältn unterhalten habe, kein unzulässiger AusforschBew (Warn 21 Nr. 52); ebensowenig BewAngebot für dringenden Verdacht der ehel Untreue mit einer bestimmten Person (HRR 28, 1940).

Auch der **RHilfe**Richter kann ablehnen, wenn es sich offensichtl um eine dem ProzGericht verbotene Ausforschg handelt (RG 162, 320), was er allerdings idR aGr des Akteninhalts nicht zweifelsfrei erkennen kann (Nürnbg BayJMBl 53, 89). Hat sich der BewGegner mit der BewErhebg ausdrückl einverstanden erklärt, so kann die RHilfe nicht abgelehnt werden, auch wenn es sich offensichtl um einen AusforschgBew handelt (Freibg NJW 53, 834).

Der Ansicht von Rosenbg S. 778, in EheS gelte das Verbot des AusforschgBew nicht, kann in dieser Allgemh nicht zugestimmt werden. Zulässg ist ein AusfBew hier nur, soweit der UntersuchgGrunds gilt,

also in Nichtigk- u. FeststellgS, sowie bezgl eheerhaltender Tats in anderen EheS.

Aber auch für die Anordg einer BewErhebg von Amts wegen ist notwendg, daß wenigstens gewisse Anzeichen für die zu beweisende Tats sprechen (Nürnbg BayJMBl 53, 90). Auch kommt es stets darauf an, ob die BewErhebg zur Ermittlg der Wahrh dienl sein kann (RG 169, 224).

Beweismittel

a) Parteivernehmg

Reichen die Angaben, die die Parteien bei ihrer Anhörg gemacht haben, u. das Ergebn einer etwaigen BewAufn nicht aus, um die richterl Überzeugg zu begründen, so schreitet das Gericht zur förml Parteivernehmg nach § 619 u. ordnet diese dch **BewBeschluß** an.

Die zu vernehmende Partei ist hierzu stets im Wege förml Zustellg zu **laden** (StJSch III 2b zu § 619).

Von einer Parteivernehmg im ordentl Verf (§§ 445ff) unterscheidet sich diese in folgendem (vgl StJSch III 2a zu § 619):

1. Voraussetzg ist nicht, daß für die eine o. die andere Behauptg ein gewisser Grad von Wahrscheinlk gegeben ist. Auch wenn sich die beiderseitigen Behauptg völlig bewlos gegenüberstehen (zB hinsichtl des Zeitpunktes des letzten ehel Verkehrs), ist Parteivernehmg nach § 619 zulässig.
2. In EheS kommt Parteivernehmg nicht nur subsidiär in Betracht. Sie kann auch dann erfolgen, wenn für dieselbe Behauptg noch unerledigte andere BewAngebote vorliegen. Eine dem § 450 II entspr Vorschrift enthält § 619 nicht. Anders bei Beeidigg einer Partei! Denn eine solche kennt § 619 nicht. Für sie ist daher ausschließl § 452 maßgebend.

Die Aussagen, die die Partei bei ihrer Vernehmg macht, sind gem § 160 II Z. 3 im **Protokoll** festzustellen.

AA RG HRR 32, 1610: Die Aufn einer Niederschrift von Parteivernehmg im EhescheidgStreit ist nicht vorgeschrieben; es bedarf nur einer genügend deutl Wiedergabe im Urteil. (Dürfte nur für Vernehmg vor dem OLG gelten.)

Abweichungen der Aussage einer Partei **vom Vertrag ihres Anw** sind bei einer Parteivernehmg ebenso zu beurteilen wie bei einer bloßen Anhörg (s. o. S. 110).

Enthält die Aussage ein Geständn, so kann sie als solches auch dann gewertet werden, wenn der ProzBevollmächtigte sie sich nicht zu eigen macht (BGH 8, 235 = NJW 53, 622 abw von RG JW 36, 1778[15] u. 38, 1272[42]). Geständn sind aber in EheS ohne proz Wirkg. Die von Lent erhobenen Einwendg greifen daher hier nicht dch. Zutreffend jedoch seine Bemerkg, auf § 137 IV lasse sich die Ansicht des BGH nicht stützen. Dch diese Bestimmg ist aber § 85 nicht aus der Welt geschafft.

Kommissar. Vernehmg.

Ebenso wie ein Zeuge kann auch eine Partei unter den Voraussetzg des § 375 I Z. 2 u. 3 dch einen ersuchten Richter vernommen werden (§ 619 II).

Von dieser Möglk sollte jedoch nur Gebrauch gemacht werden, wenn zwingende Gründe vorliegen. Mehr noch als bei der Vernehmg unbeteiligter Zeugen kommt es hier auf den persönl Eindruck an. Wie soll das ProzGericht beurteilen, ob es einer Partei, die nur kommissarisch vernommen worden ist, den Eid anvertrauen kann?

Als BewThema sind im BewBeschluß **bestimmte Tatsachen** anzugeben (Godin 2 zu § 619). Allgem Redewendg wie „Der Bekl ist zum Inhalt der Klage zu vernehmen" führen erfahrgsgem zu keiner erschöpfenden Aufklärg. Unzulässig wäre ein Ersuchen, e. Sachverst über den Geisteszustand des Bekl zu vernehmen u. den Bekl behufs Untersuchg zum Termin vorführen zu lassen (Warn 18, 99).

Bei unentschuldigtem Ausbleiben der Partei ist der ersuchte Richter zu den gleichen **Zwangsmaßnahmen** berechtigt (§ 400) u. verpflichtet wie das ProzGericht (OLG 2, 237).

Unentbehrlk der Parteivernehmg.

In ScheidgSachen komm es idR entscheidend auf die innere Einstellg der Parteien an. Schon die Frage, ob ein bestimmtes Verhalten als schw Eheverfehlg zu werten ist, beurteilt sich in vielen Fällen (zB bei Anzeigeerstattg s. u. S. 153) darnach, auf welcher Gesinng es beruht. Ob der Verletzte die Eheverfehl als ehezerstörend empfunden hat (§ 49), ist ausschließl, ob er sie verziehen hat, vorwiegend nach subj Maßstab zu beurteilen. Auch die Frage der Ehezerrüttg u. ihr Ausmaß hängt davon ab, wie die schuldh Verfehlg des einen Eheg auf den andern gewirkt hat (RG 165, 112). Vielfach handelt es sich auch um die Feststellg von Vorgängen, die das innere Eheleben betreffen (zB ehel Verk) u. naturgem. dch Zeugen o. Sachverst kaum beweisb sind. Der **Vernehmg der Parteien** kommt hier bes Bedeutg zu. Ohne persönl Eindruck wird das Kollegium insbes subj Momente häufig nicht feststellen können. Dasselbe gilt, wo es auf das gesamte Verhalten beider Parteien ankommt, insbes bei Widerspruch aus § 48 II, ferner im Falle des § 43 S. 2.

b) Sonstige Beweismittel

Den Bekl aGr seiner eigenen Aussagen zu verurteilen o. eine Klage aGr der eigenen Angaben des Kl abzuweisen, ist für den Richter befriedigender, als wenn dies aGr von Zeugenaussagen geschieht. Auch wird die unterliegende Partei in diesem Falle das Urteil am ehesten anerkennen. Reicht aber das Ergebn der Anhörg o. Vernehmg der Parteien nicht aus, um die erforderl richterl Überzeugg zu begründen, so bedarf es der Erhebg anderer Beweise. Sie begegnet in Ehes häufig deshalb Schwierigk, weil zuverlässige BewMittel nicht zur Verfügg stehen.

Der Zeuge, das am häufigsten angebotene BewMittel, ist leider zugleich das unzuverlässigste. Selbst geistig Hochstehende sind oft nicht imstande, einen Vorgang, der sich vor ihnen abgespielt hat, obj richtig u. vollständig zu erfassen u. ihre Wahrnehmg zutreffend wiederzugeben. Die zahlreichen Fehlerquellen sind bekannt (Näheres s. Baumb 1 C Üb § 372). Vor allem ist die Fantasie meist stärker als das Gedächtn.

Zu dieser allgem Fragwürdgk des Zeugenbew kommen in EheS besondere Schwierigk der WahrhFindg, die sich aus der Eigenart der Situation ergeben. Ehel Streitgk spielen sich idR innerh der Familie ab. Vielfach sind dabei entweder überhaupt keine Zeugen oder nur solche zugegen, von denen unparteiische Aussagen nicht zu erwarten sind, weil sie entweder dem einen oder dem andern der Streitsteile nahe stehen (Angehörige, Freunde). Vielfach haben sie selbst zur Entstehg der ehel Streitigk beigetragen. Die Aussagen von Dienstboten, Hausgenossen u. Nachbarn sind idR dch wirtschaftl Abhänggk, Sympathie o. Feindschaft beeinflußt (zB hält die Magd idR zur Frau, der Knecht u. der Mieter zum Mann). Vor Fremden werden ehel Streitgk nur selten ausgetragen. Ist dies aber doch geschehen, so sind solche Personen, die der Vorfall nichts anging, häufig nicht imstande, sachdienl Auskunft zu geben, oder wollen mit dem Fall nichts zu tun haben.

Auf ähnl Schwierigk stößt die Feststellg „persönl Eigenschaften" iSd § 32 und iFd § 48 II die Feststellg, ob der Kl die Zerrüttg der Ehe verschuldet hat, also die Feststellg von Ereignissen, die uU Jahre zurückliegen.

Eine einseitig gefärbte Zeugenaussage kann ein völlig falsches Bild geben, ohne daß dem Zeugen eine Verletzg seiner Pflichten nachgewiesen werden kann. Jede tatsächl Bekundg beruht auf Schlußfolgerungen u. enthält — genau genommen — ein Urteil. Handelt es sich gar um Fragen wie zB, ob der Mann „übermäßig viel" zu trinken pflegt, „häufig" betrunken ist, zu viel „Geld" für sich ausgibt, „wenig" arbeitet, die Frau „oft" allein läßt u.dgl, so sind tatsächl Bekundgen von Urteilen kaum zu trennen. Nach Möglk wird der Richter solche Urteile in ihre tatsächl Grundlagen aufzulösen versuchen u. diese als Indizien verwerten.

Der um die WahrhFindg bemühte Richter wird daher keine Möglk zur Benützg anderer Erkenntnisquellen ungenutzt lassen.

1. Urkundenbeweis

§§ 415ff

UrkBew kann auch in Ehes wertvolle Aufschlüsse geben.

In Frage kommen bes Briefe, die Einblick in das ehel Verhältn der Parteien o. ihre Beziehgen zu Dritten geben, ferner Schriftstücke, die das Geständn o. die Verzeihg einer Eheverfehlg enthalten o. nach Form u. Inhalt selbst eine Eheverfehlg darstellen.
Bei der Würdgg solcher schriftl Äußergen ist selbstverst von entscheidender Bedeutg, in welchem **Zusammenhang** sie gebraucht u. unter welchen Umständen sie zustande gekommen sind, zB ob nach ruhiger Überlegg o. in großer Erregg. Zu berücksichtigen ist nicht zuletzt der BildgGrad des Verfassers der Urk u. seine Fähgk zu schriftl Gedankenäußerg. Maßgebend muß sein, was er zum Ausdruck bringen **wollte** u. wie seine Äußerung vom Adressaten **aufgefaßt** werden mußte.

Als BewUrk kommen ferner Heiratsurk, StaatsangehörgkAusw u. Familienstandszeugen in Betracht.
Die Vorlage von Urk kann den Parteien von Amts wegen dch Anordg nach §§ 272b II Z. 1, 142, 143 aufgegeben werden. Auf Antrag einer Partei oder zum Zwecke einer BewAufn von Amts wegen (§ 622) kann das Gericht nach §§ 425ff verfahren.

Die BewRegel, daß PrivUrk, deren Echth nicht gem § 439 widersprochen wird, als anerkannt anzusehen sind, gilt in EheS nicht (§ 617).

Über die Behandlg niedergelegter Urk s. bayGAnwZ § 85.
Kosten: § 34 RAGebO.

2. Richterl Augenschein

§§ 144, 371f

Augenscheinsbew wird häufig zum Nachw von Eheverfehlgen wie **Mißhandlg** o. **HaushVernachlässgg** angeboten, indem körperl Verletzgen bzw schmutzige, zerrissene Wäsche, verdorbene Lebensmittel u. dgl vorgezeigt werden. Zum Nachw eines Verschuldens reichen solche Indizien meist nicht aus.
Höchst aufschlußreich kann eine **Besichtigg** der ehel Wohng sein, ferner Vernehmg wichtiger Zeugen an dem Ort, wo sie ihre Wahrnehmg gemacht haben wollen. Oft ergibt sich, daß sie von dort aus überhaupt keine Wahrnehmg machen konnten.
Augenscheinsbew ist auch die Vorlage von **Lichtbildern.** Sie erfolgt bes häufig zum Nachw ehew Beziehg.
Der Begriff „Augenschein" umfaßt aber nicht nur Wahrnehmg mit dem Auge, sondern alle richterl Sinneswahrnehmgen (KG 24, 912). Augenscheins-

bew ist daher auch die Vorführg von **Tonbandaufn.** Zur Wiedergabe mündl Äußergen ist sie zweifellos das zuverlässigste Mittel. Der Verf erinnert sich eines Falles, in dem ein Bekl zum Nachw hartnäckig geleugneter Verzeihg Vorgänge aus dem ehel Schlafzimmer auf Band aufgenommen hat. Zur Frage der Rechtswidrigk solcher Aufn s KG NJW 56, 26 n. Siegert NJW 57, 689. Intime Vorgänge des ehel Lebens zu BewZwecken auf Band aufzunehmen, kann uU, ohne rechtsw zu sein, eine Eheverfehlg darstellen. Mehr prakt Bedeutg kommt dem Augenscheinsbew dch **Blutgr- u.** erbkundl **ÄhnlkUntersuchg** zur Feststellg der Abstammg eines Kindes zu. Sie kann zB Bew für einen Ehebr o. einen EheaufhebgGrund liefern. Die DuldgPflicht aus § 372a besteht nicht nur in Status- u. UnterhProz, sondern auch „in andern Verf". Sie trifft nicht nur Parteien u. Zeugen, sondern auch am Verf Unbeteiligte. Ein den §§ 383, 384 entspr **Weigerg-Recht** besteht nicht. DuldgPflicht besteht aber nur, wenn

a) die Untersuchg eine Aufklärg des Sachverh verspricht u.
b) dem zu Untersuchenden (Betroffenen) zumutb ist.
Erbkundl Untersuchg kann regelm erst dann angeordnet werden, wenn alle zur Verfügg stehenden BewMittel (Zeugenbew, BlutgrUnters) erschöpft sind (BGH JZ 51, 643, Bambg FamRZ 55, 217). Anordg nach § 272b daher nicht zulässig (Baumb 3B).

Unzumutbk kann sich insb aus den Folgen für den Betroffenen ergeben, zB wenn das UntersErgebn für den Betroffenen o. einen seiner Angeh iSd § 383 Z. 1—3 die Gefahr strafgerichtl Verfolgg begründen kann. Strafverfolgg wegen unrichtiger Zeugenaussage fällt aber nicht darunter; denn das öffentl Interesse an der WahrhFindg überwiegt das Schutzbedürfn dieser Personen (München BayJMBl 52, 40); ebensowenig BestrafgGefahr wegen Ehebr (Hambg NJW 53, 1873) o. Gefahr vermögensrechtl Nachteile (Frankf NJW 55, 110). Auch gibt die Gefahr, für unehel erklärt zu werden, dem Kind kein WeigerggRecht im Eheproz (vgl Nürnberg NJW 53, 1874).

Bezügl Unzulässigk als **AusforschgBew** s. o. S. 126.
Geltendmachg des WeigerggRechts u. **Entscheidg** s. §§ 386—389.

Zwangsmaßn: §§ 380, 390, 372a II S. 2. Vorführg dch GerVollz o. JWachtm, nicht dch Polizei (bayGes v. 16. 10. 53 GVBl 189).

Manche ausländ Behörden lehnen Ersuchen deutscher Gerichte um Entnahme einer Blutprobe ab, zB austral, brit, französ (BayZRHO).

3. Sachverständigenbeweis

§§ 144, 272b, 402ff

Er bietet in EheS nur folgende Besonderh:

Keine Scheidg aus §§ 44—46 vor Einholg eines ärztl Sachverständ-Gutachtens (§ 623), —

eine Ausnahme von dem Grundsatz, daß es im Ermessen des Gerichts steht, ob es Sachverst zuziehen will.

Begutachtg in andern Verf (zB EntmündggVerf) genügt nicht, weil dieses andere Voraussetzungen hat; wohl aber genügt Anhörg in 1. Inst.

Keine Ausdehng auf andere EheS. Daher keine DuldgPflicht des Bekl, wenn auf Aufhebg wegen geistiger Störg (BGH NJW 52, 1215) o. auf Nichtigk der Ehe aus § 18 geklagt ist.

Haben sich die Parteien auf einen Sachverst geeinigt, so ist das Gericht auch in Ehes gem § 404 IV verpflichtet, diesen zu hören, aber nicht gehindert, auch andere Sachverst zu hören.

SachverstBew wird auch häufig bei ScheidgKlagen aus §§ 42, 43 angeboten. Höchst problemat (da letzten Endes stets von Parteieid abhängg) ist idR der Bew der Ansteckg mit **GeschlKrankh** dch den Bekl. Welcher von beiden Teilen zuerst erkrankt ist, kann der Arzt häufig nicht feststellen. Bei Erkrankg beider Teile, ist daher auch meist nicht mögl, die Erkrankg des Bekl als Indiz dafür zu verwerten, daß er die Ehe gebrochen hat.

4. Zeugenbeweis

Einholg schriftl Auskünfte von Zeugen (§ 377)[1]

Ohne Einverständn der Parteien nur, wenn Gegenstand der Vernehmg eine Auskunft, die der Zeuge voraussichtl aus seinen Geschäftsbüchern o. anderen früheren Aufzeichngen geben kann.

Sonst nur mit Einverständn der Parteien (Abs. 4).

Diese EinverständnErklärg betrachtete das RG (130, 9) früher als einen gem § 617 unzulässigen BeeidiggVerzicht. Nun s. DR 40, 1595.

Da schriftl Anhörg eine Vernehmg minderer Art ist, bei der insb das FrageR der Parteien entfällt (BGH 6, 401), wird man deren Einverständn auch dann verlangen müssen, wenn sie im Zuge einer **Amtsermittlg** nach § 622 erfolgt.

EinverständnErklärg kann als ProzHandlg **nur dch ProzBevollm** erfolgen. Ist eine Partei nicht anw vertr, so ist ihr Einverständn nicht erforderl.

Anordg dch **ProzGer,** also auch dch ER.

Dch Richterkomm nur, soweit nicht Weisg des ProzGer entggsteht (Baumb 3 D, Zöller 3).

---

[1]) Vgl bayGAnwZ § 84.

Anordg steht im **Ermessen** des Ger.

Zu berücksichtigen: Schwierigk der BewFrage, BildgGrad des Zeugen, seine Stellg zu den Parteien (!), Zuverlässigk u.dgl. Vollwertiger Ersatz einer mündl Aussage muß zu erwarten sein.

Als **vorbereitende** Anordg unter den Voraussetzgen des § 272b II Nr. 4 u. III.

Einverständn der Parteien hier in gleichem Umfang erforderl wie sonst. Nachträgl Zustimmg heilt gem § 295. Mündl Verhandlg u. BewBeschl nicht erforderl. Hat das Ger Einverständn sowohl nach § 377 als auch nach § 128 II erholt, so fällt mit der Anordg die VerhGeb an (§ 35 RAGebO; KG DR 40, 1694).

Vorsicht bei BewWürdigg, da persönl Eindruck des Ger u. Mitwirkg der Parteien fehlt! Grundsätzl Zurückhaltg bei Anwendg des Abs. IV.

Anwendg aber zur Ersparg überflüssiger Vernehmg zweckm bei Zeugen, die voraussichtl nichts o. nichts Erhebl zur Sache aussagen können. In diesem Falle macht der Zeuge häufig dem Ger entspr Mitteilg u. verzichten die Parteien idR auf den Zeugen, insbes wenn er die Richtigk seiner Aussage eidesstattl versichert hat.

Eidesstattl Versicherg in jedem Falle **erforderl**, wenn schriftl Aussage als Ersatz für Vernehmg im Urt verwertet werden soll.

Das Ger kann von eidesstattl Versicherg nicht absehen (§ 391 nicht entspr anwendb). Ohne sie nur urkbeweisl Verwertg. Eidesstattl Versicherg Eidesunfähiger o. -unmündiger idR wertlos. Baumb 3 C hält deren schriftl Anhörg überhaupt für unzulässig (aA StJSch I 1 zu § 393).

Ist bekannt o. anzunehmen, daß dem Zeugen bezügl der BewFrage ein **ZeugnVerweigergR** zusteht (zB EhebrZeugen), so wird sich schriftl Anhörg **nicht** empfehlen.

In diesem Falle müßte in die Aufforderg eine **Belehrg** über das ZeugnVerweigergR aufgenommen werden (StJSch IV zu § 383) u. besteht keine Gewähr, daß der Zeuge diese richtig verstanden hat.

Schriftl Beantwortg der BewFrage **nie erzwingb.**

Terminsbestimmg für den Fall der Nichtbeantwortg meist zweckm,

sofern nicht in diesem Fall komm Vernehmg erforderl. Vorherige **Frist**setzg zweckm, ferner Hinweis auf Auslagenersatz (§ 401 II) u. GebAnspr (§ 2 I S. 2 ZuSEntschG v. 26. 7. 57, BGBl S. 902).

Bei Eingang der Antwort **Benachrichtigg** der Parteien dch GeschSt. **Ordgmäßige Beantwortg mit eidesstattl Versicherg ersetzt Vernehmg.**

Nachträgl Anordg mündl Vernehmg ist daher Wiederholg iSd § 398, steht also im Ermessen des Ger. Sachl begr Anträgen wird aber regelm zu entsprechen sein, insb wenn für die Parteien die Tragweite des in der EinverständErklärg liegenden Verzichts auf das FrageR nicht voraussehb war.

Auf SachverstBew ist § 377 IV nicht anwendb.

Für die Anordg schriftl Begutachtg ist daher Einverständn der Parteien unerhebl (BGH 6, 399 u. nun auch StJSch N 2 zu § 411).

Wegen schriftl Anhörg im **Ausland** befindl Zeugen s. StJSch I zu § 363.

Die Ladung von Zeugen[1])

Zur ordgem Ladg (§ 380) gehört gem § 377 I u. II u. a.:

a) Bezugnahme auf den BewBeschl,
b) Angabe des Gegenstandes der Vernehmg.

Zweck: Der Zeuge soll sich auf seine Vernehmg vorbereiten können.

Dazu genügt jedoch ein **Auszug** aus dem BewBeschl. Wörtl Wiedergabe des BewBeschl ist zw für die GeschSt einfacher, aber unzweckm, denn sie klärt Zeugen, die am Ausgang des Proz nicht unbeteiligt sind, vorzeitig darüber auf, wie sie ihre Aussage einrichten müssen, um den Ausgang des Proz in ihrem Sinne zu beeinflussen. Auch ist dem Zeugen nicht mitzuteilen, auf wessen Antrag er vernommen werden soll (Zöller 2 zu § 377 u. 1 zu § 359).

Was dem Zeugen über den Gegenstand seiner Vernehmg mitgeteilt wurde, muß aus den Akten ersichtl sein, denn dies kann für die Prüfg der Ordgmäßigk der Ladg nach § 380 u. für ein Strafverf nach §§ 153ff StGB von Bedeutg sein.

Besteht gg einen Zeugen Verdacht der Befangenh, so wird der Richter uU die GeschSt anweisen, ihn kurzfristig zu laden, damit er weniger Zeit hat, sich vom BewFührer instruieren zu lassen.

Bezügl **Reisekostenvorschuß** s. bay JMBl 1957 S. 336.

Zeuge erscheint nicht

a) **ohne Entschuldigg.** Hier ist zu prüfen:

1. Ordgmäßgk der Ladg u. des Aufrufs,

[1]) Vgl bayGAnwZ §§ 79, 80.

2. ob der Zeuge zum Erscheinen verpflichtet ist

s. §§ 386 III, 377 III, IV, 382, AHKG 13 Art. 5.

Sind diese Voraussetzgen gegeben, so muß **Verurteilg** des Zeugen in die dch sein Ausbleiben verursachten **Kosten** u. zu **OrdgStrafe** gem § 380 erfolgen;

desgl, wenn Zeuge sich vor Abschluß seiner Vernehmg entfernt oder aGr § 177 GVG entfernt wurde (§ 158).

VorführgBefehl nur bei wiederholtem Ausbleiben (§ 380 II).

Vorführg dch JWachtm o. GerVollz[1]).

b) **mit Entschuldigg.**

Ob diese ausreicht, entscheidet das Gericht nach freiem Ermessen. In Frage kommt insbes Abwesenh vom Wohnort, Krankh, Unabkömmlk im Geschäft o. Haushalt, Verkehrshindernisse. Unwahre Entschuldigg strafb (§ 138 StGB).
Gericht kann Glaubhmachg verlangen (zB ärztl Zeugnis; wegen Kostenersatz s. § 10 GebOZS nF).
Wird die Entschuldigg nicht anerkannt, so ergehen die unter a) bezeichneten Maßnahmen.

c) Bei nachträgl Entschuldigg, sofern diese genügend[2]), Aufhebg der gg den Zeugen getroffenen Maßnahmen (§ 390).

Er verweigert das Zeugnis

1. Häufigster Fall: ZVerw aus § **384** Ziff. 1 u. 2, also auf Fragen, deren Beantwortg dem Zeugen o. einem seiner Angehörigen

a) zur Unehre gereichen,
b) die Gefahr strafgerichtl Verfolgg zuziehen oder
c) einen unmittelb Vermögensschaden verursachen würde.

Zu a): ist erforderl, daß die zu bekundende Tats eine Gefahr für die Ehre einer dieser Personen begründet. Ob der Zeuge die Frage wahrhgem bejahen o. verneinen müßte, ist ohne Belang.

Klassischer Fall: Begehg eines Ehebr. Ein EhebrZeuge kann die Aussage auch dann verweigern, wenn er den Ehebr nicht begangen hat (Warn 19 Nr. 212). Ehebr gereicht auch einem Ledigen zur Unehre; idR auch Unterhalten ehew Beziehg, insbes seitens eines Mädchens.

---

[1]) Auch ggüber Soldaten (Erl d. BVerteidgMin v. 7. 6. 57 BAnz Nr. 113, bayJMBl 1957 S. 396).

[2]) Nicht genügend, wenn schuldh verspätet, so daß rechtzeitige Abladg der Beteiligten nicht mehr mögl (Nürnbg 16. 3. 55 autogr).

Zu b): Schon entfernte Möglk o. Erleichterg strafgerichtl Verfolgg genügt (RG 23, 134, SeuffA 64, 428); ehrengerichtl o. disziplinäre Verfolgg nur im Falle a).
Gefahr strafgerichtl Verfolgg aus §§ 153ff StGB wegen der Aussage selbst scheidet selbstverständl aus. Ein Zeuge kann also nicht die Aussage desh verweigern, weil er sich mit einer beeidigten Aussage eines andern in Widerspruch setzen u. daher befürchten müßte, daß dch Strafverf geklärt wird, wer von beiden die Unwahrh ausgesagt hat.

Zu c): Entfernte Möglk eines Schadens genügt hier nicht. Der Schaden muß als **unmittelb** Folge der Aussage (nicht der Entscheidg im Proz!) drohen. Dazu ist aber nicht erforderl, daß die Aussage selbst einen Anspruch gg den Zeugen begründet (so RG 32, 382) o. einen Anspruch des Zeugen zunichte macht; denn tatsächl Bekundgen können dies nie bewirken. Vielmehr genügt, daß die Beantwortg der Frage die Geltendmachg eines möglweise gg den Zeugen bestehenden Anspruchs **erleichtern** würde (Celle NJW 53, 426). Vermögensschaden liegt auch dann vor, wenn eine bisher unbestr Forderg des Zeugen dch die Aussage dubios würde.

In EheS ist jedoch Ziff. 1 von geringer prakt Bedeutg, da idR ZVerwR aus Ziff. 2 ausreicht. Überdies müßte der Zeuge die entscheidenden Tats bereits zur Begr seines ZVerwR preisgeben (§ 386 I).

2. **ZVerweigerg aus § 383.**

Verlöbnis (Ziff. 1) gibt in EheS kein ZVerwR,

denn Eheversprechen einer verh Person ist grundsätzl sittenw u. nichtig (RG 170, 76; — ob bei Verlöbn eines ScheidgBerechtigten nach Erhebg der ScheidgKlage eine Ausnahme zu machen ist, blieb dort dahingestellt —).

ZVerwR aus Ziff. 2 besteht in Ehes für früheren Eheg

aus geschiedener, aufgehobener o. für nichtig erklärter Ehe; bei Doppelehe auch wenn die 1. Ehe noch nicht für nichtig erklärt ist.

Die übrigen Fälle des § 383 können hier unerörtert bleiben, da sie in EheS keine Besonderh bieten.

3. **Geltendmachg** des ZVerwR s. § 386.

Zeuge braucht WeigergGrund weder anzugeben noch glaubh zu machen, wenn der Grund in der Natur der Sache liegt u. sich aus dem BewThema ergibt (RG SeuffA 64, 428), zB Frage nach ehebr o. -widrig Beziehg.
Erklärg vor dem Termin **befreit** den Zeugen **von der Pflicht zum Erscheinen,** wenn die ZVerw sich auf die ganze Vernehmg bezieht (dies ist nur bei ZVerw aus § 383 Ziff. 1—3 mögl) o. den gesamten, dem Zeugen gem § 377 Ziff. 2 mitgeteilten Gegenstand seiner Vernehmg umfaßt (StJSch II zu § 386).

4. **Entscheidg über Rechtmäßgk** der Weigerg dch ProzGericht s. § 387.

   Bei ZVerw vor ER entscheidet dieser (KG JW 28, 120).
   Bei ZVerw vor Richterkomm ist nach § 389 zu verfahren.

5. **Folgen unbegründeter ZVerw** s. § 390 (wie bei unentschuldigtem Ausbleiben).

6. Verweigert ein EhebrZeuge im Termin die Aussage, so empfiehlt es sich wie folgt zu verfahren u. dies im Protokoll festzuhalten:

   „Der Zeuge wurde darauf hingewiesen, daß das ProzGer aus seiner ZVerw voraussichtl den Schluß ziehen wird, daß die Bekl mit ihm ein ehebr Verh unterhalten hat, worauf er erklärte: Ich bleibe trotzdem bei der Verw des Zeugn."

Der Verzicht auf Zeugen

(§ 399)

Form: Schriftl o. zu Prot vor dem ProzGer, ER o. Richterkomm (Baumb 1).

Nach Schluß der Vernehmg ist Verzicht wirkglos. Die Parteien können die Verwertg des BewErgebn im Urteil auch nicht dadch verhindern, daß sie es nicht vortragen (StJSch I).

Ist der Zeuge erschienen, so kann der Gegner des BewFührers auf Vernehmg bestehen. Hat die Vernehmg bereits begonnen, so kann er deren Fortsetzung verlangen.

Er braucht also den Zeugen nicht selbst zw benennen. Grund: ProzWirtschaftlk.

AnwZwang: Sowohl der Verzicht als auch das Verlangen auf Vernehmg eines Zeugen ist — ebenso wie der BewAntritt — eine ggüber dem ProzGer vorzunehmende, dem AnwZwang unterliegende ProzHandlg. Erklärg vor dem Richterkomm o. UrkB (§ 78 II) dch die Partei genügt daher nicht. Der Richterkomm wird, wenn vor ihm ein solcher Verzicht erklärt wird, zweckm die Vernehmg aussetzen u. Weisg des ProzGer einholen.

Wirkg: Der Verzicht wirkt zw immer nur für die Inst, aber Vorsicht wegen Gefahr der Zckweisg gem §§ 279, 283, 529!

Besonderh für EheS ergibt sich aus § 622. Hier können die Parteien die Vernehmg von Zeugen über von Amts wegen zu berücksichtigende Tats nicht verhindern (also in Scheidg- u. Herstellgs nicht bezgl eheerhaltender Tats). In Nichtgk- u. Feststellgsachen gilt dies für alle Tats.

Die Vernehmg von Zeugen

1. Pünktl Beginn nicht unwichtig.

   Ist ein Zeuge dch langes Warten verärgert, so wird seine Vernehmg dadch oft erschwert. Langes gemeins Warten der Zeugen erhöht auch die Gefahr ggseitiger Beeinflussg.

2. Grundsätzl **Einzelvernehmg** (§ 394 I). Daher

   a) Entferng später zu vernehmender Zeugen aus dem Sitzgsaal,

   b) Feststellg, ob Zeugen mitgebracht, u. Hinweis, daß diese wahrscheinl jeden BewWert verlieren, wenn sie sich nicht bis zu ihrer Vernehmg entfernen.

   c) Jeder Zeuge muß nach seiner Vernehmg **abtreten,** denn die Verhandlg in EheS ist nicht öffentl (§ 170 GVG, StJSch N 2 zu § 394). Dagg wird häufig verstoßen. Absoluter RevGrund!

   Ausnahme: Gegenüberstellg von Zeugen, deren Aussagen sich widersprechen (§ 394 II).

3. Vor Vernehmg **Belehrg gem § 395 I** u. Hinweis auf Strafbk falscher uneidl Aussage (§ 153 StGB) gem AV v. 3. 8. 43 (DJ S. 386). Verwandte u. Verschwägerte einer Partei u. a. nach § 383 Ziff. 1—3 ZVerwBerechtigte sind außerdem über ihr **ZVerwR** zu belehren (§ 383 II).

   In den Fällen des § **384** ist eine solche Belehrg zw nicht vorgeschrieben, aber zur Verhütg unwahrer Aussagen angemessen (StJSch II 1 zu § 384). Sie wird aber zweckm nicht von vornherein, sondern erst dann erfolgen, wenn dem Zeugen Fragen vorgelegt werden, auf die er das Zeugn verweigern kann. § 384 begründet — anders als § 383 — kein Recht, jede Antwort zu verweigern. Auf Fragen, die nicht iSd § 384 verfängl sind, besteht kein ZVerwR (zB seit wann ein EhebrZeuge die betr Partei kennt, wo er sie kennengelernt hat u.dgl). Solche Fragen können von erhebl Bedeutg sein.

   Unrichtige Belehrg kann RevGrund sein.

   Häufiger Fehler bei Belehrg von EhebrZeugen: „Sie können die Aussage (nur dann) verweigern, wenn Sie mit . . . tatsächl Ehebr getrieben haben" (Warn 19 Nr. 212).

   Richtig: „Auf die Frage, die ich Ihnen jetzt vorlege, können Sie die Aussage verweigern. Wenn Sie aber antworten, müssen Sie auf diese Frage die reine Wahrh sagen".

4. Vernehmg **zur Person** (§ 395 II).
   Sie dient zunächst der Identitätsfeststellg.

   Zweckm.: Nicht nach Lebensalter, sondern nach Geburtsdatum fragen. Dieses kann der Zeuge idR rascher u. zuverlässiger angeben.

Feststellg der ladfähg Anschrift des Zeugen (für ev erneute Ladg).
Bei Zeuginnen Feststellg ihres Geburtsnamens.

Frage nach Religionsbekenntn nur, wenn davon Rechte o. Pflichten abhängen (Art 140 GG).

Frage nach Aberkenng der Eidesfähgk nur, wenn dafür Anhaltspunkte gegeben.

GlaubwürdgkFragen nach Ermessen,

zB nach persönl Beziehgen zu den Parteien (sehr wichtig!), etwa inwieweit der Zeuge die Beteiligten kennt, ob bzw wie oft er in ihrem Haus verkehrt hat, ob sie versucht haben, ihn zu beeinflussen u. dgl.

Fragen nach Vorstrafen nur bei bes Anlaß u. schonend.

5. **Vernehmg zur Sache** (§ 396).

Hier ist die Grenze, wo die Wissensch aufhört u. die Kunst beginnt, vor allem die Kunst des Umgangs mit Menschen, — mit unbeholfenen u. raffinierten, mit wortkargen u. redseligen, mit gewissenh u. unbedenkl, mit ängstl u. unverschämten, mit Zeugen, die sich zur Aussage drängen, u. solchen, die dch ihre Aussage nur eine — meist recht lästige — Staatsbürgerpflicht erfüllen u. daher erwarten dürfen, daß ihnen diese nicht unnötig schwer gemacht wird.
Hellwig u. a. haben diese Kunst behandelt (s. StJSch N 1). Auch Baumb 1 C Üb § 373 gibt einige gute Hinweise. Hier nur so viel:

Der Richter erinnere sich an die Fälle, wo er selbst sich einer lästigen Zeugenpflicht unterziehen mußte, u. versuche, sich in die Lage des Zeugen zu versetzen!
Stets **Ruhe, Freundlk u. Geduld** bewahren, ist oberstes Gebot.
Mögl wenig selber reden u. mögl viel hören u. beobachten!
Den Zeugen zunächst — wie es das Gesetz verlangt — im Zusammenhang alles erzählen lassen, was er glaubt, angeben zu müssen!

Dazwischenreden der Parteien u. -vertr verhindern, ev dch Maßnahmen nach § 178 GVG!

Sodann Protokollierg unter Weglassg dessen, was nicht zum BewThema gehört.
Nötigenfalls Vorhalte u. Fragen zur Aufklärg u. Vervollständgg der Aussage, sowie zur Erforschg, woher der Zeuge sein Wissen hat,

vor allem, ob aus eigener zuverlässg Wahrnehmg oder nur vom Hörensagen. Der Wichtigk dieses Unterschieds sind sich viele Zeugen nicht bewußt. Oft gibt ein Zeuge Mitteilg Dritter als eigenes Wissen aus, weil er sich auf deren Zuverlässgk verläßt.

Fragen der Anw u. Parteien erst zulassen, wenn die Antwort auf die Fragen des Richters diktiert u. genehmigt ist.

Erklärt der Zeuge, keine genauen **Zeitangaben** machen zu können, Hinweis, inwieweit solche erforderl. Als Richtpunkte für Zeitangaben können allgem bekannte Ereignisse (zB WährgReform, Volksfeste, örtl. Naturkatastrophen u. dgl) dienen. Jeder Richter sollte sich solche Daten laufend notieren, um mit ihrer Hilfe Zeugen Zeitangaben zu erleichtern. Anwortet ein Zeuge ausweichend, widerspruchsvoll o. mit der Wahrh zckhaltend, so empfiehlt es sich, die Fragen u. Antworten in der tatsächl Reihenfolge zu protokollieren, um festzuhalten, wie die Aussage zustande gekommen.
Stückweise Protokollierg zweckm, ev nach Punkten.
Ausdrucksweise des Zeugen uU wörtl wiedergeben!

Fragen an EhebrZeugen

nicht: „Haben Sie mit X die Ehe gebrochen?"; denn der Begriff „Ehebr" ist für manche nicht eindeutig o. wird von ihnen absichtl mißverstanden (zB wird außerehel Geschlechtsverk nach Beendigg der ehel Gemeinsch von manchen nicht mehr als Ehebr angesehen).

Auch nicht: „Haben Sie mit X geschlechtl verkehrt?"; denn diese Frage umfaßt auch die Zeit vor der Ehe des X.

Sondern: „Wann haben Sie X zum ersten Male gesehen?. X ist seit ... verh. Haben Sie seitdem mit ihm geschlechtl verkehrt? Einmal? Mehrmals? Wann letztmals?"

Bei dringendem Verdacht kann es zur Verhütg eines Meineids zweckm sein, die Partei, die verpflichtet wäre, den Meineid zu verhüten, auf die Gefahr einer Strafverfolgg wegen Beihilfe zum Meineid hinzuweisen (vgl die bei Bockelmann NJW 54, 697 zit. Rspr).

Umfang der Zeugenpflicht

Die Eidesnorm geht dahin, daß der Zeuge **nach bestem Wissen** die Wahrh gesagt u. nichts verschwiegen habe (§ 392). Daraus ergibt sich die Verpflichtg des Zeugen, **vor** seiner Vernehmg von den ihm zu Gebote stehenden Mitteln zur Schärfg u. **Auffrischg seines Gedächtnisses** Gebrauch zu machen, insb dch Einsicht in vorhandene Aufzeichnung (RG 48, 396f).

Er macht sich nach § 163 StGB strafb, wenn er zw subj die Wahrh sagt, aber bei Benutzg der ihm zur Verfügg stehenden tatsächl Anhaltspunkte u. äußeren Hilfsmittel imstande gewesen wäre, die obj Wahrh zu bekunden (RGStr 22, 299).

Selbstverständl gilt dies nur im Rahmen des **Zumutb.**

Um ihm eine solche **Vorbereitg** für das abzulegende Zeugn zu ermöglichen, wird ihm gem § 377 Ziff. 2 der Gegenstand seiner Vernehmg mit der Ladg mitgeteilt. Hat er nicht alles ihm Zumutb getan, um sein Gedächtn vor der Eidesleistg zu erforforschen, so handelt er fahrl iSd § 163 StG (BGHStr. 1, 150). Hat er sich nicht genügend vorbereitet, so kann seine Vernehmg ausgesetzt u. ihm aufgegeben werden, dies nachzuholen (zB bezügl Zeitangaben).

Die Zeugnispfl umfaßt aber nicht die Verpflichtg, Tats zu **ermitteln,** die bis dahin niemals Gegenstand seiner Wahrnehmg waren (RG 48, 395).

Eine zum Gegenstand der Vernehmg gehörige, für die Entscheidg erhebl Tats darf der Zeuge auch dann nicht verschweigen, wenn er nicht ausdrückl hiernach gefragt ist,

zB einen erst nach Erlaß des BewBeschl begangenen Ehebr, wenn der BewBeschl Ehebr ohne zeitl Begrenzg betraf. Er hat von sich aus alles anzugeben, was er für die Entscheidg als wesentl erkennt. Dies gilt auch für Tats, die ihn zur ZVerw berechtigen (BGH NJW 55, 230).

Die Pflicht, ungefragt erhebl Tats zu bekunden, besteht aber nur ihm Rahmen des BewThemas.

Ungefragt über weitere selbständ Tats Auskunft zu geben u. dadch einer Partei Bew in die Hand zu spielen, ist der Zeuge nicht verpflichtet. Wird zB eine Zeugin darüber vernommen, ob sie mit bestimmten, im BewBeschl bezeichneten Männern innerh bestimmter Zeit geschlechtl verkehrt hat, so macht sie sich nicht des Meineides schuldig, wenn sie — ohne danach gefragt zu sein — Geschlechtsverk mit andern Männern verschweigt (BGH NJW 52, 1384).

Parteirechte bei der Beweisaufnahme

1. **Recht auf Anwesenh** (§ 357 I)

   u. zw **bei jeder BewAufn** (Vernehmg u. Beeidigg von Zeugen Sachverst u. Parteien, Augenschein), auch wenn sie außerh der GerStelle stattfindet. Zur Anwesenh ist die Partei auch dann berechtigt, wenn sie nicht dch Anw vertr o. dieser nicht erschienen ist.

2. Recht auf rechtzeitige **Benachrichtigg** von den BewTerminen u. deren Verlegg,

   gleichviel, ob diese vor dem ProzGer, dem ER o. dem Richterkomm stattfinden. Daß § 357 II nur letzteren erwähnt, beruht darauf, daß BewTermine vor dem ProzGer u. dem ER stets zugleich VerhandlgTermine sind (§ 370), zu denen die Parteien ohnehin zu laden sind.

   Hat die Partei einen ProzBevollm, so ist dieser zu benachrichtigen (§ 176), andernfalls die Partei selbst.

Verstoß macht BewAufn ungültig u. schließt ihre Verwertg im Urt aus (RG 136, 300), soferne dieser Mangel nicht nach § 295 geheilt ist.
War der BewTermin verkündet, so erübrigt sich Benachrichtigg (vgl § 218).

3. Recht auf **Verlegg** des Termins aus wichtigen Gründen (StJSch I zu § 357).

4. Ersatz der **Reisekosten** der Partei

nur, wenn sie die Kosten einer Vertretg dch Anw nicht übersteigen. Notwendigk persönl Erscheinens neben dem ProzBevollm bedarf der Begr (StJSch VII 1 zu § 91); Näheres s. Willenbücher S. 104, 126, 232). Reisekosten des beigeordneten **ArmAnw** zu auswärtigen BewTerminen ist idR notwendig, bes in ScheidgS. Ob eine Reise erforderl ist, stellt das Ger auf Antrag vor Antritt der Reise fest. Diese Feststellg ist für das FestsetzgVerf bindend (§ 126 II RAGebO).

5. Recht auf **Befragg** von Zeugen gem § 397

dch Vors u. mit dessen Erlaubn auch unmittelb; uU erst nach Abschluß der Vernehmg, sofern dadch das Fragerecht nicht beeinträchtigt wird.
Vor dem **ProzGer** nur nach § 137 IV, also nur wenn die Partei dch Anw vertr ist u. nur neben diesem (StJSch III zu § 357).
Vor dem **Richterkomm** auch ohne Anw, denn hier besteht kein AnwZwang (§ 78 II).

Daß die nicht vertr Partei nur vor dem Richterkomm ein Fragerecht hat, erscheint unbefriedigend, denn Vorhaltgen der Parteien können in jedem Falle wesentl zur WahrhFindg beitragen (Baumb 1 zu § 357).

6. Recht der Partei, deren Anw den BewTermin versäumt hat, auf **Nachholg** o. Vervollständigg der BewAufn unter den Voraussetzgen des § 367 II.

Für eine Partei, die nicht gem § 612 prozfähig ist, stehen die Parteirechte ihrem **gesetzl Vertr** zu.

SachverstGutachten.

Das Fragerecht der Parteien besteht auch ggüber Sachverst (BGH 6, 401). War ledigl schriftl Begutachtg angeordnet, so muß das Ger auf Antr einer Partei von der Befugn, gem § 411 III das Erscheinen des Sachverst anzuordnen, Gebrauch machen u. dadch den Parteien Gelegenh zur Ausübg ihres Fragerechts geben (ebenda). Die Anordg schriftl Begutachtg ist unbeschränkt zulässig; daß die Voraussetzgen des § 377 IV o. Einverständn der Parteien vorliegt, ist nicht erforderl (ebenda 400).

Zurückweisg unzulässiger Fragen.

Über die Zulässigk einer Frage entscheidet das Ger (§ 397 III),

der Richterkomm aber nur vorläufig (s. §§ 398 II, 400).

Ablehnung daher hier gem § 160 I Nr. 5 im Prot festhalten!

Gesetzl unzulässig sind Fragen

iFd § 376, wenn Aussagegenehmigung fehlt,
iFd § 383 III, wenn Schweigepfl der Beantwortg entggsteht.

Dagg kann eine Frage nicht mit der Begr zckgewiesen werden, der Zeuge könne deren Beantwortg nach § 384 verweigern (StJSch II 1 zu § 384).

Im übrigen beurteilt sich die Zulässigk von Fragen nach den für die gesamte ProzLeitg u. -Führg maßgebenden Grundsätzen (FördergPfl, Redlk u. ProzWirtschaftlk) u. dem Zweck der BewAufn.

Unzulässig sind daher zB Fragen,

die dem Zeugen die Antwort in den Mund legen (Suggestivfr),
die der Zeuge bereits beantwortet hat,
die nicht auf Tats gerichtet sind,
die offensichtl mit dem Gegenstand des Proz nichts zu tun haben,
die unlautere Zwecke verfolgen, zB Einschüchterg, Verwirrg o. unnötige Bloßstellg des Zeugen.

Über die Sachdienlk einer Frage zu entscheiden, ist an sich nicht Sache des Gerichts (§ 397 I). Nicht sachdienl Fragen sind aber idR aus einem der angeführten Gründe unzulässig.

Das Recht, nach „den Verhältnissen des Zeugen" zu fragen (§ 397 I), kann nur insoweit anerkannt werden, als die Frage erforderl ist, um den Grund, auf dem das Wissen des Zeugen beruht, zu erforschen (§ 396 II) o. um seine Glaubwürdigkeit zu beurteilen.

Hat ein Zeuge zu ungunsten einer Partei ausgesagt, so versucht diese häufig, dch Fragestellg in **nebensächl** Punkten dem Zeugen Ungenauigk nachzuweisen o. ihn in Widersprüche zu verwickeln. Solchen unfairen Praktiken gilt es entggzutreten.

Das Fragerecht der Parteien kann nie weiter gehen als das des Gerichts nach § 396. Da das Ger nicht strikte an den BewBeschluß gebunden ist, kann es aus Gründen der ProzWirtschaftlk auch Fragen zulassen, die den Rahmen des BewBeschl überschreiten (Baumb 2 zu § 396), es sei denn, daß dem Zeugen die Beantwortg ohne Vorbereitg nicht zuzumuten ist.

Da die Stellg sachdienl Fragen wesentl zur WahrhFindg beitragen kann, wird man sie auch noch in einem ausschließl zur Beeidgg bestimmten Termin zulassen müssen.

Der Richterkomm kann also solche Fragen nicht mit der Begr zckweisen, er sei vom ProzGer nur um die Beeidgg, nicht aber um nochmalige Vernehmg des Zeugen ersucht. Andernfalls könnte er mit der gleichen Begr es ablehnen, sachl gebotene Fragen an den Zeugen zu richten oder eine Ergänzg o. Berichtigg der Aussage des Zeugen entggzunehmen.

Die Beeidigung von Zeugen

Unbeeidigt bleiben Eidesunmündige u. -unfähige (§ 393), ferner EidesverwBerechtigte, die von diesem Recht Gebrauch machen.

EidesverwR hat der Zeuge, wenn u. soweit er ein ZVerwR hat (Baumb 3 zu § 391). Hierüber ist er zu **belehren** (StJSch III zu § 392). Unbegründete Eidesverw hat diesselben Folgen wie unbegründete ZVerw (§ 390).

Im übrigen steht die Beeidgg im **Ermessen** des Gerichts (§ 391), auch bei Beeidgg**Verzicht** der Parteien (§ 617).

In EheS ist ein solcher Verzicht, sowie der Zusatz „ohne die Richtgk der Aussage anzuerkennen" rechtl bedeutglos.

BeeidggGründe:

a) **Bedeutung der Aussage.**

Beeidgg also stets bei prozentscheidender Bedeutg;
ferner, wenn die Aussage mit einer gem § 138 unter WahrhZwang stehenden Parteierklärg über erhebl Tats unvereinb. Stellt sowohl der Zeuge als auch die Partei Ehebr in Abrede, so wird idR nicht die Partei, sondern der Zeuge zu beeidigen sein; denn er wird — bes wenn er unverh ist — weniger geneigt sein, sich der Gefahr einer Meineidsbestrafg auszusetzen. Jedoch bes eindringl Verwarng vor Meineid unter Hinweis auf Mitwissersch der Partei ratsam.

b) **zur Herbeiführg einer wahrgem Aussage,**

also, wenn der Verdacht besteht, daß der Zeuge unwahre Aussagen gemacht o. wesentl verschwiegen hat, u. eine Änderg der Aussage zu erwarten ist; nicht aber, wenn das Gericht der Aussage auch iFd Beeidgg keinen Glauben schenken würde.

Anordg der Beeidgg ist sachl eine Ergänzg des BewBeschl iSd § 360 S. 2 (Nürnbg BayJMBl 53, 36), kann also auch **ohne mündl** Verhandlg erfolgen.

Zu solchen Ergänzgen ist an sich auch der Richterkomm befugt. Er sollte aber die Beeidgg stets dem ProzGer überlassen, also nicht ohne dessen Weisg vornehmen (aA StJSch I 4 zu § 391). Auch die Empfehlg (ebenda), das ProzGer möge bereits im BewBeschl über die Frage der Beeidgg befinden, erscheint höchst bedenkl, da die Bedeutg der Aussage u. damit die Notwendgk der Beeidgg idR nicht im voraus beurteilt werden kann. Außerdem schneidet die Beeidgg prakt den Gegenbew ab, bevor ersichtl ist, ob ein solcher nötig. Wenn eine Tats beschworen ist, wird sich kaum ein anderer Zeuge finden, der — ohne am Ausgang des RStreits interessiert zu sein — wissentl das Gegenteil bekundet u. sich damit der Gefahr einer Strafverfolgg aus §§ 153ff StGB aussetzt.

Kein Zeuge sollte beeidigt werden, bevor

a) ein beantragter u. sachl gebotener Gegenbew erhoben ist u.
b) alle andern zur Verfügg stehenden ErkenntnQuellen ausgeschöpft sind.

Insbes sollte stets zuvor geprüft werden, ob nicht über dasselbe BewThema bereits eine BewAufn stattgefunden hat. In diesem Falle ist Beiziehg der einschlägg Akten u. Vorhalt an den Zeugen dringend geboten.

Kann der Bew dch erbkundl Untersuchg geführt werden, so sollte zunächst diese angeordnet u., solange ihr Ergebn nicht vorliegt, der Zeuge nicht beeidigt werden.

Voreilige Beeidgg kann irreparablen Schaden anrichten.

Beschränkg der Beeidgg auf bestimmte wesentl Punkte ist zulässig u. oft — besonders bei umfangreichen Aussagen — zweckm.

In der Praxis wird dies leider viel zu wenig geachtet. Offensichtl unerhebl Einzelheiten müssen vor der Beeidgg aus der Aussage entfernt werden (BGHStr 1, 151), einerseits um die Gefahr unrichtiger Eide zu vermindern, andererseits aus schuldiger Rücksicht auf den Zeugen, näml um ihn vor der Gefahr zu schützen, daß aus belanglosen Kleinigkeiten eine Meineidsanzeige gg ihn konstruiert wird.

Steht dem Zeugen hinsichtl eines Teiles seiner Aussage ein EidesverwRecht zu, so ist die Beeidgg auf den übrigen Inhalt der Aussage zu beschränken (RG 23, 134).

Beeidigung einer Partei

Reichen die unbeeidigten Aussgen der Parteien u. das Ergebn der BewAufn nicht aus, um die volle richterl Überzeugg zu begründen, so bleibt als letztes AufklärgMittel die Beeidgg einer Partei auf ihre Aussage. Da Parteieid in § 619 nicht vorgesehen ist, kann sie nur unter den Voraussetzgen des § 448 u. nur in der Form des § 452 erfolgen.

Die Beweiswürdigung

§ 286

Von der Problematik des Zeugenbew u. von der bei der Würdgg von Parteiaussagen u. BewUrk gebotenen Skepsis war bereits oben die Rede. Hier seien nur noch einzelne, im Eheproz häufg auftauchende Spezialfragen behandelt.

1. *Convenire contra se ipsum.*

Der Satz, daß jede Partei ihr eigenes Vorbringen gg sich gelten lassen muß (RG 103, 422), kann in EheS nicht unbeschränkte Geltg beanspruchen. Denn soweit der Richter verpflichtet ist, die Wahrh von Amts wegen zu erforschen, darf er in seinem Recht der freien BewWürdgg in keiner Weise beschränkt sein.

In Scheidg- u. HerstellgS ist er nicht genötigt, ehefeindl Tats deshalb als erwiesen anzusehen, weil sie der Bekl selbst vorgetragen hat. In Nichtgk- u. FeststellgS muß er alle erhebl, in der Verhandlg o. in der Bewaufn zutage getretenen Tats berücksichtigen, gleichviel von welcher Partei sie vorgebracht worden sind.

2. Der Richter ist an keine BewRegeln gebunden. Der Grundsatz der freien BewWürdgg gestattet es ihm, uU sogar einer uneidl Parteiaussage mehr Glauben zu schenken als einer beeidigten Zeugenaussage. Er kann auch das **proz Verhalten** der Parteien verwerten, zB unwahre Einlassg des Gegners des BewPflichtigen (HRR 30, 172); desgl die Tats, daß eine Partei den vom Gegner benannten Zeugen veranlaßt hat, seinen Aufenth geheim zu halten (Warn 11, 54). Gibt eine Partei wechselnde o. unbestimmte Erklärungen ab, so kann das Gericht dies als BewAnzeichen gg sie verwerten (RG JW 30, 2051[13]), RG 97, 116) u. umgekehrt.

Außer dem Eindruck von der Glaubwürdgk einer Partei kann auch die Lebenserfahrg des Richters seine Überzeugg von der Wahrh einer bestr Behauptg begründen (s. o. S. 118).

3. Auch eine **Zeugn- o. Eidesverweigerg** aus § 384 ist frei zu würdigen. Mit § 286 unvereinb wäre es, eine solche Weigerg ohne weiteres in jedem Falle als vollen Bew anzusehen. Sie liefert nur ein — oft gewichtiges — BewAnzeichen. Bes Bedeutg kommt dem bei Aussageverw von Zeugen, die für **ehebr o. ehew Beziehgen** benannt sind, zu.

Nicht immer kann aus ihr mit Sicherh der Schluß gezogen werden, daß die unter Bew gestellte Tats wahr ist. Das Motiv der Weigerg muß nicht immer das sein, daß der Zeuge die BewFrage wahrhgem bejahen müßte; denn er kann das Zeugn auch dann verweigern, wenn er sie verneinen müßte, also solche Beziehgen nicht unterhalten hat. Überdies ist das Motiv der Weigerg nicht nachprüfb, insbes wenn der Zeuge aGr der — höchst unzweckm — Bestimmg des § 386 III nicht erschienen ist. Lautet das BewThema auf „Ehebr o. ehew Bez", so verweigern manche Zeugen — bes Frauen — das Zeugn auch dann, wenn sie zw keinen Ehebr, aber andere unsittl Ehewidrigkeiten sich haben zu schulden kommen lassen u. sich scheuen, darüber Aussagen zu machen[1]).

Aussageverweigg ist daher **stets in Zusammenhang mit den Umständen des Einzelfalles** zu werten (HRR 33 Nr. 539); zB kann sie in Zusammenhalt mit erwiesener Anfälligk des Bekl für Ehewidrigken als ausreichendes Indiz gelten (BayOLG 1, 82). Als ErfahrgSatz kann es gelten, daß eine des Ehebr bezichtigte Ehefrau nicht die Aussage verweigern, sondern sich im Gegenteil zur Aussage drängen wird, wenn sie weder Ehebr noch sonstige erotische Ehewidrigken begangen hat. Im übrigen s. die durchaus zu billigenden Ausführungen in Zöller Anm. 1 zu § 286.

4. Inwieweit sind **Aussagen,** die ein Zeuge **in einem andern Verf** gemacht hat, verwertb?

Die Niederschr über eine in einem andern Verf dchgeführte BewAufn beweist an sich nur den beurkundeten Vorgang (§ 415), nicht aber die Tats, über die dort Bew erhoben wurde.

Sie beweist also nur, daß gewisse Personen in jenem anderen Verf als Zeugen vernommen worden sind, nicht aber, was diese Zeugen bekundet haben.

Als Zeugenaussagen dürfen solche Aussagen nur dann verwertet werden, wenn **beide Parteien** sich ausdrückl damit **einverstanden** erklärt haben.

Hat eine Partei Vernehmg der Zeugen vor dem ProzGer beantragt, so ist die Verwertg als Zeugenaussage unzulässig, denn jede Partei hat das Recht zu verlangen, daß die Zeugen vor dem ProzGer vernommen werden, damit zum einen das ProzGer einen persönl Eindruck von dem Zeugen erhält u. sich über den BewWert der Aussagen ein eigenes Urt bilden kann u. damit zum andern die Partei in der Lage ist, an den Zeugen Fragen zu stellen (Nürnbg BayJMBl 55, 37).

Eine **Ausnahme** ist jedoch insoweit zu machen, als es sich um nichtvorgetragene **eheerhaltende** Tats iSd § 622 handelt, denn auf welchem Wege das Gericht von diesen Kenntn erlangt hat, ist ohne Belang. Dasselbe gilt für alle Tats im Nichtigk- o. FeststellgProz.

---

[1]) Der vernehmende Richter wird in solchen Fällen dem zu Vernehmenden den Rat geben, wenn kein Ehebr vorliegt, insoweit Aussagen zu machen u. die Aussage nur hinsichtl der Ehewidrigken zu verweigern, da andernfalls damit zu rechnen wäre, daß das ProzGer aus der Aussageverweigerg den Schluß ziehen wird, daß nicht nur ehew, sondern ehebr Beziehgen bestanden haben bzw bestehen.

Die Beweislast

Ein BewBeschl enthält noch keine Entscheidg über die Bewlast. Schwerl wird aber ein Richter einen BewBeschl erlassen, ohne zuvor die Frage der BewLast zu prüfen. Sie soll daher schon hier behandelt werden, obwohl sie erst bei Erlaß des Urt entscheidende Bedeutg gewinnt.

Die Frage nach der BewLast wird von Bedeutg, wenn eine erhebl Tats ohne den erforderl Bew bleibt u. auch nicht dch Ausübg des richterl FrageR o. nach § 622 veranlaßte Amtsermittlg aufzuklären ist. Das Ger ist in diesem Falle genötigt, ein non liquet auszusprechen. Dieses *non liquet* geht **zu Lasten des BewPflichtigen.** Er hat die Folgen der BewLosigk zu tragen. Jede Partei ist für Tats bewpflichtig, an deren Berücksichtigg im Urt sie interessiert ist.

Der Ausdruck „BewPflicht" ist allerdings irreführend, denn niemand ist verpflichtet, seine Interessen zu wahren u. einen Bew zu führen, der ausschließl in seinem eigenen Interesse liegt.

Die **BewLastverteilg** hat der Gesetzgeber in EheS der Rsp u. Wissenschaft überlassen. Als **Grundsatz** hat sich dabei ergeben (BGH 3, 346):

Wer eine RFolge für sich in Anspruch nimmt, hat diejenigen Tats zu behaupten u. zu beweisen, die kraft Gesetzes den Schluß auf die begehrte RFolge zulassen.

Der Kl hat also die seinen Anspr begründenden Tats, der Bekl gegebenenfalls die rechtshindernden o. -zerstörenden Tats zu bew. Welche Tats diese Eigenschaften haben, ist dem sachl R zu entnehmen[1]).

Die Behauptg- u. BewLast ist zw im Eheprozeß an sich dieselbe wie im gewöhnl Proz (Warn 31, Nr. 231). Besonderheiten ergeben sich aber, soweit das Ger zu **Amtsermittlg** verpflichtet ist. Dies ist nur in Nichtigk- u. FeststellgS der Fall. In andern EheS besteht keine Pflicht, sondern nur ein Recht, eheerhaltende Tats von Amts wegen zu erforschen.

Davon zu unterscheiden sind Tats, die das Ger von Amts wegen zu **prüfen** hat. Hier bleibt die BewLast der Parteien bestehen, denn diese Prüfg hat sich auf das von den Parteien Vorgebrachte zu beschränken.

Der *Prima-facie*-Bew

Der BewPflichtige kann dadch prakt seiner BewPflicht enthoben werden, daß allgem ErfahrgSätze eine **tatsächl Vermutg** für die Wahrh seiner

[1]) Für RVerhältnisse, die materiell nach ausl R zu beurteilen sind, gelten auch die Beweislastregeln dieses Rechts (BGH aaO).

Behauptg begründen, weil der festgestellte Tatbestand nach der Lebenserfahrg auf eine bestimmte Ursache hinweist.

Hat zB eine Ehefrau ihrem Mann wiederholt Gift ins Essen gemischt, um ihn zu töten u. darnach ihren Liebhaber heiraten zu können, so wird man in aller Regel nach der Lebenserfahrg annehmen können, daß dieses Verhalten ehezerrüttende Wirkg gehabt hat.

In diesem Falle braucht der BewPflichtige nur den Tatbestand (hier die Lebensnachstellg) zu bew. Die sich daraus ergebende Schlußfolgerg zu entkräften, ist Sache der Gegenpartei. Bei diesem sog. Bew des ersten Anscheins (*Prima-facie*-Bew) handelt es sich aber **nicht** um einen bloßen **WahrscheinlkBew,** sondern der festgestellte Sachverhalt muß derart sein, daß er aGr der Lebenserfahrg die Überzeug des Richters in vollem Umfang begr (BGH NJW 51, 360; RG 132, 388).

So wenig wie im Strafverf „Verdachtsstrafen" zulässig sind, so wenig darf ein Zivilurt aGr bloßer Verdachtsgründe ergehen.

Die ErfahrgSätze des Lebens, aus denen der Richter kraft freier, richterl BewWürdigg schließt, daß ein festgestellter Tatbestand eine bestimmte Folge gehabt o. nicht gehabt hat, sind hinsichtl ihres BewWertes von verschiedener Stärke. Ihre BewKraft kann in besonderen Fällen so stark sein, daß sie allein einen tatsächl Vermutg für ein bestimmtes Geschehen begründen. ErfahrgSätze, die nicht diesselbe hohe Wahrscheinlk begründen, können neben anderen Umständen berücksichtigt werden (BGH 2, 85). Ein der allgem Lebenserfahrg entspr **(typischer)** Geschehensablauf kann die Überzeugg des Ger ebenso begründen, als wäre dem BewPflichtigen der Bew gelungen (RG 195, 239).

Der Gegner des BewPflichtigen wird in solchen Fällen zu **Entkräftg** des Anscheinsbew genötigt.

Nur in diesem Sinne kann man von einer Umkehrg der BewLast sprechen.

Dazu genügt der Nachw der **Möglk** eines anderen Geschehensablaufs; Nachw der Wahrscheinlk ist nicht erforderl (BGH 6, 171), erst recht nicht Nachw des Gegenteils der Behauptg des BewFührers. Jedoch muß der BewGegner die Tats, aus denen er die Möglk eines anderen (atypischen) Sachablaufs herleitet, voll bew (BGH 8, 240). Gelingt ihm dieser Bew, so verbleibt es bei der vollen BewLast der von Anfang an bewpfl Partei (BGH 2, 5).

Eine sog **Umkehrg der BewLast** kann sich aus dem Verhalten des BewGegners ergeben.

Beraubt eine Partei den BewPflichtigen absichtl der Möglk, seine Behauptg dch eine Urk, zu bew, so können diese Behauptungen gem § 444 als erwiesen angesehen werden. Dasselbe gilt, wenn der GewGegner pflichtwidrig unterläßt, eine für die

RBeziehgen der Parteien wichtige Urk aufzubewahren (RG 105, 259). Allgem kann das Ger kraft freier BewWürdigg aus dem Verhalten einer Partei Schlüsse auf die Wahrh des gegnerischen Vorbringens ziehen (s. o. S. 147).

Eine Partei, die dem BewPflichtigen schuldh den Bew vereitelt o. erschwert, muß es sich gefallen lassen, daß ihr der Gegenbew aufgebürdet wird.

Einzelfälle

I. **ScheidgS.**

Scheidg setzt Bestehen der Ehe voraus. Zweifel am Bestehen der Ehe gehen daher zu Lasten des Kl.

Sie können bes dann auftreten, wenn Kl sie nicht dch FeststellgKlage ausräumt.

Zu § 42

Kl hat den obj u. subj Tatbestand des Ehebr zu bew, also

a) Beischlaf mit einer Person anderen Geschlechts, die nicht der Eheg ist (RG 70, 178),
b) Vorsatz. Dazu gehört das Bewußtsein, mit dem Kl verh zu sein u. mit einer andern Person den Beischlaf zu vollziehen.
c) Schuldfähigk des Bekl (RG JW 31, 1759),

auch wenn derselbe behauptet, zurechnungsfähig zu sein. Läßt sich der Verdacht, daß ein Schuld- o. Unrechtsausschließg-Grund (Geisteskrankh, -gestörth, Bewußtlosgk, Notstand, vermeintl Notstand u. sonstige Fälle der §§ 51, 52, 54, 59 StGB) vorlag, nicht aufklären, so geht diese Ungewißh zu Lasten des Kl (Gerold 138f, 163 zu § 43).

Dagg trifft die BewLast für die Einrede aus § 42 II EheG (Zustimmg) den **Bekl**

u. zw auch dann, wenn der Kl den Ehebr nur unterstützend verwertet (RG 137, 49).

Wegen § 49 s. u. S. 157.
Alle **AusschließgGründe** sind, wenn sich Anlaß dazu bietet, **von Amts wegen** zu prüfen.

Bew des Ehebr.

Daß sich die Person des Dritten feststellen läßt, ist nicht erforderl, Aussageverweigerg des Bekl in Verbindg mit Geschlechtskrankh desselben kann ausreichen (Warn 1916 Nr. 172).
Entscheidgn im **EhelAnfechtgProz** binden den ScheidgRichter nicht (§ 322). Feststellg der Unehelk eines Kindes bietet daher nur BewUmstand für Ehebr der Frau, schließt aber Gegenbew

der Frau nicht aus (RG 102, 366). Ebenso hindert weder die Abweisg o. Nichterhebg der AnfechtgKlage noch die Feststellg der Ehelk den Mann zu bew, daß das Kind nicht von ihm stammt, also im Ehebr empfangen ist. Beide Beweise können dch Blutgr- u. Erbgutachten geführt werden. Erholg uU von Amts wegen (§ 622). Unzulässgk des AusforschgBew dch Parteien wie sonst. Es müssen also bestimmte tatsächl Anhaltspunkte für Mehrverkehr der Frau behauptet u. dch das VerhErgebn nicht ausgeräumt sein (RG 169, 284; BGH MDR 52, 350). Duldg einer Untersuchg o. Blutprobeentnahme dch die Parteien u. das Kind kann — sofern zumutb u. andere BewMöglk erschöpft — erzwungen werden (StJSch I 2, Baumb 2 zu § 372a, Gerold 31 zu § 42; aA Palandt 9 zu § 42 u. v. Godin 1 zu § 619). Zur Zumutbk s. Hambg u. Nürnbg NJW 53, 1863f. Kein dem § 384 entspr WeigergR.

Zu § 43

1. **Kl** ist bewpfl für alle klagebründenden Tats, also

   a) für Eheverfehlg des Bekl.

   Dazu gehört Nachw des Verschuldens u. Nichtvorliegens von Umständen, die die Schuld des Bekl ausschließen o. in einem milderen Licht erscheinen lassen (Warn 27 Nr. 184).

   b) für die Umstände, nach denen sich bemißt, ob die Verfehlg eine „schwere" ist,

   zB der Anlaß zu einer Ohrfeige (Warn 16 Nr. 52).

   c) für die ehezerrüttende Wirkg der Verfehlg.

   Diese kann jedoch bei bes schweren Eheverfehlgen, ehrlosem o. unsittl Verhalten *prima facie* unterstellt werden, sofern nicht Anhaltspunkte für das Gegenteil vorliegen, zB bei Eheverfehlgen, die zugleich ein Verbrechen darstellen (RG 169, 200), bei Lebensnachstellg (RG 46, 155), ferner wenn der Mann die Frau grundlos verlassen hat u. seit mehreren Jahren in Konkubinat lebt, aus dem ein Kind hervorgegangen ist, also bei einem Verhalten, an dem jede gesunde Ehe zerbrechen muß (RG 164, 364).

Kl muß den gesamten TatsVerlauf, aus dem er sein ScheidR ableitet, in vollem Umfang klarlegen u. demgem die von der seinigen abw Darstellg des Bekl widerlegen (Warn 16 Nr. 85; st Rspr),

sofern das Schutzvorbringen des Bekl hinreichend substanziert ist.

Beispiele

Beischlafverweigerg ist ScheidgGrund bei hartnäckiger, böswilliger Weigerg aus rücksichtsloser Eigensucht (st Rsp). Diese Voraussetzg hat Kl zu bew[1]). Es ist also nicht Sache des Bekl die Unter-

[1]) Steht ihm als BewMittel nur die Vernehmg der Gegenpartei zur Verfügg, so kann er diesen Bew idR nicht erbringen.

lassg des ehel Verk zu entschuldigen, vielmehr trifft den Kl die BewLast für ein Verschulden (HRR 29, 711). Der Nachw erfolgloser Aufforderg ist aber nicht erforderl, wenn die Frau klagt. Der Mann kann sich nicht darauf berufen, die Frau habe ihn zum Beischlaf nicht aufgefordert (LZ 33, 1266). Im übrigen hat der Kl Schutzbehauptgen des Bekl zu widerlegen, zB die Behauptg des Bekl, er habe Grund zu der Annahme gehabt, Kl sei geschlkrank, habe Filzläuse, verkehre außerehel u. dgl (RG LZ 30, 1314). Die Frau ist zur Gestattg des Beischlafs nicht verpflichtet, wenn sie vom Mann ständig mißhandelt o. bedroht wird, ferner bei Trunkenh des Mannes (RG 163, 245). Zweifel, ob die VerkVerweigerg auf physischen Ursachen beruht, gehen zu Lasten des Kl (Warn 33 Nr. 285 S. 54).

Verweigerg der häusl Gemeinsch.

Kl muß bew, daß er selbst den ernstl Willen zur häusl Gemeinsch hat (RG 159, 355). Dagg ist Bekl für subj Rechtfertigungsgründe bewpfl, denn dch Lossagg von der häusl Gemeinsch hat er sich nach außen hin zunächst ins Unrecht gesetzt. Es ist daher seine Sache, zu bew, daß er zum Getrenntleben berechtigt ist o. wenigstens dies annehmen durfte (HRR 41, 60).

UnterhVerweigerg.

Kl muß dartun, daß Bekl trotz LeistgFähgk keinen ausreichenden Unterh gewährt hat (Warn 15 Nr. 24). Lebt aber die klagende Frau getrennt, so muß sie bew, daß sie dazu berechtigt ist (ebenda).

Strafanzeige gg den andern Eheg ist Eheverfelg, wenn sie wissentl falsch o. leichtfertig o. aus verwerfl Motiven erstattet ist u. eine mit dem Wesen der Ehe nicht vereinb Gesinng verrät (HRR 33, 1198). Diese muß Kl bew Schutzbehauptg, Anzeige sei auf seinen eigenen Wunsch erfolgt, muß Kl widerlegen (RG 162, 92).

Beleidigg.

Kl bewpfl für Unwahrh (Warn 16 Nr. 85) o. mangelnden RechtfertiggGrund (zB obj Anhaltspunkte für Bezichtigg des Ehebr dch Anzweifelg der Ehelk eines vor langer Zeit geborenen Kindes; Warn 34 Nr. 137). Zeitungsanzeige „Für Schulden meiner Frau komme ich nicht auf" ist Eheverfehlg, wenn die Frau nicht ungerechtfertigte Schulden gemacht u. dies auch nicht zu besorgen war (Warn 19 Nr. 41). Dies muß sie dartun.

Vernachlässigg des Hauswesens. Kl muß Böswilligk u. Fortsetzg trotz Abmahng nachweisen (RG JW 12, 352). Abmahng ist aber nur erforderl, wenn sie mögl war.

Meidg des Anscheins ehew Beziehgen. Kl muß obj Gründe zum Argwohn nachw, Bekl RechtfertiggGründe (Warn 32 Nr. 168, OGbritZ NJW 49, 144).

Schuldenmachen der Frau. Kl muß bew, daß dies ohne Not u. trotz Abmahng (Warn 21 Nr. 146) o. hinter seinem Rücken (Warn 14 Nr. 295) geschehen ist.

2. **Bekl** ist bewpfl
   a) für selbständ Behauptgen, die mit der Klagebehauptg nicht zusammenhängen (RG 135, 37),
   b) für eigene Eheverfehlg des Kl, die gem **§ 43 S. 2** der Klage entggstehen.

   Läßt sich nicht feststellen, wer von beiden den Anlaß zu den Eheverfehlgen des andern gegeben hat, so geht dies zu Lasten des Kl (Warn 35 Nr. 183).
   Hinsichtl der übrigen AusschließgGründe s. u. S. 157f.

   c) für Eheverfehlgen, die nur zur Begr einer **WKlage** o. eines **Mitschuldantrags** vorgebracht sind.

Zu §§ 44—47

Kl hat jeweils alle klagebegründenden Tats zu bew, also insbes bei § 44 geistige Störg u. ehezerrüttende Wirkg des Verhaltens des Bekl, bei Klage aus § 45 Geisteskrankh, Aufhebg der geistigen Gemeinsch u. Unwahrscheinlk der Wiederherstellg derselben.

Ob die Scheidg iSd § 47 sittl gerechtfertigt ist, ist von Amts wegen zu prüfen u. ev nach § 622 zu ermitteln. Die BewLast trifft den Bekl. Die Behauptg, daß ihn die Scheidg ungewöhnl hart treffen würde, hat er zu bew (RG 165, 358). Dem Kl obliegt dann der Bew, daß die Scheidung trotzdem sittl gerechtfertigt ist (HSt 4 B u. Erman 7 zu § 47).

Zu § 48

Kl hat alle klagebegründenden Tats zu bew, also die tiefgreifende, unheilb Zerrüttg der Ehe u. die 3jähr Heimtrenng.
Der **Bekl** dagg ist für die **Zulässigk** seines **Widerspruchs** bewpfl, also dafür, daß der Kl die Ehezerrüttg allein o. überwiegend[1]) verschuldet, dh schuldh verursacht hat. Unklärbk des Sachverhalts geht also zu Lasten des Bekl.

Eine andere BewLastverteilg greift aber Platz, wenn der Kl es war, der sich von der häusl Gemeinsch losgesagt hat. Denn in diesem Falle ist zu vermuten, daß die Ehezerrüttg dch diesen Schritt herbeigeführt worden ist. Sache des Kl ist es, diese Vermutg zu widerlegen u. zu bew, daß er zu diesem Schritt berech-

[1]) Bei der Schuldabwägg können nur erwiesene Verfehlgen berücksichtigt werden. Jeder Teil hat daher die Verfehlgen zu bew, die er dem andern zur Last legt (BGH FamRZ 54, 172).

tigt war (RG 166, 212; Stuttg NJW 49, 947) o. daß die Zerrüttg auf andern Ursachen beruht, zB schon zZt der Trenng bestanden hat (BGH 2, 259[2]). Die Tats, daß er die ehel Gesinng verloren hat, genügt aber nicht (ebenda). In verstärktem Maße gilt diese Vermutg, wenn er sich einer andern Frau zugewandt hat, die er heiraten möchte (RG 166, 212); ferner, wenn er sich vor der Trenng einer Eheverfehlg schuldig gemacht hat, die so schwer war, daß ihre ehezerrüttende Wirkg zu vermuten ist. Entspr gilt, wenn eine häusl Gemeinsch nicht bestanden hat u. der Kl seine bisherige Bereitwilligk zur Herstellg derselben ohne rechtfertigenden Grund aufgegeben hat (BGH 2, 71).

Beruhte dagg die Aufhebg o. Nichtherstellg der häusl Gemeinsch auf einem Willensentschluß des Bekl o. auf Übereinkunft, so bleibt es bei der BewLast des Bekl.

Stehen Eheverfehlgen des Kl fest u. behauptet er, der Bekl habe diese nicht als ehezerstörend empfunden, so trifft ihn für diese Behauptg die BewLast (RG 162, 91).

Für die **Beachtlk** des Widerspr sprechende Umstände hat der **Bekl** darzulegen; dagg sprechende Umstände hat der Kl zu bew (BGH 2, 105).

II. NichtigkS.

Obwohl das Ger hier den Sachverhalt von Amts wegen ermittelt (s. o. S. 101), ist die Frage der BewLast auch hier von Bedeutg. Unklärbk geht zu Lasten des BewPfl.

Für alle klagebegründenden Tats ist auch hier der Kl, für alle dem KlageR entggstehenden Tats der Bekl bewpfl.

Zu § 17: Kl hat Formmangel der Eheschließg zu bew, Bekl Einwendg aus Abs. 2 (5jähr Zusammenleben), Kl Klageerhebg vor Ablauf dieser Frist.

Zu § 18: Kl hat Mangel der Geschäfts- o. UrtFähigk zu bew, Bekl Ehebestätigg.

Zu § 19: Kl hat zu bew, daß nur eine Namensehe vorliegt, also die Voraussetzg des Abs. 1. Im übrigen wie bei § 17.

Zu § 20: Kl hat formgültigen Abschluß der 1. Ehe zu bew. Sache des Bekl ist es, zu bew, daß diese bei Abschluß der 2. Ehe aufgelöst o. für nichtig erklärt war, also § 20 nicht anwendb ist, oder auf NichtigkErklärg der 1. Ehe zu klagen u. Aussetzg bis zur Entscheidg über diese Klage zu beantragen.

Zu § 21: Kl hat das Bestehen der Verwandtsch o. Schwägersch zu bew, Bekl die Befreig von diesem Hindern.

Zu § 22: Kl muß das Bestehen des Ehehindern des Ehebr bew, Bekl die nachträgl Befreig.

---

[2]) Liegen allerdings Anhaltspunkte dafür vor, daß die Ehe bereits vor der Trenng unheilb zerrüttet war, so muß Bekl diese Möglk ausräumen (BGH FamRG 54, 172).

III. AufhebgS.

AusschließgGründe nach §§ 30 II, 31 II, 32 II, 33 II u. 34 II hat stets der Bekl zu bew. Ihn trifft auch die BewLast für Versäumg der Klagefrist nach §§ 35, 36. Für eine Hemmg dieser Frist ist aber der Kl bewpfl.

Doch kann sich die BewLast nach allgem Regeln umkehren. Im übrigen s. u. S. 157.

Zu § 30: Kl muß bew, daß er im maßgebenden Zeitpunkt nur beschr geschäftsfähig war u. Einwilligg seines gesetzl Vertr o. des VormundschGer nicht vorlag.

Zu § 31: Kl hat seinen Irrtum o. mangelnden EheschlWillen zu bew.

Zu § 32: Kl muß den gesamten AufhebgTatbestand bew, also

1. daß die von ihm beanstandete persönl Eigensch des Bekl (zB GeschlKrankh) zZt der Eheschließg vorhanden war (RG 103, 325; 145, 5). Hängt der Bew für die str GeschlKrankh des Bekl davon ab, ob es nur einmal zum ehel Verkehr gekommen ist, so muß der Kl auch diese Behauptg bew (RG LZ 21, 143).
2. daß ihm diese Eigensch damals nicht bekannt war (Warn 15 Nr. 119 u. 33 Nr. 80). Wahrscheinlk genügt nicht (Warn 27 Nr. 32 aE),
3. daß er die Ehe bei Kenntn der Sachlage nicht geschlossen hätte (RG JW 35, 3096).

   Dem Bekl obliegt der GgBew. Ist zB eine geistige Erkrankg des Bekl auf eine schon bei der Eheschließg vorhandene Anlage zckzuführen, so muß er bew, daß damals ein späterer Ausbruch derselben nicht zu besorgen war o. daß der Ausbruch dch ehew Verhalten des Kl verursacht worden ist (RG 148, 399, JZ 1302, 1828).

Aus den Umständen kann sich eine Umkehrg der BewLast ergeben.

Zu § 33: Volle BewLast des Kl für die Täuschg.
Hat ein Dritter die Täuschg verübt, so muß Kl bew, daß dies mit Wissen des Bekl geschehen ist (HSt 5 B).

Zu § 34: Kl hat Drohg u. ursächl Zusammenhang mit der Eheschließg zu bew.

Zu § 37: Die Voraussetzgen dafür, daß Bekl als schuldig anzusehen ist, hat Kl zu bew.

IV. HerstellgS.

Über die BewLast s. RG 163, 310.

V. FeststellgS.

Grundsätzl hat derj, der einen Anspr geltend macht o. sich eines solchen berühmt, die dem Anspr zugrundeliegenden Tats zu bew. Die BewLast für das Bestehen der Ehe trifft daher bei der positiven FeststellgKlage den Kl, bei der negativen den Bekl. Bleibt ungeklärt, ob die Ehe besteht, so hätte diese BewLastregelg zur Folge, daß eine pos FeststellgKlage wegen Beweisfälligk des Kl abgewiesen, einer neg wegen Beweisfälligk des Bekl stattgegeben werden muß. In beiden Fällen hätte das Urt die Bedeutg, daß das Nichtbestehen der Ehe festgestellt ist. Für Statusprozesse hat der BGH eine solche wegen Beweisfälligk getroffene Feststellg in Hinblick auf § 1717 BGB abgelehnt (NJW 55, 1107). Entsprechendes muß auch für Ehefeststellgs-Prozesse gelten. Ist ungewiß, ob die Ehe besteht, so erfordert der Grundsatz des Eheschutzes, einem die pos FeststellgKlage abweisenden Urt die Bedeutg einer neg Feststellg zu versagen u. auch bei einer neg FeststellgKlage ein *non liquet* zu Lasten des Kl gehen zu lassen, also die Klage abzuweisen.

Die Ausschließungsgründe

Sämtl AusschlGründe hat das Ger **von Amts wegen zu berücksichtigen.** Es kann über sie Bew erheben, auch wenn sie von keiner Partei vorgetragen sind (§ 622). **An der BewLast ändert sich aber dadch nichts.** Bestehen bleibende Zweifel gehen zu Lasten des BewPfl. **BewPfl** ist die Partei, die sich dem Klagebegehren widersetzt,

es sei denn, daß allgem ErfahrgSätze eine tatsächl Vermutg für die Wahrh ihrer Behauptg begründen u. daher den Kl zur Widerlegg dieser Behauptg nötigen.

Auf die AusschlGründe aus §§ 49, 50 EheG, § 616 ZPO u. den Verzicht auf das ScheidgRecht soll hier wegen ihrer bes Bedeutg näher eingegangen werden.

Zu § 49

§ 49 behandelt 2 Tatbestände, die eine Scheidg aus Verschulden ausschließen:

a) den Fall, daß der verletzte Eheg die Verfehlg des andern von vornherein **nicht als ehezerstörend empfunden** u. daher kein ScheidgRecht erlangt hat,
b) das Erlöschen des ScheidgRechts dch **Verzeihg.**

BewPfl ist für beide Tatbestände in vollem Umfang der **Schuldige** (RG 162, 91 u. 164, 187).

Zu a):

Bei Klagen aus § **43** ist zu berücksichtigen, daß hier die ehezerstörende Wirkg der Verfehlg zum gesetzl Tatbestand der Klage gehört. Soferne nicht *prima facie* davon auszugehen ist, daß die Verfehlg als ehezerstörend empfunden wurde, hat dies daher der Kl zu bew. Dagg erübrigt sich dieser Bew bei Klagen aus § **42.** Hier ist es Sache des Schuldigen zu bew, daß diese Wirkg **nicht** eingetreten ist.

War die Ehe bereits völlig zerrüttet, so kann die ehezerstörende Wirkg einer Verfehlg zweifelh sein. Maßgebend ist auch hier die subj Einstellg des Verletzten. Sein ScheidgR entfällt nur dann, wenn die ehel Gesinng in ihm bereits restlos erloschen war, so daß er dch die Verfehlg des andern überhaupt nicht mehr berührt wurde oder sie ihm sogar willkommen war, um als Scheidg-Grund zu dienen (BGH 18, 198).
Hinsichtl der BewLast ist auch hier zwischen Klagen aus § 42 und solchen aus § 43 zu unterscheiden. Bei letzteren hat der Verletzte zu bew, daß die Verfehlg zu einer Vertiefg der bereits vorher bestehenden Zerrüttg geführt hat. Dagg bleibt es bei Verfehlg aus § 42 dabei, daß der Schuldige die Voraussetzg des § 49 nachw muß (BGH aaO S. 196).

Zu b):

Verzeihg liegt vor, wenn der gekränkte Eheg

a) sich entschließt, über eine anfangs als ehezerst empfundene Eheverfehlg des andern hinwegzusehen u. die Ehe fortzusetzen,

und

b) diesen Entschluß dch sein Verhalten zum Ausdruck gebracht hat.

1. Sie deckt nur diej Verfehlgen, über die der Verzeihende hinwegsehen **wollte,** setzt also regelm **Kenntnis der Verfehlg** voraus.

Dazu gehört auch Kenntn der Schwere der Verfehlg u. ihrer Tragweite für das weitere Eheleben. Jedoch genügt Kenntn der wesentl Umstände, dh der Umstände, die für den Entschluß des gekränkten Eheg bei richtiger Auffassg vom Wesen der Ehe von Bedeutg sein konnten. Danach beurteilt sich, ob Einzelheiten der Verfehlg (zB wann, wo und mit wem die Ehe gebrochen wurde) als wesentl o. als unwesentl anzusehen sind. Unschädl ist die Unkenntn eines Umstandes, wenn anzunehmen ist, daß der gekränkte Eheg sich bei Kenntn dieses Umstandes ebenso verhalten hätte.

Bloßer **Verdacht** genügt nicht (RG DR 44, 75),

es sei denn, daß die Verzeihg für den Fall gewährt ist, daß sich der Verdacht bewahrheitet (HRR 32, 1752).

Waren dem Gekränkten wesentl Umstände der Verfehlg **unbekannt,** so ist Verzeihg nur dann anzunehmen, wenn sich eindeutig ergibt, daß er auch über ihm unbekannte Verfehlgen u. ihre Folgen hinwegsehen wollte (RG DR 41, 1841), sog Blanco-Verzeihg.
Die BewLast für die Kenntn des Gekränkten bzw für die Gewährg einer Blanco-Verzeihg trifft den, der sich auf Verzeihg beruft.

2. **Verzeihung unter Vorbehalten.**

Eine befristete, auflösend bedingte o. unter geheimen Vorbehalten gewährte Verzeihg würde dem Wesen der Ehe widersprechen. Dagg ist es dem Gekränkten unverwehrt, dem Schuldigen eine gewisse „BewährgFrist" zu bewilligen o. die Verzeihg von dem Eintritt sonstiger **aufschiebender Bedinggen** abhängig zu machen[1]).

Beispiele: Verzeihg unter der Bedingg, daß sich der Schuldige bessert (RG LZ 22, 464) o. daß er ebenfalls verzeiht (RG Recht 23 Nr. 1353) o. daß ehebrecher Schwängerg nicht an die Öffentlichk dringt u. das zu erwartende Kind außer Haus gegeben wird (Frankf FamRZ 55, 174 u. HEZ 1, 165).

Die Bedingg muß aber ggüber dem Schuldigen **eindeutig zum Ausdruck gebracht** worden sein. Sie darf nicht für längere Zeit einen mit dem Wesen der Ehe unvereinbaren Schwebezustand herbeiführen (RG 163, 142).

Die Verteilg der BewLast richtet sich, wenn der Schuldige nicht beweist, daß die Verzeihg bedinggslos gewährt worden ist, danach, ob der erste Anschein für o. gg die Annahme spricht, daß die Verzeihg nur bedingt gewährt worden ist.

Ist sie nur bedingt gewährt, so ist für den Eintritt der Bedingg der Schuldige bewpfl.

3. **Beabsichtigte o. versuchte Verzeihg.**

Von der tatsächl erfolgten Verzeihg ist die nur beabsichtigte o. versuchte zu unterscheiden.

Im Gegensatz zum Verz auf das ScheidgR erfordert die Verzeihg Rückkehr der ehel Gesinng. Dem Sinne der Verzeihg würde es daher nicht entsprechen, einem Eheg, der vergebl versucht hat, über eine erlittene Kränkg hinwegzukommen, das ScheidgR zu versagen (Frankf HEZ 1, 165). Ergibt sich zB, daß ein Spätheimkehrer den Ehebr seiner Frau nicht überwinden kann, so ist seine Bereitsch zur Wiederaufn des ehel Verk nicht als Verzeihg, sondern als gescheiterter VersöhngVersuch anzusehen (Braunschw MDR 51, 168). Auch bei Bekundg des VerzeihgWillens dch Kriegs- o. Strafgefangene ist deren bes Gemütsverfassg zu berücksichtigen.

Bloße **Erörterg** einer Aussöhng stellt noch keine Verzeihg dar. Dasselbe gilt, wenn der gekränkte Eheg nur seine **Geneigth** zur Versöhng zu verstehen gegeben hat (RG HRR 28, 1809), mag diese auch von zärtl Verhalten begleitet sein (RG NJW 28, 2212), zB dch Anbieten zum ehel Verk (Warn 17 Nr. 24); desgl

[1]) Die von Palandt 4 zu § 49 EheG vertretene Ansicht, aufschiebend bedingte Verzeihg sei nicht ein „Verziehen-haben", sondern nur VerzeihgBereitsch, dürfte nicht in jedem Falle zutreffen. Psychologisch ist eine bedingte Verzeihg dchaus denkb. Bewertet man sie stets nur als Ausdruck einer VerzeihgBereitsch, so stünde es im Belieben des gekränkten Eheg, seinen Entschluß zu ändern, auch wenn der Schuldige die gestellten Bedinggen erfüllt hat.

wenn Wiedervereinigg nur für den Fall in Aussicht genommen, daß der Mann dies wünscht u. den FamUnterh sicherstellt (Warn 12 Nr. 396).

4. Selbstverständl ist eine auf **Zwang, Drohg, Täuschg o. Irrtum** über wesentl Umstände beruhende Verzeihg wirkglos.

Solche Einwände muß der Schuldige widerlegen. Bestreiten genügt nicht (Warn 30 Nr. 170).

5. Die Verzeihg ist kein RGeschäft, sondern ein tatsächl Vorgang u. zw ein **innerer,** sich im Verstandes- u. Gefühlsleben des gekränkten Eheg abspielender **Vorgang.**

Innere Vorgänge können nur dch Schlußfolgerg aus äußeren Umständen festgestellt werden. Die Feststellg der Verzeihg beruht daher in jedem Falle auf einem IndizBew. Ein solcher Bew erfordert die Berücksichtigg aller Umstände, die Schlußfolgerggen auf jenen inneren Vorgang zulassen. Sprechen die äußeren Umstände gg bzw für die Annahme, daß sich jener innere Vorgang vollzogen hat, so ist selbst eine ausdrückl erklärte Gewährg bzw Verweigerg der Verzeihg unbeachtl. Da sie kein RGeschäft ist, kommt es auch nicht darauf an, wie der schuldige Teil das Verhalten des Gekränkten auffassen mußte (RG 96, 269). Entscheidend ist vielmehr allein, ob der Gekränkte tatsächl verziehen u. dies dch sein Verhalten zum Ausdruck gebracht hat.

Dabei ist sein **gesamtes** Verhalten zu würdigen. Ein einzelner Umstand genügt für die Schlußfolgerg, daß Verzeihg erfolgt ist, nicht. Dies gilt auch bei Beurteilg der Frage, ob ehel Verk als Ausdruck des VerzeihgsWillens zu werten ist.

6. **Fortsetzg des ehel Verk** ist die häufigste Form der Verzeihg.

Ebenso wie die Verweigerg des ehel Verk dch den gekränkten Eheg idR darauf schließen läßt, daß er die Verfehlg des andern als ehezerst empfunden hat, läßt die Wiederaufn des ehel Verk (o. sonstige Intimitäten vgl Warn 29 Nr. 172) darauf schließen, daß er die Verfehlg verziehen hat.

Fortsetzg des ehel Verk ist daher idR als Akt der Verzeihg zu werten u. damit als Schlußstrich unter das Vergangene. Diese „Demarkationslinie" spielt in ScheidgProz eine entscheidende Rolle. Die 1. Frage, die es zu klären gilt, ist daher die nach dem letzten ehel Verk.

Fast immer ist das Ger hierbei ausschließl auf die — nicht nachprüfb — Angaben der Parteien angewiesen. Sie weichen oft erhebl voneinander ab. Erfahrggem pflegt der Teil, der Grund hat, sich auf Verzeihg zu berufen, den letzten ehel Verk auf einen mögl späten Zeitpunkt zu verlegen. Nicht selten führt aber das spätere Ergebn der BewAufn dazu, daß die ursprüngl Angaben einer Partei über diesen Zeitpunkt sich zu deren Nachteil auswirken. Gilt dann der Satz, daß jede Partei ihr Vorbringen auch gg sich gelten lassen muß? Da die Verzeihg zu den eheerhaltenden Tats gehört, muß sie das Ger unabhängig vom Vorbringen der Parteien prüfen u. beurteilen u. kann es dieses nur als Bew-Anzeichen werten.

Ehel Verk ist zw idR, **keineswegs** aber **in jedem Falle** als Verzeihg zu werten.

In vielen GeschStellen u. sogar in manchen AnwKanzleien scheint das nicht bekannt zu sein. Die Folge ist, daß nach den Umständen, unter denen es zum Verk gekommen ist, vielfach gar nicht gefragt wird. Diese Umstände können aber für das Ger im AR-Verf u. erst recht im Proz von ausschlaggebender Bedeutg sein.

Allzu oft werden in der Praxis die **Begleitumstände** des letzten ehel Verk nicht gebührend berücksichtigt u. daher unbefriedigende Ergebnisse erzielt.

Jedem Praktiker sind die Fälle bekannt, wo einem Kl trotz fortgesetzter schwerster Eheverfehlgen des andern Teils immer wieder das AR verweigert, seine Klage abgewiesen o. zckgenommen wurde, weil es dem Schuldigen immer wieder gelungen ist, eine „Versöhng" herbeizuführen, die in Wahrh keine Versöhng war. Bes häufig ist es der weibl Teil, der auf diese Weise um sein sachl begründetes ScheidgR gebracht wird, insbes wenn die ehel Wohng nur aus einem Raum besteht, nur eine Schlafgelegenh vorhanden ist u. die Frau keine Möglk zum Getrenntleben hat, weil ihr, solange die Ehe besteht, weder eine eigene Wohng noch öffentl Unterstützung gewährt wird. Vollzieht sie aber die Trenng, so hängt der Erfolg ihrer Klage davon ab, ob es ihr gelingt, neuerl Eheverfehlgen des Mannes nachzuweisen, die nach dem letzten ehel Verk liegen. Dieser Nachw ist aber dch die räuml Trenng oft erschwert o. unmögl gemacht. Über den Ausgang des RStreites entscheidet daher vielfach der Zufall. War trotz des ehel Verk die Zerrüttg der Ehe bestehen geblieben — ein überaus häufiger Fall! —, so dient die Abweisg der Klage nur scheinb der Aufrechterhaltg der Ehe, denn erfahrungsgem pflegt es früher o. später doch zur Scheidg zu kommen, sei es auf WKlage des Mannes o. auf neue Klage der Frau.

Die Frage, ob ein ehel Verk wirkl Ausdruck des VerzeihgWillens war, bedarf daher **sorgfältiger Prüfg.** Sie bildet geradezu den **Angelpunkt** der meisten ScheidgProzesse. Stets kommt es auf die **Umstände des Einzelfalles** an,

u. zw sowohl für die Frage, ob Verzeihg vorliegt, als auch für die Frage der BewLast. Ehel Verk begründet an sich noch keine tatsächl Vermutg für eine Verzeihg (aA HSt 5 aE zu § 49). Ledigl die Umstände, unter denen es zum Verk gekommen ist, können eine solche Vermutg begründen.

1. Von Bedeutg ist, ob es sich nur um einen **einmaligen** Verk o. um einen längere Zeit **fortgesetzten**[1]) handelt.

Letzterenfalls besteht in aller Regel hinreichender Grund, Verzeihg anzunehmen. Dagg ist es **falsch,** schon **einmaligen** Verk — wie es in der Praxis häufig geschieht — **stets als Verzeihg zu werten** (Palandt 3 zu § 49 EheG; Dörmann FamRG 56, 295, BGH NJW 57, 949).

2. Bedeutsam ist idR, ob es zur Wiederherstellg der häusl Gemeinsch gekommen ist.

Hat der Verletzte Verfehlgen des andern Eheg als ehezerstörend empfunden, so bringt er dies idR dch Einstellg des ehel Verk u. — sofern er dazu die Möglk hat — dch Auszug aus der ehel Wohng o. wenigstens aus dem ehel Schlafzimmer zum Ausdruck. Kehrt er freiwillig in dieses zurück u. nimmt er die GeschlGemeinsch wieder auf, so wird man unbedenkl annehmen können, daß er — wenn auch vielleicht nur bedingt — verziehen hat (RG 134, 139).

3. Von erhebl Bedeutg ist, ob der Verletzte den Verk **getätigt** o. nur **erduldet** hat.

Dem **Manne,** der sich dch Vollzug des Beischlafs zu innigster Gemeinsch mit der Frau bekannt hat, steht es nicht an, den Verk hernach als einen nur der sinnl Befriedigg dienenden Vorgang hinzustellen (RG DR 43, 150). Er kann sich auch nicht darauf berufen, die Frau habe ihn zum Verk gereizt (RG LZ 22, 464[9]) o. er habe nicht gewußt, daß ehel Verk seelische Übereinstimmg zur sittl Voraussetzg habe (Warn 20 Nr. 45). Mit Recht weist Frankf HEZ 1, 164 darauf hin, es würde eine Verletzg der GeschlEhre der Frau bedeuten, wenn der Mann ihr die geschlechtl Hingabe zumuten dürfte, ohne den Willen zur Fortsetzg der Ehe zu haben. Ähnl RG 96, 268, wo ein Seemann zw zu Beginn seines einmonatigen Heimaturlaubs ScheidgKlage u. der Frau immer wieder erklärt hat, er verzeihe ihr nicht, aber bis zu seiner Abreise mit ihr zusammen geschlafen u. häufig verkehrt hatte. „Das Verhalten des Kl würde eine aller guten Sitte hohnsprechende Herabwürdigg seiner Ehefrau bedeuten, wenn darin keine auf Fortsetzg der Ehe abzielende Verzeihg erblickt werden müßte."

Die verzeihende Wirkg eines längere Zeit fortgesetzten ehel Verk kann der Mann auch nicht dadch ausschließen, daß er sich von der Frau **schriftl** bestätigen läßt, dies solle keine Verzeihg

[1]) Z. B. wiederholter Verk innerh einer Woche (RG 134, 139).

bedeuten (LG Ansbach MDR 51, 164; aA HSt 3 B aE zu § 49), oder dadch, daß er die auf Scheidg klagende Frau dch die Zusicherg, **kein Mensch werde etwas davon erfahren**, zur Gestattg des Beischlafs überredet (HRR 39, 145).

Wesentl anders liegen die Dinge auf seiten der **Frau.** Bloße **Duldg** der Beiwohng kann nicht ohne weiteres als Ausdruck des VerzeihgWillens gewertet werden. Hat gar der Mann perverse Zumutgen gestellt u. hat die Frau diese nur widerwillig u. mit Ekel ertragen, so kann von Verzeihg nicht die Rede sein (Warn 26 Nr. 160 u. 28 Nr. 108). Hat andererseits die Frau selbst das Verlangen nach ehel Verk geäußert, so kann sie sich nicht darauf berufen, dies sei nicht aus Liebe geschehen, sondern um mit Rücksicht auf die Kinder die Ehe fortzusetzen (HRR 35, 1597).

4. Unerläßl Voraussetzg ist **Freiwillig** der Beiwohng. Da diese zum Tatbestand der Verzeihg gehört, trifft die BewLast auch hierfür den, der sich auf Verzeihg beruft.

Behauptet daher die Frau, sie sei zur Duldg des Beischlafs bezwungen worden, so ist es Sache des Mannes, diese Behauptg zu widerlegen (Warn 30 Nr. 170). Dasselbe gilt für die Behauptung, der Beischlaf sei — vom Mann o. der Frau — erschlichen worden o. aus einem andern Grunde (zB Schlaftrunkenh) nicht freiwillig erfolgt (HRR 35, 1597). Ausnutzg einer augenblickl geschlechtl Begierde des verletzten Eheg kann einer BeischlErschleichg gleichkommen (RG 163, 250).

Verzeihg wird man auch dann nicht annehmen können, wenn die Frau die Beiwohng in der irrigen Meing geduldet hat, solange sie mit dem Manne zusammenlebe, sei sie dazu auch bei schweren Eheverfehlgen des Mannes verpflichtet. Bei Frauen von geringem BildgGrad ist diese Meing — bes in kath Gegenden — häufig anzutreffen.

Würde man in solchen Fällen die Verfehlgen des Mannes als verziehen ansehen, so wäre auch das Recht der Frau zum Getrenntleben verwirkt u. könnte, wenn sie die Wiederherstellg der ehel Gemeinsch verweigert, hierwegen die Ehe aus ihrem Verschulden geschieden werden — ein Triumph des Unrechts!

5. Keine Verzeihg wird ferner in einem ehel Verk zu erblicken sein, dem ein ehel Streit unmittelb vorausgegangen ist, wenn außer dem GeschlVerk kein Zeichen der Versöhng vorliegt; ferner idR bei ehel Verk während des Proz. u. außerh der ehel Wohng ohne nachfolgende Rückn der Klage o. Rückkehr der verletzten Frau zu ihrem Manne (RG Recht 28, 295).

6. In der **Rückn der ScheidgKlage** ist häufig, aber nicht notwendig, eine Verzeihg zu erblicken;

erst recht nicht in dem bloßen Versprechen eines Aufschubs der Klageerhebg (Warn 16 Nr 142).

Hat sich der Mann trotz völliger Zerrüttg der Ehe das Versprechen, die Klage zckzunehmen, dch die Gestattg des Beischlafs um eines kurzen GeschlGenusses willen, abgewinnen lassen, so kann weder dieses Versprechen noch die Betätigg des Beischlafs als Ausdruck des VerzeihgWillens gewertet werden (RG 163, 250).

Der Verzicht auf das ScheidgRecht

Ebenso wie es im Belieben des Kl steht, einen ScheidgGrund geltend zu machen, steht es ihm frei, auf einen solchen zu verzichten.

Der Verzicht auf das ScheidgRecht ist daher **zulässig** u. wirksam,

sofern er nicht seinem Inhalt o. den Begleitumständen nach gg das Wesen der Ehe o. die guten Sitten verstößt (HRR 42, 751; DR 43, 345), zB Verzicht im voraus auf etwaige künftigeScheidg-Rechte (OLG 24, 14).

Von der Verzeihg unterscheidet sich der Verzicht dadch, daß er den Willen zur Fortsetzg der Ehe nicht voraussetzt.

Daher liegt zw in jeder Verzeihg ein Verzicht auf das ScheidgR, aber nicht in jedem Verzicht eine Verzeihg (H-St 6 A zu § 50).

Der Verzicht ist ein einseitiges empfangsbedürftiges RGeschäft.

Die Verzichterklärg bedarf daher nicht der Annahme. Sie kann aber in einem Vertrag enthalten sein; zB können Eheg in einem Ehevertrag auf die Geltendmachg ihrer bisherigen Verfehlgen als selbständiger ScheidgGründe verzichten. Dieser Verzicht bleibt auch dann wirksam, wenn der Vertrag im übrigen nichtig ist, zB wegen unzulässiger Vereinbarg dauerndden Getrenntlebens (RGRKomm 5 zu § 1570).

Ein beschr Geschäftsfähiger bedarf zum materiellrechtl Verzicht ebensowenig der Zustimmg seines gesetzl Vertr wie zum proz Verzicht o. zur Verzeihg o. zur Klageerhebg. Dagg kann ein Geschäftsunfähiger nur dch seinen gesetzl Vertr verzichten (H-St 6 B zu § 50; aA Pal Einf vor § 49).

Da der Verzicht zu den eheerhaltenden Tats gehört, ist er gem § 622 **von Amts wegen zu berücksichtigen.** Bleibt zweifelh, ob er erklärt worden ist, so geht dies zu Lasten dessen, der sich auf Verzicht beruft. Ihn trifft also grundsätzl die **BewLast.** Einwände gg die RWirksamk des Verzichts hat der zu beweisen, der sie erhebt.

Im übrigen s. die Ausführungen über den proz Anspruchsverzicht unten S. 183.

Verlust des ScheidgRechts dch Fristablauf

§ 50 EheG.

1. **Verwirkg.**

Setzt der verletzte Eheg in Kenntnis der Verfehlg die häusl Gemeinsch fort, so muß er sich innerh von **6 Monaten** entscheiden, ob er sein ScheidgR geltend machen will. Dies kann geschehen

a) dch Zustellg der ScheidgKlage,

b) im Wege einer ScheidgWiderklage.

AufhebgKlage u. -widerklage stehen dem gleich, denn dch sie werden zugleich auch alle ScheidgGründe rechtshängig (RG 104, 157).

Dch die Erhebg der Klage bzw Widerklage wird die Klagefrist nicht nur für diejenigen KlageGründe gewahrt, die der Kl in der Klage vorträgt, sondern für alle, die ihm in diesem Zeitpunkt zustehen (§ 51 I).

Unzuständgk des angerufenen Gerichts ist unschädl, wenn dieses den RStreit an das zuständg verweist. Wird dagg die Klage dch ProzUrt abgewiesen o. zckgenommen, so verliert die Klageerhebg ihre fristwahrende Wirkg.

c) dch Antrag auf Anberaumg eines ST.

Dessen fristwahrende Wirkg entfällt aber,

aa) wenn die Last zum ST nicht „demnächst" (weit auszulegen!) erfolgt, zB unzustellb ist,

bb) wenn der Antragsteller zum ST nicht erscheint,

cc) wenn er nicht binnen 3 Monaten nach Abschluß des Sühneverf die Klage erhebt.

Die Frist beginnt mit dem Zeitpunkt, in dem der Verletzte von der Verfehlg **Kenntnis** erlangt hat.

Kenntn ist hier in gleichem Umfang erforderl u. genügend wie bei der Verzeihg. Jedoch ist hier bei Ehebruch selbstverständl die Kenntn der Person des Dritten nicht erforderl (RG 143, 306). Bei Verfehlgen, die erst in ihrer Gesamth einen ScheidgGrund bilden, beginnt die Frist erst bei Kenntnis der letzten Verfehlg, die das Maß voll machte. Entspr gilt für Dauerverfehlgen u. Laster (Warn 35 Nr. 183 S. 374). Ist der Verletzte geschäftsunfähig, so kommt es auf die Kenntn seines gesetzl Vertr an. Hat er keinen gesetzl Vertr, so gilt §§ 50 IV, 35 IV. Bei einem beschränkt Geschäftsfähigen ist, da dieser gem § 612 selbst Klage erheben kann, maßgebend, wann er selbst Kenntn erlangt hat.

Die Frist läuft nicht,

a) solange der Klageberechtigte dch unabwendb Zufall an der Klageerhebg gehindert ist (§§ 50 IV, 35 III),

b) solange die häusl Gemeinsch aufgehoben ist.

S. hierzu die Erläutergen zu § 49 EheG. Ob die Aufhebg dch den Verletzten o. den andern Teil erfolgt ist, ist ohne Belang (H-St 3 B zu § 50).
Die Zeit der Trenng wird — wie sich aus dem Gesetzeswortlaut ergibt — in den Lauf der Frist **nicht** eingerechnet. Die Klagefrist läuft also erst ab, wenn die Zeit des Zusammenlebens vor u. nach der Trennung insgesamt 6 Monate betragen hat.
Dch die Hemmg des Ablaufs der Klagefrist tritt ein Schwebezustand ein, der mit Rücksicht auf den Unterhalt der Familie, die Erziehg der Kinder u. a. Umstände für den Schuldigen unerträgl sein kann. Da der Verletzte zur Wiederherstellg der ehel Gemeinsch nicht verpflichtet ist, könnte er die Ungewißh über die Fortsetzg der Ehe bis zum Ableben eines der Eheg bestehen lassen. Um dies zu verhindern, gibt § 50 I S. 3 dem Schuldigen die Möglk, diesen Schwebezustand dadch zu beenden, daß er den Verletzten auffordert, entweder die ehel Gemeinsch herzustellen oder die ScheidgKlage zu erheben. Diese **Aufforderg,** die zw keiner Form bedarf, aber eindeutig sein muß, **beseitigt** die eingetretene **Hemmg** der Klagefrist. Hatte diese noch nicht begonnen, so wird sie dch diese Aufforderg **in Lauf gesetzt.** Dies ist bes dann von Bedeutg, wenn eine häusl Gemeinsch nie bestanden hat o. die Verfehlg dem Verletzten erst nach der Trenng bekannt geworden ist.

Die Aufforderg hat diese Wirkg selbst dann, wenn der Schuldige zur Herstellg der ehel Gemeinsch nicht ernstl gewillt (RG 61, 163, Pal. 4 zu § 50) oder (zB mangels Wohnraums) nicht in der Lage ist (H-St 3 C zu § 50, str). Anders, wenn das Herstellg-Verlangen aus sonstigen Gründen mißbräuchl ist, was der die Herstellg Verweigernde zu bew hat (Pal. 6 zu § 1353).

2. **Verjährg.**

Sind seit dem Eintritt des ScheidgGrundes **10 Jahre** verstrichen, so erlischt das ScheidgRecht, auch wenn der Verletzte von der Verfehlg **keine Kenntn** erlangt hat, u. zw endgültig (§ 50 II).

Bei dieser Regelg handelt es sich zw nicht um eine Verjährg im schuldrechtl Sinne, doch liegen ihr ähnl Erwäggen wie der Deliktverjährg zugrunde.
Dch Aufhebg der häusl Gemeinsch wird der Lauf dieser Frist — anders als bei der 6-Monatsfrist u. anders als vor dem EheG 38 — nicht gehemmt (RG 159, 118). Das ScheidgRecht erlischt also auch dann, wenn während der 10 Jahre keine häusl Gemeinsch bestanden hat. Da § 50 IV hier nicht anwendb, tritt auch keine Fristhemmg nach § 35 III u. IV ein.
Entgg dem Wortlaut des § 50 II wird die 10-Jahresfrist nicht vom Zeitpunkt der Entscheidg, sondern von der Klageerhebg an zurückgerechnet (§ 51 I).

3. **BewLast.**

Sowohl die 6-Monatsfrist als auch die 10-Jahresfrist ist eine gesetzl Ausschlußfrist zur Beschreitg des RWeges (BGH NJW 52, 180). Sie kann weder dch das Gericht noch dch Parteivereinbg verlängert werden. Die Versäumg dieser Fristen bringt das ScheidgR materiellrechtl zum Erlöschen (v. Godin 2 zu § 50). Ob das ScheidR im Zeitpunkt der Entscheidg noch besteht, hat das Gericht **von Amts wegen** zu prüfen. Um dem Gericht dies zu ermöglichen, muß der Kl die für den Beginn dieser Fristen maßgebenden Tats dartun. Er muß also angeben, wann die Verfehlg begangen wurde u. wann er von ihr Kenntn erlangt hat. Er hat jedoch insoweit nur eine **Behauptg-**, keine BewLast.

Die **BewLast** für den Ablauf der Klagefrist (eine rechtsvernichtende Tats) trifft den **Bekl.**

Beruft sich dieser auf **Verwirkg,** so muß er beweisen, daß die 6-Monatsfrist abgelaufen ist. Dazu gehört der Nachweis des Beginns dieser Frist, also **seit wann** der Kl von der Verfehlg **Kenntn** hat.
Beruft er sich auf **Verjährg,** so kommt es ausschließl darauf an, **wann** die Verfehlg **begangen** wurde, u. hat er zu beweisen, daß dieser Zeitpunkt schon mehr als 10 Jahre zurückliegt.
Kann der maßgebende Zeitpunkt nicht sicher ermittelt werden, so geht diese Ungewißh zu seinen Lasten (RG 146, 230).

Der erste Anschein kann jedoch zu einer anderen BewLastverteilg führen. Ist zB dem Kl eine zuverlässige Mitteilg über die Verfehlg zugegangen u. behauptet er, er habe dem keinen Glauben geschenkt, so ist es seine Sache, dies zu beweisen o. den Zugang der Mitteilg zu widerlegen.

Für eine **Hemmg** der Klagefrist trifft die BewLast den **Kl** (RG aaO).

Dagg ist für den Wegfall der fristwahrenden Wirkg eines ST-Antrages der Bekl bewpflichtig.

4. **Berechng der Klagefristen.**

Für die Berechng sind die §§ 187 I, 188 u. 193 BGB anzuwenden.
Beisp für Berechng der 6-Monatsfrist bei Hemmg dch Getrenntleben:

Kenntn von der Verfehlg seit	1. 1. 50	
Fristbeginn (§ 187 I)	2. 1. 50	
Fristende ohne Hemmg (§ 188)	1. 7. 50	
Fristdauer somit		181 Tage
(§ 191 bei Unterbrechg nicht anwendb)		
Getrenntleben 14. 1. 50—29. 1. 56 =		**6 Jahre 15 Tage**
Um diese Zeit verlängert sich die Frist auf		6 Jahre 196 Tage.
Fristende daher an sich (1956 war Schaltjahr!)	15. 7. 56	
Da dieser Tag ein Sonntag (§ 193). .		**16. 7. 56.**

Dch den Umstand, daß dieser Tag bereits in die Gerichtsferien fällt, tritt eine neurl Hemmg des Fristablaufs nicht ein, denn § 223 ZPO gilt nur für proz, dh in einem anhängig Proz laufende Fristen (RG 68, 57).

Anhang

Fristenhemmg dch Kriegs- u. Nachkriegsvorschriften

Lit.: Pal Anh zu § 202 u. Erman Anh vor § 194 BGB.

Für u. gegen bestimmte **vom Krieg Betroffene** (Wehrmachtsangeh, Dienstverpfl, Heimatvertr u. Evakuierte) war während der Geltgdauer der §§ 31, 30 VertragshVO v. 30. 11. 39 (RGBl I 2329) d. i. **vom 2. 12. 39 bis 30. 12. 50** der Lauf der Klagefristen (auch der 10-Jahresfrist nach § 50 II EheG, BGH 3, 348) gehemmt u. zw vom Eintritt des Hemmg-Grundes bis 6 Monate nach dessen Wegfall.

Außerdem bestand eine **allgem** Hemmg der Klagefristen

a) vom **7. 9. bis 2. 12. 39,** d. i. für 87 Tage (Art. 8 VO. v. 1. 9. 39 RGBl I 1656). Galt jedoch nicht für Fristen, die normal am 31. 12. 41 oder später abgelaufen wären (VertraghVO II v. 3. 11. 41 RGBl I 684).

b) vom **15. 10. 44 bis 31. 12. 45** für die am 15. 10. 44 noch nicht abgelaufenen Fristen (§§ 32—34 VO v. 27. 9. 44 RGBl I 229)[1]).

c) vom **1. 1. 46 bis** zu dem landesrechtl bestimmten Zeitpunkt (in Bayern bis **31. 12. 48**). Einzelh s. H-St Vorbem 3 zu § 35).

Beisp: Kenntn vom ScheidgGrund seit 7. 3. 39. Da die 6-Monatsfrist am 7. 9. 39 noch nicht abgelaufen war (es fehlte noch 1 Tag), verlängerte sie sich bis 6 Monate nach Wegfall des kriegsbedingten HemmgGrundes. Lag dieser Zeitpunkt nach dem 31. 12. 45, so ist die Frist in Bayern am 31. 12. 48 zuzügl des fehlenden 1 Tages, also gem § 193 BGB mit Ablauf des 2. 1. 49 abgelaufen.

Seit 30. 12. 50 gelten zieml verwickelte Vorschriften des **Ges v. 28. 12. 50** (BGBl 821). Es betrifft diejenigen Fristen, die dch Kriegs- u. Nachkriegsvorschriften gehemmt u. beim Inkrafttreten dieses Gesetzes (30. 12. 50) noch nicht abgelaufen waren.

1. Ihr Ablauf beurteilt sich ausschließl nach den **allgem** Vorschriften. Sie endeten aber **frühestens am 31. 3. 51** (§ 1 I).

Sie endeten also auch dann erst an diesem Tage, wenn sie aGr der Vorkriegsvorschriften schon vorher abgelaufen wären. Waren sie dch Nachkriegsvorschriften nicht mehr gehemmt, so bemißt

[1]) Sonderbestimmg für den Fall des Fristablaufs vor 9. 5. 45, wenn ein Eheg deutscher StAngehörigk u. der andere Angeh eines ehemaligen Feindstaats ist, s. ErgG v. 30. 3. 51 (RGBl 213).

sich ihr Ablauf selbstverständl ausschließl nach den Vorkriegsvorschriften u. konnten sie auch schon vor dem 31. 3. 51 enden.

Bestand ein **normaler HemmgGrund** (zB Aufhebg der häusl Gemeinsch) noch **nach dem 30. 6. 50,** so enden die Klagefristen 6 Monate nach dessen Wegfall (§ 1 II).

Ist zB die Wiederherstellg der häusl Gemeinsch nach dem 30. 6. 50 erfolgt, so läuft stets eine zusätzl Frist von 6 Monaten, mag auch ein Teil der Frist bereits vor Eintritt der kriegsbedingten Hemmg abgelaufen gewesen sein. Voraussetzg ist selbstverständl auch hier, daß die Klagefrist am 30. 12. 50 noch nicht abgelaufen war (s. oben). Sie endete aber keinesfalls vor dem 31. 3. 51 (§ 1 I).

Beisp:	Kenntn des ScheidgGrunde seit	1. 9. 39
	kriegsbedingte Hemmg 1. 10. 39 —	31. 12. 48
	Hemmg dch Getrenntleben bis	1. 8. 50
	Ende der Klagefrist an sich	1. 2. 51,
	aber zufolge § 1 I	31. 3. 51.

2. Eine weitere Verlängerg der Klagefristen tritt ein, wenn der Klageberechtigte oder der andere Teil zu den in § 2 aaO bezeichneten Personengruppen gehört (zB **Kriegsgef** o. Verschleppter, der nach dem 30. 12. 50 heimgekehrt ist oder hätte heimkehren können oder sich noch in Kriegsgefangensch befindet).

a) Die 10-Jahresfrist endet dann nicht vor dem Ende des Kalenderjahres, vor dessen Beginn der Betr zurückgekehrt ist o. hätte zurückkehren können (§ 2 I),

zB bei Rückkehr am 1. 1. 57 nicht vor dem 31. 12. 58,

b) Dagg endet die 6-Monatsfrist gem § 2 III bereits am Ende des entspr Kalender**halbjahres,**

also bei Rückkehr im Jahre 1957 am 30. **6.** 58.

Auch diese Hemmungen im Ablauf der Klagefristen werden (entgg § 205 BGB) bei deren Berechng nicht ausgeklammert, sondern eingerechnet (Prinzip der Ablaufhemmg wie in §§ 206, 207 BGB).
Die 10-Jahresfrist ist also auch hier von dem nach § 50 EheG maßgebenden Zeitpunkt zurückzurechnen.

Beisp:	Rückkehr	1. 1. 57
	Einreichg der Klage	1. 1. 59
	Beginn der 10-Jahresfrist	1. 1. 49.

Frühestens endete die 10-Jahresfrist am 31. 3. 51 (§ 1 I). Bis dahin konnten also auch ScheidgGründe, die bereits vor dem 31. 3. **41** eingetreten waren, noch berücksichtigt werden.

Bei weit zurückliegenden Eheverfehlgen wird idR nicht anzunehmen sein, daß sie noch als ehezerstörend empfunden werden. Am sichersten kann aber ihrer Geltendmachg dch den Nachweis, daß die Klagefrist abgelaufen ist, begegnet werden. Die Kenntn der hier angeführten Vorschriften erscheint daher auch heute noch unerläßl.

Proz Verwirkg gem § 616

1. § 616 gilt **nur für Scheidg- u. AufhebgS.**
2. Er setzt voraus, daß eine Scheidg- u. AufhebgKlage rechtskr **abgewiesen** ist.
3. Die Abweisg muß **dch Sachurt** erfolgt sein.

   Ist die Klage dch ProzUrt abgewiesen o. zckgenommen worden, so ist § 616 nicht anwendb, es sei denn, daß eine WKlage anhängig geblieben ist.

4. Die Sachabweisg besagt, daß die vorgetragenen Klagegründe zur Scheidg bzw Aufhebg nicht genügten, daß also dem Kl bis dahin ein Recht auf Scheidg bzw Aufhebg nicht erwachsen war. Dieser Ausspruch bindet jedes neuerdings mit der Sache befaßte Ger (§ 322).
5. Tats, die zur Begr der Klage o. einer WKlage erfolglos **vorgebracht** waren, können daher in einem weiteren Scheidg- o. AufhebgProz zwischen denselben Parteien weder zur Begr der Klage noch zur Begr einer WKlage erneut geltend gemacht werden.

   Grund: Die materielle Rechtkr des 1. Urt würde das Ger nötigen, aus diesen Tats wiederum dieselbe RFolge zu ziehen, also die neue Klage bzw WKlage ebenfalls abzuweisen.
   Selbst wenn sich neue BewMittel o. Indizien für die Richtigk einer im 1. Proz aufgestellten Klagebehauptg ergeben, darf das Ger nicht einen vom 1. Urt abw Tatbestand feststellen u. mit dieser Begr nunmehr der Klage stattgeben (BayOLG 1, 64).

6. Darüber hinausgehend schließt § 616 auch die Geltendmachg von Tats aus, die im 1. Proz nicht vorgebracht worden sind, aber vom Kl zur Begr der Klage o. vom Bekl zur Begr der WKlage in 1. oder 2. Instanz gem §§ 614, 615 **hätten vorgebracht werden können.**
7. Dies setzt voraus, daß die Tats bei Schluß der letzten TatsVerhandlg bereits eingetreten u. dem Kl (WKl) bekannt waren.

   Kenntnis ist hier in gleichem Umfang erforderl u. genügend wie bei der Verzeihg (s. o. S. 158). Kennenmüssen genügt also nicht (HRR 31, 701), ebensowenig bloße Vermutg (RG 126, 265). Bei Eheverfehlg ist erforderl, daß dem Kl (WKl) auch deren Tragweite bekannt war (RG 154, 256).

   Der Kl (WKl) muß ferner imstande gewesen sein, diese Tats mit Aussicht auf Erfolg vorzubringen (RG 126, 265).

   Bloße abstrakte Möglk des Vorbringens genügt nicht (RG 158, 202). § 616 schließt daher nicht die Geltendmachg von Tats aus, die der Kl im Vorproz zw schon gekannt hat, aber zu beweisen außerstande war (RG 35, 344). Dies gilt jedoch nur für Tats, die er im Vorproz **nicht** vorgetragen hat. Für Vorgetragene s. o. Ziff. 5.

Jedem Kl (WKl) ist es daher zu empfehlen, Tats erst dann vorzutragen, wenn er sie bew kann. Hat er sie näml erfolglos vorgetragen, so kann er eine neue Klage nicht mehr auf sie stützen.

8. **Wiederholg einer Klage aus § 48.**

Erforderl ist Eintritt neuer Tats, zB daß die 3-Jahresfrist nunmehr abgelaufen ist.

War sie schon im Vorproz erfüllt, so ist der Ablauf weiterer 3 Jahre der Heimtrenng keine neue Tats iSd § 616 (BGH 2, 99).

Nicht erforderl ist, daß für alle TatbestMerkmale des § 48 neue Tats vorgetragen werden. Es muß aber zugunsten des Kl eine wesentl Änderg des Sachverhalts eingetreten sein, die Grund zu einer neuen tatsächl Würdigg gibt.

Wiederholg ist zB zulässig,

wenn eine vorher für heilb angesehene Zerrüttg unheilb geworden ist (BGH 8, 122),

wenn Gründe aus § 48 III der Scheidg nicht mehr entggstehen, zB weil die Kinder vollj geworden sind,

wenn die Eheg in der ernstl Absicht, die Ehe fortzusetzen, sich nach Schluß des 1. Proz wieder vereinigt haben (OGHZ 1, 124),

wenn der Bekl nunmehr bereit ist, keinen Widerspr mehr zu erheben (Celle SJZ 46, 226),

wenn wesentl neue Tats gg die Zulässigk des Widerspr vorgebracht werden.

Macht der Kl nur gg die Beachtlk des Widerspr neue Tats geltend, so ist die Zerrüttg- u. Schuldfrage nicht erneut zu prüfen (BGH 4, 184; bestr s. StJSch N 15c).

Näheres s. Habscheid MDR 53, 394ff.

9. **BewLast.**

Wer die Einrede aus § 616 erhebt, hat deren Voraussetzgen zu beweisen,

also insbes daß der Gegner von der in der neuen Klage (WKlage) geltend gemachten Tats in dem maßgebenden Zeitpunkt im erforderl Umfang **Kenntn** gehabt hat (RG 126, 265; 160, 22).

Wendet der Gegner ein, er sei wegen Mangels an BewMitteln zur Geltendmachg nicht imstande gewesen, so hat er dies zu bew (RG 42, 387). Das Ger muß den AusschlGrund des § 616 **von Amts wegen** berücksichtigen (ebenda) u. zw auch noch in der RevInst (BGH LM Nr. 6).

Da die Ausschlußwirkg absolut bindenden Charakter hat, kann sie weder dch Vorbehalt des Kl noch dch Parteivereinb noch dch einen Vorbehalt im 1. Urt beseitigt werden (RG 5, 378, 380).

Verwertg ausgeschlossener ScheidgGründe

ScheidgGründe, die dch Verzeihg, Verzicht, Fristablauf o. proz Verwirkg gem § 616 ausgeschlossen sind, können zw nicht mehr selbständg, aber zur **Unterstützg** einer auf andere Klagegründe gestützten Scheidg-Klage, sowie — aus BilligkGründen — zur Begr eines (Mit-)Schuldantr (§§ 51 II, 52 III, 53 II) u. eines Widerspruchs aus § 48 II verwertet werden.

Selbstverständl Voraussetzg ist, daß sie bestanden haben. Ist dies rechtskr verneint, so können sie nicht mehr zur Begr eines Mitschuldantr herangezogen werden (BayOLG 1, 66). Unterstützend können sie aber auch in diesem Falle noch vorgebracht werden, wenn sich in Zusammenhalt mit späteren Eheverfehlg ein neuer Tatbestand ergibt (ebenda).

Eheverfehlg, die für sich allein betrachtet eine Klage aus § 43 nicht rechtfertigen, können diese Voraussetzg in Zusammenhalt mit den nach § 616 Ausgeschlossenen erfüllen (BGH 12, 111). Nach § 616 Ausgeschlossene können auch zur Abweisg einer Klage nach § 43 S. 2 führen (RG 158, 200). Soe können auch zur Unterstützg einer Klage aus § 44 verwertet werden (H-St 3 A zu § 51, bestr).

Aussetzung des Verfahrens

I. **Wegen Straftat.**

Ergibt sich im Laufe des RStreits der Verdacht einer Straftat, deren Ermittlg auf die Entscheidg von Einfluß ist, so kann das Ger anordnen, daß die Verhandlg bis zur Erledigg des Strafverf ausgesetzt wird (§ 149).

In Betracht kommen Straftaten, deren Ermittlg für die **BewWürdigg** von Bedeutg ist, zB Delikte nach §§ 153ff StGB (Eidesverletzg, falsche Zeugenaussage o. Verleitg hierzu), Fälschg einer BewUrk, **Straftaten, die zugleich Eheverfehlg** sind, ehrlose Verbr, Vergehen nach §§ 170, 171 StGB u. dgl. Daß ein Strafverf bereits eingeleitet ist, ist nicht erforderl.

Die Aussetzg steht im Ermessen des Ger.

Maßgebender Gesichtspunkt ist, ob die Straftat im StrafVerf besser aufgeklärt u. nutzlose Doppelarbeit vermieden werden kann u. ob diese Aufklärg für die Entscheidg erforderl ist. Andernfalls Zuleitg der Akten an StAnw erst nach Abschluß des RStreits.
Bei Straftat in der Sitzg Maßnahmen nach § 183 GVG.

Die Aussetzg endet mit Erledigg des StrafVerf,

also dch Einstellg dch StAnw o. Ger, AußerverfolggSetzg, Ablehng der Eröffng, rechtskr Verurteilg o. Freispruch. Nach Ermessen des Ger auch schon vorher dch Aufhebg gem § 150.

In der RevInstanz ist Aussetzg ausgeschlossen, da das RevGer nicht mit BewWürdigg befaßt ist.

II. **Aussetzg wegen Präjudizialität.**

1. Bestreitet der Bekl, mit dem Kl verh zu sein, so ist ein Verf auf Scheidg-, Aufhebg-, Nichtigk- o. HerstellgKlage nach § 154 auf Antrag auszusetzen, bis der Streit über das Bestehen der Ehe dch FeststellgKlage erledigt ist,

   denn wenn die Ehe nicht besteht, kann sie weder geschieden noch aufgehoben noch für nichtig erklärt werden u. kann auch kein Herstellg Anspr gegeben sein.

2. Ist die FeststellgKlage bereits rechtshängig, so kann das Ger nach § 148 **von Amts wegen** aussetzen.

3. Wendet der Bekl **Nichtigk** der Ehe ein, so ist der RStreit auf Antrag gem § 151 auszusetzen.

Ist zw der erforderl AussetzgAntrag gestellt, aber Nichtigk-Klage noch nicht erhoben: Fristsetzg zur Erhebg derselben. Wird der AussetzgAntrag nicht gestellt: Vorlage der Akten an StAnw zwecks Erhebg der NichtigkKlage. Ist NichtigkKlage bereits erhoben: Aussetzg von Amts wegen gem § 148.

4. Ist die Ehe dch **AufhebgKlage** angefochten, so sind andere EheS gem § 152 auf Antrag auszusetzen, wenn die Entscheidg des RStreits davon abhängt, ob die Ehe aufhebb ist.

Dies ist jedoch nur in HerstellgS der Fall. Dagg steht die Aufhebbk der Ehe weder ihrer Scheidg (Gerold 16 zu § 41) noch ihrer NichtigkErklärung (§ 24 I S. 2 EheG) entgg. Die Entscheidg über die Aufhebbk ist auch für eine FeststellgKlage nicht präjudiziell.
Eine Aussetzg der ScheidgKlage nach § 152 ist auch dann nicht statth, wenn sie mit einer AufhebgKlage verbunden ist o. ihr als WKlage ggübersteht (StJSch II 1 zu § 152).

III. **Aussetzg wegen Wegfalls der ProzFähigk o. des gesetzl Vertr** einer Partei nach § 246 s. o. S. 88.

IV. **Aussetzg zwecks Aussöhng** gem § 620.

Im Interesse der Erhaltg bestehender Ehen sieht § 620 eine Aussetzg des Verf vor.

Sie ermöglicht es, die weitere Entwicklg der Ehe abzuwarten u. gewährt dem Kl eine ÜberleggFrist, ob er seine Klage weiterverfolgen will.
Klagt er auf Feststellg o. Nichtigk, so besteht dazu kein Anlaß. Auch für AufhebgS erkennt das Gesetz ein Bedürfn für eine Aussetzg nicht an, obwohl hier eine Aussetzg ebenso wie in ScheidgS zur Erhaltg der Ehe dch Bekundg des Fortsetzg-Willens führen kann.

In Aufhebg-, Nichtigk- u. FeststellgS ist daher eine Aussetzg nach § 620 ausgeschlossen. Sie ist nur in Scheidg- u. Herstellg zulässig.

1. **ScheidgS.**

Auch hier ist § 620 nicht anwendb, wenn die ScheidgKlage mit einer AufhebgKlage verbunden ist o. beide Klagen einander als Klage u. WKlage ggüberstehen. Aussetzg der Verhandlg über eine von beiden u. Fortsetzg der Verhandlg über die andere würde zu einem unzulässigen Teilurt führen können. Dies gilt selbst dann, wenn die AufhebgKlage nur hilfsw neben einer ScheidgKlage erhoben u. offensichtl unbegründet ist, denn die

Aussetzg müßte auch in diesem Falle zwangsläufig die Verhandlg u. Entscheidg über die AufhebgKlage umfassen.

a) Aussetzg **auf Antrag des Kl** (WKl).
Hat der die Scheidg betreibende Teil die Aussetzg beantragt, so darf das Ger die Ehe nicht ohne vorherige Aussetzg **scheiden.** Dagg ist es dch einen AussetzgAntr nicht gehindert, die Klage **abzuweisen** (RG 46, 386).

Das Recht auf Aussetzg ist dem Kl (WKl) im Interesse der Erhaltg der Ehe verliehen. Es besteht daher nicht, wenn die ScheidgKlage abweisgreif ist (RG 46, 406 u. JW 38, 251). Der Kl kann daher die Abweisg seiner Klage nicht dch einen AussetzgAntrag inhibieren. Steht aber noch nicht fest, daß die Klage abgewiesen werden muß, so würde es dem Sinn des § 620 widersprechen, wenn das Ger unter Übergehg des AussetzgAntrags weiterverhandeln u. Bew erheben würde, denn dadch könnte eine Aussöhng erschwert o. unmögl gemacht werden (aA RG 46, 386).

Mißbräuchl AussetzgAnträgen ist nicht zu entsprechen,

zB wenn gestellt, um einer verfrühten Klage aus § 48 zum Erfolg zu verhelfen (Naumbg HRR 38, 908) o. um auf den Gegner einen wirtschaftl Druck auszuüben (KG DR 42, 1035).

Form des Antrags:

in mündl Verhandlg. Im Verf nach § 251a genügt schriftl Antrag.

Rechtsmittel:

gg Aussetzg einf Beschw, gg Ablehng eines AussetzgAntrags sofortige Beschw (§ 252). Die Rev vermag wegen § 548 letztere nicht zu ersetzen (RG 46, 386).

Aufhebg nur auf Antrag des Antragstellers.

b) **Aussetzg von Amts wegen,** wenn zur gütl Beilegg des R-Streits zweckm.

Doch müssen Anhaltspunkte für die Möglk einer Aussöhng gegeben sein. Erscheint die Klage bereits abweisgreif, so wird idR kein Anlaß bestehen, das Verf auszusetzen. Dem Sinn des § 620 würde es auch hier nicht entsprechen, eine Aussetzg erst dann zu erwägen, wenn eine BewAufn stattgefunden hat u. feststeht, daß die Klage begründet ist. „Wenn überhaupt, wird die Aussetzg vor Eintritt in die BewAufn eher am Platze sein als nach deren Erledigg" (StJSch III 1 zu § 620).

Entscheidg nur aGr mündl Verhandlg (KG OLG 25, 138).

Aussetzg auch noch in der RevInst. Unterlassg der Amtsaussetzg ist nur revisibel, wenn § 620 I S. 2 übersehen o. falsch ausgelegt (Warn 19, 80).

Aufhebg wegen veränderter Umstände jederzeit aGr mündl Verhandlg mögl (KG OLG 25, 137).

Rechtsmittel:

gg Aussetzg einf Beschw. Auch gg Vertagg, die in ihrer Wirkg einer Aussetzg gleichkommt, zB Vertragg auf unbestimmte Zeit o. langfristig (Baumb 1 B Einf § 148).

c) **Dauer** der Aussetzg höchstens 1 Jahr (§ 620 II).

Die Dauer muß im AussetzgBeschl bestimmt angegeben werden (Marienwerder HRR 41, 610).
Keine Verlängerg (§ 224 II), auch nicht bei Parteieinverständn. Abkürzg nur bei Amtsaussetzg u. nur wegen veränderter Umstände.

Wiederholte Aussetzg innerh desselben RStreits ausgeschlossen.

Davon ist jedoch eine vor Eintritt der Rechtshängigk, zB in einem Sühnetermin vereinbarte Aussetzg zu unterscheiden. Denn Aussetzg eines RStreits setzt begriffl voraus, daß derselbe begonnen hat (aA Kassel JZ 51, 310, das Aussetzg im AR-PrüfgVerf zuläßt u. die Möglk erneuter Aussetzg im RStreit verneint). Umgehg des WiederholgVerbots dch langfristige Vertragg o. Anordg des Ruhens des Verf unzulässig.

Sind **Klage u. WKlage auf Scheidg** gerichtet u. hat nur **ein** Teil Aussetzg beantragt, so kann dem nur entsprochen werden, wenn bezügl der Klage des andern Amtsaussetzg erfolgen kann. Nur bezügl einer der beiden Klagen auszusetzen, würde dem Einheitlk-Grundsatz widersprechen. Aus dem gleichen Grunde kann Wiederaufhebg der Aussetzg auch dann erfolgen, wenn der Teil, der die Aussetzg beantragt hatte, widerspricht, aber der andere beachtl Gründe für eine Wiederaufhebg vorbringt (Breslau HRR 42, 728).

2. **HerstellgS.**

Für die (äußerst seltenen) HerstellgKlagen gilt Entsprechendes. Doch kann hier, wenn Kl Aussetzg beantragt hat, auch kein klageabweisendes Urt ergehen. Über den Fall, daß HerstellgKlage mit ScheidgKlage zusammentrifft, s. Braunschw OLG 35, 172 u. StJSch IV 2 zu § 620).

3. Auch während einer Aussetzg sind **Anordgen nach §§ 627ff zulässig** (StJSch IV 3). Dagg keine Entscheidg über AR-Gesuch,

da RSchutzbedürfn entfällt, wenn die Aussetzg zu einer Aussöhng führt. Klagerückn, AnsprVerz u. RMVerzicht während Aussetzg mögl (vgl BGH 4, 320).

V. **Ende der Aussetzg.**

Die Aussetzg endet von selbst mit Ablauf des in dem Beschluß genannten Zeitraums. Mit dieser Endigg beginnen die **Fristen** neu zu laufen, ohne daß es einer förml Aufn nach § 250 o. eines GerBeschl über den Fortgang des Verf bedarf (BGH LM Nr. 2 zu § 249).

Die Klagerücknahme (= KlR)

§ 271

KlR ist der proz **Verzicht des Kl** (WKl) **auf Entscheidg** über sein Klagebegehren **in dem anhängigen Proz.** Sie schließt eine Wiederholg nicht aus, denn — im Gegensatz zum Verz — läßt sie den Anspr unberührt.

Doch kann sie als Verzeihg zu werten o. in einen Verz umzudeuten sein (Oldenbg JZ 52, 566).

Logische **Voraussetzg** der KlR ist, daß die Klage **erhoben u. noch anhängig** ist.

Erhoben ist die Klage mit ihrer Zustellg (§ 253 I). Bei falscher Zustellg ist aber § 271 aus prakt Gründen entspr anzuwenden (München HRR 38, 691).
Wirksam ist die Klagezustellg auch dann, wenn sie der Urk-Beamte eigenmächtig, näml vor Terminsbestimmg vorgenommen hat (München BayJMBl 55, 78).
War die Klage überhaupt noch nicht zugestellt, so stellt die „KlR" nur die Rückn des Terminsantr dar.

Hat der Bekl zur Hauptsache verhandelt, so hat er dadch ein proz Recht auf Entscheidg über die Klage erlangt u. bedarf die KlR daher seiner **Einwilligg.**

Dies gilt auch in EheS (RG JW 35, 1024[11]; ständ Rsp). Eine Ausnahme wird man nur für eine Klage des StAnw machen müssen (RG DR 44, 914).
Kein Verhandeln des Bekl zur Haupts liegt vor, wenn er nur prozhindernde Einreden erhoben o., ohne zur Haupts Stellg zu nehmen, Klageabweisg beantragt (RG 132, 336) o. WKlage erhoben hat (Rosenbg S. 597; aA RG 85, 88).
Verhandeln des Bekl im VersäumnVerf nach § 618 I verliert dch zulässigen Einspr des Kl seine Wirkg (§ 342) u. steht einer einseitigen KlR nicht entgg (BGH 4, 339).

War der **Bekl nicht vertr,** konnte er also nicht verhandeln, so ist seine **Einwilligg nicht erforderl** (KG OLG 23, 166; Nürnbg BayJMBl 53, 272).

Form u. Adresse:

Sowohl die KlR als auch die Einwilligg ist **dem Ger ggüber** zu erklären u. zw entweder

a) in der **mündl** Verhandlg

— ProtZwang gem § 160 II Nr. 1 —

oder

b) dch Einreichg eines **Schriftsatzes.**

Dem Gegner von Amts wegen zuzustellen (§ 261 b I) u. zw förml (§ 261 b II). Zustellg entbehrl, wenn der Gegner seine Einwilligg bereits erteilt hat, zB dch Mitunterzeichng der KlR (RG HRR 31, 1965).

c) *concludenter.*

Bloße Untätigk genügt aber idR nicht (RG 75, 290). Stillschweigende Einwilligg des Bekl kann zB darin liegen, daß er Kostenantr nach § 271 III stellt, Verweigerg darin, daß er seinen KlageabweisgAntrg aufrechterhält (RG 15, 426).
Beispiele für stillschweigende KlR s. BGH 4, 339. Nichtverhandeln des Kl bedeutet an sich keine KlR (ebenda). Eine gesetzl Ausnahme besteht aber für Nichtigk- u. FeststellgKlagen (§§ 635, 638). Auch ErlediggErklärg stellt idR keine Klagerücknahme dar (Rosenbg S. 596). Ein bei Einlegg der Berufg gestellter AussetzgAntr kann nicht in eine KlR umgedeutet werden (RG 159, 189).

AnwZwang: KlR u. Einwilligg unterliegen dem AnwZwang.

(Rosenbg S. 596, Baumb 3 B, hinsichtl schriftl KlR auch Zöller 2a, ferner StJSch III 2a b zu § 271).
Zur Erleichterg der KlR in EheS ließ der dch § 34 DVO I eingeführte § 614a auch Erklärg vor dem Richterkomm, insbes in einem AR-PrüfgTermin nach § 118a II S. 1 genügen. Diese Bestimmg ist aber dch § 3 II der 4. VereinfVO aufgehoben. Sie gilt nur noch in der brit Zone (HSt S. 410). Wenn StJSch aaO Erklärg vor dem Richterkomm genügen lassen, so kann dies also nur für die brit Zone Geltg beanspruchen.
Keinesfalls genügt Erklärg zu Prot der GeschStelle. Die ggteilige Ansicht (Tübingen DRZ 52, 210 u. Gerold 5 vor § 49) ist dch Neufassg des § 271 überholt.

Als ProzHandlgen müssen beide Erklärgen **unbedingt** sein, denn sonst bliebe die Rechtshängigk in der Schwebe. Sie können wegen Willensmängeln nur **angefochten** werden, wenn diese einen RestitGrund darstellen.
Bis zur Einwilligg des Bekl wird der Proz weitergeführt, als wenn die KlR nicht erfolgt wäre (RG 75, 290). Der Kl bleibt, solange der Bekl die Einwilligg nicht verweigert hat, an seine Erklärg gebunden. Wird aber die Einwilligg verweigert, so erlangt er seine volle HandlgFreih zck. Der Bekl kann dem nicht dadch begegnen, daß er nun nachträgl doch seine Einwilligg erteilt (Bambg BayJMBl 53, 36).

Wirkgen.

1. Die proz Wirkgen der Rechtshängigk werden rückw aufgehoben.

   Der RStreit ist so anzusehen, als wäre er nicht anhängig geworden.

2. Auch materiellrechtl Wirkgen der Rechtshängigk werden dch die KlR rückgängig gemacht u. zw gleichfalls rückw,

   zB Wahrg der Klagefrist des § 50 EheG.

3. Erhebg einer WKlage ist nun nicht mehr mögl.

   Dagg bleibt eine bereits erhobene anhängig.

4. **Kostenpflicht des Kl.**

   Auf Antrag des Bekl dch Beschl auszusprechen, ev dch ER. Mündl Verhandlg freigestellt. Betrifft nur die dch die Klage verursachten Kosten. Kosten einer WKlage daher auszuscheiden.

   Rechtsmittel: sofort Beschw, sofern BeschwSumme 50 DM übersteigt (§§ 271 III S. 5, 567 II).

   Vollstreckb nach § 794 Nr. 3.

   Wurde die Klage trotz Rückn zugestellt u. hat der Bekl in Unkenntn der KlR einen Anw bestellt, so ist § 271 sinngem anzuwenden (Hamm NRW-JMBl 52, 228).

5. Die in einem andern Proz bestehende Einrede der Rechtshängigk wird dch die KlR gegenstandslos.

6. Ein bereits ergangenes, aber noch nicht rechtskr Urt wird wirkglos, ohne daß es der Aufhebg bedarf.

   Auf Antrag des Bekl dch Beschl auszusprechen. Auch der Kl kann diesen Antrag stellen (Düsseldf NJW 57, 1367).

7. Gg erneute Klage vor Kostenerstattg gibt die KlR dem Bekl eine prozhindernde Einrede (§ 271 IV).

   Entfällt, wenn die Kosten dem Gesamtgut (RG 31, 422) o. im Verhältn der Eheg zueinander dem Bekl zur Last fallen[1]).

Teilweise KlR nur mögl, wo Teilurt ergehen kann,

also nur wenn Scheidg-(Aufhebg-)Klage mit HerstellgKlage verbunden.

Beschränkg auf bestimmte Klagegründe ist keine KlR.

Vereinbarte KlR.

Von der KlR zu unterscheiden ist eine dch Vergleich übernommene Verpflichtg zur KlR. (Über die Sittenwidrigk einer Vereinbarg, dch die der Kl ausschließl dch das Versprechen vermögensrechtl Vorteile zur KlR bestimmt wurde, also sich die

---

[1]) Hierüber s. o. S. 39.

KlR hat „abkaufen" lassen, s. RG 109, 142 u. 158, 297). Eine solche Vereinbarg ersetzt nicht die KlR selbst, denn diese kann nur in der Form des § 271 erfolgen. Sie ist ausschließl nach BGB zu beurteilen u. verschafft dem Bekl ledigl eine Einrede gg die Fortsetzg des Proz, die zur Abweisg der Klage dch ProzUrt führt. Hat der Kl abredewidrig Berufg eingelegt, so muß sich der Bekl, um diese Einrede geltend machen zu können, anschließen (RG 159, 192).
Erneuter Erhebg der Klage steht eine solche Vereinbarg nur entgg, wenn sie gleichzeitig materiellrechtl Bedeutg hat, zB eine Verzeihg enthält. In diesem Falle erfolgt Sachabweisg.

Widerruf.

Als ProzHandlg ist die KlR ebenso wie die Einwilligg an sich unwiderrufl.
Mit Einwilligg des Bekl kann sie aber rckgängig gemacht werden, es sei denn, daß sie bereits dazu geführt hat, daß das Urt 1. Inst wirkglos geworden ist (Nürnbg BayJMBl 53, 272). Sonst aber besteht kein öffentl Interesse daran, die Parteien an ihren Erklärgen festzuhalten, denn dies würde, wenn beide Parteien den Proz fortsetzen wollen, nur die Prozesse verdoppeln (StJSch V 2 zu § 271 u. Rosenbg S. 599).

Berichtigg.

Eine an sich unwiderrufl ProzHandlg kann berichtigt werden, wenn die Unrichtigk der Erklärg dem Empfänger bekannt o. erkennb war. Dies ist der Fall, wenn der Bekl erklärt, er nehme die „Berufg" wegen Aussöhng zck, wenn aber die Ehe nur dch Rückn seiner WKlage aufrechterhalten werden kann (München BayJMBl 54, 273).

KlR nach Erlaß des Urt.

KlR u. Einwilligg müssen vor Eintritt der Rechtskr bei Gericht erklärt bzw eingelaufen sein. Ist das Urt bereits dch Ablauf der RM-Frist o. dch RMV rechtskr geworden, so kann es dch KlR nicht mehr wirkglos gemacht werden.
KlR u. Einwilligg müssen von dem ProzBevollm der Inst, bei der der Proz schwebt, erklärt werden, also solange kein RM eingelegt ist u. sich für die RMInst kein Anw bestellt hat, dch den Anw der unteren Inst (RG HRR 31, 1965; BGH NJW 54, 1405). In gleicher Weise bestimmt sich die Adresse für die erforderl Zustellgen von KlR u. Einwilligg (KG OLG 23, 166).

War in 1. Inst Scheidg auf Klage u. WKlage erfolgt u. ausschließl wegen der Klage Berufg eingelegt, so ist auf KlR zu tenorieren:

> „Die Berufg wird mit der Maßgabe für erledigt erklärt, daß die Ehe auf die WKlage geschieden u. der Kl für den allein schuldigen Teil erklärt wird." (StJSch VI 4 zu § 271.)

Näheres s. Cebulka NJW 52, 1005 „Verfrechtl VerfüggAkte der Parteien zur Beendigg eines EheRStreits vor dem BerufgGer" mit Vorschlägen für die Formulierg der in Frage kommenden Entscheidgen.

Bei **Streit über die Zulässigk o. Wirksamk** einer KlR hat das Ger unter Fortsetzg des Verf zu entscheiden.

Erachtet es die KlR für wirksam, so spricht es dies entweder dch ZwUrt (§ 303) o. in den Gründen des Endurt aus. Andernfalls ergeht Endurt: „Die Klage wird für zckgenommen erklärt".

Terminsabsetzg.

Wird die Klage schriftl zckgenommen, so erholt das Ger die etwa erforderl Einwilligg des Bekl u. setzt einen etwa anstehenden Termin, wenn Streit über die Wirksamk der KlR o. über die Kosten nicht zu erwarten, ab.

Kosten.

Der Grund der KlR ist idR eine Aussöhng der Eheg. Diese ist an sich kein RGeschäft, sondern ein rein tatsächl Vorgang u. enthält nicht ohne weiteres eine Kostenübernahme dch den Bekl (KG DR 40, 1894), doch kann sie uU als Vergleich mit der Kostenfolge aus § 98 ausgelegt werden, zB wenn die KlR an eine Vereinbarg über die Fortsetzg der ehel Gemeinsch geknüpft ist (Schlesw MDR 55, 177).

Gebühren.

KlR bewirkt Wegfall bzw Ermäßigg der ProzGeb des Ger (§ 35 GKG), berührt aber nicht die ProzGeb des Anw.
AnwGeb aus § 36 II RAGebO bei KlR wegen Aussöhng nur in Scheidg- u. AufhebgS u. nur, wenn ehel Gemeinsch fortgesetzt wird (s. u. S. 219).
Der Antrag auf Kostenauferlegg nach § 271 III u. die Entscheidg hierüber ist gebfrei (das GKG nF hat eine dem § 33 I Nr. 1a GKG aF entspr Vorschr nicht übernommen). Im Beschwerdeverf nach § 271 III jedoch wie bisher $^1/_1$ GerGeb (§ 46 I GKG) u. $^3/_{10}$ AnwGeb (§ 61 RAGebO).
Streitwert: Kostenbeträge. Näheres s. Wagner NJW 53, 972.

Der Anspruchsverzicht

I. **ScheidgSachen.**

Zuweilen entschließt sich der Kl von seiner Klage abzustehen,

sei es, weil er die Ehe fortsetzen will oder aus einem anderen Grunde kein Interesse mehr an der Scheidg hat, sei es, weil er sich ggüber der WKl auf einen Schuldantrag beschränken will.

Die Rücknahme der Klage scheitert dann häufig daran, daß die Einwilligg des Gegners nach § 271 I ZPO erforderl, aber nicht zu erlangen ist,

weil sie der Gegner nicht wirks erteilen kann (zB wenn er zw zur Hauptsache verhandelt hat, aber nicht mehr vertreten ist) oder weil er sie nicht erteilen will, sondern seinerseits die Scheidg wünscht.

In solchen Fällen kann der Kl einer Entscheidg über seine Klage dadch den Boden entziehen, daß er auf seinen Scheidgsanspruch verzichtet. Dem kann der Gegner nicht widersprechen.

Die **Zulässigkeit** eines solchen Verzichts steht außer Frage, denn § 306 ZPO erklärt den Verzicht des Kl auf den Klageanspruch allgemein für zulässig, auch bei Widerspruch des Gegners. Von diesem Grundsatz besteht für Ehes keine Ausnahme (RG 115, 375).

Ebenso wie die Geltendmachg des ScheidgRechts muß auch der Verzicht auf dieses Recht der **freien Verfügg** des Kl unterliegen. Nie soll der Kl gg seinen Willen geschieden werden. Soweit der Verzicht die **Aufrechterhaltg** der Ehe zum Ziele hat, dient überdies der Verzicht einem vom GesGeber erwünschten Ergebnis. Der Gegner kann dem Verzicht des Kl auch dann nicht widersprechen, wenn er bereits einen **Schuldausspruch** erzielt hat u. dieser durch den Verzicht des Kl hinfällig wird (RG aaO).

Der Kl kann sogar dann noch verzichten, wenn seiner **Klage** bereits **stattgegeben** worden ist. Obwohl er in diesem Falle nicht beschwert ist, kann er Berufg einlegen, um den Verzicht auf sein ScheidgsRecht mit der Wirkg des § 306 erklären zu können (RG DR 42, 1342, st Rsp).

Hat allerdings das Urteil **Rechtskraft** erlangt, so ist ein Verzicht nicht mehr mögl, auch nicht mit Zustimmg des Gegners; denn die Rechtskraft ist der Verfügg der Parteien entzogen (HRR 37, 870).

Gegenstand des Verzichts können nur bereits bestehende Scheidgs-Gründe sein.

Im voraus auf künftige zu verzichten, wäre mit dem Wesen der Ehe unvereinb (OLG 24, 14). Die Geltendmachg späterer o. dem Kl unbekannter Vorkommnisse wird durch den Verzicht nicht ausgeschlossen (Nürnbg MDR 50, 289).

Verzicht auf den Scheidgsanspr ist auch in 2. Inst noch mögl. Stellt die GgPartei dazu keinen Antrag, obwohl sie VerzUrt beantragen könnte, so ist auszusprechen, daß die Klage bzw Widerkl in der Hauptsache erledigt ist, u. zw zweckm im Urteilsspruch, nicht bloß in den Gründen.

Die **Wirkung** des Verzichts reicht weiter als die einer Klagerückn. Während diese den Anspruch unberührt läßt, vernichtet der Verz den Anspr u. schließt dessen fernere Geltendmachg aus. Dch den Verz erlangt der Bekl das Recht, die Abweisg der Klage dch **Verzichturteil** zu erlangen (StJSch II 2 zu § 617; aA Baumb 2 zu § 617).

Fehlt eine ProzVoraussetzg, so lautet das Urteil auf Proz-Abweisg, andernfalls ergeht Sachurteil, jedoch ohne Sachprüfg (StJSch III 2 zu § 306). Die Rechtskraft dieses Urteils hat die Ausschlußwirkg des § 616 ZPO.

Liegt ein wirks Verz nicht vor, so wird der Antrag auf Erlaß eines VerzUrt abgelehnt u. das Verfahren fortgesetzt.

Statt Klageabweisg zu beantragen, kann der Bekl auch die Hauptsache für **erledigt** erklären.

Der Kl hat die ErlediggErklärg bereits dch seinen Verz *implicite* zum Ausdruck gebracht. Es ergeht daher nur noch **Kostenentscheidg** nach § 91a. Diese kann, wenn eine Widerklage anhängg bleibt, auch schon vor Entscheidg über die Widerkl ergehen, denn der EinheitlkGrundsatz gilt nur für Urteile.

Bedingter Verz u. Widerruf.

Da der Verz die Grundlage des VerzUrt bildet, kann er weder an eine Bedingg geknüpft noch einseitig widerrufen werden. Er ist nicht kondizierbar (RG 156, 70) u. unterliegt der Anfechtg wegen Willensmängeln nur, solange kein VerzUrt ergangen ist. Nach Erlaß des Urteils kann die Anfechtg nur mittels Berufg (ev Restitutionskl nach § 580 ZPO) geltend gemacht werden (StJSch V zu § 307, Düsseldf SJZ 48, 459).

Form. Einen Anspr des Gegners auf ein VerzUrt vermag der Verz nur zu begründen, wenn er in der Form des § 306, also „bei der mündl Verhandlg" abgegeben worden ist. Er muß vor dem ProzGericht u. dch einen Prozbevollm erklärt sein (Zöller 1b). Die ProzVollmacht ermächtigt zu dieser Erklärg (§ 81 ZPO), soweit nicht VerzLeistg ausgenommen ist (§ 83 ZPO).

Ein Verz kann auch in einer Klagerückn liegen, zB wenn der Bekl u. BerufgKl die erforderl Einwilligg verweigert u. der Kl darauf erklärt hat, er stelle zur Klage keine Behauptg mehr auf (Oldenbg JZ 52, 566). Dann Aufhebg des Ersturt (Schönke ebenda).

Materiellrechtl Wirkg des Verzichts.
Sie zeigt sich, wenn der Verz nicht zu einem Urt führt,

sei es, weil der Bekl — etwa, um seinem Eheg die Kosten eines Urt zu ersparen — sich darauf beschränkt hat, die Hauptsache für erledigt zu erklären, sei es, weil der Verz nicht in proz richtiger Form erklärt worden ist, z. B. nicht vom ProzBevollm, sondern von der Partei selbst.

Hat in diesem Fall der Verz überhaupt keine Bedeutg? Ist der Kl an seine VerzErklärg nicht mehr gebunden? Kann er den Proz unbeschränkt wieder aufrollen?

Die Antwort hängt davon ab, ob der Verz ausschließl ProzHandlg ist oder ob er zugleich ein Rechtsgeschäft über den ProzGegenstand darstellt, das den materiellrechtl Anspruch vernichtet, — eine seit langem umstr Frage (s. die Aufzählg bei StJSch N 14 u. 15 zu § 307).
Die **erstere** Ansicht wird hauptsächl vertreten von Rosenberg (S. 626 „Der Verz ist nur ProzHandlg u. hat mit dem Verz des bürgerl Rechts nur den Namen gemein"), Lent (DRZ 48, 9), Baumb 1 B vor § 306 („Verz völlig wirkglos, wenn nicht die Gegenpartei daraufhin ein Urt beantragt").
Die **andere** Ansicht wird hauptsächl von StJSch (I 2 zu § 306) u. wurde in ständ. Rspr vom RG vertreten (zB 139, 222)[1].
Letztere verdient in EheS den Vorzug. § 290, aus dem die Gegenmeing die Widerruflk des Verz ableitet, ist wegen § 617 auch nicht entspr anwendb.
Die Sachlage ist ähnl wie beim Rechtsmittelverz. Auch dieser begründet einerseits eine Einrede ggüber dem Verzichtenden, andrerseits — wenn er zur Rechtskr des Urt führt — einen Anspruch ggüber dem Gericht, näml auf Erteilg eines Rechtskr-Zeugnisses gem § 706. Die Einrede bleibt bestehen, auch wenn die VerzErklärg keine Wirkg ggüber dem Gericht auslöst.

Umdeutg.

1. Der Verz kann zugleich eine Rücknahme der Klage enthalten. Stimmt der Bekl dieser zu, so bedarf es keines Urteils mehr, sondern ergeht auf Antrag Kostenentscheidg nach § 271 III.
2. Hat der Kl nach Abw seiner Klage ein Rechtsmittel eingelegt, so ist sein Verz als Rückn dieses Rechtsmittels anzusehen.

[1]) Die Entscheidgen RG 115, 375 u. JW 27, 1207 („Der Verz hat nur die Wirkg, daß der Bekl berechtigt ist, die Abw der Klage dch Urt zu verlangen") hatten ausschließl die proz Wirkgen des Verz im Auge.

3. Häufig, aber nicht notwendig (RG JW 18, 87), ist in dem Verz eine Verzeihg o. Ehebestätigg zu erblicken.

Selbstverständl gilt alles, was vorstehend vom Kl gesagt wurde, auch für den **Widerkläger** (s. o. S. 67).

II. **Sonstige Ehesachen.**

Für Aufhebg- u. HerstellgSachen gelten die Ausführgen unter Ziff. I entspr. Dagg gilt für **Nichtigk- u. Feststellg**Sachen eine Ausnahme. Hier verbietet das öffentl Interesse an der Frage, ob die Ehe gültig geschlossen ist u. besteht, den Erlaß eines VerzUrt, denn dieses ergeht ohne Sachprüfg. Ein Verz des Kl ist hier auch deshalb ausgeschlossen, weil andernfalls § 635 prakt bedeutgslos wäre. Diese Bestimmg verbietet um der allgem Rechtskr willen den Erlaß eines VersUrt gg den Kl (StJSch II zu § 617). Aus dem gleichen Grunde ist auch ein VerzUrt undenkb, es sei denn, daß der Verz eine Ehebestätigg nach § 18 II EheG enthält.

Der Kammertermin

1. **Vorbereitg.**

a) **Der ER** prüft, bevor er den RStreit in die Kammer verweist, insbes,

ob die Klage wirks zugestellt ist,
bzw Mängel der Zustellg geheilt sind,
ob die für Klage u. WKlage erforderl Sondervollm vorliegt u. keine Mängel aufweist,
ob dieProzVoraussetzgen gegeben sind (insbes Proz Fähgk, Legitimation e. gesetzl Vertr, ev notwendige vormundschaftsgerichtl Genehmgg),
ob die zum Nachw des Bestehens der Ehe erforderl Urk (Heiratsurk, Familienstandszeugn) vorliegen,
ob die zum Nachw der Zuständgk u. des anzuwendenden Rechts erforderl Urk (StAngehörgkAusweis u. AufenthBescheingg) vorliegen,
ob kein sonstiges ProzHindernis vorliegt,
ob über alle gestellten Anträge aus § 627, AR-Gesuche u. dgl entschieden ist (das Ergebn von Anträgen aus § 627 wird er sich notieren, damit es bei der Kostenentscheidg (§ 627c) nicht übersehen wird),
ob ev Unklarheiten über die gestellten Anträge beseitigt sind,
ob die erforderl Anträge u. Gegenanträge gestellt sind u. die tatsächl Behauptgen der Parteien rechtfertigen,
ob der richterl AufklärgPflicht auch im übrigen genügt ist,
ob alle angebotenen Beweise über erhebl Tats erschöpft u. auch die von Amts wegen veranlaßten erhoben sind, soweit ihre Erhebg dem ER obliegt.

b) **Der Vors** bestimmt, wenn die Sache zur Verhandlg vor dem ProzGericht reif ist, Termin hierfür von Amts wegen (§ 349 II). Zugleich prüft auch er die angeführten Fragen, trifft notwendige vorbereitende Anordgen nach § 272b u. prüft insbes,

welche Beweise noch zu erheben sind,
ob vom ER uneidl vernommene Zeugen zu beeidigen sind,
ob ev erforderl Ausschlußfristen (zB zur Beibringg der ladgf Anschrift eines Zeugen) gesetzt u. abgelaufen sind,
ob das persönl Erscheinen der Parteien erforderl u. diesen zuzumuten ist. (IdR wird das persönl Erscheinen beider Teile o. mindestens des Bekl erforderl sein, vor allem um festzustellen, ob der Klageanspruch nicht dch Verzeihg u. dgl erloschen ist),

ob Änderg des Klagerubrums (zB der Anschrift einer Partei) veranlaßt ist (wichtig wegen § 38 Vc S. 2 AktO).

c) **Die GeschStelle** veranlaßt sodann die erforderl Ladgen bzw Terminsbekanntmachgen.

Während letztere nur die Bekanntmachg der Terminsbestimmg enthalten, enthält die Ladg zugleich die Aufforderg, in dem Termin zu erscheinen. Soweit nicht Ladg vorgeschrieben, genügt Terminsbekanntmachg (StJSch II vor 214), Sie wird ebenso wie die Ladg — unter Wahrg der LadgFrist — je nach Sachlage entw zugestellt o. formlos übersandt.

Zu **laden** sind:

Zeugen u. Sachverst

— formlos, soweit nicht das Gericht Zustellg anordnet (§ 377 I S. 2). Ladg erübrigt sich regelm, wenn bei Vertagg mündl Bestellg zum neuen Termin erfolgt ist —

beide Parteien zum 1. Termin u. zw dch Zustellg (§ 261 a),
Parteien, deren persönl Erscheinen angeordnet ist,

u. zw zur Anhörg nach § 141 formlos (§ 141 II S. 2),
zur Vernehmg nach § 619 o. zur Beeidgg dch Zustellg, sofern nicht die Partei bei Verkündg des BewBeschl u. der Terminsbestimmg anwesend war (§ 450 I S. 2)[1].

Ist **nicht** das **persönl Erscheinen** der Parteien angeordnet, so sind die §§ 218, 618 zu beachten. Zu **verkündeten** Terminen bedarf es danach

der Ladg des **Kl** nicht[2]),

auch wenn er bei der Verkündg der Terminsbestimmg nicht anwesend war, es sei denn daß ihm der Termin, in dem diese Verkündg erfolgt ist, nicht bekannt gemacht war u. dies hätte geschehen müssen,

der Ladg des **Bekl (WBekl)** zu jedem Termin,

sofern nicht er o. sein ProzBevollm (Baumb 2 A zu § 618) bei Verkündg des Termins anwesend war. Ferner entfällt die Ladg des Bekl, wenn er dch öffentl Zustellg geladen u. nicht erschienen war (§ 618 III). Sind allerdings die Voraussetzgen für die Bewilligg öffentl Zustellg inzwischen weggefallen, so muß er geladen werden (BayOLG HEZ 2, 141).

Soweit nicht Ladg vorgeschrieben (wie zum 1. Termin), genügt Terminsbekanntmachg (zB zur Fortsetzg der Verhandlg nach komm BewAufn iFd § 370 II), ferner zu Berufg- u. RevVerhandlg (§§ 520 I, 555).

---

[1]) Näheres s. bayGAnwZ § 74.
[2]) Abgesehen von den Fällen der §§ 335 II, 337, 251 a I, II, 331 a.

2. **Durchführg des Kammertermins.**

Die 1. Maßnahme ist stets der **Ausschluß der Öffentlk.**

Da die Öffentlk kraft Gesetzes ausgeschlossen ist (§ 170 GVG) bedarf es hierzu keines Beschlusses (anders im EntmVerf § 171 I GVG, ungenau daher Baumb 7 zu § 551). Daß die Nichtöffentlk gewahrt wird, überwacht der Vors. Verstoß absoluter RevGrund (§ 551 Ziff. 6)!

Sodann wird der Vors in Scheidg-, Aufhebg- u. HerstellgS die Parteien bzw -vertr vorweg befragen, ob der **Klagegrund** nicht **weggefallen** ist. Ergibt sich, daß dies nicht der Fall ist u. besteht auch kein Anlaß zu einem neuerl SV o. zu einer Aussetzg gem § 620, so erteilt er den Parteivertr das Wort zur Stellg ihrer **Anträge.**

Sachanträge können bei der UrtFällg nur berücksichtigt werden, wenn sie aus vorbereitenden Schrifts o. einem gem § 297 II dem Prot als Anlage beizufügenden Schrifts verlesen werden. Werden **neue** Anträge gestellt, so darf daher nicht übersehen werden, sie **schriftl** einzureichen. Die Verlesg kann dch Bezugnahme auf diese Schrifts ersetzt werden, wenn — wie idR — das Gericht dies für ausreichend erachtet.

Ein vor dem ER o. in einem früheren Kammertermin gestellter Antrag braucht aber **nicht wiederholt** zu werden, denn sämtl Verhandlgen bilden eine Einh (StJSch IV 3 zu § 128). Dasselbe gilt für den Vortrag des BewErgebn gem § 285 II.

In der Praxis wird die vollständige Berücksichtigg des Prozstoffes dadch gesichert, daß der gesamte Inhalt der Akten u. ev Beiakten (AktZ angeben!) zum VerhandlgGegenstand gemacht u. dies im Prot festgehalten wird.

Ausdrückl Feststellg, ob Beiziehg von Akten o. Urk und Anhörg der Parteien nur informatorisch oder zu BewZwecken erfolgt ist, ist für Kostenfestsetzg zweckm (vgl oben S. 114 u. § 34 II RAGebO nF, sowie Baumb, Kostengesetze 5 D u. E zu § 13 RAGebO).

Im übrigen bieten die Verhandlg vor der Kammer ggüber der vor dem ER, sowie die Verkündg von Beschlüssen u. Urt ggüber dem ordentl Verf keine nennenswerten Besonderheiten.

Zur Verkündg des Urt ist die Öffentlk wiederherzustellen (§ 171 I).

Beschluß hierzu weder erforderl noch genügend. Maßgebend ist allein, ob Wiederherstellg tatsächl erfolgt ist (Recht 25, 1766). Will das Gericht auch die UrtGründe verkünden, so kann es hierfür unter den Voraussetzgen des § 174 die Öffentlk ausschließen (§ 173 II). Bes Beschluß erforderl.

Die Tats, daß während der Verhandlg die Öffentlk ausgeschlossen u. bei UrtVerkündg wiederhergestellt war, ist im Prot anzugeben (§ 159 Ziff. 5). ProtBerichtigg zulässig. BewKraft des Prot s. § 164 u. u. S. 228.
Nachholg ordgmäßiger Verkündg zulässig (Baumb zu § 173 GVG). Keine Heilg dch Verzicht o. Nichtrüge!

Niederschrift s. u. S. 221 ff.

Das Urteil

Die Abfassg des Urt (Tenor, Tatbestand u. Gründe) bereitet in EheS 1. Inst kaum Schwierigkeiten. Wir beschränken uns daher auf einige wenige Hinweise.

I. **Die Urteilsformel**

1. Sie muß in mögl kurzer u. genauer Fassg die Entscheidg des Gerichts enthalten, alle gestellten Anträge erschöpfen (§ 321 I) u. auch bei abgekürzter UrtAusfertigg (§ 317 II) aus sich verständl sein, soweit nicht seine Tragweite (zB bei Klageabweisg) nur aus den Gründen entnommen werden kann.

2. Bevor über die WKlage entschieden wird, ist über die Klage zu entscheiden (zB „Die Klage wird abgewiesen. Auf die Widerklage wird die Ehe der Streitsteile geschieden").

   Häufiger Fehler: Wird auf eine der beiden Klagen geschieden, so wird übersehen, die andere abzuweisen.

3. Aus dem Tenor muß zweifelsfrei hervorgehen, ob bzw inwieweit das Urt **auf die Klage** u. inwieweit es **auf die WKlage** ergeht.

   Von bes Bedeutg ist, ob Schuldausspruch wegen Ehebr auf Klage (WKlage) o. aGr (Mit-)Schuldantrags ergeht; denn letzterer hat nicht die Folgen eines auf Klage (WKlage) ergehenden (RG 127, 371).

4. Beim **Schuldausspr** ist in **Scheidg**Urt der Unterschied zw § 52 u. § 53 II EheG zu beachten (BGH FamRZ 57, 307). § 52 spricht näml von einer „Schuld an der Scheidg" u. von „Scheidg wegen Verschuldens eines o. beider Eheg". Dagg lautet die in § 53 II vorgesehene Feststellg ledigl, daß den Kl ein Verschulden trifft.

   Unterhrechtl hat allerdings letzterer Ausspr zufolge § 61 I EheG dieselbe Wirkg.

   Bei **Aufhebg** hat der Schuldausspr zu lauten „Der Bekl (Kl) ist als schuldig anzusehen" (§ 17 DVO I; vgl. HSt 2 hierzu).

   Den Schuldausspruch in die UrtFormel aufzunehmen, ist zw nicht vorgeschrieben, aber allgem übl u. mit Rücksicht auf § 317 II S. 2 unbedingt zu empfehlen. (StJSch N 17 zu § 313.)

5. **Zusammentreffen von Scheidg- u. AufhebgBegehren.**

   Scheidg u. Aufhebg haben zw verschiedene Voraussetzgen, aber die gleichen Folgen (§ 37 I EheG). Das Ziel beider Klagen ist das gleiche, näml Lösg der Ehe für die Zukunft. Treffen beide zusammen u. sind **beide begründet,** so wäre es widersinnig, die Ehe sowohl zu scheiden als auch aufzuheben. Der Gesetzgeber hat sich dahin entschieden, daß in diesem Falle **nur die Aufhebg** auszusprechen ist (§ 18 DVO I).

Dabei handelt es sich aber nur um eine OrdgVorschr für die Fassg der UrtFormel. Sachl wird über beide Klagebegehren entschieden.

Ein solches Zusammentreffen kann entstehen

a) dadch, daß der Kl (WKl) sowohl Scheidg als auch Aufhebg begehrt (gleichwertig o. gestaffelt).

In diesem Falle liegt keine Klagehäufg, sondern nur eine Häufg von Klagegründen vor. Daher keine „Klageabweisg" bezügl des einen Begehrens, wenn nur dem andern stattgegeben wird, sondern entw Scheidg o. Aufhebg (H-St 2 zu § 18 DVO I). Sind dagg beide begründet, so lautet das Urt ausschließl auf Aufhebg.

b) dadch, daß von einem Teil Scheidg, vom andern Aufhebg begehrt wird.

Hier stehen sich 2 Klagen ggüber u. ist daher, wenn nur der einen stattgegeben wird, die andere abzuweisen. Andernfalls ist Aufhebg auszusprechen.

Auch im Schuldausspr ist eine **einheitl** Entscheidg zu treffen.

a) Rechtfertigen beide Klagen einen Schuldausspr, so lautet dieser, obwohl auf Aufhebg erkannt wird, nicht „Beide Eheg sind als schuldig anzusehen", sondern „Beide Eheg sind schuldig" (*arg.* § 18 S. 3); ev Feststellg überwiegenden Verschuldens (§ 18 S. 4).

b) Ist ein Schuldausspr nur auf die ScheidgKlage o. nur auf einen ggüber dieser gestellten (Mit-)Schuldantr veranlaßt, so ist zu erkennen: „Der Bekl (Kl) ist schuldig" (§ 18 S. 2).

c) Ist ein Schuldausspr nur auf die AufhebgKlage veranlaßt, so lautet er: „Der Bekl (Kl) ist als schuldig anzusehen".

6. **Teilurteil** kann in EheS **nicht** ergehen (RG 104, 294; ständ RSpr),

ausgenommen Urt über HerstellgKlage, wenn dieser Scheidg-(Aufhebg-)Klage ggübersteht (StJSch II 2 zu § 615).
Teilurt wäre auch ein die WKlage o. einen Schuldantr übergehendes Urt (vgl RG 58, 307ff, 312, 316, 319; 59, 412; Warn 13 Nr. 263).

7. Das **VersUrt** lautet **in Nichtgk- u. FeststellgS:** „Die Klage (WKlage) gilt als zckgenommen" (§§ 635, 638).

8. **Erledigg der Hauptsache.**

Hauptfälle: Erlöschen des Klagegrundes dch Verzeihg, Verzicht, Ehebestätigg, Tod einer Partei (§ 628).

Zu unterscheiden ist

a) beiderseitige ErlediggErklärg: dann nur Kostenentscheidg dch Beschluß nach § 91a;

desgl, wenn nur eine Partei Erledigg erklärt u. die andere nicht widerspricht o. wenn beide keine Anträge zur Hauptsache mehr stellen.
Kostenentscheidg nach § 91a ist auch dann noch zulässg, wenn die Erledigg nach Einreichg, aber vor Zustellg der Klage eingetreten ist (BGH 21, 298).
Im Gegensatz zur KlR bewirkt die ErlediggErklärg nicht e. Wegfall o. Ermäßigg der Proz-Geb (§ 35 III GKG).

b) einseitige ErlediggErklärg.

Ist die Erledigg str, so muß das Ger entscheiden, ob erledigt ist (RG JW 38, 249).
War zu Unrecht Erledigg behauptet, so wird die Nichterledigg dch Zwischenurt o. in den Gründen des Endurt festgestellt. Hat Kl zu Recht Erledigg behauptet, so ist die Erledigg dch Endurt festzustellen (RG 114, 232). Würde das Ger der Klage stattgeben, so würde es gg § 306 verstoßen (RG 156, 376). — Hat Bekl zu Recht Erledigg behauptet, u. hält Kl trotzdem nach Hinweis gem § 139 die Klage aufrecht, so kann der Bekl Klageabweisg — ev auch aus proz Gründen — o. ErlediggErklärg dch Endurt erwirken. Sachabweisg des Inhalts, daß der Klagegrund von vornherein nicht bestanden hat, kann er nur erwirken, wenn er ein rechtl Interesse an dieser neg Feststellg dartut (StJSch V zu § 91a).

9. **Die Kostenentscheidg.**

Sie folgt grundsätzl den allgem Regeln (§§ 91ff).

Uneingeschränkt gilt dies für Feststellg- u. HerstellgS, sowie iFd Abweisg einer Scheidg-, Aufhebg- o. NichtigkKlage.

Besonderheiten ergeben sich lediglich, wenn eine Ehe **geschieden, aufgehoben o. für nichtig erklärt wird.**

a) Ein **Schuldausspruch** gg den Kl nach §§ 52, 53, 37 EheG gilt hier als teilw Unterliegen iSd § 92.

b) Wird auf Scheidg o. Aufhebg **ohne Schuldausspruch** erkannt, so sind die Kosten ggeinander aufzuheben (§ 93a).

Ob das Urt auf Klage o. WKlage o. auf beide ergeht (vgl RG 160, 283), ist dabei ohne Belang.

c) **Sowohl § 92 als auch § 93a** ist anzuwenden

bei Scheidg auf Klage aus §§ 44—48 EheG u. Schuldausspruch gg den Kl auf WKlage o. Schuldantrag des Bekl (OGZ 1, 368) u. zw Kl $3/4$, Bekl $1/4$;

bei Scheidg auf Klage aus §§ 42f u. WKlage aus §§ 44—48 u. zw Kl ¼, Bekl ¾ (RG 160, 37);
bei Aufhebg mit Schuldausspruch gg den Kl (Kl ¾, Bekl ¼), gleichviel ob der Schuldansspruch gem § 37 II o. auf WKlage aus §§ 42f o. aGr § 18 DVO I mit § 52 EheG o. auf WKlage aus §§ 44—48 mit § 53 EheG ergeht.

d) Ergeht ein Schuldausspruch gg **beide** Eheg, so erfolgt bei beiders **gleichem** Verschulden Kostenaufhebg nach § 92, bei **überwiegendem** Verschulden einer Partei ist deren Kostenanteil entspr zu erhöhen (zB $^1/_3 : ^2/_3$).

Wird eine Partei mit ihrer Klage abgewiesen u. nur ihrem (Mit-)Schuldantrag stattgegeben, so ist sie zT unterlegen u. ist dies bei der Kostenteilg nach § 92 zu berücksichtigen (H-St 6 zu § 52).

e) Bei NichtgErklärg hängt die Kostenentscheidg von der **Kenntn der Nichtgk** bei Eingehg der Ehe ab.

War sie **keinem** von beiden bekannt, so erfolgt Kostenaufhebg nach § 93a,

aber nur, wenn beide Eheg Partei sind. Hat dagg der StAnw gg beide Eheg geklagt (§ 632) o. hat bei Doppelehe der frühere EheG geklagt (§ 20 EheG), so bewendet es bei der allgem Regel des § 91 (StJSch IV 1 zu § 93a).

War sie **beiden** Eheg bekannt, so ist § 93a entspr anzuwenden

u. zw gleichviel, ob die NichtgErklärg auf Klage u. WKlage o. auf beide erfolgt (StJSch IV 3 zu § 93a).

War sie nur **einem** der Eheg bekannt, so gilt dieser insoweit als unterlegen iSd § 92.

Bei NichtgErklärg auf Klage u. Kenntn des Kl erfolgt also Kostenteilg.

Im Urt ist auch über die Kosten von **AO-Verf nach §§ 627ff** zu entscheiden (s. u. S. 281).

Im übrigen s. die tabellar Übersicht o. S. 28f.

10. Urt in EheS können **nicht** für **vorläufig vollstreckb** erklärt werden (§ 704 II),

auch nicht im Kostenpunkt (StJSch I 5 zu § 704), auch nicht bei Klageabweisg, Zckweisg eines Rechtsm, VersUrt, VerzUrt o. Verurteilg zu Leistg in HerstellgS (zB auf Zahlg von HaushGeld); solche Leistgen sind überhaupt nicht dch Vollstr erzwingb (§ 888 II).

11. **Feststellg des Ehebrechers.**

Wird wegen Ehebr auf Scheidg erkannt u. ergibt sich aus den Verhandlgen, mit welcher Person der Ehebr begangen worden ist, so ist diese Person im Urt festzustellen (§ 624). Diese Feststellg **setzt voraus:**

a) daß Ehebr iSd § 42 EheG **erwiesen** ist,
— Versuch o. sonstige Unzucht genügt nicht —

b) daß dieser Ehebr der **Grund der Scheidg** o. einer der Gründe, aus denen die Scheidg erfolgt, ist.

Er muß also dch Klage o. WKlage aus § 42 geltend gemacht worden sein.

Nicht ausreichend daher:

Geltendmachg des Ehebr dch Klage aus § 43,
unterstützende Geltendmachg nach § 51 II,
bloßer (Mit-)Schuldantrag aus § 52 III, 53 II[1]).

Denn in diesen Fällen ist der Ehebr nur der Grund des Schuldausspruchs, nicht aber der Grund der Scheidg.

c) Der **Name** der Person, mit der der Eheg den Ehebr begangen hat, muß feststehen.

Hat der Kl (WKl) diese Person nicht benannt, so besteht für das Gericht kein Anlaß, sie zu ermitteln. Hat er aber die Scheidg wegen Ehebr mit einer o. mehreren namentl bezeichneten Personen begehrt, so ist der RStreit erst dann entscheidgreif, wenn jeder dieser ScheidgGründe geprüft ist (vgl RG 123, 134; 156, 113).

Die Feststellg nach § 624 **bewirkt:**

eine Eheschließg zw den Personen, die den Ehebr begangen haben, ist — sofern nicht Befreig von diesem Ehehindern bewilligt wird — verboten (§ 6 EheG). Eine diesem Verbot zuwider geschlossenen Ehe ist nichtig (§ 22 EheG).

In dem NichtgkProz ist diese Feststellg zw — da nicht der Rechtskr fähig — widerlegb (Rosenbg S. 783). Auch in einem Strafverf nach § 172 StGB ist sie nicht ohne weiteres bindend (§ 262 StPO). Der Standesbeamte ist aber an diese Feststellg gebunden (Gerold 12 zu § 6).

Bei Feststellg nach § 624 ist daher bes **Vorsicht geboten.**

IdR wird sie nur getroffen werden können, wenn beide Ehebrecher den Ehebr zugeben o. von ihrem WeigergRecht nach §§ 384 Ziff. 2, 446 Gebrauch gemacht haben. Bloßes Nichtbestreiten dch die Partei kann nicht genügen. Kann jedoch der EhebrZeuge nicht geladen werden, so hindert dies, wenn andere ausreichende Beweise vorliegen, nicht, ihn als Ehebr im Urt zu benennen (aA Sampson JR 51, 423).

---

[1]) Köln MDR 50, 348. Die Feststellg muß bei Scheidg aus § 48 auch dann unterbleiben, wenn der Ehebr erwiesen u. mit Rücksicht auf ihn ein Schuldausspruch gem § 53 II ergeht (RG 163, 81).

Um Verwechslungen vorzubeugen, muß die Person des Ehebrechers nach **Vor- u. Zuname, Stand u. Wohnort** angegeben werden.

Angabe eines falschen Namens ist aber unschädl, wenn sich aus dem Urt eindeutg ergibt, welche Person gemeint ist (H-St 3 B zu § 6).

TenoriergVorschlag:

„Auf die Klage (WKlage) wird die Ehe der Streitsteile aus Verschulden des Bekl (Kl) geschieden. Er hat mit Maria Meier geb. Müller, Gastwirtin in Neudorf die Ehe gebrochen".

Benenng des Ehebrechers in der Urt**Formel** ist die Regel. Die an eine Scheidg wegen Ehebr geknüpften Rechtsfolgen treten aber auch dann ein, wenn die förml Feststellg des Mitschuldigen entgg § 624 unterblieben ist u. die Person des Mitschuldigen in den Urt**Gründen** nur nebenher Erwähng gefunden hat (RG 99, 81).
Nachholg in entspr Anwendg der §§ 319, 321 mögl (StJSch I, Baumb 1, v. Godin 2 zu § 624) u. zweckmäßiger als bloße Erwähng in den UrtGründen.
Ist bei Zusammentreffen einer ScheidgKlage aus § 42 mit einer AufhebgKlage gem § 18 DVO I verfahren worden, so ist, obwohl das Urt nicht auf Scheidg, sondern auf Aufhebg lautet, § 624 gleichwohl anzuwenden (vgl § 37 EheG; Gerold 9 u. H-St 3 A zu § 6).
Das Verbot der Benenng alliierter MilPersonen o. Angehöriger der Vereinten Nationen (Stuttg SJZ 46, 67 u. 92) besteht seit Aufhebg des MRegG Nr. 2 nicht mehr.

II. **Der Tatbestand**

In abgekürzter Form (§ 313 III) können Urt in Ehes nicht ergehen. Eingangs erfolgt die Feststellg der **Generalien,** dh der wichtigsten von Amts wegen zu prüfenden Tats, also in Scheidg-, Aufhebg- u. NichtgkS

StAngehörgk, gewöhnl Aufenth u. Eheschließg der Parteien,
ob bzw wieviele Kinder aus der Ehe hervorgegangen, dch die Eheschließg legitimiert o. von den Eheg adoptiert sind,
Vornamen u. Geburtsdaten der minderj Kinder (für die Sorgerechtsregelg),
wann die Klage zugestellt ist,
wann der letzte ehel Verk (ev nach Angabe des Kl — des Bekl) stattgefunden hat,
ob bzw seit wann die häusl Gemeinsch aufgehoben ist,
ev welche Eheproz zw denselben Eheg vorausgegangen sind (soweit dch rechtskr Urt beendet, wegen § 616).

Soweit dch die Besonderh des Falles veranlaßt, werden unstr Tats, die für die Beurteilg des Streitfalles von bes Bedeutg sind, vorweg hervorgehoben, zB uU Beruf, wirtschaftl u. WohngVerhältnisse, zum Hausstand der Eheg gehörige Personen (Schwiegermutter), unehel Kinder u. Kinder aus früherer Ehe, Altersunterschied der Eheg, Art des Zusammenlebens, kurze Skizze des bisherigen Verlaufs der Ehe (bes bei Klage u. Widerspruch aus § 48), ev nach Abschnitten gegliedert.

Sodann folgen zunächst die Anträge des Kl u. ihre Begr, dann die Stellgnahme des Bekl hierzu und dessen Anträge nebst Begr, endl etwaige Erwidergen u. Gegenanträge des Kl. Dabei sind Haupt- u. Hilfsanträge deutl als solche zu kennzeichnen u. ist bei Darstellg der Klagegründe anzugeben, ob diese als gleichwertig o. gestaffelt vorgetragen sind.

Der Übersichtlk halber werden das Vorbringen des Kl u. die Stellgnahme des Bekl hierzu in der gleichen Reihenfolge (zeitl o. sachl geordnet) im Tatbestand aufgeführt u. wird bei ihrer Würdigg in den Gründen die gleiche Reihenfolge eingehalten.

Die Parteibezeichngen („Kl", „Bekl") werden, wenn WKlage erhoben ist, beibehalten. Denn „Kl u. WBekl" u. „Bekl u. WKl" würde umständl u. schwerfällig wirken.

III. Die Gründe

Vorweg wird stets dazulegen sein, ob bzw aGr welcher Tats die **Zuständigk** des erkennenden Gerichts gegeben ist, ferner — wenn dies zweifelh — ob die sonstigen ProzVoraussetzgen bestehen u. welches Recht anzuwenden ist.

Im übrigen ergibt sich die Disposition idR zwangsläufig aus dem Sach- u. Streitstand bei Schluß der mündl Verhandlg, also aus den zur Entscheidg stehenden Anträgen u. deren Begr.

Wird der Klage (WKlage) stattgegeben, so werden vorweg die nicht ausgeschlossenen Klagegründe gewürdigt. Greift einer derselben dch, so braucht auf die übrigen nicht mehr eingegangen zu werden, es sei denn daß es sich um mehrere gleichwertig vorgetragene Ehebrüche handelt (RG 156, 113).

Auf ausgeschlossene Scheidg- u. AufhebgGründe braucht nur eingegangen zu werden, wenn sie unterstützend (§ 50 II EheG) geltend gemacht werden können o. im Schuldausspruch verwertet werden o. sonst für die Beurteilg des Verhaltens des einen o. des andern Eheg von Bedeutg sind.

Steht der Klage eine WKlage ggüber, so werden idR beide getrennt gewürdigt. In einfachen Fällen kann aber, wenn beide auf Verschulden gestützt u. begründet sind, dies vorweg festgestellt werden u. sodann die Erörterg der einzelnen Verfehlgen beider Teile u. die Schuldabwägg folgen.

Steht der Klage ein (Mit-)Schuldantrag ggüber, so wird zunächst die Klage gewürdigt. Denn wenn sie unbegründet ist, erübrigt sich eine Würdigg des Schuldantrags. Dasselbe gilt im Verhältnis von Haupt- u. Hilfsanträgen.

Werden dieselben Tats zur Begr einer WKlage u. zur Begr eines (Mit-)Schuldantrags vorgetragen, so wird zunächst geprüft, ob sie die WKlage rechtfertigen.

Sind diesselben Tats sowohl zur Begr der Zulässgk eines Widerspruchs aus § 48 II EheG als auch zur Begr einer WKlage o. eines (Mit-)Schuldantrags vorgetragen, so genügt es idR, sie bei der Würdigg des Widerspruchs zu erörtern u. bei Würdigg der WKlage bzw des Schuldantrags darauf zu verweisen.

Reicht eine Eheverfehlg zur Feststellg des überwiegenden Verschuldens einer Partei aus, so bedarf es der Würdigg weiterer Verfehlgen dieser Partei idR nur, wenn diese für das Verschulden des andern Teils ursächl waren.

Bei Würdigg einer großen Zahl behaupteter Eheverfehlgen kann es sich empfehlen, diesselben unter Sammelbegriffen (zB „Unerlaubte Beziehungen zu anderen Männern") zusammenzufassen.

Ist ein Schuldausspruch ergangen u. sind aus der Ehe minderj Kinder vorhanden, so ist bei Begr des Schuldausspruchs zu berücksichtigen, daß diese für den Vormundschaftsrichter bei der Personensorgeregelg von erhebl Bedeutg sein können. Für diesen kann eine nähere Charakterisierg der Eheg sehr wertvoll sein.

Das Adhäsionsverfahren nach § 627b

(Einstweilige UnterhRegelg für die Zeit nach Rechtskr des Urt)

Mit Auflösg der Ehe entfällt der RGrund des ehel UnterhPflicht. Zwischen den Parteien ergangene UnterhUrt sowie UnterhAnordgen nach § 627 verlieren ihre Wirkg. Ob u. inwieweit die bisherigen Eheg einander unterhpfl sind, richtet sich nun nach den Vorschr des EheG. **Zur Überbrückg** des Zeitraums bis zur endgültigen Regelg dieser Ansprüche gibt § 627b die Möglk einer vorl Regelg,

gestattet also ausnahmsw (vgl § 615) die Verquickg der EheS mit vermögensrechtl Ansprüchen.

Da Anträge aus § 627b nur selten gestellt werden, können wir uns hier kurz fassen u. verweisen hinsichtl der Einzelheiten auf die einschlägg Lit.

Für den Antrag gilt im wesentl dasselbe wie in den Fällen des § 627. Über den Antrag wird gleichzeitig mit dem Urt, dch das die Ehe geschieden, aufgehoben o. für nichtig erklärt wird, entschieden. Die Entscheidg ergeht dch **Beschluß**. Im Gegensatz zum Verf nach § 627 genügen hier nicht ZweckmäßigkErwäggen u. ist das materielle Recht (§§ 26, 37, 58ff) EheG) unbedingt bindend. Ob ein materiellrechtl UnterhAnspr besteht, ergibt sich idR aus den Feststellgen im Urt. Hinsichtl der für die Höhe bzw den Wegfall des Unterh maßgebenden Umstände genügt Glaubhaftmachg. Der Beschluß wird regelm ebenso wie das Urt aGr mündl Verhandlg verkündet. Er ist nicht selbständig anfechtb[1]), es sei denn, daß das Gericht den Antrag aus formellen Gründen zckgewiesen hat (dagg einf Beschwerde nach § 597 I), — sondern steht u. fällt mit dem Urt. Wird das Urt rechtskr, so wird zugleich der Beschluß vollstreckb (§ 627b II). Zur Vollstreckg bedarf es der Erteilg u. förml Zustellg einer vollstreckb Ausfertigg (§§ 724, 750). Wird das Urt angefochten, so hat das Gericht zugleich mit seiner Entscheidg über die Berufg o. Rev zu beschließen, ob es den Beschluß aufrecht erhalten o. abändern will. Der Beschluß stellt stets nur eine **einstweilige** Regelg dar. Näheres hierzu s. StJSch VI 4 u. Baumb 4.

Beiden Teilen bleibt — auch iFd Abweisg des Antrags — die Möglk, die UnterhFrage einer erneuten Prüfg im ordentl Proz zu unterziehen. Zur Beseitigg dieses Schwebezustandes kann der UnterhPflichtige Fristsetzg nach § 627b IV beantragen.

In der Praxis werden UnterhRegelgen nach § 627b regelm in der Form eines gerichtl **Vergleichs** getroffen.

---

[1]) Nürnbg bayJMBl 56, 146.

Das Versäumnisverfahren in 1. Instanz

§ 618

Obwohl VersFälle in EheS sehr häufig sind, ergeht nur **selten** ein VersUrt. Denn gg den Bekl kann es nie ergehen u. gg den Kl nur, wenn keine Widerklage erhoben, der Kl also nicht gleichfalls Bekl ist; überdies ist der Kl nur selten säumig.

„Versäumnis" ist Nichterscheinen in einem zur mündl Verhandlg bestimmten Termin trotz ordgmäßiger Ladg, soweit diese gesetzl Vorgeschrieben (s. o. S. 188). Erscheinen ohne Anw (§ 79) u. Nichtverhandeln (§ 333) bis zum Schluß der mündl Verhandlg (§ 220 II) steht dem gleich.

1. **Bei Säumnis des Kl** findet gg diesen das VersVerf nach §§ 330ff statt. Der Bekl kann also entweder **VersUrt** (§ 330) **oder Aktenlageentscheidg** (§ 331a) beantragen.

In letzterer entscheidet das Gericht über den von beiden Parteien schriftsätzl vorgebrachten ProzStoff, im VersUrt dagg ohne Sachprüfg.
Dch VersUrt kann der Bekl nur Sachabweisg erzielen, dch Aktenlageentscheidg dagg uU ProzAbweisg. Sachabweisg kann für ihn unerwünscht sein, weil sie auch für ihn die Ausschlußwirkg des § 616 nach sich zieht. ProzAbweisg hat andererseits für ihn den Nachteil, daß sie ihn nicht gg erneute Klageerhebg nach Beseitigg des Mangels schützt. Beides wird der Bekl bei der Antragstellg bedenken.

Entscheidg nach Aktenlage kann nur ergehen, wenn bereits in einem früheren Termin eine — sei es auch nur einseitige — streitige Verhandlg mit dem Kl stattgefunden hat u. der Sachverhalt hinreichend geklärt erscheint (§§ 331a S. 2, 251a I S. 2—4). Verkündg in bes Termin. Dagg kann **VersUrt** bereits im 1. Termin ergehen.

Zurückweisg.

Der Antrag auf Erlaß eines VersUrt o. einer Entscheidg nach Aktenlage ist gem § 335 zckzuweisen,

a) wenn der Bekl hinsichtl eines von Amts wegen zu berücksichtigenden Umstandes den vom Gericht geforderten Nachw nicht beschaffen kann.

In beiden Fällen sind also die **ProzVoraussetzgen** zu prüfen. Ergeben sich Mängel (Unzuständgk, ProzUnfähigk einer Partei,

Fehlen gesetzl Vertr, steht der Entscheidg Rechtshänggk o. Rechtskr entgg), so ist zu prüfen, ob sie behebb sind.
Kann o. will der Bekl sie nicht beheben, so wäre Zckweisg zwecklos u. erfolgt entweder auf Antrag ProzAbweisg dch Entscheidg nach § 331a oder, wenn der Bekl diesen Antrag nicht stellt, ProzAbweisg dch Endurt nach § 300 (StJSch II 3 zu § 330). In letzterem Falle wird jedoch § 331a sinngem anzuwenden sein, also EndUrt nur unter den Voraussetzgen des § 251a I S. 2—4 ergehen können. Andernfalls würde dem Kl das rechtl Gehör versagt.

Kann der Bekl den Mangel beheben u. legt er Wert darauf, daß die Klage nicht als unzulässig, sondern als unbegründet abgewiesen wird (s. o.), so muß er die bestehenden Bedenken hinsichtl der ProzVoraussetzgen entkräften, wozu ihm dch Vertagg (ev unter Fristsetzg zu Pflegerbestellg nach § 56 II) Gelegenh gegeben werden kann. Bei Unzuständigk kommt nur Zckweisg nach § 335 o. ProzAbweisg dch Aktenlageentscheidg in Frage (aA Zöller 1c zu § 330: Klageabweisg „angebrachtermaßen" dch echtes VersUrt). VerweisgAntrag nach § 276 kann nur der Kl stellen (StJSch II 1 zu § 330; ungenau Baumb 2 zu § 335).

Bestehen dagg **keine Mängel** in den ProzVoraussetzgen, so genügt zur Erwirkg eines VersUrt der Nachw der Säumnis des Kl.

Sachabweisg aus andern Gründen (etwa aGr sachlrechtl Einwendgen) kann der Bekl nur nach § 331a beantragen, denn VersUrteile ergehen ohne Sachprüfg.

b) Zckweisg erfolgt ferner, wenn **Ladg o. Terminsmitteilg** an den Kl erforderl war, aber nicht ordgmäßig, insbes nicht rechtzeitig (§ 217) erfolgt ist.

Keiner Ladg bedarf es zu verkündeten Terminen (§ 218), es sei denn, daß der Kl bei Verkündg der Terminsbestimmg nicht anwesend oder ihm der Termin, in dem diese Verkündg erfolgt ist, nicht bekannt gemacht war, obwohl dies hätte geschehen müssen.

c) Zckweisg verlangt § 335 ferner, wenn dem Kl ein tatsächl mündl Vorbringen o. ein Antrag des Bekl nicht rechtzeitig schriftsätzl mitgeteilt worden ist.

Eine solche Mitteilg ist jedoch nur erforderl, wenn der Bekl Klageabweisg dch Aktenlageentscheidg beantragt; nicht dagg, wenn er VersUrt beantragt, denn dieses ergeht ohne Sachprüfg ausschließl aGr der Tats, daß der Kl säumig ist. Zur Begr des Antrags auf VersUrt bedarf es keines tatsächl Vorbringens u. keines eigenen Sachantrags, also auch keiner schriftl Mitteilg (StJSch I 3a zu § 335).

Rechtsmittel:

gg VersUrt Einspruch des Kl nach §§ 338ff, gg Aktenlageentscheidg Berufg u. zw, wenn der Klage stattgegeben wurde,

Berufg des Bekl, uU auch des Kl, dagg iFd Klageabweisg dch Sachurt nur Berufg des Kl.
Gg Zckweisg des Antrags auf VersUrt sofortige Beschw, gg Ablehng des Antrags auf Aktenlageentscheidg kein Rechtsmittel (§ 336).

Vertagung

aus erhebl Gründen (§ 227 III) u. iFd § 337. Letzterenfalls ist der Kl zum neuen Termin zu laden. Desgl wenn wegen § 335 keine Entscheidg in der Sache ergehen kann.

2. **Bei Säumnis des Bekl**

ist ein **VersUrt** in allen EheS — auch in HerstellgS — **unzulässig** (§ 618 V). Gg den Bekl kann also **nie** ein Urt **ohne Sachprüfg** ergehen, denn zur Vermeidg eines materiell unrichtigen Urt darf in EheS die Sachentscheidg nicht vom Verhalten des Bekl abhängen.

Der Bekl kann aber andererseits auch nicht dch seine Säumnis den Proz lahmlegen, dh verhindern, daß der RStreit verhandelt u. entschieden wird. Die ZPO enthält keine Vorschrift des Inhalts, daß ein Urt nur aGr zweiseitiger mündl Verhandlg ergehen kann.

Das Gericht kann also bei Säumnis des Bekl **einseitig** mit dem Kl verhandeln. Auch eine solche Verhandlg gilt als streitige. Das tatsächl Vorbringen des Kl gilt in diesem Falle nicht als zugestanden, denn die Fiktion der §§ 138 III, 331 I gilt zufolge § 617 in EheS nicht. Hier ist im Gegenteil zu unterstellen, daß der Bekl erschienen sei u. das Klagevorbringen **bestritten** habe (Warn 16 Nr. 259 S. 427).

Aus der Tats, daß der Bekl sich gg die Klage nicht wehrt, kann das Gericht jedoch Schlüsse auf die Wahrh des Klagevorbringens ziehen (§ 286). Den ohne Anw erschienenen (also säumigen) Bekl wird das Gericht hören. Auch aGr seiner Angaben kann das Gericht die Wahrh der Klagebehauptgen unter Berücksichtigg des gesamten Inhalts der Verhandlg gem § 286 feststellen u. entscheiden. Soweit zur Begr der richterl Überzeugg erforderl, muß das Gericht die vom Kl angebotenen Bew o. von Amts wegen (§ 622) Bew erheben. Schriftsätzl Partei Vorbringen des Bekl kann nur insoweit berücksichtigt werden, als es von Amts wegen zu berücksichtigenden Tats betrifft. Dagg sind Schriftsätze (auch Schuldantrag u. Widerkl) seines ProzBevollm zu berücksichtigen, denn der Bekl darf nicht schlechter gestellt werden als in dem mit den Garantien des § 251a I S. 2—4 ausgestatteten AktenlageVerf; es darf nicht dem Kl überlassen bleiben, die Berücksichtigg des Vorbringens u. der Anträge des Gegners dadch auszuschließen, daß er keinen Antrag aus § 331a stellt. Überdies bilden sämtl Verhandlgen eine Einh (StJSch IV zu § 128, der aber andererseits II 2d zu § 618 die Ansicht vertritt, nur der vom Kl in der mündl Verhandlg vorgetragene ProzStoff könne berücksichtigt werden[1]).

Voraussetzg einer solchen einseitigen Verhandlg ist selbstverständl, daß der Bekl ordggem geladen war. Auch müssen ihm die Anträge u. das tatsächl Vorbringen des Kl rechtzeitig mitgeteilt worden sein.

Entspr Anwendg des § 335 I Ziff. 3 ist hier geboten (RG 88, 66), denn der Bekl darf nicht schlechter gestellt werden, als wenn das — auch zu seinen Gunsten erlassene — Verbot eines VersUrt nicht bestünde.
Dagg gelten die Beschränkungen des § 251 a I S. 2—4 hier nicht. Es kann also schon im 1. Termin entschieden werden.

Das **Ergebnis** dieser einseitigen Verhandlg kann sein

a) Abweisg der Klage als unbegründet o. als unzulässig
oder
b) der Klage wird stattgegeben oder
c) ErlediggErklärg.
Hat der Bekl in einer früheren Verhandlg Widerklage erhoben o. (Mit-)Schuldantrag gestellt, so muß auch hierüber entschieden werden (Zöller 3 zu § 618; JW 33, 183), denn sämtl Verhandlgen bilden eine Einh.

Gilt nur **dasselbe** im umgekehrten Falle, dh **bei Säumnis des Kl?**

Kann hier der Bekl ebenfalls aGr einseitiger Verhandlg ein streitiges Urt (unechtes VersUrt) erwirken u. damit dem Kl die Einspruchsmöglk abschneiden?
Beim Fehlen von ProzVoraussetzgen wird diese Frage von StJSch (II 1 u. 3 zu § 330) bejaht. Prakt Gründe sprechen dafür, rechtl dagg. Ein Bedürfnis, ein Urt aGr einseitiger Verhandlung zu erlangen, kann nur auf seiten des Kl anerkannt werden; denn diesem ist dch § 618 IV die Möglk, VersUrt zu erwirken, genommen. Auf den Bekl dagg trifft dies nicht zu; er kann ebenso wie im ordentl Verf VersUrt erwirken. In jedem Falle — mag die Sache selbst o. eine ProzVoraussetzg in Rede stehen — ist daher gg den Kl VersUrt zu erlassen (RG 50, 386).

3. Ist **Widerklage** erhoben, so sind beide Parteien zugleich Kl u. Bekl u. kann gg keine der beiden Parteien VersUrt ergehen — weder über die Klage bei Säumnis des Bekl noch über die Widerklage bei Säumnis des Kl u. WBekl.

Über eine der beiden Klagen dch VersUrt u. über die andere dch streitiges Urt (aGr einseitiger Verhandlg o. nach Aktenlage) zu entscheiden, würde gg den Grundsatz der **Einheitlk** der Entscheidg in EheS verstoßen; denn wenn gg das VersUrt

[1]) Was soll aber dann mit der WKlage des säumigen Bekl geschehen? Dch VersUrt kann sie nicht verbeschieden werden (s. o.). Vertagg hilft keineswegs in jedem Fall. Als zckgenommen kann sie allein aGr der Säumnis des Bekl nicht angesehen werden (BGH 4, 339).

Einspruch, gg das streitige Urt Berufg eingelegt wird, so wäre der Proz gleichzeitig in 2 Instanzen anhängig u. könnten diese verschiedene Entscheidgen fällen.
Ebensowenig wäre es zulässig, die Klage des säumigen Teils dch VersUrt abzuweisen u. die Verhandlg über die andere Klage zu vertagen, denn auch dieses VersUrt wäre ein unzulässiges Teilurt[1]).
Einem gg den Säumigen gestellten (Mit-)Schuldantrag kann gleichfalls nicht dch VersUrt stattgegeben werden, denn dieser Antrag steht der Widerklage gleich (StJSch VI 3b zu § 618).
Kann also eine Partei dch ihre Säumnis den Proz lahmlegen? Die Frage wird bes dann akut, wenn die Voraussetzgen für eine Aktenlageentscheidg über die Klage gg den Säumigen nicht gegeben sind u. der Proz auch nicht dch Klagerückn beendet werden kann, weil hierzu die Zustimmg des Säumigen erforderl wäre. Als Ausweg schlägt Schneider NJW 49, 57 vor: Abweisg der Klage des Säumigen u. Ruhenlassen des Verf bis zum Ablauf der EinsprFrist u. iFd Rechtskr des VersUrt streitiges Urt über die andere Klage aGr einseitiger Verhandlg. Die gg den Erlaß eines Teilurt sprechenden Gründe würden dch dieses Verf ausgeräumt. Es kann aber auch sofort einheitl kontradiktor Urt über die Scheidgklage u. -WKlage ergehen (RG DRiZ Rspr 31, 576), wie überhaupt § 618 V ledigl den Erlaß eines VersUrt, nicht aber den eines einseitig streitigen Urt gg den Säumigen verbietet.

4. Bei Säumnis beider Parteien

kann an sich Entscheidg nach Aktenlage (§ 251a) ergehen. Dch eine solche Entscheidg der Klage (WKlage) stattzugeben, wird sich aber nicht empfehlen. Vielmehr wird idR Vertragg o. Anordg des Ruhens des Verf angezeigt sein.

---

[1]) Ist jedoch nur noch über die WKlage zu entscheiden, so steht § 618 V einer Abweisg derselben dch VersUrt nicht entgg (Warn 20, 129; Celle HRR 33, 541).

Die Urteilszustellg

§ 625

Abw von § 317 I sind in EheS **alle Urteile von Amts wegen** zuzustellen, also Sach- u. ProzUrt, auch solche letzter Inst. (Für die Zustellg von Beschlüssen s. § 329).

Die Zustellg erfolgt auf Veranlassg der GeschStelle (§ 209) dch die Post, dch den GerWachtm (§ 211) o. dch Aushändgg an der Amtsstelle (§ 212b). Wegen Zustellg im Ausland u. öffentl Zustellg s. oben S. 59ff.

Im schriftl Verf zunächst UrtZustellg als Ersatz für Verkündg (§ 310 IV S. 1), sodann gem § 625 mit VerkündgVermerk (§ 315 III)[1].

RechtsmVerz (ein- o. beiderseitig) enthebt das Gericht nicht von der Pflicht zur Zustellg.

Form:

Urt 1. Inst gekürzt, sofern nicht von der Partei anders beantragt (§ 317 II). Dagg alle der Rev unterliegende Urt wegen § 522 ungekürzt.

Adresse:

a) an den für den Rechtszug bestellten ProzBevollm (§§ 176f). Bei mehreren ProzBevollm s. StJSch N 2 zu § 84.

b) Hat die Partei keinen ProzBevollm, so ist ihr bzw ihrem gesetzl Vertr (§ 171) o. ZustellgBevollm (§§ 174f) zuzustellen.

c) Dem StAnw nur, wenn er — wie bei NichtigkKlage (§§ 632, 634) — Partei ist.

In diesem Falle auch alsbald Mitteilg der Entscheidg vor Rechtskr, sonst erst nach Rechtskr (§ 38 Va AktO).

Wirkg:

Die Zustellg setzt in Lauf

a) die RechtsmFristen u. zw, da sie nicht wie iFd § 221 II im Parteibetrieb erfolgt, für jede Partei gesondert vom Tag der Zustellg an sie (RG JW 30, 148) u. einheitl für das ganze Urt,

[1]) Die Verkündg gilt hierbei als erfolgt, wenn die ZustellgNachweise bezügl aller Parteien vorliegen. Mit der letzten Zustellg beginnt auch die Frist des § 320 II S. 3 zu laufen (BayGAnwZ § 7).

auch insoweit es sich um Abweisg einer WKlage handelt (RG 122, 216),

b) die Frist für Antrag auf UrtErgänzg (§ 321 II).

Diese Wirkg hat nur die von Amts wegen erfolgte Zustellg. UrtZustellg im Parteibetrieb ist in EheS ohne rechtl Wirkg (RG 32, 417; ständ Rspr).

Bei öffentl Zustellg ist zu beachten, daß diese häufig die Voraussetzgen für eine Wiedereinsetzg nach § 233 schafft. Über deren Einfluß auf die Rechtskr s. BGH 8, 285.

Der Rechtsmittelverzicht (= RMV).

Sind die Parteien des Streitens müde, haben sie einen Unterh-Vergleich geschlossen oder sind sie aus einem andern Grunde daran interessiert, daß das Urt sofort rechtskr wird, so verzichten sie auf RM. IdR geschieht dies dch gemeins Erklärg der ProzBevollm vor Gericht im Anschluß an die UrtVerkündg.

Protokollierg ist nicht vorgeschrieben (Warn 24, 132; v. Godin 15 zu § 49), aber zweckm u. allgem übl.

Zulässig ist RMV in allen Arten von EheS, gleichviel wie das Urt lautet.

Weder § 617 noch sonstige Sonderbestimmgen stehen dem RMV entgg (RG 59, 349).

Voraussetzg ist selbstverständl, daß dem Verzichtenden ein RM zusteht.

RMV des Bekl ist daher gegenstandslos, wenn die Klage abgewiesen u. keine Widerklage erhoben war. Dagg kann ein RMV des Kl auch dann von Bedeutg sein, wenn dieser ein obsiegendes Urt erstritten hat, gg das ihm auch ohne Beschwer ein RM zusteht (s. unten S. 236).

Gegenstand des RMV kann das Recht auf **Berufg, Rev o. Einspruch** sein (§§ 514, 566, 346).

Verzicht auf Berufg enthält nicht ohne weiteres den Verzicht auf **Anschlußberufg.** Der BerufgBekl kann sich also, selbst wenn er auf Berufg verzichtet hat, der Berufg anschließen, sofern sein Verzicht auf die Berufg nicht zugleich einen Verzicht auf dieses Recht enthält (StJSch II zu § 521). Trotzdem wird ein vorsichtiger Anw einen einseitigen RMV nur erklären, wenn dem Gegner kein RM zusteht.

Zeitpunkt:

Das Gesetz behandelt nur den **nach Erlaß des Urt** erklärten RMV. Aber auch bereits **vor** Erlaß des Urt kann wirks auf RM verzichtet werden (RGH 2, 114). RMV ist auch noch **nach Einlegg eines RMs** zulässig (RG 161, 357)[1]. Er kann auch während einer **Unterbrechg** des Verf wirks erklärt werden (BGH 4, 320).

[1]) War er vor Ablauf der RMFrist erklärt, so enthält er in diesem Falle zugleich den Verzicht auf erneute Einlegg des RMs (RG 161, 358).

Einseitiger u. vertragsmäßiger RMV.

Der nach Erlaß des Urt erklärte RMV bedarf nicht der Annahme, kann also einseitig erklärt werden (§ 514). Daraus folgt dch Umkehrschluß, daß ein im Voraus erklärter RMV der Annahme dch den Gegner bedarf.

DieAnnahme erfolgt idRdchAnnahme einesUnterhAbkommens, in dem der RMV enthalten ist, oder stillschweigend gem § 151 BGB. Ein solcher vertragsmäßger RMV ist nur unter den Voraussetzgen des § 72 EheG nichtig (StJSch II 2 N 7 zu § 617; RG 70, 59 ist überholt!). Proz wirksam ist ein solcher vereinbarter RMV nur, wenn er nicht nur eine Verpflichtg zum RMV, sondern diesen Verzicht selbst enthält (RG 161, 353; HRR 34, 969). Ein bloß vereinbarter, aber nicht erklärter RMV wirkt nur sachlrechtl, kann also wegen Willensmängeln angefochten werden. Wurde er nach Erlaß des BerufsUrt vereinbart, so kann er zufolge § 561 vom RevGericht nicht beachtet werden (RG aaO). Dagg unterliegt ein erklärter RMV der freien Nachprüfg u. Auslegg des RevGerichts (BGH 2, 117; RG 104, 136).

Adresse: Wem ggüber der RMV zu erklären ist, sagt das Gesetz nicht.

Erklärg ggüber dem Gericht ist — im Gegensatz zur RM-Rücknahme (§§ 515, 566, 346) — nicht vorgeschrieben. Aus der Begr z. Entw der ZPO S. 300 ergibt sich, daß der RMV als Erklärg ggüber dem Gericht oder ggüber dem Gegner gedacht war. Dementspr hat das RG in ständg Rspr (zB 104, 135; 105, 352; 110, 229) beide Wege für gangb erklärt. Der BGH (2, 113; 4, 320) u. die Lit (zB Baumb 2a, StJSch II 1a zu § 514) sind dem gefolgt.

Nach hM kann somit der RMV **sowohl dem Gericht als auch dem Gegner ggüber** erklärt werden. Welchen von beiden Wegen der Verzichtende wählen will, steht in seinem Belieben (BGH 2, 115). Wirksam wird die Erklärg mit Zugang an die gewollte Adresse (RG 104, 136).

Ein einem Dritten erklärter RMV ist selbstverständl proz unwirksam.

Form des RMV: schriftl o. mündl.

Sogar schlüssige Handlg genügt, wenn sich der VerzWille eindeutig aus den Umständen ergibt (BGH 2, 117).

a) RMV ggüber dem **Gericht** erfolgt dch Erklärg vor dem ProzGericht o. dem Richterkomm (RG 105, 353) o. dch schriftl Anzeige.

Auch Erklärg des Anw ggüber dem UrkBeamten beim Ersuchen um RechtskrZeugn genügt (Warn 24, 132; aA KG OLG 19, 63). Da der schriftl RMV weder ein bestimmender noch ein vorbereitender Schriftsatz ist, bedarf er nicht der Zustellg.

b) Für RMV ggüber dem **Gegner** genügt formlose Mitteilg (RG 161, 355).

Schriftl RMV von Anw zu Anw bedarf ebenfalls nicht der Zustellg (RG 105, 354).

AnwZwang besteht nur, wenn der RMV dem **Gericht** ggüber erklärt wird.

Die ProzVollm legitimiert zufolge § 81 ohne weiteres zu dieser Erklärg. Soweit sie in den Grenzen der Vollm abgegeben wird, ist sie auch in EheS nach Maßgabe des § 85 für die Partei bindend (RG 59, 348; 105, 352). Unwirksam ist der RMV aber, wenn er von einem ohne Information ad hoc bestellten, sonst nicht mit der Sache befaßten Anw (RG DR 44, 466; Stuttg SJZ 46, 176; Halle NJW 49, 428) oder von einem Referandar (BGH 2, 112) erklärt wird.

Nach UrtZustellg kann bis zur RMEinlegg der bisherige, von da ab der für die nächste Instanz bestellte ProzBevollm RMV erklären (RG 68, 248).

Dem **Gegner ggüber** kann der RMV auch von Partei zu Partei erklärt werden. Mitwirkg der Anw ist weder für einseitigen noch für vereinbarten RMV erforderl (BGH 2, 114; 4, 320) — einer der wenigen Fälle, wo eine ProzHandlg im AnwProz ohne Mitwirkg des Anw vorgenommen werden kann. (Anders Klarückn, RM-Rückn u. proz AnsprVerz, die dem Gericht ggüber erklärt werden müssen u. daher stets dem AnwZwang unterliegen!)

Reichen die Parteien einen von ihnen gemeinsam unterzeichneten RMV bei Gericht ein, so besteht gleichfalls kein AnwZwang, denn der RMV ist schon dch die ggseitige Erklärgen wirksam geworden (RG HRR 37, 870). Der dem Gegner ggüber erklärte RMV unterliegt auch dann nicht dem AnwZwang, wenn er in Anwesenh des Gerichts erklärt worden ist (BGH JZ 53, 153). Wird er in der mündl Verhandlg erklärt, so liegt aber darin, sofern sich nicht aus der Erklärg etwas anderes ergibt, nur eine Erklärg ggüber dem Gericht (BGH 2, 116), also eine dem AnwZwang unterliegende Erklärg.

Wirkg.:

1. Sowohl der einseitig als auch der vertragl erklärte RMV begründet für den Gegner eine Einrede gg die Fortführg des RStreits.

   Diese Einrede führt, wenn trotz Verzichts ein RM eingelegt wird, dazu, daß dieses dch ProzUrt zu verwerfen ist. Der Gegner kann allerdings auf diese Einrede verzichten (BGH JZ 53, 153). Sie ist nicht sachlrechtl Art (so RG 161, 353 u. HRR 34,969), sondern eine prozrechtl (BGH 2, 117, StJSch III zu § 154), denn sie führt nicht zu einem Sachurt, sondern zu einem ProzUrt. Die Ansicht, der RMV habe n u r diese Wirkg (BGH JZ 53, 153; RG 150, 395, HRR 34, 969 u. 37, 870) trifft jedoch nicht zu. Er kann auch folgende Wirkgen haben:

2. Der nach Erlaß des Urt erklärte RMV bewirkt, wenn der Gegner gleichfalls auf RM verzichtet oder ihm ein RM nicht zusteht, den Eintritt der formellen **Rechtskr** des Urt u. begründet damit einen mit

Beschwerde verfolgb Anspruch auf Erteilg eines RechtskrZeugn gem § 706.

3. Er macht ein trotz Verzichts eingelegtes RM **unzulässig.** Die Unzulässigk ist gem §§ 519b, 554a **von Amts wegen zu berücksichtigen** (BGH 2, 117).
4. Ein nach Einlegg eines RM erklärter RMV enthält stets dessen **Rücknahme** (RG 161, 358), so daß nur noch Kostenentscheidg gem §§ 515, 566 ergehen kann.
5. Ein RMV des Scheidg- o. AufhebgKl (-WKl), dessen Klage abgewiesen worden ist, kann zugleich einen **Verzicht auf den Klageanspruch** enthalten (v. Godin 15 zu § 49; Gerold 6 vor § 49) u. stellt eine **eheerhaltende Tats** dar, die gem § 622 II von Amts wegen zu berücksichtigen ist. Sie führt zur Zckweisg der Berufg

   u. zw dch ProzUrt, denn, wenn ein RM wegen RMV unzulässig ist, ist die Frage, ob es wegen AnsprVerzichts auch unbegrünist, nicht zu prüfen.

Die RechtskrWirkg des RMV.

Nach hM bewirkt ein beiderseitiger RMV bereits vor Ablauf der RM-Frist die formelle Rechtskr des Urt[1]). Auch ein einseitiger RMV hat diese Wirkg, wenn dem Gegner ein RM nicht zusteht[2]).
Man wird aber unterscheiden müssen, ob der RMV dch Anw erklärt ist oder ob bloße Parteierklärg vorliegt.
Daß eine **dch beide Anw** ggseitig o. ggüber dem Gericht erklärter RMV sofort Rechtskr erzeugt, unterliegt keinen Bedenken (Nürnberg BayJMBl 51, 207). Steht nur dem Verzichtenden ein RM zu, so tritt gleichfalls Rechtskr ein, wenn dessen **Anw** den RMV dem Gericht o. dem Gegner ggüber erklärt.

Die weit verbreitete Ansicht, RMV könne nicht erklärt werden, wenn der Gegner nicht vertreten ist, ist nicht richtig.

Kann aber auch eine bloße Parteierklärg ggüber der andern Partei o. deren Anw diese weitreichende Wirkg beanspruchen? Die Frage ist im Hinblick auf die rechtsgestaltende Wirkg von Urt in EheS von bes Bedeutg.

Bejaht wird diese Frage von München OLG 25, 119, das einen von einer Partei ggüber dem Anw des Gegners erklärten RMV für ausreichend erachtet, um die Rechtskr herbeizuführen. Ferner von RG HRR 37, 870. Diese Entscheidg widerspricht sich aber

[1]) StJSch II 3 zu § 705; v. Godin 15 zu § 49; Gerold 6 vor § 49.

[2]) StJSch aaO. Doch ist die Empfehlg der AV v. 15. 9. 42 (DJ S. 606) B 1, nur bei beiderseitigem RMV ein RechtskrZeugn zu erteilen, aus den dort angeführten Erwägungen richtig. Ebenso bayGAnwZ § 163 IV b.

selbst, indem sie einerseits erklärt, der RMV habe nur einredebegründende Wirkg, ihm aber andererseits rechtskraftschaffende Wirkg beimißt.

Ferner von BGH 4, 319 unter Berufg auf die vorgenannte Entscheidg, sowie auf RG 110, 228 u. Warn 24, 132, die jedoch diese Frage nicht entschieden haben, da in diesen Fällen der RMV dch Anwälte erklärt war.

Verneint wird jene Frage von KG OLG 19, 63 u. Halle NJW 49, 428.

Folgt man der ersteren Ansicht, so müßte der UrkBeamte die Rechtskr bescheinigen, wenn ihm nur eine formlose, privatschriftl, nicht für das Gericht bestimmte Erklärg der Partei, der ein RM zusteht, vorgelegt wird. Er hat weder die Möglk zuverlässig festzustellen, an welchem Tage diese Erklärg dem Gegner ggüber abgegeben u. damit die Rechtskr des Urt eingetreten ist (was er gem § 38 Abs. 5c AktO bescheinigen muß), noch ob der Erklärende geschäftsfähig, noch ob der RMV nicht etwa widerrufen ist, was ja mit Zustimmg des Gegners bis zum Eintritt der Rechtskr mögl ist (s. unten S. 212).

Soweit AnwZwang besteht, erzeugt daher nur ein dch einen Anw erklärter RMV Rechtskr.

Kein AnwZwang besteht für ProzHandlgen vor dem **Richterkomm** o. dem **UrkBeamten** (§ 78 II). Hier genügt also von ein der Partei erklärter RMV, um die Rechtskr herbeizuführen.

Die angeführten Bedenken bestehen in diesem Falle nicht, denn diese Beamten haben ja den Erklärenden vor sich.

Ferner genügt Parteierklärg in den Fällen, wo der RMV keine Rechtskr schafft, sondern nur eine Einrede begründet,

zB wenn ein RMV einseitig erklärt wird, obwohl auch dem Gegner ein RM zusteht.

Nur mit diesen Einschränkungen ist die Ansicht, eine anwaltlose Partei könne keinen RMV erklären (Baumb 4 B zu § 617), zutreffend.

Beseitigg des RMV.

Nichtigk. Ist der RMV nach sachl Recht nichtig, so ist er auch proz unwirksam (RG 118, 176).

Dies gilt sowohl für den einseitig erklärten RMV als auch für eine Vereinbarg, kein RM einzulegen o. ein eingelegtes RM zurückzunehmen (StJSch V 7d vor § 128).

Nichtigk kann zB wegen Gesetz- o. Sittenwidrigk (§§ 134, 138 BGB) o. bei einer vor Erlaß des Urt getroffenen Vereinbarg iFd § 72 S. 3 EheG gegeben sein. Vor Erlaß des Urt getroffene Vereinbargen, die einen RMV enthalten, sind aber nicht schlechthin sittenwidrig (BGH 2, 114).

Widerruf des RMV.

Solange der RMV dem ErklärgGegner, für den er bestimmt ist (Gericht o. Gegner), noch nicht zugegangen ist, ist er gem § 130 S. 2 BGB einseitig widerrufl (RG 104, 136). Ist er aber dem Gegner zugegangen, so kann er nur mit dessen Zustimmg widerrufen werden (RG 105, 355; BGH JZ 53, 153). Dies gilt aber nur solange, als nicht bereits das Urt **Rechtskr** erlangt hat (Warn 24, 132). Denn diese ist der Verfügg der Parteien entzogen. Dasselbe gilt, wenn die Parteien dch gemeinsam unterzeichnete Erklärg ggüber dem Gericht auf RM verzichtet haben (RG HRR 37, 870).

Ausnahme: Ein an sich nicht mehr widerrufl RMV kann aber widerrufen werden, wenn er aus einem **Restitutionsgrund** (zB nach § 580 Ziff. 4 wegen Nötigg, Betrugs etc.) angefochten werden kann (Nürnbg BayJMBl 51, 207; RG 150, 394f). Denn es wäre widersinnig, wenn die Partei in solchen Fällen genötigt wäre, zunächst gg sich Urt ergehen zu lassen u. dann gg dieses mit RestitutKlage vorzugehen. Dies gilt selbst dann, wenn das Urt infolge beiderseitigen RMV bereits Rechtskr erlangt hat. Ist der RMV wirks widerrufen, so steht er der Einlegg von RM nicht mehr entgg.

Anfechtg des RMV.

Da der RMV eine ProzHandlg darstellt, verbietet sich eine Anfechtg wegen Willensmängeln von selbst. Die ZPO kennt keine Anfechtg wegen Irrtums, argl Täuschg o. Drohg. Die §§ 119, 123, BGB sind auf ProzHandlgen auch nicht analog anwendb (RG 150, 395). Daß der RMV nicht dem inneren Willen des Erklärenden entsprochen habe, kann prozrechtl nicht berücksichtigt werden. Dazu nötigt die öffentlrechtl Natur des Proz u. das Interesse an der Sicherstellg eines geordneten Verf (RG 105, 355; Stuttg SJZ 46, 176).

Erst recht nicht kann der Einwand eines Anw berücksichtigt werden, er habe irrtüml angenommen, sein RMV entspreche dem Willen seines Mandanten (RG 59, 349; 105, 355).

Wohl aber kann der dch den RMV gegebenen Einrede die Gegeneinrede der unzulässigen Rechtsausübg entgggesetzt werden (RG 161, 379). War zB der RMV dch arglistige Täuschg erschlichen, so kann der Einrede des RMV mit der GgEinrede der **Arglist** begegnet werden (BGH JZ 53, 153). Ein abredewidrig eingelegtes RM ist — ebenso wie eine abredewidrig nicht zckgenommene ScheidgKlage (RG 159, 190) — dch ProzUrt zu verwerfen.

RMRücknahme u. RMVerzicht.

1. Ein nach Einlegg eines RM erklärter RMV enthält stets zugleich die Rücknahme des RMs. Dagg enthält die RMRücknahme nicht ohne weiteres einen RMV. Denn sie steht, solange

die RMFrist noch nicht abgelaufen ist, der erneuten Einlegg des RMs nicht entgg (RG 161, 358).

2. Die RMRücknahme kann allerdings zugleich einen RMV darstellen (ebenso wie der Anspruchsverzicht häufig die Rücknahme einer ScheidgKlage enthält). In diesem Falle ist, da der RMV in seiner Wirkg weiter reicht, die für ihn geltende Form maßgebend. Da der RMV nicht dem Gericht ggüber erklärt zu werden braucht, braucht auch die RMRücknahme in diesem Falle (entgg §§ 515 II S. 1, 566) nicht dem Gericht ggüber erklärt zu werden (RG 161, 358).
3. Enthält aber die RMRücknahme nicht zugleich einen RMV, so ist ihre Wirkg stärker als die des RMVs. Denn während sie das zurückgenommene RM der Entscheidg des Gerichts entzieht, enthebt der RMV das Gericht nicht der Notwendgk, über ein trotz Verzichts eingelegtes RM zu entscheiden. Diese Wirkg der RMRücknahme kann dch Parteieinverständn nicht beseitigt werden. Dagg kann ein RMV, solange keine Rechtskr eingetreten ist, mit Einverständn des Gegners widerrufen werden (RG 150, 395).

Teilweiser RMV ist in EheS **nicht mögl,** da über den Bestand der Ehe nur einheitl entschieden werden kann.

Aus dem Grunds der Einheitlk der Entscheidg folgt, daß jedes RM in Scheidg-, Aufhebg- u. HerstellgSachen das Urt im ganzen ergreift u. seine Rechtskr hemmt, mag es sich auch ausdrückl nur gg die Entscheidg über die Klage o. über die WKlage o. eine von mehreren verbundenen Klagen o. ausschließl gg die Entscheidg der Schuldfrage wenden (StJSch II 4 zu § 615).

Verzicht auf RMV.

Haben die Eheg sich nach Erlaß des ScheidgUrt ausgesöhnt u. die Ehe jahrelang fortgesetzt, so ist darin ein Verzicht auf das Recht, die Rechtskr des Urt dch RMV o. -rücknahme herbeizuführen, zu erblicken. RMV u. -rückn verstoßen in diesem Falle gg Treu u. Glauben. Ihre Berücksichtigg wäre mit dem Prinzip der Aufrechterhaltg bestehender Ehen unvereinb. Das ScheidgUrt ist daher bei Wiederaufn des Rechtsstr für gegenstandslos, die Hauptsache für erledigt zu erklären. Die Kosten treffen die Partei, die der Erledigg widersprochen hat (BGH 20, 203ff).

Der Vergleich in Ehesachen

Lit: Gaedeke, Vergl in EheS, Lpz 1941; Matthias MDR 53, 713 u. 54, 10; Schumann MDR 54, 216.

I. Vergleich zur Hauptsache.

Die Frage, ob in EheS ein Vergl zur Haupts mögl ist, ist umstr (vgl. Dresden DR 40, 463, Stuttg NJW 56, 997). Sie ist bes desh von Bedeutg, weil eine **VerglGeb** aus der Hauptsache nur dann anfällt u. die BewGeb nur wegfällt (§ 29 GKG), wenn ein Vergl zur Haupts vorliegt.

Auszugehen ist von der Vorschr des § 794 I Nr. 1. Darnach ist „ProzVergl" eine vor Gericht getroffene Vereinbarg der Parteien zur Beilegg des RStreits.

1. Im ordentl Verf hat der Abschluß einer solchen Vereinbarg, soweit sie den ProzGegenstand betrifft, die Wirkg, daß das RSchutzinteresse der Parteien entfällt, das Gericht nicht mehr zu entscheiden braucht, der RStreit beendet, die Rechtshängigk beseitigt u. ein ergangenes Urt, soweit es noch nicht rechtskr geworden ist, hinfällig wird (StJSch II 3a zu § 794).
   Im Eheproz kann ein Vergl diese Wirkgen nicht haben, denn der ProzGegenstand, die Ehe ist der Verfügg der Parteien entzogen. So wenig die Parteien die Ehe dch Vergl schließen können, so wenig können sie ihre Ehe dch Vergl lösen o. eine bereits erfolgte Lösg ohne Einlegg von RM rückgängig machen (RG 157, 143). Auch das zwischen ihnen bestehende ProzRVhältn können sie nicht — jedenfalls nicht unmittelb — dch Vergl beenden. Sie können sich dch Vergl ledigl zu einem proz Verhalten verpflichten, das den Proz beendet,

   zB dch Übernahme der Verpflichtg, die Klage bzw WKlage zckzunehmen, die Haupts für erledigt zu erklären o. ein ergangenes Urt dch RMV , Nichteinlegg o. Rücknahme von RM rechtskr werden zu lassen.[1]).

   In allen diesen Fällen dient der Vergl der Beilegg des RStreits nur dann, wenn diese übernommenen Verpflichtgen erfüllt werden. Andernfalls nimmt der Proz seinen Fortgang u. muß das Gericht entscheiden (s. o. S. 180). Eine Beilegg des RStreits dch Vergl ist somit in EheS nicht mögl.
2. Vergl iSd § 794 ist aber eine Vereinbarg der Parteien nicht nur dann, wenn sie die **Beilegg** des RStreits **bewirkt,** sondern schon dann, wenn sie die Beilegg **bezweckt.** Daß die Übernahme von Verpflichtgen der gen Art diese Voraussetzgen erfüllt, kann nicht zweifelh sein.

---

[1]) Dies kann auch im AR-Verf dch Vergl nach § 118a geschehen (RG 157, 143).

Unter § 794 fällt auch ein Vergl, der nur eine **teilw** Beilegg des RStreits bezweckt,

zB die Vereinbarg, daß ein Teil seine Klage o. sein RM zcknehmen soll, so daß nur noch über den ScheidgAnspr des andern ein Urt begehrt wird (KG DR 40, 466, 1739; Dresden DR 40, 462). Auch ein solcher Vergl ist „zur Beilegg des RStreits" — näml hinsichtl einer der beiden Klagen — geschlossen (aA Stuttg NJW 49, 350; Hambg MDR 52, 435).

3. Dagg trifft dies auf die Übernahme der Verpflichtg zu einem proz Verhalten, das ledigl bezweckt, die Dchführg des RStreits **abzukürzen o. zu erleichtern, nicht** zu,

zB die Übernahme der Verpflichtg, Schuldantrag nicht zu stellen o. ihn zckzunehmen (aA Celle NdsRpfl 51, 12), keinen Sachantrag zur Klage (WKlage) zu stellen, keine WKlage zu erheben (KG DR 40, 1739), einer Scheidg aus § 48 nicht zu widersprechen (KG-W JR 55, 344), bestimmte Tats nicht vorzutragen, Einreden nicht zu erheben o. (seitens des Kl) die Klage auf einen bestimmten Klagegrund zu beschränken (zB § 43 statt 42 o. § 48 statt 43, KG-W aaO) o. gg sich VersUrt ergehen zu lassen; überhaupt Parteiabreden über die Gestaltg des Verf, insb über Beschränkg des ProzStoffs o. BewMaterials; ferner Verzicht auf Kostenerstattg (BGH 5, 378; s. aber Baumb 4 F a zu § 13 RAGebO) u. ein im voraus erklärter RMV (Düsseldorf AnwBl 51, 36).

Vereinbarungen dieses Inhalts dienen nur mittelb der Beilegg des RStreits u. machen ein Urt nur dann entbehrl, wenn sie mit einer auf Beendigg des RStreits gerichteten verbunden sind.

Die Grenzziehg zwischen 2 u. 3 ist aber äußerst umstr (s. Hodes S. 266ff). Sie hat dch § 36 I S. 1 RAGebO, wonach aus der Hauptsache in keinem Fall eine VerglGeb anfällt, ihre **Bedeutg verloren.** Man wird aus dieser Bestimmg schließen müssen, daß in EheS ein Vergl zur Hauptsache auch nicht mehr die Wirkg des § 29 GKG haben kann.

II. **Der UnterhVergl.**

Gem § 72 EheG können die Eheg über ihre ggseitigen UnterhPflichten für die Zeit nach Lösg der Ehe (Scheidg, Aufhebg o. NichtigkErklärg) Vereinbarungen treffen. Solche Vereinbarungen können nicht nur nach rechtskr Lösg der Ehe, sondern auch schon vor Beginn o. während des Eheproz, ja uU schon vor der Eheschließg getroffen werden. Der Standpunkt der früheren Rspr, daß eine solche Vereinbg stets nichtig ist, wenn sie die Lösg der Ehe erleichtert o. ermöglicht hat, wurde dch § 72 S. 2 aufgegeben u. dahin eingeschränkt, daß sie nur dann nichtig ist, wenn die Eheg in Zusammenhang mit dieser Vereinbg einen fingierten o. erloschenen LösgGrund geltend gemacht haben o. wenn die Vereinbg anderweit den guten Sitten widerspricht, daß sie aber nicht schon dann als sittenw anzusehen ist, wenn die ScheidgBereitsch eines der Eheg o. beider Teile dch eine vertragl Regelg ihrer UnterhAnsprüche herbeigeführt worden ist (RG 159, 161ff)[1]).

Die vermögensrechtl Beziehgen der Eheg können nicht Gegenstand des Eheproz sein. Da aber den Parteien die Einbeziehg prozfremder Gegenstände in einen Vergl unverwehrt ist, kann ein UnterhVergl in einen zur Beilegg des RStreits geschlossenen Vergl einbezogen werden (Dresden DR 40, 464). Von dieser Möglk wird außerordentl häufig Gebrauch gemacht, indem auf die Fortführg des Eheproz in höherer Inst gg ein Nachgeben in bezug auf die UnterhAnsprüche verzichtet wird (sog. **Gesamtvergleich**). Vielfach bedient sich die Rspr auch einer Hilfskonstruktion. Sie unterstellt, daß die Parteien, die einen UnterhVergl im Ehepr zu Protokoll geben o. auch nur erörtern, einen Antrag aus §§ 627, 627b stellen wollen.

(Gadedeke S. 10, OGHbritZ NJW 49, 906; Frkf NJW 52, 1101).

In diesem Falle sind die UnterhAnspr der Parteien Gegenstand des Verf, können also Gegenstand eines ProzVergl sein.

(BGH 15, 192 u. die dort zit Rspr).

Ein solcher Antrag kann auch noch **nach Erlaß des Urt** gestellt werden, aber **nicht mehr nach Eintritt der Rechtskr,** also nicht mehr nach beiders RMV.

In Hinblick auf die — recht formalistische — Rspr des BGH aaO ist äußerste **Vorsicht** geboten, wenn sowohl ein UnterhVergl als auch ein RMV zu Protokoll gegeben wird. Der RMV darf **nicht vor dem Vergl** zu Protokoll gegeben werden. Andernfalls ist der UnterhVergl nicht als ProzVergl iSd § 794 anzusehen, mag er auch schon vor der Erklärg des RMV geschlossen u. unmittelb nach dieser Erklärg dem ProzGer übergeben worden sein in der Absicht, die UnterhRegelg im Zusammenhang mit dem Eheproz zu treffen. (Ob es der Sachlage entspricht, der Reihenfolge dieser Erklärgen diese entscheidende Bedeutg beizumessen, erscheint zweifelh).

Inhalt des UnterhVergl kann sein

in 1. Linie eine Regelg der **ggseitigen UnterhPflichten**

u. zw nicht nur eine einstw (wie dch Beschluß aus § 627b), sondern auch eine **endgültige** (Frkf NJW 52, 1101).
Die Regelg kann von der gesetzl abweichen, also auch eine UnterhPfl des schuldlos Geschiedenen begründen o. den Ausschluß aller Einwendgen aus § 323 u. über den Tod des

---

[1]) Über sittenw UnterhVerzicht von Fürsorgeunterstützgempfängern s. Lüdtke NJW 55, 211. Vgl auch BGH FamRZ 56, 144. Über Sittenwidrigk e. UnterhVertrags unter Verbürgg der Ehebrecherin s. BGH NJW 57, 1189.

Verpflichteten hinaus (Leibrentenvertr, vgl RG 150, 391) o. statt Geldrente Kapitalabfindg o. eine Sicherstellg dch Bürgsch (RG 163, 95), Hypothek u.dgl. Es kann entweder ledigl der gesetzl geschuldete Unterh festgesetzt o. über diesen hinausgehend eine selbständige LeistgPfl begründet werden[1]) (insoweit genießt der UnterhAnspr nicht das PfändgVorrecht des § 850d u. ist er ohne die Beschränkgen des § 850b I Nr. 2 pfändb).

Die häufigste Form der UnterhRegelg ist ein ein- o. beiderseitiger **UnterhVerzicht.**

Abw von § 1614 BGB kann auf Unterh für die Zukunft verzichtet werden.

Einen **Vergl** stellt der UnterhVerzicht nur dann dar, wenn ihm eine Gegenleistg ggübersteht, denn jeder Vergl setzt ein **beiders Nachgeben** voraus (§ 779 BGB).

IdR besteht die Gegenleistg in der Übernahme der Kosten o. in einem proz Verhalten, das die Scheidg erleichtert, zB Übernahme der Alleinschuld. Aber auch ein geringfügiges Entgegenkommen genügt.
Von einem ggseitigen Nachgeben kann natürl nicht die Rede sein, wenn die Partei, die schon im Eheproz der Nachgebende war (zB keinen Widerspruch aus § 48 II erhoben, keinen Schuldantrag gestellt u. auf RM verzichtet hat) nun auch noch auf Unterh verzichtet.
Das Nachgeben muß in der Aufgabe einer wirkl RPosition bestehen. Der Verzicht auf einen UnterhAnspr, der nicht besteht, der auch nicht rechtshängig ist u. dessen künftige Entstehg auch nicht wahrscheinl ist, ist kein Nachgeben iSd § 779 BGB (KG DR 41, 941; vgl. zum folgenden auch Gaedeke DR 42, 499), zB ein UnterhVerzicht des allein o. überw für schuldig Erklärten; idR auch nicht ein UnterhVerzicht der aus beiders gleichem Verschulden Geschiedenen, denn gem § 60 EheG kann zw einem Teil ein UnterhBeitrag zugebilligt werden, ein Anspruch hierauf besteht aber nicht. Auch der Verzicht auf UnterhAnspr aus § 61 EheG bei Scheidg ohne Schuldausspr stellt die Aufgabe einer wirkl RPosition nur dar, wenn wenigstens Anhaltspunkte für das Bestehen eines solchen Anspr vorliegen.
Für die Frage, ob ein UnterhVerzicht als Vergl zu werten ist, kommt es nicht auf seine Formulierg, sondern auf seinen Inhalt an. Entscheidend ist, ob er rechtsgestaltend wirken sollte o. ob er nur deklaratorisch (klarstellend) gemeint war. Die übl Formel „Verzicht auf Unterh für Vergangenh u. Zukunft" ist idR nur deklaratorisch, wenn keine konkreten Ansprüche bestehen.

---

[1]) Hierzu s. Spitz u. Düll NJW 52, 1123 u. 1363.

Mit dem UnterhVergl können **auch andere Abmachgen** verbunden werden,

zB die Regelg der **Beitragspfl** eines Eheg ggüber dem andern zum Unterh der Kinder (§ 71 EheG), desgl der Anspr der Mutter ggüber dem Vater auf Ersatz ihrer Aufwendgen zum Unterh der Kinder (KG DR 42, 1556);
ferner die **Personensorge** für gemeins minderj Kinder (§ 74 I EheG; Karlsruhe NJW 50, 608) u. zw sowohl in ihrer Gesamth als auch nur in einzelnen Beziehgen;
der **persönl Verkehr** mit den Kindern (§ 75 EheG), zB hinsichtl Häufigk, Dauer, Art u. Ort des Verkehrs, vorbehaltl einer abw Regelg dch das VormundschGer — das VerkehrsR selbst ist unverzichtb (RG JW 25, 2115); es kann auch nicht von pünktl UnterhZahlg anhängig gemacht werden (HSt 4A u. 3 A zu § 75), — endl eine Regelg des **Namensrechts** der Frau, hinsichtl der **Ehewohng**, eine Teilg des **Hausrats** u. eine sonstige **Vermögensauseinandersetzg**, auch soweit es sich um Grundstücke handelt (Hesse DR 40, 1035; Schlegelberger 6. Aufl 4 vor § 167 FGG, Neustadt DNotZ 51, 465; Dresden DR 40, 464). Die erforderl Auflassg kann in dem gerichtl Vergl erklärt werden (§ 925 I S. 3 BGB). Auch zum Zwecke der UnterhGewährg dürfte Auflassg im UnterhVergl zulässig sein; in diesem Falle keine BeurkGeb nach § 36 KostO, sondern VerglGeb nach § 44 GKG (Nürnberg DRpfl 55, 21). Unterwerfg unter sofortige ZwVollstr (§§ 794 I Nr. 5, 800) in gerichtl Vergl ist wirks (StJSch § 794 N 40).

Protokollierg s. u. S. 225.

Der Vergl wird entweder in das SitzgProt aufgenommen o. diesem als Anlage beigefügt. Gem § 162 ist Verlesg u. Genehmigg erforderl. Regelm erfolgt die Protokollierg im Anschluß an die UrtVerkündg. Sie kann aber auch schon vorher vorgenommen werden, auch vor dem ER.

In jedem Falle empfiehlt es sich, den Vergl ausdrückl unter der Bedingg abzuschließen, daß die Ehe rechtskr aufgelöst wird. Die übl Formel „ohne Rücksicht auf den Ausgang des RStreits" ist ungenau. Sie vermag selbstverständl nicht zu verhindern, daß ein UnterhVerzicht gem §§ 1614, 134 BGB nichtig wird, wenn es nicht zur Lösg der Ehe kommt.

Armenrecht.

Das für den Eheproz bewilligte AR erstreckt sich nicht auf ein Verf nach §§ 627, 627b, da dieses gebührenrechtl selbständig ist. Es bedarf insoweit **gesonderter Bewilligg** (StJSch N 27a zu § 627 u. N 5 zu § 627b). Vgl auch § 122 III Nr. 5 RAGebO.
Da es im Interesse des RFriedens erwünscht ist, daß die Eheg ihre vermögensrechtl Beziehgen möglichst bald dch freie Ver-

einbarg regeln, sollte das Gericht das Zustandekommen solcher Vergleiche dch Bewilligg des AR an arme Parteien u. Beiordg eines Pflichtanw fördern. Bes gilt dies für sog Gesamtvergleiche.
IdR wird es angebracht sein, als Pflichtanw den für das Scheidg-Verf bestellten beizuordnen (Stuttg NJW 50, 111 hält dies sogar für zwingend geboten).

Kostenrecht.

a) **AnwGeb.** Die Verf über Anträge nach §§ 627, 627b gelten gebrechtl als bes Angelegenh. Für mehrere solcher Verf erhält der Anw in jeder Inst die Gebühren (Proz-, Verh-, Bew-, Vergl-Geb) nur einmal (§ 41 I RAGebO). Bei einer Einigg der Parteien über in §§ 627, 627b bezeichnete Ansprüche erhält er eine Pro-Geb auch dann, wenn ein Antr aus §§ 627, 627b nicht gestellt ist, aber nur zu $^1/_2$. Dasselbe gilt, soweit ledigl beantragt ist, eine solche Einigg zu Prot zu nehmen (§ 41 II RAGebO).
Ein **Gesamtvergl** löst, obwohl er zugleich den Proz beendet, keine VerglGeb im Eheproz aus (§ 36 I RAGebO), sondern nur eine solche im AO-Verf[1]). Bei der Bewertg eines UnterhVergl bleibt der Wert der EheS außer Betracht (§ 36 I S. 2 RAGebO).
Für die **Mitwirkg bei einer Aussöhng** der Parteien erhält der Anw nach § 36 II RAGebO **$^1/_1$ Geb,** wenn
1. e. Scheidg- o. AufhebgKlage anhängig o. ernstl beabsichtigt
u. 2. die Eheg die ehel Lebensgemeinsch fortsetzen.
Er erhält diese Geb also **nicht,** wenn eine dieser Voraussetzgen nicht erfüllt ist, also wenn
1. es sich um eine andere Art von Eheklage handelt (Herstellg-, Nichtigk- o. FeststellgKlage) oder
2. e. Scheidg- o. AufhebgKlage zw dch Klage- o. RMRückn o. -Verz o. ErlediggErklärg beendet, aber die ehel Gemeinsch nicht fortgesetzt wird. Letzteres zu bewerkstelligen, liegt nicht in der Macht des Anw. Das Ges bietet ihm also wenig Anreiz zu AussöhngVersuchen.

Der für den Eheproz **beigeordnete Anw** erhält für einen im Zusammenhang mit der EheS abgeschlossenen UnterhVergl die VerglGeb auch dann, wenn er nicht für diese Angelegenh beibeordnet ist. Das Ges erleichtert dadch das Zustandekommen von UnterhVergleichen (§ 122 III Nr. 5 RAGebO). Bei Beiordg nur zum VerglAbschluß erhält er neben $^1/_1$ VerglGeb nur $^1/_2$ Proz-Geb (§ 32 RAGebO; Celle NJW 53, 271).

b) **Gerichtsgeb:** s. § 41 GKG[2]); daneben, soweit endgültige UnterhRegelg o. Einbeziehg sonstiger Ansprüche, VerglGeb

[1]) Anders nach früherem Recht. Gaedeke S. 11, 85ff, 99ff u. die NJW 49, 906 zit Rspr ist daher überholt.

[2]) u. zw auch wenn ein Antrag aus § 627b nicht ausdrückl gestellt war. Die AV d. fr. RJMin v. 30. 6. 43 (DJ S. 348), wonach in diesem Falle ledigl ProzGeb für die EheS zu erheben war, ist aufgehoben (Ges v. 26. 7. 57 — BGBl S. 861 — Art. XI § 5 II Nr. 4b).

aus § 44 GKG unter Wegfall einer etwa entstandenen BewGeb (§ 29 GKG). Dagg bewirkt Klagerückn wegen Aussöhng nicht den Wegfall der BewGeb (KG JW 38, 2304).

c) **Streitwert** des UnterhVergl s. § 13 II GKG. Bei UnterhVerz ist zu berücksichtigen, ob diesem wirtschaftl Bedeutg zukommt. Ggseitiger UnterhVerz bei beiders gleichem Verschulden ist zB ohne wirtschaftl Wert, wenn Rechte aus § 60 EheG in absehb Zeit nicht in Betracht kommen (Baumb 3 A zu § 10 GKG aF).

Bezügl Personensorgeregelg, Namensrecht u. a. nicht vermögensrechtl Ansprüche s. § 14 I GKG; bei Verbindg mit vermögensrechtl § 14 II GKG.
Bei Erstreckg des Vergl über den Streitgegenstand hinaus, erwächst die VerglGeb vom vollen Wert, die ProzGeb vom überschießenden Betrag nur zu $^1/_2$ (Baumb 4 J zu § 13 RAGebO vgl § 32 II RAGebO. Keine Zusammenrechng des Wertes der Klage u. der WKlage, denn beide betreffen in EheS stets denselben Gegenstand (Baumb 2 C zu § 13 GKG).

Beim **Fehlen einer Kostenvereinbarg** ist str, ob die Kosten gem § 627c der Haupts folgen oder ob sie gem § 98 ggeinander aufzuheben sind (s. Hodes aaO S. 270, Tschischgale, JR 51, 427 u. DRpfl 53, 227; StJSch II zu § 627c).
Beschränkt sich der Vergl auf die UnterhRegelg, so ist § 627c anzuwenden. Regelt der Vergl aber auch Streitpunkte, die nicht Gegenstand eines Verf nach §§ 627, 627b sein können, so kommt § 98 zur Anwendg, mag auch die Einbeziehg dieser Punkte (zB Vermögensauseinandersetzg, Personensorgeregelg usw) zulässig sein (LG Nürnbg-Fürth BayJMBl 51, 133; Stuttg NJW 53, 1800; Karlsruhe NJW 53, 307; aA hinsichtl Teilvergl — s. o. I 2 — KG-W NJW 56, 147).

Vergleich im AR-Verf.

VollstreckgTitel ist gem § 794 I Nr. 1 auch ein Vergl, der gem § 118a III zu richterl Prot genommen ist. Hat der Vors die in § 118a bezeichneten Maßnahmen einem **RPfleger** übertragen (§ 19 I Nr. 4 RPflG), so kann ein solcher Vergl auch vor diesem geschlossen werden. Die Möglk dazu ist insb in einem Verf gegeben, das die Bewilligg des AR für ein AO-Verf nach § 627 o. für ein Berufg- o. RevVerf zum Gegenstand hat.

Das Sitzungsprotokoll[1])

§§ 159—165

Die Anwendg dieser Vorschriften gehört zwar zum tägl Brot des Praktikers. Über ihre Auslegg bestehen aber erhebl Meinungsverschiedenheiten. Für alle Beteiligten können sich daraus schlimme Folgen ergeben. Ein alarmierendes Beispiel bietet die Entscheidg BGH 14, 381, die einen kurzschriftl aufgenommenen ProzVergl wegen Formmangels für nichtig erklärt hat. Fehlerh Protokollierg einer Verhandlg kann zu einer Amtshaftg führen (vgl RG 129, 44) u. bildet, wenn das Urt auf ihr beruht, einen RevGrund.

I. Zunächst die prakt wichtigste Frage, um die die erwähnte Entscheidg des BGH eine lebh Diskussion ausgelöst hat (vgl Breithaupt NJW 55, 579, Schuler NJW 55, 1258 u. Brunstädt DRiZ 56, 190):

Inwieweit kann das SitzgProt in Kurzschrift aufgenommen werden?

Die ZPO enthält hierüber nur die i. J. 1924 eingefügte Bestimmg des § 163a.

Diese gestattet die Verwendg von Kurzschr nur in beschränktem Umfang, näml nur für Niederschr größeren Umfangs, insb über die Aussagen von Zeugen u. Sachverst u. über das Ergebn eines Augenscheins u. nur unter bestimmten Sichergen gg eine unrichtige Aufnahme o. Übertragg des Stenogramms.

Ist also die Verwendg von Kurzschr nur bei Beachtg dieser Vorschr zulässig? Zu unterscheiden ist zwischen kurzschriftl ProtAnlagen nach § 163a, ferner dem Prot selbst u. kurzschriftl ProtEntwürfen u. Notizen.

Das Prot selbst ist in gewöhnl Schrift zu fertigen.

Das ergibt sich aus § 163a; denn andernfalls hätte es dieser Sondervorschr nicht bedurft.

Wann es zu fertigen ist, sagt das Gesetz nicht. Die im Prot getroffenen Feststellgen müssen zwar auf eigener Wahrnehmg der UrkPerson beruhen. Nirgends ist aber vorgeschrieben, daß das Prot bereits in der Sitzg anzufertigen sei.

[1]) Vgl bayGAnwZ §§ 90—97.

§ 159 sagt nur, daß über die mündl Verhandlg ein Prot aufzunehmen ist. Auch aus § 162, wonach gewisse Teile des Prot den Beteiligten vorzulesen o. zur Durchsicht vorzulegen sind, folgt nicht, daß diese Teile bereits in der Sitzg in gewöhnl Schrift gefertigt werden müssen. Die Verlesg kann auch aus einer ProtAnl erfolgen. Der Vorlegg zur Durchsicht bedarf es nicht, wenn die Verlesg erfolgt ist. Welche von beiden Arten der Bekanntgabe das Gericht wählen will, steht in seinem Ermessen.

Das Prot in der Sitzg in gewöhnl Schrift aufzunehmen, wäre bei Kollegialgerichten auch viel zu zeitraubend u. bei Ortsterminen oft nicht durchführb.

Zulässig u. übl ist es daher, das Prot erst **nach der Sitzg** in gewöhnl Schrift herzustellen (BGH 14, 397) u. zw — soweit es keine verlesungsbedürftigen Angaben enthält — aGr von Notizen, die der Protf während der Verhandlg in Kurz- o. Langschr gemacht hat. Diese Notizen brauchen selbstverständl nicht den Vorschr des § 163a zu entsprechen. Werden dagg **verlesungsbedürftige** Angaben kurzschriftl aufgenommen, so muß nach § 163a verfahren werden[1]), dh

1. Sie dürfen nur in gebräuchl Kurzschr geschrieben werden.
2. Der Protf muß sie unterzeichnen.
3. Sie sind in der Sitzg zu verlesen u. dem Prot als Anl beizufügen.
4. Im Prot sind sie als Anl zu bezeichnen u. ist ihre Verlesg u. Genehmigg zu vermerken.
5. Nach der Sitzg überträgt sie der Protf in gewöhnl Schrift u. beglaubigt die Richtigk der Übertragg.

Diese begl Übertragg tritt für das weitere Verf an die Stelle der Anl. Sie teilt deren BewKraft aber — auch iFd § 164 — **nur vorbehaltl des Beweises der Unrichtigk der Übertragg** (§ 163a II).

Die Möglichk, diesen Bew zu führen, wird den Beteiligten genommen, wenn die kurzschriftl Anl vernichtet wird. Sie muß daher ebensolange **verwahrt** werden wie die Übertragg. Die für die Verwahrg von Prot geltenden Vorschr sind auf sie entspr anzuwenden. Es empfiehlt sich daher, das Stenogramm bei den Akten zu belassen.

Werden in eine solche Anl Angaben aufgenommen, die nicht unter § 162 fallen, so gelten an sich die Vorschr des § 163a auch für sie. Sie zu verlesen, wäre aber überflüssig. Diese Teile der Anl können auch als bloße Notizen behandelt werden.

---

[1]) Die gegenteilg Ausführungen von Schuler aaO Ziff. 1 vermögen nicht zu überzeugen. Werden verlesungsbedürftige Angaben aus bloßen Notizen verlesen, so entfallen alle die Sichergen, die der Gesetzgeber aus guten Gründen in § 163a eingebaut hat. Diese Sichergen sind in Hinblick auf die erhöhte Bedeutg dieser Angaben bes nötig. Daß ihnen bes Bedeutg zukommt, ergibt sich daraus, daß ihre Verlesg vorgeschrieben ist.

Das hier dargelegte Verf trägt den Bedürfn Rechng, die Verhandlg ohne unnötigen Zeitverlust durchzuführen, u. ermöglicht es, die protpfl Aussagen, Erklärgen u. Handlgen zuverlässig festzustellen. Diese Feststellgen sind nicht nur für den weiteren Verlauf u. das Ergebn des RStreits wichtig, sondern können auch für ein Strafverf (zB wegen Meineids) von ausschlaggebender Bedeutg sein. Schon in Hinblick darauf ist das weitverbreitete, von Schuler verteidigte Verf abzulehnen, bei dem das gesamte Prot einschl verlesungsbedürftiger Vorgänge aGr kurzschriftl Notizen als anlagenlose, in sich fortlaufende Niederschr hergestellt wird und wo der Vermerk „v. u. g." etwas vorgibt, was nicht geschehen ist, näml daß diese Niederschr vorgelesen worden ist.

Ein zT anderes — ebenfalls zweckm — Verf sieht die bayGAnwZ in §§ 91, 94 vor:

1. Prot vor der Sitzg entwerfen, insb hinsichtl der Förmlken u. bei VerkündgTerminen, uU auch hinsichtl der Anträge u. Erklärgen gem § 160 I Ziff. 2.
2. Prüfg, ev Berichtigg o. Ergänzg des Entwurfs in der Sitzg.
3. Soferne weitere Protokolliergen nötig (zB über Zeugenvernehmung), Aufnahme in Kurzschr auf gesondertem Blatt, welches nach der Sitzg samt beglaub Übertragg dem Prot als Anlage beigeheftet wird.
4. In Kurzschr aufgenommene Vergleiche stets verlesen.
5. Im übrigen Vermerk im Prot, ob allgem o. inwieweit auf Verlesg der kurzschriftl Niederschr gem § 295 **verzichtet** wurde o. daß die Anlage den Beteiligten vorgelesen u. von ihnen genehmigt worden ist o. welche Einwendgen erhoben worden sind.
6. Schriftl eingereichte Vergleiche ebenfalls verlesen u. als Anlage beiheften. Verzichten die Parteien auf Verlesg, so ist der Verz u. die Erklärg der Parteien, daß sie sich nach Maßgabe dieses Vergl verpflichten wollen, in das Prot aufzunehmen u. vorzulesen, sowie die Verlesg festzustellen.

II. Notwendiger **Inhalt des Prot.**

Welche Tats zu protokollieren sind, ergibt sich im wesentl aus den §§ 159 II, 160. Die BewKraft der im Prot getroffenen Feststellgen ist verschieden. Man kann den Inhalt des Prot nach diesem Gesichtspunkt in folgende 2 Gruppen einteilen:

1. Angaben über die **Form** dh den äußeren Rahmen **der Verhandlg,** näml
   Ort und Tag der Verhandlg,
   die Namen der **Mitwirkenden** (Richter, Protf, Dolmetscher, StAnw),

die **Bezeichng des RStreits,**
den **Aufruf** der Sache (§ 220),
die Namen der **Erschienenen** (Parteien, gesetzl Vertr, Bevollm),
die Beobachtg der Vorschr über die **Öffentlk** der Verhandlg,

also die Feststellg, daß in nichtöffentl Sitzg verhandelt wurde u. daß bei Urtverkündg die Öffentlk wiederhergestellt war,

die Feststellg, daß das Prot, soweit nach § 162 erforderl, vorgelesen u. genehmigt wurde

die Beobachtg der Vorschr über die **Mündlk** der Verhandlg,

also

a) die Feststellg, daß die Sachanträge verlesen bzw dch Bezugnahme auf Schriftsätze gestellt wurden.

Sachantrag ist die Erklärg einer Partei, welchen Inhalt die Formel der von ihr begehrten Entscheidg haben soll, also auch ein (Mit-)Schuldantrag, ein Widerspr aus § 48 II EheG, ein Antrag auf Erlaß eines VersUrt o. VerzUrt, auf Erlediggserklärg dch Urt; auch ein Antrag auf Ausspruch der Kostenfolge aus §§ 91a, 271 III, 515 III, 566 wird als Sachantrag angesehen werden müssen.

b) Ferner die Feststellg, daß mündl verhandelt u. den Parteien gem. § 137 IV das Wort verstattet bzw versagt wurde; weiterhin, ob zur Sache o. nur über prozhindernde Einreden verhandelt wurde u., wenn über beides verhandelt wurde, in welcher Reihenfolge dies geschehen ist (vgl § 274 I).
Endl die Feststellg, ob die Parteien das Ergebn einer BewAufn, soweit nach § 285 I erforderl, u. ob sie in der BerufgVerhandlg das nach § 526 Erforderl vorgetragen haben.

c) etwaige nach § 162 erforderl **ProtVerlesungen,**

d) die **Verkündg** von Urt, Beschlüssen u. Verfüggen des Gerichts,

e) der **Inhalt** der verkündeten Entscheidgen, soferne diese nicht dem Prot schriftl beigefügt sind.

Hierzu folgende **prakt Hinweise:** Nicht vorgeschrieben, aber im VersVerf u. für die Feststellg der Zeitversäumnis von Zeugen usw zweckm ist es, auch die Zeit des Beginns. u. des Endes der Verhandlg festzuhalten. — Eine abgekürzte Bezeichng des RStreits (zB Müller/Müller) genügt bei Vergl nicht; für die ZwVollstreckg ist vollständige Bezeichng der Parteien, gesetzl Vertr u. ProzBevollm unter Beifügg der Anschriften erforderl. — Unterbevollm müssen als solche bezeichnet werden, damit nicht Zustellgen statt an die ProzBevollm an sie vorgenommen werden.

2. **Angaben über den Inhalt der Verhandlg.**

Der Gang der Verhandlg braucht nur im allgemeinen angegeben zu werden (§ 160 I). Dazu gehören zB

VollmErteilg zu Prot,

Bekanntgabe der erforderl ZustellNachw (hinsichtl Klage, Ladg, RM-Schriften u.dgl),

Feststellg, ob bzw welche ProzAnträge gestellt wurden, zB Bew-Anträge auf Vernehmg o. Beeidigg von Zeugen, Parteien u. dgl., Anträge auf Vertagg, Aussetzg, Anordng des Ruhens, Verweisg an das zuständige Ger (§ 276 I). Solche Anträge brauchen nicht schriftsätzl gestellt zu werden; werden sie mündl in der Sitzg gestellt, so wird ihr Inhalt protokolliert.

Feststellg, ob vernommene Zeugen, Parteien usw beeidigt wurden, ev daß auf ihre Beeidigg verzichtet wurde,

die Rücknahme von Klagen, Schuldanträgen, Widerspr aus § 48 II EheG, von sonstigen Sachanträgen u. von Rechtsmitteln,

ein Rechtsmittelverzicht.

Inwieweit Parteierklärgen, die nicht bei einer zu BewZwecken erfolgenden förml Parteivernehmg gemacht werden, in das Prot aufzunehmen sind, steht im Ermessen des Vors.

Verlesungsbedürftige Angaben.

Für gewisse vor Gericht abgegebene **Erklärgen u. Anträge** verlangt das Gesetz außer ihrer Protokollierg auch ihre **Verlesg,** näml für:

a) Anerkenntnisse, Verzichtleistungen u. Vergleiche.

Sie sind nur insoweit verlesungsbedürftig, als der geltend gemachte Anspr dch sie ganz oder teilw erledigt wird. Anerkenntn scheiden in EheS als rechtl bedeutgslos aus. Unter VerzLeistgen ist ausschließl der AnsprVerz nach § 306 zu verstehen. Ein Verz auf Rechtsmittel o. auf Beeidigg von Zeugen usw ist daher nicht verlesgsbedürftig. Dagg ist für AnsprVerz u. Vergl die Protokollierg u. Verlesg Voraussetzg der proz Wirksamk.

Enthält ein Vergl beurkundgsbedürftige RGeschäfte (zB eine Auflassg), so ersetzt eine ordggem gerichtl Protokollierg jede andere Beurkundgsform.

b) **Anträge u. Erklärgen,** deren Feststellg vorgeschrieben ist.

Für Sachanträge ist die Feststellg nur im Rahmen des § 297 II vorgeschrieben, also nur wenn sie nicht in vorber Schrifts mitgeteilt sind (StJSch II zu § 160). Für wesentl Erklärgen iSd § 298 I, sowie für Geständn u. Erklärgen über Anträge auf Parteivernehmg ist die Feststellg nur vorgeschrieben, wenn sie beantragt ist. Für Geständnisse dürfte, da sie gem. § 617 keine proz Wirkgen haben, Protokollierg u. Verlesg — auch wenn Feststellg beantragt ist — nicht unbedingt erforderl sein. Sie ist aber idR zweckm. Protokolliert u. verlesen wird nicht der Inhalt dieser Anträge u. Erklärgen, sondern nur die Tats, daß die sie enthaltenden Schrifts übergeben wurden (Zöller 2 zu § 298).

c) die **Aussagen** der Zeugen u. Sachverst u. der förml vernommenen Parteien.

Nicht protpfl ist dagg eine bloße Anhörg der Parteien aGr § 141 (RG 141, 64; BGH NJW 51, 110).
Vor dem **OLG** genügt Protokollierg der Angaben „zur Person" u., ob die Vernehmg eidl o. uneidl erfolgt ist. In diesem Falle müssen aber die Aussagen im Tatbest o. in den Gründen des Urt wiedergegeben werden (RG 145, 390). Dies kann auch aGr eines bloßen Aktenvermerk des Berichterstatters geschen (BGH NJW 56, 1878).
§ 161 gilt aber nur für Aussagen vor dem ProzGer. Aussagen u. Aussageverweigerg **vor dem Richterkomm** bedürfen daher stets der Protokollierg.

d) das Ergebn eines **Augenscheins.**

Zu c) u. d): Bei **Verzicht** der Parteien auf Niederschr ist der Verz in das Prot aufzunehmen; er bedarf aber nicht der Verlesg (bayGAnwZ § 94 IV).

Anlagen.

Alle diese Erklärgen u. Feststellgen können auch **schriftl** eingereicht werden. Solche Schriftstücke sind im Prot als Anlagen zu bezeichnen (§ 160 III). Im Prot wird dann ledigl vermerkt, daß die Anl übergeben, verlesen u. genehmigt wurde.

Solche Anlagen nehmen an der BewKraft des Prot teil. Als Anl können auch schriftl erstattete Gutachten o. Zeugenaussagen dem Prot beigefügt werden. Für gewisse Anträge u. Erklärgen ist diese Form der Protokollierg sogar zwingend vorgeschrieben, näml für Sachanträge u. Erklärgen, die in der Form der §§ 297 II, 298 festgestellt werden; ferner für kurzschriftl aufgenommene Niederschr nach § 163a.

Auch soweit die unter a)—d) angeführten Erklärgen in Anlagen enthalten sind, die von den Beteiligten selbst gefertigt sind, müssen sie ihnen **vorgelesen** o. zur Durchsicht vorgelegt werden. Im Prot ist zu vermerken, daß dies geschehen u. daß die Beteiligten das Verlesene **genehmigt,** gegebenenfalls welche Einwendgen sie erhoben haben (§ 162).

IdR lautet dieser Vermerk „v.u.g.". Der weithin übl Vermerk „Laut diktiert und genehmigt" ist nicht korrekt; denn bloßes Diktieren gibt keine Gewähr, daß das Diktierte richtig niedergeschrieben wird, u. vermag daher die Verlesg nicht zu ersetzen, — auch nicht bei Verzicht der

Zeugen usw. Heilung solcher Formmängel dch die Parteien gem. § 295 ist aber — vorbehaltl § 164 — mögl. Andernfalls liegt eine formgerechte Beurkundg iSd § 415 nicht vor u. unterliegt daher der nichtverlesene Teil des Prot der freien BewWürdigung.

Worauf sich der Vermerk „v. u. g." bezieht, m. a. W. welcher Vorgang beurkundet wurde, ist Sache der Auslegg (RG 96, 183).

„Beteiligte" iSd § 162 sind die Parteien u. ihre Vertr; die Zeugen usw nur hinsichtl ihrer Aussagen. Hat sich ein Beteiligter vor der Verlesg entfernt, so genügt es, dies im Prot festzustellen, u. verliert das Prot dadch, daß es dieser Person nicht vorgelesen worden ist, nichts an BewKraft. Entbehrl ist ferner die Verlesg von Anlagen, die von den Beteiligten zum Prot überreicht u. von ihnen selbst verlesen worden sind (StJSch I zu § 162).

III. **Wer hat das Prot zu fertigen?**

a) In aller Regel zieht der Vors einen UrkBeamten als Protf zu. Dann ist das Prot von diesem zu fertigen.

Der Vors hat aber das Recht u. die Pflicht, selbständig zu prüfen, was nach den Vorschr der §§ 159—162 in das Prot aufzunehmen ist (RG 148, 152). An seine Anordgen hinsichtl des Umfangs der Niederschr (zB ob Parteivorbringen aufzunehmen ist) ist der Protf gebunden. Ein Diktieren der Niederschr dch den Vors ist zulässig u. allgem übl, insb bei Zeugen- u. Parteivernehmgen u. Augenschein. Der Vors kann dies auch einem Beisitzer überlassen.

Wie aber, wenn der Protf das Diktierte nicht für richtig hält? Gem § 163 I ist die Niederschr von beiden zu unterzeichnen; beide sind also für die Richtigk der Beurkundg strafrechtl verantwortl (§ 348 I StGB). Ergeben sich zwischen ihnen Meinungsverschiedenheiten über das Wahrgenommene u. lassen sich diese nicht dch Aussprache o. erneute Vernehmg der Zeugen, Parteien usw bereinigen, so muß der Protf seine Wahrnehmgen in die Niederschr aufnehmen u. der Vors seine abw Ansicht in einem Zusatz zum Ausdruck bringen (Zöller vor § 159), bayGAnwZ § 92).

b) Zieht der Vors (ER, Richterkomm) keinen Protf zu (§ 163), so fallen dessen Funktionen ihm selbst zu.

Er muß also das Prot selbst fertigen u. unterzeichnen. Fertigg in Kurzschr ist zulässig (Baumb zu § 163a, Breithaupt NJW 55, 579; aA StJSch).

IV. **Unterzeichng** des Prot (§ 163)

a) dch **Protf**, soferne nicht von der Zuziehg eines solchen abgesehen wurde,

b) vor dem KollegialGer dch **Vors** (im VerhindergFalle dch den ältesten Beisitzer),
c) vor dem **ER o. Richterkomm** dch diesen (im VerhindergsFalle genügt Unterzeichng dch Protf).

Unterzeichng gem § 163 ist stets **wesentl Formerfordern.** Fehlt sie, so ist das Prot unwirks (RG 148, 152). Sie kann aber jederzeit nachgeholt werden. Eine Frist dafür besteht nicht (ebenda).

V. Nachträgl **Berichtigg des Prot** von Amts wegen o. auf Antr.

Soweit es sich um Feststellgen nach § 160 II Nr. 1—4 handelt, sind die Parteien vorher zu hören, bei Feststellgen nach § 160 II Nr. 3 außerdem der Zeuge o. Sachverst. Die Berichtigg kann als Randvermerk o. als Nachtrag auf das Prot gesetzt werden. Er ist vom Richter (Vors) u. vom Protf zu unterzeichnen.

VI. **Die Beweiskraft des Prot.**

1. Das SitzgProt genießt — soferne es in der vorgeschriebenen Form aufgenommen u., soweit erforderl, verlesen — öffentl Glauben u. liefert vollen Beweis für die beurkundeten Vorgänge, mögen diese in einer vor Ger abgegebenen Erklärg (§ 415) o. in einer eigenen Handlg o. Wahrnehmg des Ger (§ 418) bestehen.

   Die freie richterl BewWürdigg ist insoweit ausgeschlossen. Das Prot beweist aber natürl nur die Tats, daß die beurk Vorgänge geschehen sind. Was eine beurk Erklärg besagt u. ob sie der Wahrh entspricht, unterliegt der freien BewWürdigg.

   Die Richtigk dieser Beurkundgen kann aber dch den **Gegenbew ihrer Unrichtigk** entkräftet werden.

   Zulässig ist also der Bew, daß beurk Erklärgen nicht o. von einer anderen Person o. in anderer Reihenfolge abgegeben worden sind o. daß sie anders gelautet haben (§ 415 II) o. daß die beurk Handlg des Gerichts nicht vorgenommen worden ist o. daß die beurk Wahrnehmg unzutreffend war (§ 418 II), zB bezügl des Vorhandenseins einer ausreichenden Vollm.

2. Hinsichtl des **mündl Parteivorbringens** liefert nicht nur das Prot, sondern **auch der UrtTatbest** Beweis (§ 314).

   Feststellgen in den UrtGründen stehen dem gleich (RG 80, 174).

   Dieser Bew kann aber nicht dch den Nachweis der sachl Unrichtigk, sondern **nur dch das Prot** entkräftet werden.

   § 314 erhöht also die dem Tatbest nach § 418 zukommende BewKraft dch Erschwerg des Gegenbeweises. Diese erhöhte BewKraft kommt dem Tatbest aber nur bezügl des mündl Parteivorbringens zu. Mündl Vorbringen ist auch das dch Bezugnahme auf Schrifts Vorgetragene o. aus solchen Verlesene. Dagg fällt die Feststellg von **BewErgebn nicht** unter § 314, auch nicht iFd § 161 (RG 149, 316).

Die BewKraft des Tatbest ist aber geringer als die des Prot. Besteht **zwischen Tatbest u. Prot** ein Widerspruch, so ist ausschließl der Inhalt des Prot maßgebend,

zB wenn eine Einschränkg der Klage nur im Tatbest festgestellt ist (RG DR 40, 207).

Die stärkere BewKraft des Prot gilt aber nur bezügl der unter § 160 Nr. 1 u. 2 fallenden Erklärgen u. Anträge, deren inhaltl richtige Feststellg dch Verlesg gem § 162 gesichert ist, einschließl der Anl iSd §§ 160 III, 297, 298 (StJSch II zu § 314).
Ein Widerspr zwischen Tatbest u. Prot liegt nur vor, wenn im Prot ausdrückl o. doch unzweideutig eine dem Urt entgegenstehende Feststellg getroffen ist. Dagg kann von einem solchen Widerspr nicht die Rede sein, wenn das Prot schweigt o. keine klare Auskunft gibt, wo der Tatbest etwas feststellt. Bloßes **Schweigen des Prot widerlegt nicht** positive Feststellgen im Tatbest, insbes nicht bei erkennb Unvollständigk des Prot (BayOLG 1, 7 u. 19).

3. Die Beobachtg der für die mündl Verhandlg vorgeschriebenen **Förmlichkeiten** kann **ausschließl dch das Prot** bewiesen werden.

Jeder andere Bew (zB dch Vernehmg der Beteiligten) ist ausgeschlossen. Ist eine Förmlk protokolliert, so ist sie als gewahrt anzusehen. Ist sie nicht protokolliert, so ist sie nicht bewb; desgl wenn das Prot vernichtet o. abhanden gekommen ist.

Gegen den diese Förmlk betreffenden Inhalt des Prot ist nur der Nachweis der **Fälschg** zulässig (§ 164),

dh der Nachweis der wissentl falschen Beurkundg o. nachträgl Verfälschg, — ein Bew, der nur äußerst selten erbracht werden kann.

Was wir zu diesen „Förmlichkeiten" rechnen, wurde oben unter II 1) zusammengestellt.

Den Gegensatz zur Form der Verhandlg bildet ihr Inhalt. Form u. Inhalt lassen sich aber zuweilen nicht voneinander trennen, zB bei der Verkündg von Entscheidgen u. bei der Stellg von Anträgen. Zu den Förmlk iSd 164 gehört daher nicht nur die Tats, daß eine Entscheidg verkündet bzw ein Antrag gestellt worden ist, sondern auch welchen Inhalt die Entscheidg bzw der Antrag gehabt hat (RG 146, 144; 107, 144; StJSch N 7 u 8 zu § 164; aA Rosenbg S. 297). Der Gegenbew, daß die beurk Verkündg bzw Antragstellg nicht erfolgt ist o. daß die Entscheidg bzw der Antrag anders gelautet habe, ist daher nur in dem engen Rahmen des § 164 II mögl. Bei Anträgen, die gem § 297 schriftsätzl fixiert sind, kann allerdings nur darüber Streit entstehen, welcher von ihnen verlesen worden ist.

Was die Angaben gem § 159 Nr. 2 u 4 betrifft, so gehört nur die Feststellg der Namen der Mitwirkenden u. Erschienenen zu den Förmlk iSd § 164, nicht aber die Feststellg von Eigenschaften wie zB Befähigg zum Richteramt, Identität, Legitimation, Bevollmächtigg u. dgl. (vgl StJSch I zu § 164); denn diese Eigenschaften nachzuprüfen, ist nicht Aufgabe des Protf.

§ 164 betrifft — wie aus seinem Wortlaut ersichtl — nur die Förmlk für die Verhandlg, also nicht die Form o. gar das Ergebn einer BewAufn o. Anhörg der Parteien. Auch der Inhalt von Erklärgen, die die Parteien selbst o. dch ihre Anw abgegeben haben, gehört nicht zu den Förmlk der Verhandlg.

Die Berufung

Das RM der Berufg ist **grundsätzl gg alle Endurteile** 1. Inst gegeben (§ 511) u. zw **ohne Rücksicht auf den Wert** des Beschwerdegegenstands (§ 511a IV). Zweck der Berufg ist eine **Erneuerg des RStreits** vor dem höheren Gericht. Sie gibt jeder Partei Gelegenh, innerh der Grenzen der §§ 528—531, 614 Erklärgen nachzuholen u. neuen Proz-Stoff vorzubringen u. dch Stellg entspr Anträge eine Aufhebg o. Änderg des Ersturt zu ihren Gunsten — sei es wegen unrichtiger Sachentscheidg, sei es wegen veränderter Umstände — zu erwirken. Sie hat zur Wirkg, daß der Eintritt der **Rechtskr gehemmt** wird

u. zw — zwecks Einheitlk der Entscheidg — auch hinsichtl des nicht angefochtenen Teils des Urt (RG 135, 15). Eine teilw Rechtskr ist in EheS ausgeschlossen. Jedes RM ergreift das Urt als **Ganzes,** mag es sich ausdrückl nur gg die Entscheidg über die Klage o. die WKage o. eine von mehreren verbundenen Klagen o. ausschließlich gg die Entscheidg der Schuldfrage (RG 58, 312f) richten. Dementspr ist das ganze Urt aufzuheben, wenn auch nur eine dieser Rügen dchgreift u. eine Aufhebg u. Zckverweisg in die Vorinst erforderl wird (RG 94, 154).

I.

Von Amts wegen zu prüfen hat das BerufgGer:

1. Mängel der **ProzVoraussetzgen** wie in 1. Inst, also Zuständgk (RG 151, 319), ProzFähigk, gesetzl Vertretg, SpezVollm des Kl (WKl), anderw Rechtshängigk, *res judicata.*

   Hinsichtl der Geltendmachg verzichtb prozhindernder Einreden s. § 528 S. 1 (prakt kaum von Bedeutg).

2. die **Zulässigk der Berufg** u. zw

   ob die Berufg an sich statth,
   ob sie in der gesetzl Frist (§ 516) u. Form (§ 518) eingelegt,
   ob sie frist- u. formgerecht (§ 519) begründet ist,
   ob eine gg den Ablauf dieser Fristen beantragte Wiedereinsetzg zu gewähren ist,
   ob das Recht der Berufg nicht dch RMV o. RMRückn erloschen,
   ob nicht sonstige Hindern bestehen, zB Aussetzg o. Unterbrechg des Verf nach Erlaß des Ersturt, Erledigg zwischen den Instanzen (Hambg NJW 57, 1404).

Nur wenn das BerufgGer die Berufg für zulässig erachtet, hat es zu prüfen, ob sie auch begründet ist.

Zur Statthaftigk der Berufg gehört:

1. BerufgFähigk des angefochtenen Urt.

   Berufgfähig sind — abgesehen von ZwUrt über prozhindernde Einreden[1]) — nur **Endurteile.** Endurt ist auch ein VersUrt; gg ein **1. VersUrt** ist aber nur der **Einspruch** gegeben. Berufgfähig ist dagg ein den Einspr verwerfendes Urt (§ 341) u. unter den Voraussetzgen des § 513 II ein 2. VersUrt, sowie ein die Wiedereinsetzg ablehnendes VersUrt (RG 140, 79). Berufgfähig ist selbstverständl auch ein unechtes VersUrt, wie es bei Säumn des Bekl ergehen kann; ferner eine bei Streit über die Erledigg ergangene ErlediggErklärg dch Urt (Baumb 2 zu § 91a).
   Die **Kosten**entscheidg ist nur berufgfähig, wenn gg die Hauptsacheentscheidg Berufg eingelegt wird (§ 99).

2. **Beschwer.**

   Auch in EheS gilt an sich der Grundsatz, daß eine Partei ein Urt nur anfechten kann, wenn sie dch dasselbe beschwert ist; das Urt muß — proz betrachtet — zu ihren Ungunsten ergangen sein. Nur dann hat sie ein RSchutzinteresse. Allerdings ergeben sich aus den Besonderheiten des Eheproz u. der Natur seines Streitgegenstandes gewichtige Ausnahmen von diesem Grundsatz (s. u. 236).

   Die Beschwer kann sich — anders als im ordentl Verf — **auch aus der Begr** des Urt ergeben, zB wenn der Klage aus einem andern Grunde als vom Kl begehrt, stattgegeben wurde o. wenn der Schuldausspr o. die Feststellg des am Ehebr mitschuldigen Dritten nur in der UrtBegr enthalten ist.
   Eine Abweichg vom ordentl Verf besteht auch insofern, als es für die Frage, ob der BerufgKl beschwert ist, nicht in jedem Falle auf seine in 1. Inst gestellten Anträge ankommt.

   Beschwert ist eine Partei,

   a) wenn ihr etwas versagt wurde, was sie begehrt hat,
   b) wenn zu ihren Ungunsten einem Begehren des Gegners stattgegeben wurde,
   c) wenn das Urt über ihr Begehren o. über das Begehren des Gegners hinausgegangen ist (§ 308 I),

      zB wenn der Gegner für überw schuldig erklärt wurde, obwohl sie Scheidg aus beiders gleichem Verschulden beantragt hatte (BayOLG 1, 80), o. wenn das BerufgGr über eine WKlage entschieden hat, obwohl es nur noch mit der Klage befaßt war (RG 151, 182); ferner wenn die Klage abgewiesen wurde, obwohl der Kl die Hauptsache für erledigt erklärt u. der Bekl die Erledigg zu Unrecht bestr hatte (RG 156, 376),

---

[1]) § 275 II, auch wenn keine abgesonderte Verhandlg angeordnet war (BGH NJW 56, 1921).

d) wenn eine auch ohne Antrag zu treffende Entscheidg unterblieben ist, zB Kostenentscheidg (§ 308 II); wegen § 624 s. u.

Über die RM gg inkorrekte Urteile s. StJSch III vor § 511.

In jedem Falle beschwert ist
der **Kl** (WKl), wenn seine Klage **abgewiesen,**
der **Bekl** (WBekl), wenn der Klage **stattgegeben,**
jede Partei, die für **schuldig erklärt** worden ist.

Im übrigen gilt folgendes:

I. **Klageabweisg.**
Sie beschwert den **Kl** stets.

Selbst wenn sie aGr seiner eigenen Erklärgen in 1. Inst erfolgt ist, kann der Kl Berufg einlegen u. — ev aGr neuen Vorbringens — eine neurl Prüfg u. Entscheidg verlangen (StJSch II B 3 zu § 511). Nicht mehr beschwert ist er aber, wenn er nach Abweisg seiner Klage die Hauptsache für erledigt erklärt (RG Recht 24 Nr. 850) o. auf seinen Anspruch verzichtet hat.

Auch für den **Bekl** kann sich aus Klageabweisg eine Beschwer ergeben.

Ist zB die Klage dch **Proz**Urt abgewiesen, so kann er RM einlegen, um Sachabweisg zu erzielen; denn deren Rechtskrwirkg reicht weiter (StJSch II A 2 zu § 511).

Dagg ist er dch **Sach**abweisg regelm nicht beschwert. Die auch ihn treffende Ausschlußwirkg rechtskr Sachabweisg (§ 616) gilt nicht als Beschwer (RG 123, 366).

Allein aus der **Begr** einer Sachabweisg kann er keinesfalls eine Beschwer ableiten.

Ist er dch die Klageabweisg nicht beschwert, so hat er an einer Fortsetzg des RStreits in 2. Inst kein berechtigtes Interesse. Er kann daher nicht Berufg einlegen, um nunmehr **WKlage** zu erheben (RG 123, 366).

WKlage erheben o. einen Schuldantrag nachholen kann er iFd Klageabweisg nur dch Anschlußberufg, also nur wenn der Kl Berufg einlegt. Andernfalls kann er Klagegründe, auf die er in 1. Inst eine WKlage hätte stützen können, überhaupt nicht mehr geltend machen u. neue Klagegründe nur in einem neuen Proz.

Hatte er dagg bereits in 1. Inst WKlage erhoben u. ist diese abgewiesen worden, so steht ihm Berufg ebenso zu wie einem Kl, dessen Klage abgewiesen wurde. Hatte er sie auf § 42 gestützt, so ist er dch deren Abweisg auch dann beschwert, wenn seinem Schuldantrag aus § 52 EheG stattgegeben worden ist (RG 127, 372); denn dieser Schuldausspr zeitigt nicht die Nebenwirkgen einer Scheidg aus § 42.

Auf die Behauptg, statt Klageabweisg hätte **ErlediggErklärg** erfolgen müssen, kann sowohl der Kl als auch der Bekl eine Berufg stützen; dasselbe gilt im umgekehrten Fall (StJSch N 15 u. 22 zu § 99); denn nur Klageabweisg, nicht aber Erlediggerklärg hat die Ausschlußwirkg des § 616.

II. Der Klage **stattgebende Urteile.**

a) BerufgR des **Bekl.**

Der Bekl ist schon allein dch die Tats, daß der gg ihn erhobenen Klage **stattgegeben** wurde, beschwert,

mag er auch die Feststellg der Alleinschuld des Kl erwirkt o. in 1. Inst überhaupt keinen Sachantrag gestellt, also sich gg die Klage nicht gewehrt haben (BGH NJW 55, 545). Er kann das Urt selbst dann anfechten, wenn es seinen eigenen Anträgen u. Erklärgen in 1. Inst (zB seinem Geständn) entsprochen hat (StJSch N 34 zu § 511).

Ziel seiner Berufg kann in jedem Falle die **Abweisg** der Klage o. ErlediggErklärg sein.

Ist gg ihn ein **Schuldausspr** ergangen so ist er doppelt beschwert.

Er kann Berufg einlegen, um zu erreichen, daß dieser Schuldausspr **aufgehoben** o. zu seinen Gunsten **geändert** wird, zB dadch, daß der Kl für mit- o. allein- o. überw schuldig erklärt o. daß statt überw Verschuldens des Bekl beiders gleiches Verschulden festgestellt wird.

Er ist auch dann beschwert, wenn der Gegner für überw schuldig erklärt worden ist. Er kann seinen in 1. Inst gestellten Antrag, den Gegner für alleinschuldig zu erklären, weiterverfolgen, obwohl die RFolgen im Verhältn der Eheg untereinander die gleichen sind; denn für seine persönl u. gesellschaftl Stellg — uU auch in beamtenversorggrechtl Beziehg — ist es für ihn günstiger, wenn die Ehe aus Alleinschuld des Gegners geschieden wird (RG DR 39, 2075).

Wurde der Klage aus **§ 42** EheG stattgegeben, so ist der Bekl wegen der ihm nachteiligen Nebenwirkgen aus §§ 6, 22 EheG, 172 StGB zusätzl beschwert.

Er kann daher auch dann Berufg einlegen, wenn er sich gg die Scheidg an sich nicht wehren, sondern nur Scheidg aus einem schwächer wirkenden Grund (zB § 43) erreichen will (RG 115, 3 u. 194).

Eine bloße Mitschuldigerklärg wegen Ehebr hat diese Nebenwirkgen nicht, rechtfertigt also nicht eine Berufg zwecks Abschwächg des Schuldausspr in einen solchen aus § 43 (HRR 35, 1598).

Die nach **§ 624** getroffene Feststellg des am Ehebr mitschuldigen kann er, auch ohne den Schuldausspr anzufechten, allein wegen ihrer erwähnten Nebenwirkgen anfechten.

Dasselbe Recht steht auch dem Dritten zu, wenn er dem RStreit gem § 66 beitritt (StJSch II zu § 624).

Gg eine die Scheidg o. Aufhebg aussprechendes Urt kann der Bekl auch ausschließl zu dem Zweck Berufg einlegen, um **WKlage** auf Scheidg o. Aufhebg erheben zu können, o. um einen **Schuldausspr gg den Kl** zu erwirken (StJSch N 27, 28 zu § 511),

u. zw kann er WKlage nicht nur dann erheben, wenn gg ihn ein Schuldausspr ergangen ist (so RG 123, 366), sondern auch, um eine sonstwie ihm günstigere Entscheidg zu erlangen (BGH NJW 55, 545), zB Scheidg aus § 48 auf Klage u. WKlage (in Hinblick auf § 93a).
Auch wenn er bereits einen Schuldausspr gg den Kl erzielt hat, kann er die WKlage auf Verschulden des Kl stützen u. so die Abhängigk dieses Ausspr vom Schicksal der Klage lösen. Will er sie auf § 42 stützen, so steht dem der Umstand, daß er bereits einen Schuldausspr gg den Kl erwirkt hat, nicht entgg. Er muß aber den am Ehebr mitschuldigen Dritten namentl bezeichnen (BGH JZ 53, 276), denn nur wenn dieser gem § 624 im Urt bezeichnet wird, hat das Urt weitergehende Folgen als der bereits erzielte Schuldausspr.
Sind in 1. Inst beide Teile für schuldig erklärt worden, so kann die Berufg des Bekl, der in 2. Inst vom Schuldantrag zur WKlage übergeht, nicht mit der Begr zckgewiesen werden, der Kl sei bereits für mitschuldig erklärt (RG 127, 371).

b) BerufgR des **obsiegenden Kl (WKl).**
Eine Beschwer des Kl (WKl) kann sich ergeben

1. aus einem **gg ihn** ergangenen **Schuldausspr**
— in dieser Beziehg gilt das oben hinsichtl des BerufgR des Bekl Ausgeführte entspr —,

2. aus der **Ablehng** eines von ihm beantragten **Schuldausspr.**
Bei NichtigkKlagen kann aber, wenn das Gericht eine Entscheidg über Kenntn o. Unkenntn des NichtigkGrundes abgelehnt hat, daraus keine Beschwer abgeleitet werden (StJSch II 3 a. E. zu § 511), aA Schleswig NJW 53, 68). —

3. aus der **verschiedenen Tragweite** der ScheidgGründe.
zB wenn auf Klage aus § 42 nur Prüfg u. Entscheidg aus § 43 erfolgt ist (RG JW 28, 2039), nicht aber wenn seiner Klage aus §§ 42, 43 nur aus § 42 s.attgegeben wurde (RG 123, 136);

wenn die Ehe statt aus dem primär vorgetragenen Grund (zB § 42) aus einem nur hilfsw vorgetragenen von geringerer Tragweite (zB § 43) geschieden worden ist (RG 115, 5);

nicht aber, wenn er beide Gründe als gleichwertig vorgetragen hat (Warn 28 Nr. 151);

wenn er die Klage auf Ehebr mit verschiedenen Personen gestützt hatte u. die Scheidg nicht wegen aller von ihm als gleichwertig vorgetragenen Ehebr ausgesprochen worden ist (RG 156, 113);

wenn er Scheidg „insb wegen des Ehebr mit A" begehrt hat u. Scheidg wegen eines anderen, nur hilfsw vorgetragenen Ehebr erfolgt ist (RG DR 40, 1140);

— anders dagg bei rein kumulativer Häufg mehrerer gleichwertiger (RG 115, 1; Warn 27 Nr 56) o. als gleichwertig vorgetragener (RG 151, 47) Scheidg-Gründe —

wenn der mitschuldige Dritte im Urt nicht o. falsch bezeichnet ist (StJSch II zu § 624).

Grundlegende **Ausnahmen von dem Erfordern der Beschwer** ergeben sich

1. aus dem Grundsatz der **Aufrechterhaltg** bestehender Ehen. Der siegreiche Kl (WKl) kann näml trotz Fehlens einer Beschwer Berufg einlegen, um die UrtFolgen zu beseitigen u. die Ehe aufrecht zu erhalten. Dies kann, wenn der Gegner einwilligt, dch **Klagerückn** geschehen (wozu es allerdings nicht der Einlegg der Berufg bedarf), andernfalls dch **Verzicht** nach § 306 (ständ Rspr des RG u. BGH 4, 320; s. StJSch N 19 zu § 511); ferner dch **Übergang zur HerstellgKlage** (HRR 39, 1422).

   Dagg kann natürl nicht umgekehrt, wer ein Urt auf Wiederherstellg der ehel Gemeinsch erstritten hat, Berufg einlegen, um zu einer auf Lösg der Ehe gerichteten Klage überzugehen (RG JW 26, 2486); LZ 26, 230). § 616 hindert ihn nicht, in 1. Inst eine ScheidgKlage einzubringen.
   Desgl keine Berufg des aus § 44 EheG obsiegenden Kl zwecks Feststellg, daß er zum Getrenntl berechtigt ist (BGH NJW 57, 1401).

   Dieses Recht steht dem Kl (WKl) auch dann zu, wenn seinen Anträgen voll entsprochen worden u. auch nicht ein Schuldausspr gg ihn ergangen ist, mag er die Scheidg, die Aufhebg, die NichtigkErklärg o. die Feststellg des Nichtbestehens der Ehe o. seines Rechts zum Getrenntleben erstritten haben. In Scheidg- u. AufhebgS wird man ihm auch das Recht zugestehen müssen, Berufg einzulegen, um AussetzgAntrag nach § 620 stellen zu können.
2. Eine weitere Ausnahme vom Erfordern der Beschwer hat die Rspr (s. StJSch N 25 zu § 511) für den Fall entwickelt, daß der

aus § 43 siegreiche Kl von einem Ehebr des Bekl erst nach Schluß der letzten mündl Verhandlg 1. Inst Kennt erlangt hat. In diesem Falle wird ihm das Recht zugestanden, Berufg einzulegen, um zur Klage aus § 42 überzugehen. Würde auf dem Erfordern der Beschwer bestanden, so würde der Kl in diesem Falle trotz seines Sieges aus § 43 schlechter gestellt als bei Abweisg der Klage, denn letzterenfalls könnte er den Ehebr in einem neuen Proz geltend machen (München JW 37, 248).

3. Der **StAnw** kann als Partei ohne eigenes Interesse auch dann RM einlegen, wenn nach seinen Anträgen entschieden ist oder beide Parteien auf RM verzichtet haben (StJSch I zu § 634).

Im übrigen aber besteht auch für den obsiegenden Kl das Erfordern der **Beschwer.** Ohne Beschwer kann er nicht Berufg einlegen, um seinen Klageanspr zu erweitern o. zu ändern o. von einer Klage zu einer andern überzugehen,

zB von der Scheidg- zur NichtigkKlage. Dasselbe gilt im umgekehrten Fall, obwohl er sich hier mit einer schwächer-, näml nicht rückwirkenden Art der Ehelösg begnügt (RG 100, 208, 210).

oder um weitere ScheidgGründe geltend zu machen,

zB um, wenn er mit Klage aus §§ 44ff dchgedrungen, zur Klage aus §§ 42f überzugehen (BGH NJW 57, 1401) o., nachdem er mit Klage aus § 43 dchgedrungen, einen Ehebr geltend zu machen, der ihm schon vor Schluß der mündl Verhandlg 1. Inst bekannt war (Koblenz NJW 52, 891).

Die Anschlußberufg

Hat ein Teil Berufg eingelegt u. will der andere mehr erreichen als die bloße Zckweisg o. Verwerfg derselben, so muß er entweder **gleichfalls Berufg** einlegen o. sich der Berufg des Gegners **anschließen.** Kann o. will er nicht selbständig Berufg einlegen, so bleibt ihm nur der letztere Weg. In mancher Beziehg ist dieser für ihn sogar günstiger; denn die Anschließg setzt **keine Beschwer** voraus u. ist an **keine Frist** gebunden. Er kann also zunächst abwarten, ob der Gegner Berufg einlegt, u. sich auch dann noch anschließen, wenn die BerufgFrist inzwischen verstrichen ist. Selbst wenn er auf Berufg **verzichtet** hat, steht ihm dieser Weg offen (§ 521 I). Die Anschließg ist auch zulässig zu dem ausschließl Zweck einer **Erweiterg** des Klageantrags, zur Geltendmachg neuer, weitergehender Ansprüche o. zur Erhebg einer **WKlage** o. Nachholg eines **Schuldantrags.** Während all dies dem BerufgKl nur gestattet ist, wenn er in 1. Inst unterlegen ist (s. o.), stehen dem BerufgBekl diese Wege auch dann offen, wenn er dch das Ersturt nicht beschwert ist.

Andererseits hat die Anschließg, wenn sie erst nach Ablauf der BerufgFrist erfolgt ist, eine **schwächere Wirkg** als eine selbständige Berufg. In diesem Fall wird sie näml wirkglos, wenn die Berufg des Gegners zckgenommen o. als unzulässig verworfen wird (§ 522 I). Ihre Zulässigk hängt also von der Zulässigk der Berufg des Gegners ab. Ist sie dagg schon erfolgt, als der BerufgBekl noch selbständ Berufg einlegen konnte (also innerh der BerufgFrist), so wird sie wie eine selbständ Berufg behandelt (§ 522 II).

Anschlußberufg des Kl (WKl) ermöglicht diesem im Rahmen der §§ 615, 625, 638

1. seine Klage zu ändern o. zu erweitern,
2. die Klage mit einer andern zu verbinden,
3. die Klagegründe anders zu staffeln (HRR 28, 2175), Haupt- u. Hilfsantrag zu vertauschen o. von kumulativer zu EvStellg überzugehen.

Erstrebt er ein Urt, dessen Tragweite über das in 1. Inst erzielte hinausgeht, so **muß** er sich anschließen,

zB wenn er von Klage aus § 43 zu Klage aus § 42 übergehen o. die Klage aus § 42 auf einen weiteren o. anderen Ehebr stützen will (RG 156, 113), 150, 383).

Anschlußberufg des Bekl (WBekl) ermöglicht diesem ohne die Beschränkgen des § 529 IV **WKlage** zu erheben (RG 58, 310) o. zu einer andern WKlage überzugehen (zB von Scheidg- zur AufhebgKlage HRR 39, 414). Er kann die WKlage wie in 1. Inst auch nur bedingt erheben (RG DR 40, 1956).

Dagg kann er einen Schuldantrag gg den Kl auch **ohne** Anschließg noch in 2. Inst stellen (RG 162, 404), denn ggüber dem Antrag auf Klageabweisg ist der Schuldantrag ein *minus*.
Ebensowenig ist der aus § 42 o. 43 siegreiche Kl genötigt, sich anzuschließen, wenn er zu einer Klage aus §§ 44ff (einem *minus*) übergehen will (RG 161, 218), o. wenn er unter Aufrechterhaltg des bisherigen Klagegrundes ledigl sein tatsächl Vorbringen ergänzen will.

Neue Angriffs- u. Verteidiggmittel, insbes neue Tatsachen u. Beweismittel können beide Parteien vorbringen (§ 529 I). Einer Anschließg bedarf es dazu in keinem Fall.

Die **Zckweisg** solchen neuen Vorbringens als **verspätet** ist ggüber dem ordentl Verf dch § 626 eingeschränkt. Neues Vorbringen des BerufgKl kann näml nur dann zckgewiesen werden, wenn er es in VerschleppgAbsicht o. aus grober Fahrlässigk entgg § 519 nicht in der BerufgBegr mitgeteilt hat; neues Vorbringen des BerufBekl nur bei VerschleppgAbsicht.
Von dem Vorbringen neuer Angriffs- u. Verteidiggmittel ist die Geltendmachg neuen Begehrens zu unterscheiden. Neues Be-

gehren dch nachträgl Klagehäufg, Klageänderg, WKlage o. Schuldantrag fällt nicht unter § 529 u. kann daher nie als verspätet zckgewiesen werden.

Form der Anschließg (§ 522a).

Eine AnschlußBerufg braucht zw nicht ausdrückl als solche bezeichnet zu werden. Sie setzt aber die Einreichg einer Anschlußschrift voraus, die als solche deutlich erkennb sein muß. Dch Antragstellg in der mündl Verhandlg kann sie nicht ersetzt werden. (vgl BGH NJW 54, 266).

II.

Nur in den dch die **Anträge** bestimmten Grenzen wird der RStreit von neuem verhandelt (§ 525). Nur soweit eine Abhänderg des Ersturt beantragt ist, darf dieses geändert werden (§ 536).

Soweit die Parteien in 2. Inst Anträge nur zur Klage o. nur zur WKlage o. nur zu dem ergangenen Schuldausspr stellen, beschränkt sich also die Verhandlg auf die Begr dieser Anträge u. bewendet es im übrigen bei der im ErstUrt getroffenen Entscheidg.

Inwieweit der nicht angefochtene Teil des Ersturt für das BerufsGer bindend ist, wurde bereits oben S. 16 kurz dargelegt. Damit ist aber selbstverständl nicht gesagt, daß das BerufgGer bei der Entscheidg über die gestellten Anträge an die in dem nicht angefochtenen Teil des Ersturt getroffenen tasächl Feststellgen gebunden sei (vgl. StJSch N 33 zu § 615). Bei der Entscheidg über eine WKlage aus § 42 o. 43 ist es zB bei Beurteilg der Frage, ob der WKl die behauptete Verfehlg als ehezerstörend empfunden hat (§ 49), ob er dem Ehebr zugestimmt hat (§ 42 II), bzw ob seinem ScheidgBegehren § 43 S. 2 entggsteht, nicht an die im Ersturt zur Klage getroffenen tatsächl Feststellgen gebunden.

Wie in 1. Inst wird der ProzGegenstand dch die Anträge der Parteien bestimmt.

Das BerufgGer kann also zB nicht eine in 1. Inst erfolgreiche WKlage abweisen, wenn sich die Berufg des Bekl nur gg sein Unterliegen ggüber der Klage, nicht aber gg das Durchdringen seiner WKlage richtet (RG 123, 303).

Desgl ist ein gg den Kl ergangener Schuldausspr nicht mehr Gegenstand der Verhandlg u. Entscheidg, wenn der Bekl nur Abweisg der Klage beantragt (RG 161, 218f). Dies gilt auch dann, wenn in 1. Inst beide Teile für schuldig erklärt worden sind u. der Kl in 2. Inst von der Klage aus § 43 zur Klage aus § 44 übergeht; denn dch den Wegfall des gg den Kl ergangenen Schuldausspr würde das Urt entgg § 536 zum Nachteil des Bekl geändert (RG 161, 218).

Selbst das Offizialprinzip (§ 622) findet in § 525 eine Grenze (RG 126, 303).

Wie in 1. Inst sind aber gewisse **Anträge** sinngem **umzudeuten.**

So schließt der Antrag des Bekl auf Abweisg der ScheidgKlage regelm den Antrag auf Schuldausspr gg den Kl ein u. enthält zw, soweit es sich um eine Klage aus § 48 handelt, idR einen Widerspruch aus § 48 II (s. o. S. 26). Ferner ist in einem Schuldantrag aus § 52 III stets auch ein solcher aus § 53 II enthalten (RG 161, 219).

Kein Hinausgehen über den Antrag des BerufgKl auf Aufhebg des Ersturt liegt ferner vor, wenn das Ersturt dch ein Urt von **geringerer Tragweite ersetzt** wird (RG 58, 60), zB Scheidg aus § 43 ggüber solcher aus § 42.
Ebensowenig schließt das Verbot des § 536 aus, das Ersturt aus einem andern Grund von **gleicher** rechtl Tragweite **aufrecht zu erhalten** (StJSch I 2 zu § 536),

zB bei mehreren hilfsw gehäuften Klagegründen. War einer auf § 43, hilfsw § 48 gestützten Klage aus § 48 stattgegeben, so kann das BerufgGer auf Berufg des Bekl Scheidg aus § 48 verneinen u. aus § 43 bejahen, also zu einem Schuldausspr gg den Bekl u. BerufgKl gelangen (StJSch I 2 aE zu § 536).
Von diesem Ausnahmefall abgesehen ist aber eine *reformatio in pejus* unzulässig. Allein auf die Berufg hin darf nie das Ersturt zum Nachteil des BerufKlg geändert werden. Das Äußerste, was ihm widerfahren kann, ist, daß es bei dem Ersturt bleibt (RG 161, 218). Nur auf WKlage, Anschließg o. selbständ Berufg des Gegners kann das Ersturt zum Nachteil des BerufgKl geändert werden. Da der BerufgBekl in jedem Falle — Zulässigk der Berufg vorausgesetzt — das Recht der Anschließg hat, ist die Einlegg einer Berufg stets ein zweischneidiges Schwert. Wer Berufg einlegt, hat zw die Chance, daß das Ersturt zu seinen Gunsten geändert wird, geht aber zugleich das Risiko ein, daß es zu seinen Ungunsten geändert wird.

Das Versäumnisverfahren in der Berufungsinstanz

Die Vorschriften über das VersVerf in 1. Inst (s. o. S. 200ff) gelten entspr (§ 542 I), ausgenommen §§ 330, 635, 638.
Die **Zulässigk** der Berufg ist — soweit nicht bereits im BeschlVerf nach § 519b geschehen — vorweg zu prüfen.

Ist die Berufg unzulässig, so ist sie auch im VersVerf als unzulässig zu verwerfen u. zw bei Säumn des BerufgBekl dch einseitig streitiges Urt, bei Säumn des BerufgKl dch VersUrt (RG 50, 387; 140, 78); aA StJSch III 3 vor § 330).

Ob die Berufg als unbegr zckgewiesen o. ob sie als unzulässig verworfen wird, ist von erhebl Bedeutg, denn Zckweisg bestätigt das Ersturt sachl; Verwerfg dagg betrifft nur die eingelegte Berufg, schließt also erneute BerufgEinlegg — soferne nicht Fristablauf, Verzicht o. Rückn entggsteht — nicht aus. Liegt ein in 1. Inst nicht beachteter Mangel einer ProzVoraussetzg vor o. ein Mangel, der dem Urt die Fähigk nimmt, Grundlage des weiteren Verf zu sein (zB unzulässiges TeilUrt), so ist das Ersturt aufzuheben u. zckzuverweisen u. zw bei Säumn des Kl dch VersUrt, bei Säumn des Bekl dch einseitig streitiges Urt (Rosenbg S. 667).

Ist die Berufg zulässig, so gilt folgendes:

1. **Bei Säumn des BerufgKl** ist dessen Berufg auf Antrag dch **VersUrt** zckzuweisen u. zw ohne Rücksicht auf seine Parteistellg in 1. Inst (Kl, Bekl, WKl, WBekl). Eine sachl Nachprüfg des angefochtenen Urt unterbleibt ebenso, wie wenn er seine Berufg zckgenommen hätte (Zöller 4 zu § 618).

2. **Bei Säumn des BerufgBekl** ergibt sich für EheS folgende Besonderh: § 542 II ist, soweit er eine Geständn- u. Beweisfiktion enthält, nicht anwendb, denn diese Fiktionen verbieten sich aus § 617. Im übrigen kommt es darauf an, ob der BerufgBekl in 1. Inst Kl o. Bekl war.

   a) War er **Bekl,** so kann gg ihn auch in der BerufgInst **kein VersUrt** ergehen (§ 618 IV).

   Das BerufgGer kann also einer in 1. Inst abgewiesenen Klage nicht dch VersUrt stattgeben. Auch einer ausschließl gg den Schuldausspr gerichteten Berufg des Kl 1. Inst kann es nicht dch VersUrt stattgeben.

   Dagg ist es dch § 618 IV nicht gehindert, einer zwecks Aufrechterhaltg der Ehe eingelegten Berufg des in 1. Inst obsiegenden Kl dch VersUrt stattzugeben, denn dieses VersUrt ergeht nicht „gegen" den Bekl.

   b) War der BerufgBekl in 1. Inst **Kl,** so kann gg ihn VersUrt ergehen, soweit nicht das festgestellte Sachverhältn entggsteht (§ 542 II).

   Es ist also zu prüfen, ob nicht die im ErstUrt festgestellten Behauptgen u. Erklärgen der Parteien u. das BewErgebn dem Erlaß des VersUrt entggstehen. In der Beurteilg dieser Feststellgen ist das BerufgGer frei. Es kann zB dazu gelangen, abw vom Ersturt die Frage, ob das ScheidgR des Kl dch Verzeihg erloschen ist, zu bejahen. In diesem Falle kann es dem Antrag des Bekl u. BerufgKl, dch VersUrt das Ersturt aufzuheben u. die Klage abzuweisen, stattgeben.

   Obwohl somit eine Sachprüfg stattfindet u. dabei das Vorbringen des BerufgKl als bestr behandelt wird, ist das Verf als ein VersVerf anzusehen, denn der BerufgBekl geht dch seine Säumn der weiteren Verteidiggmittel u. sonstigen Rechtsbehelfe, die er hätte geltend machen können, verlustig (BGH NJW 55, 748).

3. Ist **WKlage** erhoben, so sind folgende Fälle zu unterscheiden:

a) Hat der BerufgKl sowohl die Entscheidg über die Klage als auch die über die WKlage angefochten, so kann **gg den BerufgBekl** ebenfalls **kein VersUrt** ergehen, denn er war in 1. Inst in jedem Falle nicht nur Kl, sondern auch Bekl.

b) Haben beide Parteien das Ersturt angefochten (zB der Kl das der WKlage stattgebende, der Bekl das der Klage stattgebende Urt o. der Kl das die Klage abweisende u. der Bekl das die WKlage abweisende Urt), so kann, da jede Partei in 1. Inst Bekl war, **weder gg den einen noch gg den andern Teil VersUrt** ergehen.

c) Bekämpft die Berufg ausschließl die Entscheidg über die WKlage

— zB Bekl ficht das die WKlage abweisende Urt an oder Kl ficht das ihr stattgebende Urt an —,

so ist die Entscheidg über die Klage nicht mehr UrtGegenstand.

Sie erwächst zw zufolge des EinheitlkGrundsatzes nicht in Rechtskr, ist aber für das BerufgGer bindend.

Da das BerufgGer somit ausschließl über die WKlage zu befinden hat, kommt es für die Frage, ob gg den BerufgBekl VersUrt ergehen kann, nicht darauf an, ob dieser in 1. Inst Kl oder Bekl war. Auch wenn er Bekl war, kann gg ihn VersUrt ergehen, denn da über die Klage nicht mehr zu befinden ist, ist er nicht mehr Bekl iSd § 618 IV. Maßgebend ist ausschließl, ob er in 1. Inst WKl o. WBekl war. War er **WKl**, so kann gg ihn **VersUrt** ergehen, soweit der in 1. Inst festgestellte Sachverhalt nicht entggsteht (§ 542 II, München NJW 55, 1075). War er **WBekl**, so ist ein VersUrt, dch das der WKlage stattgegeben wird, dch § 618 IV **ausgeschlossen.**

Ein **Schuldantr** aus §§ 52, 53 EheG, § 18 DVO I steht der Erhebg einer WKlage gleich (StJSch VI 3b zu § 618; Kiel JW 33, 183). Daher kann eine Säumn des BerufgBekl nicht dazu führen, daß dch VersUrt ein gg ihn ergangener Schuldanspr bestätigt o. einem in 1. Inst erfolglos gg ihn gestellten Schuldantr nunmehr stattgegeben wird. Ob er in 1. Inst Kl o. Bekl war, ist ohne Belang, denn er steht einem WBekl gleich.

Beisp: Scheidg aus beiders Verschulden. Bekl legt Berufg ein. Kl erscheint nicht. Dch VersUrt kann nicht — der Berufg stattgebend — auf Alleinschuld des Kl erkannt werden.

4. **Aktenlageentscheidg** ist in der BerufgInst unter den gleichen Voraussetzgen (§§ 251a, 331a) statth wie in 1. Inst. Voraussetzg ist, daß in der BerufgInst in einem früheren Termin verhandelt worden ist. Wird die Berufg als unzulässig verworfen, so entfällt dieses Erfordern.

Die Revision

§§ 545—566a

Das RevVerf ist weithin dem BerufgVerf nachgebildet,

insbes hinsichtl Frist u. Form ihrer Einlegg u. Begr (§ 552 : 516; §§553, 553a I : 518),
Zustellg der RMSchriften (§§ 553a, 554 V : 519a),
Terminsbestimmg u. EinlassgFrist (§ 555 : 520),
Rüge verzichtb VerfMängel (§ 558 : 530),
Nachprüfbk von Vorentscheidgen (§ 548 : 512).

I. **Zulässigkeit.**

Wie im BerufgVerf ist die Zulässigk des RM von Amts wegen zu prüfen (§ 554a).

1. In gleichem Umfang — und mit den gleichen Ausnahmen — wie die Berufg setzt die Rev eine **Beschwer** voraus. Das oben S. 232ff Ausgeführte gilt daher entspr.
2. In EheS ist die Rev nur gegen ein EndUrt (iFd § 275 II auch gegen ein ZwischenUrt) eines **OLG** gegeben. Ein Überspringen dieser Instanz gem § 566a ist ausgeschlossen. RevGer ist stets der **BGH** (§ 133 Nr. 1 GVG).

Grundsätzl setzt die Rev **Zulassg dch das OLG** voraus.
Ohne Zulassg findet sie nur statt, soweit es sich um die Unzulässigk des RWegs o. der Berufg handelt (§ 547 I Nr. 1)[1]),

also soweit der RevKl geltend macht, das OLG habe die Zulässigk des RWegs o. der Berufg (AnschlußBerufg) zu Unrecht bejaht o. verneint (RG 144, 360; 157, 110).
In allen anderen Fällen ist eine ohne Zulassg eingelegte Rev unzulässig u. entfällt damit die Möglk einer Nachprfg des Urt, mag auch das Urt offensichtl unrichtig sein. Dies gilt selbst dann, wenn nach der proz Lage (zB wegen Unterbrechg o. Aussetzg des Verf) ein Urt überhaupt nicht hätte ergehen dürfen (StJSch N 64 aa zu § 546; str).

Voraussetzg der Zulassg.

a) Nur in Sachen von **grundsätzl Bedeutg** darf das OLG die Rev zulassen (§ 546 S. 1),

also nur, wenn sein Urt eine über den Einzelfall hinausgehende Bedeutg hat. Dagg darf ein RStreit, dessen Be-

[1]) § 547 I Nr. 2 gilt nur für Proz über vermögensrechtl Ansprüche (BGH NJW 50, 945).

deutg sich in der Regelg der RBeziehgen der Parteien erschöpft, nicht vor das RevGer gebracht werden; denn dessen Aufgaben sind anderer Art. Die grundsätzl Bedeutg braucht nicht unbedingt auf rechtl Gebiet zu liegen; sie kann auch auf wirtschaftl Gebiet liegen (BGH 2, 397).

Ob die RSache grundsätzl Bedeutg hat, entscheidet das OLG nach freiem Ermessen mit folgender Ausnahme:

b) Das OLG **muß** die Rev stets zulassen, wenn es von einer Entscheidg des BGH abweicht (§ 546 II S. 2).

In diesem Falle hat die Entscheidg des OLG stets grundsätzl Bedeutg für die REntwicklg.

Form der Zulassg.

Die Zulassg muß in dem Urt des OLG enthalten sein.

Da sie nicht der Verkündg bedarf (RG 162, 125), genügt es, wenn sie in den Gründen ausgesprochen ist. Dieser Vermerk in den Gründen liefert vollen Beweis, daß das Ger die Zulassg schon vor Erlaß seines Urt beschlossen hat. Ein Gegenbew ist ausgeschlossen (BGH NJW 56, 831).

Nachholg.

Die Zulassg kann nicht im Wege einer UrtErgänzg nachgeholt werden.

Ist sie aber bei Beratg des Urt beschlossen u. nur versehentl nicht in das Urt aufgenommen worden, so kann dies gem. § 319 nachträgl geschehen. Von § 319 werden allerdings nur solche Unrichtigkeiten erfaßt, die sich aus dem Zusammenhang des Urt o. mindestens aus den Vorgängen bei Erlaß u. Verkündg des Urt ergeben. Ist der Wille, die Rev zuzulassen, in keiner Weise verlautbart worden, so liegt keine „offenb Unrichtigk" vor und ist eine nachträgl unbeachtl (BGH NJW 56, 830).

Wirkg der Zulassg.

a) Ob die Zulassg den BGH bindet, m. a. W. ob der BGH befugt ist, die Rechtmäßigk der Zulassg nachzuprüfen, ist str (vgl Baur JZ 54, 146). Der BGH nimmt dieses Recht jedenfalls dann für sich in Anspruch, wenn die Zulassg offensichtl entgg dem Gesetz ausgesprochen worden ist,

zB nur wegen der Tragweite des Urt für die Parteien (BGH 2, 401); ferner wenn das OLG von einer RAnsicht des BGH abweicht, die dieser nur nebenher in den Gründen geäußert hat, die also nicht Grundlage seiner Entscheidg war (BGH 2, 398); ferner, wenn das OLG die Rev wegen einer RFrage zugelassen hat, auf die es für die Entscheidg nicht ankommen kann (BGH VRS 53, 269). Unbeachtl ist auch die Zulassg der Rev gg ein Urt, das nicht anfechtb ist, zB kann die Unanfechtbk eines ZwischenUrt nicht dch Zulassg der Rev beseitigt werden (BGH 3, 246).

Da sich der BGH die Nachprüfg der Frage, ob tatsächl eine Divergenz vorliegt, vorbehält, verlangt er entgg der hM (s. RAG NJW 56, 1334), daß das OLG die Zulassg begründet (BGH 2, 400). Zulassg ohne Begr bindet das RevGer ebensowenig wie eine falsch begründete Zulassg.

Hat das OLG die Rev zugelassen u. sind auch alle andern Voraussetzgen für die Zulässigk der Rev erfüllt, so sollte man meinen, die Parteien könnten nun unbedenkl von diesem RM Gebrauch machen, ohne befürchten zu müssen, daß dasselbe als unzulässig verworfen wird. Dem ist jedoch nicht so. Denn der BGH behält sich das Recht vor, die Rev zu verwerfen, wenn das OLG die Zulassg nicht richtig begründet hat. Für den RevKl hat das eine bedenkl RUnsicherh zur Folge.

b) Die Zulassg eröffnet nur derj Partei die Rev, zu deren Nachteil das OLG die str RFrage entschieden hat (BGH 7, 63f). Die andere Partei kann sich nicht auf die Zulassg berufen, wenn sie das Urt aus einem völlig anderen Grunde anzugreifen beabsichtigt (BGH NJW 52, 1215).

BGH NJW 54, 110 stellt demggüber auf die Beschwer ab u. billigt die Zulassg auch dann, wenn das OLG eine Grundsatzfrage dahingestellt gelassen o. zugunsten des RevKl beurteilt, aber aus andern Gründen zu dessen Ungunsten entschieden hat. In diesem Falle rechtfertigt schon die Möglk, daß diese Frage vom BGH als entscheidgerhebl angesehen wird, die Zulassg u. eröffnet damit dem RevKl die Rev. Bei der Nachprüfg ist das RevGer nicht auf die Prüfg der Frage beschränkt, die das OLG als Grund der Zulassg bezeichnet hat (BGH 9, 358). Die Bezeichng der RFrage ist nur für die Entscheidg von Bedeutg, ob die Zulassg nicht gg das Gesetz verstößt u. welcher Partei sie die Rev eröffnet.

Wirkg der Nichtzulassg.

a) Revisibel ist zw die Frage, ob die Rev der Zulassg bedarf, nicht aber die Frage, ob die Zulassg zu Recht unterblieben ist.

Die Nichtzulassg ist unanfechtb. Die Rev kann also zB nicht auf die Behauptg gestützt werden, das OLG sei von einer BGH-Entscheidg abgewichen u. hätte daher die Rev zulassen müssen (BGH 2, 16). Auch wenn die Zulassg offensichtl zu Unrecht unterblieben ist, kann sie das RevGer nicht nachholen (BGH 2, 401), denn für die Zulassg ist ausschließl das OLG zuständig. Der BGH nimmt somit zw für sich das Recht in Anspruch zu prüfen, ob die Zulassg zu Recht erfolgt ist, lehnt es aber ab zu prüfen, ob sie zu Recht unterblieben ist.

b) Die Nichtzulassg hat nicht die Wirkg, daß das Urt des OLG bereits mit seiner Verkündg rechtskr wird.

Denn solange die RevFrist nicht abgelaufen ist, besteht stets die Möglk, daß eine Rev eingelegt wird, die nicht der Zulassg bedarf (§ 547 I Nr. 1). Ein RechtskrZeugn darf daher erst erteilt werden, wenn nicht innerh der RevFrist Rev eingelegt o. diese verworfen o. zckgewiesen ist (BGH NJW 52, 425).

II. RevGründe.

Die Rev unterscheidet sich von der Berufg grundlegend dadch, daß sie nur eine **rechtl** Nachprüfg der Sache ermögl. Sie kann nur darauf gestützt werden, daß das angefochtene Urt auf **Verletzg einer RNorm** des Bundesrechts o. einer sonstigen Vorschrift, die nicht nur im Bezirk des BerufgGer gilt, beruhe.

Für die Beurteilg dieser Frage sind die Verhältnisse zZt der RevVerhandlg maßgebend (BGH 10, 368).
RNormen sind außer Gesetzen, VOen u. VerwVorschr auch Normen des VölkerR u. des GewohnhR. Gesetzesänderg nach Erlaß des angefochtenen Urt ist zu berücksichtigen (BGH 9, 103), sofern sie Geltg für früher begründete RVerhältnisse beanspruchen.
Auch allgem ErfahrgSätze haben die Natur von RNormen (RG 99, 71, ständ Rspr). Verletzg der Denkgesetze wird zuweilen ebenfalls hierher gerechnet.
Eine Norm des ausländ Rechts ist nicht revisibel. Bemißt sich zB die Beweislastverteilg nach ausländ Recht, so ist sie nicht revisibel (BGH NJW 52, 142).

Das Gesetz ist verletzt, wenn eine **RNorm nicht o. nicht richtig angewendet** worden ist (§ 550). Der Nachprüfg des RevGer unterliegt:

1. die Feststellg, daß ein RSatz besteht (Ausnahme s. § 562),
2. die Subsumtion der festgestellten Tats unter das Gesetz,

zB ob die Ehe unheilb zerrüttet ist (RG 161, 399), ob das Scheidg Begehren sittl gerechtfertigt ist (§ 43 S. 2 EheG), ob die geistige Gemeinsch der Eheg aufgehoben ist (RG 97, 340), ob das festgestellte Verhalten eines Eheg eine Eheverfehlg darstellt (dagg liegt die Frage, ob es eine schwere Eheverfehlg darstellt, überw auf tatsächl Gebiet, BGH 4, 188).
Zur Subsumtion gehört auch die Auslegg von Willenserklärgen. Dagg steht die Feststellg, was erklärt worden ist, ausschließl dem Tatrichter zu.

Ein Urt **beruht** schon dann auf Verletzg einer RNorm, wenn die Möglk besteht, daß bei Anwendg bzw richtiger Anwendg dieser Norm anders entschieden worden wäre.

3. die Gesetzmäßigk des vom LG u. OLG eingeschlagenen ProzVerf (§ 554 III Nr. 2b).

   Ein solcher *error in procedendo* kann auch darin bestehen, daß schon bei Feststellg des Sach- u. Streitstandes gg das Gesetz verstoßen wurde, zB bei Widerspruch zwischen den tatsächl Annahmen u. dem vorgetragenen Akteninhalt (RG 139, 354; 149, 325).

4. **Absolute RevGründe.**

Ob ein ProzVerstoß des Ger für seine Entscheidg ursächl war, ist idR nicht feststellb. Für gewisse Verstöße gg grundlegende VerfVorschriften begründet daher § 551 eine unwiderlegb Vermutg für ihr Ursächlk. Diese absoluten RevGründe sind:

nicht vorschriftsmäßige Besetzg des Ger,

zB wenn der ER seine Befugn zur Entscheidg überschritten hat (s. o. S. 73),

Mitwirkg eines ausgeschlossenen o. mit Erfolg abgelehnten Richters,

wenn das Ger seine Zuständigk zu Unrecht bejaht o. verneint hat,

wenn das Urt für o. gg eine Partei ergangen ist, die eines Vertr bedurfte, aber nicht ordgem vertreten war,

wenn in der letzten mündl Verhandlg der Ausschluß der Öffentlk gesetzwidrig erfolgt o. unterblieben ist,

wenn das Urt nicht mit Gründen versehen ist.

Erforderl u. genügend ist, daß zu wesentl Streitpunkten nicht erkennb ist, welche rechtl o. tatsächl Erwäggen des Ger zu der Entscheidg geführt haben o. weshalb ein Vorbringen o. ein Antrag unberücksichtigt geblieben ist.

III. **Umfang der Nachprüfg.**

Den Gegensatz zu den RFragen bilden die **Tatfragen.** Die Feststellg der Wahrh o. Unwahrh tatsächl Behauptgen dch das OLG bindet das RevGer (§ 561), soferne nicht diese Feststellgen auf einem mangelh Verf beruhen.

1. Der Beurteilg des RevGer unterliegt nur der aus dem Tatbest des BerufgUrt o. aus dem SitzgsProt ersichtl ProzStoff. Daraus folgt, daß die **Einführg neuer Tats o. Ansprüche** in den Proz grundsätzl **ausgeschlossen** ist. Neue Tats sind nur dann zu berücksichtigen,

   a) wenn sie zur Begr einer VerfRüge geltend gemacht sind,
   b) wenn sie das RevVerf selbst betreffen,
   c) wenn sie von Amts wegen zu prüfen sind.

Von Amts wegen zu prüfen sind die Voraussetzgen, von denen das RevVerf in seiner RWirksamk abhängt (§ 557),

also außer der Zulässigk der Rev (§ 554a), unverzichtb Proz Voraussetzgen, eigene VerfVerstöße u. solche des LG o. OLG, soweit sie das RevVerf berühren, Zulässigk der Berufg bzw des Einspr u. einer Wiedereinsetzg (BGH 6, 370), das RSchutzbedürfn des Kl u. dgl.

2. Im übrigen aber unterliegen der Nachprüfg des RevGer nur

a) die Anträge der Parteien.

Ebensowenig wie die Vorinstanzen darf das RevGer über die Anträge der Parteien hinausgehen. Maßgebend sind die bis zum Schluß der RevVerhandlg verlesenen Anträge; sie können von der RevBegr o. Anschlußschrift abweichen. Diese Anträge begrenzen die AbändergBefugn des RevGer. Also Abänderg zugunsten des RevKl nur, soweit von ihm beantragt; zu seinen Ungunsten nur bei Anschließg des RevBekl.

b) VerfRügen, soweit sie fristgerecht (§§ 554, 559 II S. 3) vorgebracht sind.

3. Bei der Prüfg, ob sonst das Gesetz verletzt sei, ist das RevGer frei (§ 559 S. 2).

Ist auch nur eine RevRüge zulässig u. begr, so muß das RevGer das ganze Urt auf die Gesetzmäßgk seiner Begr prüfen (RG JW 31, 55; ständ Rspr). Dies gilt aber nur zugunsten der Partei, die Rev eingelegt o. sich angeschlossen hat (BayOLG 1, 61).

IV. **Ergebn der Nachprüfg.**

Wird die Rev für begr erachtet, so ist das angefochtene Urt aufzuheben (§ 564 I) u. die Sache an das OLG zckzuverweisen (§ 565 I).

Das OLG ist an die rechtl Beurteilg, die der Aufhebg zugrunde gelegen ist, gebunden. Im übrigen wird der Proz wieder in seinen vorigen Stand zckversetzt. Die Parteien können also neue Anträge stellen u. neue Tats u. Beweismittel vorbringen.

Unter den Voraussetzgen des § 565 III hat das RevGer selbst zu entscheiden.

Beseitigung der Rechtskraft

Die Scheidg, Aufhebg o. Nichtigerklärg einer Ehe ist ein rechtsgestaltender Staatsakt, der eine RGemeinsch engster u. persönlichster Art auflöst u. die Stellg der Beteiligten im RLeben einschneidend ändert. Auch die Abweichg einer auf Lösg der Ehe gerichteten Klage u. erst recht die Feststellg, ob die Ehe besteht, ist eine Entscheidg von weittragender rechtl Bedeutg. Jede Änderg o. Aufhebung eines solchen Urt nach Eintritt der Rechtskr bedeutet daher einen empfindl Eingriff in die RSicherheit.

Trotzdem wäre es sowohl für die Parteien als auch für Dritte ein uU verhängnisvoller Irrtum, auf die Rechtskr eines solchen Urt zu vertrauen, denn uU kann sie noch nach Jahren wieder beseitigt werden. Von den bei Baumb 6 zu § 322 aufgeführten Fällen seien hier nur folgende angeführt:

1. **Wiedereinsetzg** wegen Versäumg der Einspr- o. RM-Frist (§ 233).

   Sie kann uU noch bis zum Ablauf eines Jahres nach Ablauf der versäumten Frist beantragt werden (§ 234 III), in Sonderfällen (Art 3 Nr. 2 SchutzVO, § 4 I Nr. 1 Ges v. 28. 12. 50, BGBl 821) sogar noch später.

2. **Wiederaufnahmeklage.**

   Sie ist erst 5 Jahre nach Eintritt der Rechtskr ausgeschlossen. Ausnahmen iFd Todes eines der Eheg s. u. S. 253 Fristverlängerg für u. gg Spätheimkehrer s. das oben zit Gesetz.

   Gegen das im WiederaufnVerf ergehende Urt ist selbstverständl wiederum Wiederaufn zulässig.

Beide RBehelfe gewährt BGH 8, 287 u. NJW 53, 1263 selbst dann, wenn der andere Eheg inzwischen sich anderweitig verheiratet hat, mit der Begr, die Wiedereinsetzg bzw Aufhebg hemme die Rechtskr, das fr Urt sei daher nur scheinb rechtskr geworden.

Mit Recht wurde darauf hingewiesen, daß dann von einer wirkl Rechtskr erst gesprochen werden könnte, wenn eine Wiedereinsetzg bzw Wiederaufn überhaupt nicht mehr mögl ist (Peters MDR 54, 193); dies führe zu einer unerträgl RUnsicherheit. Zudem gibt es WiederaufnGründe, die für die Parteien selbst bei größter Aufmerksamk nicht erkennb sind (zB fehlerh Bildg der Kammer). Trotzdem kann der Hinweis auf das Bedürfn nach RSicherheit bei Vorliegen eines WiederaufnGrundes nicht verfangen, denn RUnsicherh ist eine unvermeidb Folge jeder Wiederaufn u. muß in Kauf genommen werden, wenn dem fr Verf ein Mangel anhaftet, der vom Gesetzgeber als so wichtig angesehen wurde, daß er zur Aufhebg des fr Urt führen muß.

Die Wiederaufnahme des Verfahrens[1])

§§ 578—592

Stellt sich nach Eintritt der Rechtskr eines Urt heraus, daß dieses sachl unrichtig o. aGr eines mangelh Verf ergangen ist, so gerät der auf RSicherh abzielende Grundsatz der Unabänderlichk u. Unanfechtbk eines rechtskr Urt in Widerstreit mit dem Bestreben nach materieller Gerechtigk. Zur Lösg dieses Konflikts eröffnet das Gesetz in besonderen, in §§ 579, 580 erschöpfend aufgezählten Fällen der dch das Urt beschwerten Partei die Möglk, das abgeschlossene Verf wieder aufzunehmen.

Die Wiederaufn erfolgt dch Nichtgk- o. Restitutionsklage. Beide sind keine RM (ein RMV erstreckt sich daher nicht auf sie). Sie sind auch keine gewöhnl Klagen im proz Sinne, sondern außerordentl RBehelfe, dch die ein abgeschlossener RStreit wieder eröffnet wird (RG 57, 233), u. idR nur subsidiärer Natur (vgl §§ 582, 579 III). Ihr Ziel ist eine andere Entscheidg des RStreits unter Aufhebg des rechtskr Urt.

Zuständgk.

Hat ein Endurt 1. Inst dch Nichteinlegg von Rechtsm Rechtskraft erlangt, so ist ausschließl dieses Ger zuständig.

War Berufg eingelegt u. dch Urt o. Beschl (StJSch V vor § 578) rechtkr verworfen, so ist die WiederaufnKlage, wenn sie sich gg diese Entscheidg richtet, beim BerufgGer, sonst beim LG einzulegen. Hatte das OLG nach §§ 538f zckverwiesen, so ist es für eine dagg gerichtete WiederaufnKlage zuständig. Richtet sich der Klage aber gg das neue Urt der 1. Inst, so ist diese zuständig.

Gg ein Urt des RevGer ist die Klage bei diesem zu erheben, wenn es in der Sache selbst erkannt hat u. die Klage auf §§ 579 o. 580 Nr. 4 o. 5 gestützt ist; andernfalls beim OLG (RG 120, 173).

Hinsichtl der Gerichte, die nicht mehr deutsche Gerichtsbark ausüben, s. § 4 I u. IV VO v. 7. 8. 52 (BGBl 407). Keine Zuständigk westzonaler Gerichte für Wiederaufn gg sowjzonal ScheidgUrt, auch wenn beide Parteien inzwischen in die BRD übergesiedelt (Frkf FamRZ 56, 385).

---

[1]) Neuere Lit: Gaul, Die Grundlage des WAR u. die Ausdehng der WAGründe, Bielefeld 1956. Besprechg v. Bruns FamRZ 57, 201.

a) **NichtigkKlage** ist gegeben, wenn im Vorproz eine der in § 579 aufgezählten, bes schweren **VerfVerstöße** begangen wurde, u. zw auch dann, wenn das Urt nicht darauf beruht.

Weitere Fälle s. Art 1 VII u. 3 Nr. 3 SchutzVO.

b) **Restitutionsklage** gewährt § 580 in den dort abschließend aufgeführten Fällen, also namentl wenn die **UrtGrundlagen** falsch u. dch strafb Handlg zustande gekommen sind unter den Voraussetzgen des § 581 I.

Bei Eidesverletzg auch dann, wenn diese nur einen für die Entscheidg des Vorproz unerhebl Teil der beschworenen Aussage betrifft (OGHbrZ NJW 50, 105).

Im übrigen soll hier nur auf den RestitGrund der **Nr. 7b** eingegangen werden.

Voraussetzgen:

1. Unrichtigk des Urt im Vorproz infolge Nichtberücksichtigg einer erhebl Tats.
2. Der RestitKl muß ohne sein Verschulden außerstande gewesen sein, diese Tats im Vorproz zu beweisen.
3. Er muß diese Möglk erst dch späteres Auffinden o. Zugänglwerden einer **Urk** erlangt haben.
4. Die Urk muß schon vor Schluß der mündl Verhandlg bzw vor Ablauf der RMFrist errichtet sein. Die dch die Urk bezeugte Tats muß gleichfalls schon damals bestanden haben.

   Auf eine nachträgl errichtete Urk kann die RestitKlage nicht gestützt werden, denn eine solche Urk könnte zu dem Zweck errichtet worden sein, um einen RestitGrund erst zu schaffen.

   Nur wo die Gewähr besteht, daß dies nicht der Fall ist, gewährt die Rsp eine Ausnahme, näml für „Urk, die ihrer Natur nach nicht in zeitl Zusammenhang mit den dch sie bezeugten Tatsachen errichtet werden können" (RG HRR 33, 1621). So, wenn es sich um eine Geburtsurk, eine Todeserklärg o. nachträgl Todesfeststellg handelt. Die Geburtsurk beweist den Beginn der Empfängniszeit u. kann daher zum Nachweis dienen, daß das Kind im Ehebr empfangen worden ist. Dieser Nachw begründet die RestitKlage aber nur, wenn die BewTats (zB der Ehebr) schon in dem oben bezeichneten Zeitpunkt eingetreten war (BGH 2, 249; Braunschweig MDR 51, 114). Entspr gilt für den BeischreibgVermerk zur GebUrk über die Legitimation eines Kindes. Er kann beweisen, daß das Kind im Ehebr erzeugt worden ist (BGH 5, 162).

   Dagg kann ein nach Rechtskr erstattetes erbkundl Gutachten eine RestitKlage aus Nr. 7b nicht begründen (BGH 1, 218; str s. FamRZ 54, 179; 52, 181; 55, 298; NJW 52, 941; 55, 1363). Dasselbe gilt für ein nach Rechtskr errichtetes VaterschAnerkenntn iSd § 1718 BGB (Neustadt NJW 54, 1372).

Daß der RestitKl die in der Urk bezeugte Tats im Vorproz vorgebracht hat ist nicht erforderl. Sie muß aber geeignet sein, den im Vorproz erhobenen

Anspr zu stützen bzw zu widerlegen. Dem unterlegenen Kl ist es daher nicht gestattet, im Wege einer Restitklage aus Nr. 7b einen neuen Klagegrund nachzuschieben (StJSch N 38 zu § 580). Ob die Urk für den RestitKl eine „günstigere Entscheidg" herbeigeführt hätte, ist vom Standpunkt seines früheren Antrags aus zu beurteilen. War daher die Ehe antragsgem auf Klage u. WKlage aus § 48 geschieden, so kann keine Partei im Wiederaufn-Verf unter Berufg auf eine nachträgl aufgefundene GebUrk Scheidg aus § 42 begehren (Koblenz NJW 52, 891). Dagg kann der unterlegene Bekl eine solche Urk zum Bew neuer Verteidiggmittel u. zwecks einer im Vorproz nicht begehrten Mitschulderklärg des Kl verwenden (StJSch N 39 zu § 580). Ob er sich im Vorproz hatte vertreten lassen, ist unerhebl (BGH LM Nr. 2 zu § 580 Nr. 7b).
Erforderl ist, daß die Urk — allein o. in Verbindg mit dem BewErgebn des Vorproz — eine dem RestitKl günstigere Entscheidg herbeigeführt hätte. Bei der Entscheidg, ob die RestitKlage begründet ist, kommt es ausschließl auf den Stand des Vorproz zZt der letzten mündl Verhandlg an u. kann außer der dch die Urk zu beweisenden Tats neues Vorbringen nicht berücksichtigt werden (BGH 6, 355, 360 u. NJW 53, 1263).

Die Dreiteilg des Verf (vgl RG 75, 56).

Das WiederaufnVerf zerfällt in 3 Abschnitte:

1. Prüfg der **Zulässigk.**

   Sie erfolgt von Amts wegen (§ 589) u. erstreckt sich auf folgende Fragen:
   Richtet sich die Klage gg ein rechtskr Endurt?
   Ist ein gesetzl zugelassener WiederaufnGrund behauptet?
   (Ob er auch gegeben ist, wird erst im 2. Abschn geprüft).
   Ist der WiederaufnKl beschwert u. legitimiert?
   Sind die (doppelten) Klagefristen nach § 586 gewahrt?
   Ist die Klage in gehöriger Form (§ 587) erhoben?
   Sind die allgem ProzVoraussetzgen gegeben?

   Ergibt sich ein Mangel, so ist die Klage dch Endurt als unzulässig zu verwerfen. Andernfalls Übergang zum 2. Abschn oder abschließende Feststellg der Zulässgk dch Zwischenurt. Dieses ist nur iFd § 275 berufgfähig.

2. Prüfg, ob der geltend gemachte **WiederaufnGrund gegeben** ist.

   Wenn nein: Abweisg der WiederaufnKlage als unbegründet.
   Wenn ja: Aufhebg des angefochtenen Urt dch ZwUrt o. in den Gründen des Endurt.

3. **Neuverhandlg** der Hauptsache, soweit sie vom AnfechtgGrund betroffen ist (§ 590 II) u. Prüfg, ob das angefochtene Urt im Ergebn zutreffend war.

   Sodann Entscheidg o. Zckverweisg.
   Nur wenn die Zulässigk bejaht wird, ist die Begründeth der Klage zu prüfen. Nur wenn diese bejaht wird, besteht Anlaß zu neuer Verhandlg u. Entscheidg (OGHbrZ NJW 50, 105).

Nur im 3. Anschnitt können die Parteien neue Tats u. BewMittel vorbringen, neue Ansprüche erheben u. neue Angriffs- u. Verteidigungsmittel geltend machen. Dagg ist bei der Prüfg der Frage, ob ein gesetzl zugelassener RestitGrund behauptet u. gegeben ist, ausschließl der ProzStoff zugrunde zu legen, der schon bei Schluß der mündl Verhandlg im Vorproz vorlag (BGH 6, 355). Ausnahme iFd § 580 Nr. 7b s. o.

Ziel der WiederaufnKlage kann sein:

1. ProzAbweisg der Klage
   — idF § 579 Nr. 4 sogar ausschließl —,
2. Sachabweisg der Klage o. WKlage,
3. Sach- o. ProzAbweisg der Klage u. Scheidg auf WKlage,
4. Scheidg statt auf Klage auf WKlage u. umgekehrt (RG 171, 42),
5. Änderg des Schuldausspruchs (ebenda).

Der Grundsatz der Einheitlk der Entscheidg gilt im Wiederaufnverf nicht (ebenda).

Ist einer der Streitsteile **verstorben,** so ergeben sich folgende Besonderheiten (StJSch III zu § 628):

a) In Scheidg- u. AufhebgS ist — mag die Klage abgewiesen o. ihr stattgegeben worden sein — eine Wiederaufn zwecks anderweitigen Sachentscheidg wegen § 628 ausgeschlossen. Sie kann auch nicht zwecks ErlediggErklärg o. anderweitiger Kostenentscheidg betrieben werden. Dagg ist sie zulässig, soweit sie nur eine ProzAbweisg zum Ziele hat, wie zB NichtigkKlage aus § 579 Nr. 4 (RG 149, 113); denn einer ProzAbweisg steht § 628 nicht entgg.
b) In NichtigkS kann in Hinblick auf § 636 ZPO, § 24 I S. 2 EheG, wenn die Klage abgewiesen wurde, der StAnw gg den Überlebenden u. wenn der Klage stattgegeben wurde, der Überlebende gg den StAnw WiederaufnKlage erheben.
c) In FeststellgS kann in beiden Fällen der Überlebende o. der StAnw gg den RNachf des Verstorbenen u. umgekehrt Wiederaufnklage zwecks ErlediggErklärg u. Aufhebg des früheren Urt erheben.

Die Neuverhandlg.

Die Haupts wird nur insoweit neu verhandelt, als sie von dem AnfechtgGrund betroffen wird (§ 590 I). Im übrigen wird der Proz in die Lage vor Erlaß des angefochtenen Urt[1]) zckversetzt (RG 99, 171). In der Würdigg des gesamten vorliegenden ProzStoffs ist das Ger frei.

Die neue Entscheidg.

Auf Grund der neuen Verhandlg kann eine der folgenden Entscheidgen ergehen:

1. Verwerfg der WAKlage als unzulässig (§ 589),
2. Bejahg ihrer Zulässgk dch ZwUrt,

[1]) Im folgenden als „1. Urt" bezeichnet.

3. Feststellg, daß sie begr ist, dch ZwUrt, wobei gleichzeitig das 1. Urt aufgehoben werden kann (BGH 3, 245),
4. Abweisg der WAKlage als unbegr (mangels WAGrundes) dch EndUrt,
5. Neue Entscheidg der Hauptsache dch Endurt, wobei Grund u. Zulässgk der WAKlage in den Gründen festgestellt werden.

Die Aufhebg des 1. Urt.

Inwieweit das 1. Urt aufgehoben werden muß, bedarf in EheS sorgfältiger Prüfg. Denn die Aufhebg des 1. Urt beseitigt dieses mit **rückw** Kraft (BGH 1, 156). In proz Hinsicht ist infolgedessen sowohl für die Parteien als auch für Dritte die RLage dieselbe, wie wenn das Urt nicht ergangen wäre (StJSch IV 1 zu § 590). Zugleich kann die Aufhebg einschneidende materiellrechtl Auswirkgen zeitigen.

1. Gering sind diese Auswirkgen, wenn das aufgehobene Urt auf **Abweisg einer Scheidg- o. AufhebgKlage** erkannt, also nicht rechtsgestaltend gewirkt hatte.

   Die proz Auswirkg der Aufhebg besteht dann darin, daß die Ausschlußwirkg des 1. Urt (§ 616) mit dessen Aufhebg entfällt. Die materielle RLage der Parteien wird dch die Aufhebg nicht berührt. Hatte zB der Kl trotz Abweisg seiner Klage die ehel Gemeinsch verweigert, so wird diese Eheverfehlg dch rückw Aufhebg des Urt nicht beseitigt.

2. In **HerstellgS** hat die Aufhebg des Urt ledigl die Wirkg, daß wieder ungewiß wird, ob ein Recht zum Getrenntleben besteht.

   War einer Partei dieses Recht zuerkannt, so wird ihr Getrenntleben dch rückw Aufhebg des Urt nicht etwa zu einer Eheverfehlg.

3. Entspr gilt, wenn die **Abweisg einer NichtigkKlage** aufgehoben wird.

   Die rückw Aufhebg des Urt ändert selbstverständl nichts an der Tats, daß sich niemand auf die Nichtigk der Ehe berufen kann, soferne nicht der Klage im WAVerf stattgegeben wird.

4. Eine auf **FeststellgKlage** ergehendes Urt hat gleichfalls keine konstitutive Wirkg. Seine Aufhebg bewirkt ebenfalls, daß sich niemand mehr auf das Urt berufen kann. Die Rückwirkg besteht darin, daß dies schon für die Zeit ab Rechtskr des 1. Urt gilt.

   Zu unerfreul Ergebnissen führt dies allerdings, wenn das 1. Urt das Bestehen, das 2. Urt dagg das Nichtbestehen der Ehe feststellt. Denn Kinder, die die Streitsteile in der Zwischenzeit gemeinsam erzeugt haben, werden (mangels einer dem § 25 EheG entspr Bestimmg) mit Rechtskr des 2. Urt zu unehel u. im umgekehrten Falle zu ehel[1]).

[1]) Um dem Standesbeamten die Beischreibg dieser Personenstandsänderg im Geburtenbuch zu ermöglichen, empfiehlt es sich, im Tenor des 2. Urt auszusprechen, daß die Aufhebg des 1. Urt rückw erfolgt.

5. Schwierige Probleme ergeben sich aber dch Aufhebg eines **rechtsgestaltenden** Urt, also eines Urt, dch das eine Ehe geschieden, aufgehoben o. für nichtig erklärt wurde[1]).

Die hM mißt auch der Aufhebg eines solchen Urt rückw Kraft bei. Folgt man dieser Ansicht, so muß man die geschiedene Ehe als fortbestehend ansehen u. zw rückw auf den Tag der Rechtskr des angefochtenen Urt. Die RLage ist also dieselbe, wie wenn die Scheidg nicht erfolgt wäre. Hat sich ein Eheg nach der Scheidg anderw **wiederverheiratet,** so hat zufolge dieser Fiktion bei Abschluß der neuen Ehe die frühere noch bestanden u. verfällt daher die neue Ehe der **Nichtigerklärg** nach § 20 EheG (s. Rosenbg S. 785 u. dort zit Lit u. Rspr) u. zwar selbst dann, wenn die Ehe im WAVerf erneut geschieden wird (Schleswig FamRZ 56, 56).

Unbefriedigend ist dieses Ergebn bes dann, wenn die neue Ehe gutgläubig geschlossen wurde u. keinen der Eheg der neuen Ehe ein Verschulden am Zustandekommen des fehlerh ScheidgUrt traf; ferner in den Fällen, wo die neue Ehe nach Lage des Falles unzweifelh den Vorzug verdient oder der „verlassene" Eheg die Aufhebg des ScheidgUrt ausschließl aus niedrigen Motiven erwirkt hat. Außerdem führt jene Fiktion dazu, daß bis zur Nichtigerklärg der neuen Ehe 2 Ehen nebeneinander bestehen. Dieser Zustand kann sogar zu einem dauernden werden, wenn der StAnw hiervon keine Kenntn erhält u. keiner der beteiligten Eheg die Nichtigerklärg erwirkt. Haben sich gar beide geschiedenen Eheg anderw wiederverheiratet, so kann dies dazu führen, daß 3 Ehen nebeneinander bestehen u. daß von den 4 Beteiligten jeder Mann mit 2 Frauen u. jede Frau mit 2 Männern Kinder zeugen kann, ohne Ehebr zu begehen (!). Es wurde daher empfohlen, die WA von vornherein überhaupt nicht zuzulassen, wenn sich ein Teil wiederverh hat (Schnell NJW 47/48, 131; HSt 4 zu § 20). Das RSchutzbedürfn des verlassenen Eheg an einer WA kann jedoch nicht desh verneint werden, weil die hM der Aufhebg der Scheidg eine Bedeutg beimißt, die zu mißl Ergebnissen führt. Vielmehr ist es Aufgabe der Rspr, solche Ergebnisse zu vermeiden. Den Weg dazu mögen folgende Überlegungen bereiten.

Die Fiktion des Fortbestehens der früheren Ehe führt nicht nur iFd Wiederverheiratg zu mißl Ergebnissen. Sie zeitigt auch in andern Fällen unannehmb Konsequenzen, näml

1. Der Personenstand der Streitsteile ändert sich rückw. Selbst wenn ihre Ehe im WAVerf neuerdings geschieden wird, gelten sie vorübergehend, näml bis zur Rechtskr dieses Urt wieder als verh. Erlangt dieses Urt keine Rechtskr, weil ein Teil

[1]) Der Kürze halber wird im Folgenden stets nur vom Fall der Scheidg gehandelt, obwohl für Aufhebg u. Nichtigerklärg dasselbe gilt.

inzwischen verstorben ist, so gelten sie wieder als geschieden. Ist aber der Todesfall schon vor der WA eingetreten, u. führt diese zur Aufhebg der Scheidg (zB dch ProzAbweisg der Klage), so gelten sie nicht mehr als geschieden. Sogar der Personenstand eines Verstorbenen wird also damit geändert. Man bedenke die erbrechtl Folgen!

2. Kinder, die eine geschiedene Frau innerh von 302 Tagen nach Rechtskr des ScheidgUrteil bis 302 Tagen nach Rechtskr der Aufhebg dieses Urt geboren hat, werden zufolge der — in diesem Falle sinnlosen — gesetzl Vermutg des § 1591 II BGB zu **ehelichen.** Ihre Unehelk kann gem § 1593 BGB nur geltend gemacht werden, wenn sie rechtskr festgestellt ist[1]). Hat die Frau die Kinder von ihrem geschiedenen Mann empfangen, so werden sie selbst dann ehel, wenn die Ehe im WAVerf wiederum geschieden wird.
3. Ja, als äußerste Konsequenz ergibt sich, daß auch die mannigfachen priv- u. öffentlrechtl Nebenwirkgen der Scheidg (s.o. S. 30ff) rückw beseitigt werden. Man kann sogar die Frage aufwerfen, ob nicht auch die dch die Scheidg beendeten ggseitigen Rechte u. Pflichten der Eheg im Innen- u. Außenverhältn, sowie ihr Güterstand für die fragl Zeit wieder aufleben[2]).

Soweit es sich um die Gültigk von RGeschäften handelt, lassen sich diese mißl Ergebnisse dch analoge Anwendg der §§ 32, 61 FGG, § 115 BGB vermeiden (vgl StJSch IV 2 zu § 590). Soweit es sich nur um die ggseitigen RBeziehgen der Parteien handelt, könnte man auch an eine analoge Anwendg des § 159 BGB denken (so Friedrichs ZZP 58, 219), wenn man annimmt, daß jedes ScheidgUrt nur unter der auflösenden Bedingg ergeht, daß es nicht im WAVerf beseitigt wird. Gg die angeführten Auswirkgen auf den **Personenstand** der Parteien u. der Kinder der Frau, sowie auf die öffentlrechtl Nebenwirkgen der Scheidg dürfte aber kein Kraut gewachsen sein, es sei denn, daß man die Fiktion des Fortbestehens der früheren Ehe preisgibt. Diese Fiktion widerspricht den tatsächl Gegebenheiten u. führt — wie gezeigt — zu Ergebnissen, bei denen man wohl kaum behaupten kann, daß das Recht die ihm obliegende Ordnungsfunktion erfüllt. Eine **Wirkg für und gg alle** kann daher der Aufhebg einer Scheidg **nicht** beigemessen werden. Die Scheidg einer

[1]) In dem AnfechtgProz wird zwar idR eine Umkehrg der sich aus § 1591 I BGB ergebenden BewLast einzunehmen sein. Immerhin ist der Mann genötigt, diesen Proz zu führen. Stammen die Kinder von ihm u. verweigert er die Anerkenng ihrer Ehelk, so sind auch die Kinder genötigt, einen Proz zu führen, näml um Feststellg ihrer Ehelk. Denn für einen Randvermerk nach § 15 II Nr. 3 u. III PStG idF v. 8. 8. 57 (BGRl 1125) dürfte das die rückw Aufhbg der Scheidg aussprechende Urt nicht genügen.

[2]) Nicht überzeugend ist die Begr, mit der Stuttg SJZ 49, 115 die Rückwirkg auf vermögensrechtl Folgen der Scheidg ablehnt. Die Berufg auf StJSch IV 1 zu § 590 beruht auf einem Mißverständn, denn dort ist nur von den proz Auswirkgen der Aufhebg die Rede.

Ehe schafft eine neue obj RLage, die ebensowenig rückgängig gemacht werden kann wie ein tatsächl Ereign[1]).

Zuzugeben ist allerdings, daß dieser Standpunkt iFd Wiederverheiratg eines geschiedenen Eheg Härten ggüber dem verlassenen Eheg zur Folge haben kann, insbes dann, wenn das WAVerf zu einer Abweisg der ScheidgKlage führt u. ganz bes dann, wenn der Wiederverheiratete das ScheidgUrt erschlichen hat. Zum Teil können diese Härten dadch ausgeglichen werden, wenn dem verlassenen Eheg in diesem Falle nicht nur ein Schadensersatzanspr aus § 826 BGB für den Verlust seines gesetzl Unterh- u. Erbanspr zugebilligt wird, sondern auch ein Anspr auf Feststellg, daß alle vermögensrechtl Folgen der Scheidg zwischen den Parteien nicht eingetreten sind. Die vom RG begr u. vom BGH fortgeführte Rspr, wonach derj, der vorsätzl u. sittenwidrig ein unrichtiges Urt gg einen andern erwirkt, diesem zum Schadensersatz verpflichtet ist, weißt in diese Richtg. Die theoret Bedenken, die Jauernig NJW 57, 403 gg diese Rspr anführt, müßten den prakt Bedürfnissen weichen. Eine volle Restitution wäre allerdings nicht mögl, denn die „EhegQualität" des verlassenen Eheg könnte auf diesem Wege nicht wiederhergestellt werden. Den Verlust dieser Eigensch wird der verlassene Eheg aber ohnehin in den meisten Fällen nicht vermeiden können; denn idR wird es dem WABekl gelingen, dch WKlage aus § 48 EheG bzw dch Umstellg der Klage auf § 48 seine frühere Ehe zu Fall zu bringen, da die Tats seiner Wiederverheiratg als sicheres Indiz für die Zerrüttg der früheren Ehe angesehen werden muß. Eine voll befriedigende Lösg des Problems wird jedoch nur dem Gesetzgeber mögl sein. Denkb wäre etwa folgende, dem § 38 EheG nachgebildete Bestimmg:

> „Geht ein Eheg eine neue Ehe ein, nachdem seine frühere Ehe dch rechtskr Urt geschieden, aufgehoben o. für nichtig erklärt worden ist, so ist die neue Ehe nicht desh nichtig, weil dieses Urt im Wege der WA des Verf aufgehoben worden ist, es sei denn, daß er oder sein neuer Eheg die Tatsachen, die eine WA des Verf begründeten, kannte oder kennen mußte.
>
> Mit der Schließg der neuen Ehe wird die frühere Ehe aufgelöst. Wird jedoch die neue Ehe für nichtig erklärt, so gilt die frühere Ehe als nicht aufgelöst, es sei denn, daß sie im WAVerf erneut geschieden, aufgehoben o. für nichtig erklärt wird."

Ohne Gesetzänderg erscheint eine befriedigende Lösg nicht mögl. Die von Völker SJZ 48, 401 vorgeschlagene analoge Anwendg des § 38 II EheG schei-

[1]) Auch andere rechtsgestaltende Urteile können Verhältnisse schaffen, die nicht mehr geändert werden können. Man denke z. B. an den Fall, daß ein die Auflassg ersetzendes Urt im Grundbuch vollzogen oder dch Urt ein öffentl Amt aberkannt oder eine Handelsgesellsch aufgelöst u. die Liquidation beendet ist. Auch in diesen Fällen vermag eine Aufhebg des Urt im WAVerf die eingetretene RGestaltg nicht mehr zu beseitigen.

tert an dem Ausnahmecharakter dieser Vorschr. Enthält das frühere Urt einen Schuldausspr, so kommt als weiteres Hindern die Verschiedenh der Tatbestände hinzu.

Umfang der Aufhebg.

De lege lata lassen sich die aufgezeigten mißl Folgen der Fiktion, daß die frühere Ehe fortbesteht, zT dadch vermeiden, daß die Aufhebg eines rechtsgestaltenden Urt nur dann ausgesprochen wird, wenn dies **unumgängl notwendig** ist.

Das Gesetz läßt der Rspr hierin freie Hand, denn im Gegensatz zum Berufg- u. RevVerf (§§ 539, 564) ist im WAVerf eine Aufhebg nicht ausdrückl vorgesehen.

Nicht zu umgehen ist sie natürl, wo im WAVerf auf Abweisg der Scheidg-Klage erkannt wird. Erstrebt dagg der WAKl nur eine Änderg des Schuldausspr, so ist eine Aufhebg des ScheidgAusspr nicht veranlaßt (RG 171, 42). Dasselbe gilt für eine WAKlage mit dem beschränkten Ziel, die Ehe auch auf die WKlage hin zu scheiden (ebenda) u. erst recht, wenn die Scheidg wiederum auf die Klage (WKlage) erfolgt.

Mit Recht weist das RG aaO darauf hin, es entspreche dem Gebot einer vernünftigen ProzGestaltg, die für die Parteien ohnehin mit sehr erhebl Folgen verbundene nachträgl Abänderg des rechtsgestaltenden Aktes der Scheidg ihrer Ehe auf den unbedingt notwendigen Umfang zu beschränken.

Eine Aufhebg wäre in diesen Fällen nur dann veranlaßt, wenn man annimmt, daß die Scheidg erst von Rechtskr des neuen Urt an wirksam ist (so Rosenbg S. 752). Das RG hat aaO diese folgerichtige, aber zu prakt unannehmb Ergebnissen führende Ansicht stillschweigend abgelehnt, indem es eine Aufhebg des ScheidgUrt für nicht veranlaßt erklärte.

Stimmt die neue Entscheidg inhaltl mit der früheren überein, so kann sich das Gericht damit begnügen, in analoger Anwendg des § 343 das frühere Urt **aufrechtzuerhalten** (StJSch IV 1 zu § 590).

Der Einwand, eine solche Bestätigg des früheren Urt sei in den Fällen irreführend, wo die neue Entscheidg sich auf neue Anträge o. neues Vorbringen gründet (Förster-Kann 3 zu § 590), greift nicht dch, da die UrtGründe nicht in Rechtskr erwachsen.

Der Verzicht auf WA.

Angesichts der hM wird jeder, der nach erfolgter Scheidg beabsichtigt, sich wiederzuverehelichen, Wert darauf legen, daß die Gegenpartei auf WA verzichtet. Ein solcher Verzicht ist zwar nach hM grundsätzl zulässig u. analog dem RMV (§§ 514, 566) zu behandeln (StJSch VI vor § 578, Baumb 3 B vor § 578, Zöller I zu § 578). StJSch u. Baumb halten ihn aber für unzulässig, wenn er schon vor Erlaß des fehlerh Urt erklärt worden ist, u. verlangen Kenntn des WAGrundes. Soweit der Verzicht die in § 580 Nr. 1—5 bezeichneten RestitGründe betrifft, ist dem zuzustimmen; andernfalls könnte der Verzicht einen Anreiz zur Begehg der dort bezeichneten strafb Handlungen geben. Dagg trifft dies auf die RestitGründe aus § 580 Nr. 6 u. 7 u. die NichtigkGründe aus § 579 nicht zu. Letztere decken sich überdies mit den absoluten RevGründen aus § 551 Nr. 1—3 u. 5; nachdem ein Verzicht auf Rev ohne Rücksicht auf Kenntn der RevGründe schon vor Erlaß des BerufgUrt mögl ist (BGH 2, 114), muß dasselbe auch für die NichtigkGründe gelten. Ebenso wie die Erhebg, Begr u. Rückn der WAKlage muß auch der Verzicht auf dieselbe der freien Verfügg des AnfechtgBerechtigten unterliegen (von den erwähnten Fällen des § 580 Nr. 1—5 abgesehen).

Wenn sich die hier vertretene Ansicht dchsetzt, könnte die oben geschilderte RUnsicherh weitgehend behoben werden.

Die Streitwertfestsetzung

§ 23 GKG

1. **Bedeutg des Streitwerts.**

   In EheS hat der Streitw nur für die Kosten Bedeutg.

   Die sachl Zuständgk u. die Zulässgk von Berufg u. Rev hängt hier nicht vom Streitw ab.

   Nach dem Streitw bestimmen sich die GerGeb (§ 10 I GKG) u. die AnwGeb (§ 9 RAGebO).

   Nur hinsichtl der ArmAnwGeb bestehen unabhängig vom Streitw im Eheproz feste Sätze[1]) u. in Verf nach §§ 627, 627b ein Höchstsatz von 30 DM je Geb (§ 123 II u. III RAGebO).

2. **Wertangabe.**

   Nach Maßgabe des § 21 GKG ist bei jedem Antrag (insb Klage, Antrag aus §§ 627, 627b) der Streitw anzugeben.

3. **Wertansatz.**

   Bei Einfordern des ProzGebVorsch (§ 111 GKG), bei Berechng der GerGeb u. bei der Kostenfestsetzg (§ 104 ZPO, §§ 19, 128 RAGebO) prüft der Kostenbeamte diese Wertangabe[2]). Hält er sie für unzutreffend, so darf u. muß er den Wert selbständig ermitteln u. ansetzen.

   Dieser Wertansatz gilt aber nur für die GerGeb, ist also keine Wertfestsetzg iSd § 9 RAGebO. Wird der vom RAnw angegebene Streitw von einem Beteiligten bestritten, so hat der Kostenbeamte seine Tätigk auszusetzen, bis das Ger über diese Einwendgen entschieden hat (§ 19 III RAGebO).

   Rechtsmittel: Erinnerung u. Beschwerde nach § 4 I u. II GKG.

4. **Wertfestsetzg.**

   a) **auf Antrag.**

   Antragsberechtigt:

   aa) jede der beiden Parteien (selbst o. dch ProzBevollm), Anw auch aus eigenem Recht (§ 9 II-RAGebO);

   bb) die Staatskasse (BezRevisor bzw Leiter des RechngAmts) s. § 23 I GKG.

---

[1]) in 1. Inst DM 50, in 2. u. 3. Inst DM 65 je Geb.

[2]) sofern nicht das Ger bereits den Streitw festgesetzt hat, wie iFd § 22 GKG u. nach § 23 GKG, §§ 9, 10 RAGebO.

Form des Antr.:

schriftl o. zu Prot d. GeschStelle. Kein AnwZwang (§ 23 I S. 2 GKG).

AntrFrist:

keine. Die Staatskasse hat aber § 6 GKG zu beachten. Ferner hat, wer Rückzahlg nach § 8 GKG beansprucht, die 4-jähr VerjährgFrist zu beachten.

b) **Festsetzg von Amts wegen,**

wenn Festsetzg ohne tieferes Eindringen in den ProzStoff nicht mögl u. daher dem UrkBeamten nicht zuzumuten o. nicht zuzutrauen ist o. sein Wertsatz vom Ger nicht gebilligt wird. Streit der Parteien über den Streitw ist nicht Voraussetzg.

Zuständgk.

Die StreitwFestsetzg erfolgt dch das **ProzGer.**

Der ER ist nur zuständg, wenn er die Sache selbst beendet (zB dch Vergl).

Jede Inst setzt den Streitw **für sich** fest.

Der Streitw kann also für die einzelnen Instanzen verschieden sein. Das Ger 1. Inst kann nur für diese den Streitw festsetzen. In welchen Fällen ihn das höhere Ger für die 1. Inst festsetzen kann, ist str (s. Hillach, Handb d. Streitw, 2. Aufl. S. 411). Wertberechng im Berufg- u. RevVerf s. § 11 II GKG.
Dch Verweisg nach § 276 geht auch die Zuständgk zur Wertfestsetzg über (vgl. auch § 14 RAGebO).
Der vom ProzGer festgesetzte Streitw ist für das Ger der GebKlage maßgebend.

Für **Klage u. WKlage,** Berufg u. Anschlußberufg ist stets nur ein Streitw festzusetzen,

denn sie betreffen in EheS stets denselben Streitgegenstand, näml das ehel Verhältn. Bei WKlagen sind daher gem § 16 GKG die Geb nach dem einfachen Wert dieses Gegenstandes zu berechnen. Dasselbe gilt bei Klageverbindg (Hillach aaO S. 32 u. 329).

Ein **Wechsel der Klagegründe** (zB Übergang von Nichtigk- zu Scheidg-Klage) wird, da der StrGegenstand derselbe bleibt, idR die Höhe des Streitw nicht beeinflussen;

uU kann er aber dem Ger Anlaß zu einer StreitwÄnderg nach § 23 I S. 3 GKG geben, zB zu einer Herabsetzg auf den Regelwert o. zu einer Erhöhg nach § 14 I S. 2 GKG.

Für den Anw ist der StrGegenstand im Zeitpunkt der Auftragserteilg maßgebend.

Die ProzGeb des Anw kann sich daher aus einem andern Streitw errechnen als die des Ger.

Form der Entscheidg: Beschluß o. im UrtTenor.

Begr regelm erforderl, aber entbehrl, wenn beide Parteien den gleichen Streitw angegeben haben u. das Ger dem folgt.

Zustellg

nur, wenn bereits Kostenfestsetzg erfolgt ist (wegen Fristbeginn für ÄndergAntr nach § 107); ferner, wenn Wertfestsetzg im UrtTenor erfolgt ist.
Sonst forml Mitteilg.

Mitteilg an Vertr d Staatskasse, wenn der vom Ger festgesetzte Streitw niedriger ist als der vom Kostenbeamten angenommene (§ 5 I KostVerfg).

Rechtsmittel: s. § 23 II GKG.

einfache Beschwerde

a) der Parteien u. der Staatskasse,

b) des Anw, soweit er die Festsetzg aus eigenem Recht beantragt hat o. sie für seine Geb maßgebend ist (§ 9 RAGebO).

Beschwerdesumme:	§ 567 II.
Beschwerdefrist:	§ 23 II S. 2 GKG, also idR nur bis zum Ablauf des nächsten Kalenderjahres nach Beendigg des Verf.
Beschwerdeform:	Kein AnwZwang. Schriftl o. zur Prot der GeschStelle (§ 4 III GKG).

Kein Verbot der *reformation in pejus.*
Keine Beschwerde, wenn das Rechtsmittelger den Beschluß erlassen hat, dh wenn das nächsthöhere Ger, das über die Beschwerde zu entscheiden hätte, den Streitw für die untere Inst bereits festgesetzt hat.

Änderg auch von Amts wegen mögl, aber nur bis zum Ablauf des nächsten KalJahres nach Beendigg des Verf (§ 23 I S. 4 GKG).

Die Höhe des Streitwerts

Die einschlägige Vorschr (§ 11 I GKG) hat dch die Neufassg des GKG eine wesentl Änderg erfahren. Trotzdem erscheint es geboten, hier vorweg e. kurzen Überblick über den Stand der Meinungen nach bisherigem Recht zu geben, denn

1. gilt die bisherige Fassg noch in der Übergangszeit, näml hinsichtl der GerGeb, wenn die Klagezustellg bzw RMEinlegg vor dem 1. 10. 57 er-

folgt ist, u. hinsichtl der AnwGeb, wenn die Auftragserteilg o. Beiordg vor diesem Zeitpunkt erfolgt ist (Ges v. 26. 7. 57 — BGBl 861 — Art. XI § 3 I u. IV), u.

2. wird die Rspr zweifellos auch bei Anwendg der neuen Vorschr an den bisherigen RZustand anknüpfen u. manche Erkenntn übernehmen, die auf diesem viel umstr Gebiet gewonnen wurde.

A. Bisherige Rechtslage

Der Streitw beträgt regelmäßig 2000 DM. Dies ist zugleich der Mindestwert. Nach Lage des Falles kann der Streitw auf einen höheren Betrag (bis zu 1 Million DM) festgesetzt werden.

Der Ausdruck „nach Lage des Falles" besagt nicht, welche Voraussetzgen gegeben sein müssen. Infolgedessen ist diese Frage in Lit u. Rspr außerordentlich umstr[1]).

1. Einigk besteht nur darüber, daß eine Überschreitg des Mindestw **keinesfalls in ArmenS** zulässig ist.

   Dasselbe gilt, wenn e. Partei o. beide bei Überschreitg des Mindestw genötigt wären, um das AR zu bitten (BGH NJW 56, 1402). Über die Frage, ob der Mindestw ausreicht, muß sich das Ger schon bei der Entscheidg über das AR-Gesuch schlüssig werden, denn wenn es den Mindestw nicht für ausreichend hält, kommt Bewilligg des AR nicht in Frage.

2. In Nichtarmensachen wird die StreitwFestsetzg von den Gerichten außerordentl verschieden gehandhabt. Immerhin haben sich gewisse Grundeinsichten dchgesetzt. Zunächst in **negativer** Hinsicht:

   a) Auf die Begr der gestellten Anträge kommt es nicht an.

      Das Gewicht der Klagegründe (zB die Schwere der behaupteten Eheverfehlg) u. die Erfolgsaussichten bleiben außer Betracht.

   b) Auch der Gesichtspunkt der Strafe o. Abschreckg ist dem StreitwR fremd.

      Die ScheidgFlut dch rigorose StreitwFestsetzgen eindämmen zu wollen, wäre ein Versuch mit — zw nicht untaugl, aber — ungesetzl Mitteln.

   c) Die bloße Tats, daß Streitgegenstand eine Ehe ist kann eine Überschreitg des Regelwerts nie rechtfertigen.

      Der Bedeutg der Ehe als REinrichtg hat der Gesetzgeber bereits dch Normierg des Mindestw auf 2000 DM Rechng getragen.

[1]) Eine Zusammenstellg der verschiedenen Ansichten geben u. a. Hillach aaO S. 217ff u. Tschischgale NJW 54, 1505.

d) Ob es sich um eine wertvolle Ehe handelt, kann gleichfalls nicht als Wertmaßstab dienen,

Der ideelle Wert einer Ehe für die Beteiligten u. ihr Nutzen für die Allgemeinh sind weder obj feststellb noch in Geld zu beziffern. Dementspr können auch ethische Gesichtspunkte wie zB Dauer u. Kinderreichtum der Ehe nicht maßgebend sein.

e) Nach dem Aufwand an Zeit u. Mühe, den der Proz dem Ger u. den beteiligten Anw verursacht, kann der Streitw nicht bemessen werden. (Wesentl Unterschied ggüber der Neufassg!).

Nach der **positiven** Seite hin haben sich folgende Anschauungen dchgesetzt:
Ein StreitW von 2000 DM soll die Regel, ein höherer die Ausnahme sein[1]). Der Regelwert gilt für die Kreise, denen die Parteien in EheS in der Regel angehören[2]), die große Masse der Fälle[3]), den großen Durchschnitt der Bevölkerg[4]). Ob die Parteien zu dieser Schicht gehören, läßt sich in erster Linie nach ihrem Einkommen beurteilen, denn dieses bildet die Grundlage für den Lebensstand der Ehe[5]).

Bei Parteien, die als Inhaber größerer kaufmännischer o. gewerbl Betriebe zur EinkSteuer veranlagt werden, bietet aber das steuerpfl Eink keine ausreichende Grundlage. Entscheidend ist in solchen Fällen der soziale Lebensstandard (Frkf NJW 55, 1364).

Die Einkommen beider Eheg werden dabei zusammengerechnet[6]). Maßgebend sind die Nettoeink[7]). Zugleich wird fast durchwegs ein Gesichtspunkt herangezogen, der eigentl dem Kostenrecht fremd ist, näml die wirtschafl LeistgFähigk der Parteien. Die Ger bedienen sich dabei einer **Faustregel,** indem sie vom 6fachen des Monatseink ausgehen u. an diesem Ansatz entspr Korrekturen nach Lage des Falles (Kinderzahl, Schulden u. a. finanzielle Belastgen einerseits, Vermögen andrerseits) vornehmen.

Gaedecke bezeichnet diesen Satz aaO als bewährten Erfahrg-Satz, muß aber zugeben, daß er willkürl gewählt ist. Schramm

---

1) Köln SJZ 48, 399, Lauterbach MDR 54, 130, Baumb 2 D zu § 11 GKG, KG NJW 54, 1535 u. a.

2) Hamm NJW 53, 632, das hierher noch Angehörige des gehobenen Arbeiterstandes, Angestellte, mittlere Beamte u. einen Großteil der kleinen Gewerbetreibenden rechnet, die kein nennenswertes Vermögen besitzen u. deren Monatseink netto rd 500 DM beträgt. Ebenso Köln NJW 54, 1534: „Angehörige des Mittelstandes" (hier Dipl.-Ing. mit netto 670 DM).

3) Lauterbach aaO.

4) Hillach S. 217.

5) Gaedecke DR 39, 2139, Hillach S. 218 u. a.

6) Die „Gleichberechtigg" hat daran nichts geändert. FkF NJW 53, 990.

7) hM s. Hillach S. 217, Lauterbach aaO, Gaedecke aaO, Ibert DR 42, 1306; aA Schramm AnwBl 52, 69 u. Tschischgale NJW 54, 1505 u. JR 55, 459.

aaO versucht ihn zu begründen: er behauptet, $^1/_6$ des Regelwertes entspreche dem Durchschnittseink der Bevölkerg, ein höheres Eink bedinge einen höheren StreitW. Folge: Die Überschreitg des Regelwertes wäre nicht die Ausnahme, sondern die Regel; sie würde sogar in einem großen Teil der Armensachen Platz greifen; die ProzKosten stünden zum Eink in einem groben Mißverhältnis. Mit anderer Begründg wird diese Faustregel neuerdings von Tschischgale aaO vertreten. Er stellt in entspr Anwendg des § 10 GKG aF auf das jährl Bruttoeink der Eheg ab u. fingiert, daß bei intakter Ehe jedem Eheg die Hälfte, also ein 6-Monatseink zukommen würde. Sowohl diese Fiktion als auch die Heranziehg des § 10 GKG erscheint jedoch unzulässig. (Die Ehen, die den ScheidgRichter beschäftigen, sind meist schon lange nicht mehr intakt!)

Bei diesen schematischen Berechngen wird aber nicht immer der gleiche Multiplikator angewandt; vielmehr schwankt er zwischen 3 u. 8[1]), was allein schon gegen die angewandte Methode bedenkl stimmen muß.

Der Multiplikator 6 wird idR nur bei Festbesoldeten angewandt. Bei Freiberuflichen mit schwankendem Eink ohne Altersversorgg begnügt man sich mit $^4/_{12}$ o. $^5/_{12}$ des letzten Jahreseinkommens. Hamm NJW 53, 632 nimmt in Hinblick auf die allgem Veränderg der Preis- u. EinkVerhältnisse allgem nur das 4fache Monatseink, Bremen (Büro 54, 285), je nach der Kinderzahl das 6-, 5- o. 4fache.

Alle diese Faustregeln finden im Gesetz keine Stütze u. werden von der neueren Lit u. RSpr abgelehnt[2]).

Lauterbach (MDR 54, 129, 216 u. NJW 54, 1912) geht daher vom notwendigen Familienunterhalt aus; werde dieser dch Bezahlg der ProzKosten gefährdet, so sei das AR zu bewilligen u. komme nur der Regelwert in Frage. Einen höheren StreitW hält er für gerechtfertigt bei einem kinderl Ehepaar mit Monatseink von netto mehr als 850 DM. Demgegenüber bezeichnet Pohlmann MDR 54, 341 schon den pfändgsfreien Betrag als Grenze. Beträgt dieser monatl 300 DM, so sei, wenn weder Unterh- noch ProzKostenVorschußpflicht besteht, ein StreitW von mindestens 6000 DM gerechtfertigt; die Kosten könnten in Raten aufgebracht werden. (Man sieht, die Frage, welche Kostenlast zumutbar ist, kann sehr verschieden beantwortet werden.)

Demgegenüber weist KG NJW 54, 1535 darauf hin, der EheProz gehe in erster Linie um die persönl Beziehgen der Eheg; diese seien bei arm u. reich grundsätzl gleich zu bewerten; der Eink-

---

[1]) Vgl die bei Tschischgale NJW 54, 1505 Fußnote 16 u. Hillach S. 218 zit. Lit u. Rspr.

[2]) Köln, Celle, KG NJW 54, 1534f, Bamberg MDR 55, 50; Lauterbach MDR 54, 129; NJW 54, 1912; 56, 108; BGH NJW 56, 1402; auch Tschischgale, der aber an die Stelle der alten Faustregeln eine neue setzt.

Höhe komme erst dann eine selbständige Bedeutg zu, wenn sie eine Kapitalbildg ermögliche; dies sei erst bei Monatseink von über 1000 DM mögl. (Daß alle, die „von der Hand in den Mund leben", soziologisch derselben Schicht angehören, mag zutreffen. Ob aber erst bei einem Monatseink von über 1000 DM Kapitalbildg mögl ist, erscheint fragl.)
Die Ansicht, daß in aller Regel der StreitW auf 2000 DM festzusetzen ist, vertritt auch BGH NJW 56, 1402 u. 57, 911. Nur bei bes günstiger Eink- u. Vermögenslage der Streitsteile, wo eine Geb-Berechng aus 2000 DM zu unangemessenen Ergebnissen führen würde, hält diese Entscheidg eine Überschreitg dieses Regelwertes für angängig. Ebenso nunmehr KG, abw Bremen u. Frankf NJW 57, 269f.

B. **Die Neuregelung**

„Bei nichtvermögensrechtl Streitigkeiten beträgt der Wert des Streitgegenstandes **3000 DM.** Er ist unter Berücksichtigg aller Umstände des Einzelfalles, insb des Umfangs u. der Bedeutg der Sache u. der Vermögens- u. EinkVerhältn der Parteien, höher . . . anzunehmen; jedoch darf der Wert nicht über 1 Million DM angenommen werden" (§ 14 I GKG nF).

S. 1 weicht von der bisherigen Fassg insofern ab, als der Mindestwert auf 3000 DM angehoben wurde u. nicht mehr als „Regelwert" anzusehen ist. Einen Regelwert gibt es nicht mehr. Die Überschreitg des Mindestwerts ist nicht mehr auf Ausnahmefälle beschränkt. S. 2 dürfte — entgg seinem Wortlaut — nicht dahin auszulegen sein, daß der Mindestwert in jedem Falle überschritten werden muß u. daß die Umstände des Falles nicht mehr für die Frage, ob, sondern um wieviel der Mindestwert zu überschreiten ist, maßgebend sind. Aus der amtl Begr[1]) ergibt sich, daß dies nicht beabsichtigt war, sondern daß der Mindestwert nur dann überschritten werden muß, wenn es erforderl ist, um zu „angemessenen" Gebühren zu gelangen. Was als angemessen anzusehen ist, bemißt sich nach dem gesamten Umständen des Einzelfalles, insbes nach dem Umfang u. der Bedeutg der Sache, sowie nach den Vermögens- u. Eink-Verhältn der Parteien. Keinesfalls unangemessen sind Gebühren aus dem Mindestwert.
Die obigen Ausführgen unter A 1 u. 2 a—d dürften daher auch weiterhin zu gelten haben. Vor allem wird in **ArmenS** nach wie vor kein Anlaß zu einer Überschreitg des Mindestwerts bestehen.
Was unter „Umfang" einer Sache zu verstehen ist, bedarf der Auslegg dch die Rspr. Soll der Umfang der Schriftsätze u. damit die Dicke der Akten entscheiden? Er entspricht zw oft der Dicke des Portefeuilles der Mandanten, aber nicht immer der

[1]) Schriftl Bericht des RAusschusses v. 5. 4. 57 — BTDrucks Nr. 3378.

Bedeutg der Sache. Berücksichtigg verdient nur der sachl gebotene Aufwand an Zeit u. Mühe, den der Proz dem Ger u. den Anw verursacht, also insbes ob u. in welchem Umfang eine Bew-Aufn notwendig u. schwierige RFragen zu erörtern sind (ein Gesichtspunkt, der bisher dem KostenR völlig fremd war).

Dagg haben Schwierigkeiten bei der Beschaffg des Bew-Materials auszuscheiden. Denn sie bestimmen nicht den Umfang der Sache selbst, sondern gehören zur Vorbereitg des Proz.

Daß die Neufassg auf den „Umfang" der Sache abstellt, erscheint wenig glückl, denn der Umfang läßt sich erst nach Beendigg des RStreits feststellen. Für die Parteien u. ihre Anw hat das die fatale Folge, daß sich in Fällen, wo eine Überschreitg des Mindestw in Frage kommt, das Kostenrisiko nicht von vornherein beziffern läßt.

Da „alle" Umstände des Falles zu berücksichtigen sind, können Umfang u. Bedeutg der Sache allein nie eine Überschreitg des Mindestw rechtfertigen. Andernfalls müßte, wenn Umfang u. Bedeutg das normale Maß übersteigen, auch in ArmenS der Mindestw überschritten werden.

Auch der vieldeutige Begriff „Bedeutg der Sache" bedarf der Umgrenzg dch die Rspr. Richtschnur muß hierbei — wie immer — die Billigk sein. Unbillig wäre es zB, die Parteien nur desh mit höheren Kosten zu belasten, weil ihr Fall zugleich von Interesse für die Wissensch ist o. weil die Entscheidg zufällig grundsätzl Bedeutg für die REntwicklg hat. Auch die Bedeutg des RStreits für die Öffentlk, die Stellg der Parteien im öffentl Leben, ihr Ansehen u., ob ihr Proz in der Öffentlk Aufsehen erregt (zB weil es sich um die Ehe eines bekannten Künstlers, Gelehrten o. Politikers handelt) wird man nur im Rahmen der Billigk berücksichtigen können. Da diese Gesichtspunkte keinen greifb Maßstab geben, könnten sie zur Willkür führen. Die ideelle Bedeutg der Entscheidg für die Parteien wird wie bisher nicht zu berücksichtigen sein. Dagg dürfte den materiellen Auswirkgen der Entscheidg erhebl Gewicht beizumessen sein,

zB Verlust o. Beschränkg des UnterhAnspr, Notwendigk u. Folgen einer Vermögensauseinandersetzg, erbrechtl Folgen u. dgl.

IdR entsprechen diese Auswirkungen den **Verm- u. Eink-Verhältn** der Parteien, deren Berücksichtigg das Gesetz nunmehr ausdrückl vorschreibt. Bei Beurteilg dieser wirtschaftl Verhältn wird die Rspr sich weitgehend an die bisherige Praxis anlehnen können.

Sind sie ungünstig, so wird die Tats allein, daß die begehrte Entscheidg trotzdem wirtschaftl Auswirkgen hat, eine Überschreitg des Mindestwerts nicht rechtfertigen. Denn diese Tats ist bereits bei Normierg des Mindestw auf 3000 DM mitberücksichtigt.

Sind die wirtschaftl Auswirkgen **größer** als beim Durchschnitt der Fälle, so werden sie als werterhöhend zu berücksichtigen sein. Liegen sie **unterm Durchschnitt,** so wird auf die sonstigen Umstände abzustellen sein. Erst recht gilt dies, wenn die begehrte Entscheidg **keine** wirtschaftl Auswirkgen hat,

zB wenn keine Vermögensauseinandersetzg stattzufinden hat, weil bei Einreichg der Klage kein Vermögen vorhanden war o. Gütertrenng bestand u. der Hausrat bereits verteilt war, u. die UnterhAnspr im wesentl unberührt bleiben (zB iFd § 61 II EheG) o. bereits vor dem Proz dch Vergleich geregelt worden sind.

Welche Auswirkgen sind noch als „normal" anzusehen? Befreig von einer UnterhRente von monatl 250 DM wird man, da sie auch nach § 10a GKG nF mit 3000 DM zu bewerten wäre, noch als „normale" Auswirkg betrachten dürfen. Ist Vermögen auseinanderzusetzen, so kann im EheProz keinesfalls der volle Wert dieses Vermögens als Streitw angenommen werden, sondern nur der geschätzte Betrag des Schadens, der einem Teil o. beiden Teilen dch die Auseinandersetzg erwächst, u. nur wenn dieser Betrag 3000 DM übersteigt. Ebenso können die (für beide!) eintretenden erbrechtl Folgen (zB Wegfall der Anspr aus §§ 1931, 1932, 2303 II BGB) nicht zum vollen Wert angesetzt werden, da sie zunächst nur imaginär sind.

In keinem Falle darf die Überschreitg des Mindestw zu einer jahrelangen finanziellen Belastg o. gar zum wirtschaftl Ruin der Streitsteile führen. Auf die wirtschaftl LeistgFähigk der Parteien Rücksicht zu nehmen, ist ein Gebot der Billigk.

Die Zumutbk ist nach dem Kostenrisiko des Kl, also nicht nach dem tatsächl, sondern nach dem mögl Ausgang des Proz zu beurteilen. Hat zB der Mann hohes Vermögen u. Eink, die Frau dagg keines von beiden, so wäre es unbillig, iFd Unterliegens des Mannes den Streitw hoch, im andern Falle niedrig festzusetzen. Die Höhe des Streitw darf nicht davon abhängen, ob er zu Beginn o. am Ende des Proz festgesetzt wird.

Vermögen kann dabei nur berücksichtigt werden, soweit es Eink abwirft o. ohne Existenzgefährdg zu Geld gemacht bzw belastet werden kann. Ein Sparguthaben zur Bezahlg der ProzKosten zu verwenden, wird zumutb sein, soweit es nicht als Betriebskapital o. als Rücklage für Notfälle benötigt wird.

Gewisse Härten werden sich allerdings nie vermeiden lassen. Wird zB die Ehe eines Millionärs mit einer armen Tänzerin aus deren Alleinverschulden geschieden, so ist diese mit untragb Kosten aus einem enormen Streitw belastet. Den Streitw bei diesem ProzAusgang herabzusetzen, um diese Härte zu vermeiden, dürfte nicht angehen.

Daß die schier endlosen, unerquickl Kontroversen über die Höhe des Streitw in EheS nunmehr zur Ruhe kommen werden, ist leider nicht anzunehmen. Denn die Neuregelg gibt ihnen neue Nahrg u. eröffnet den Parteien u. Anw in jedem Falle die Möglk, eine StreitwFestsetzg unter Berufg auf das Gesetz anzugreifen

Die Anordnung der Kostennachzahlung

§ 125

Lit: Gaedecke JW 36, 1634.

Dch die NachzahlgAnordg wird die Stundg der Kosten des bisherigen Verf ganz o. teilw aufgehoben, — ein Unterfall der Entziehg des AR.

Sie ist **zulässig,**

1. wenn sich die wirtschaftl Verhältn der armen Partei so **gebessert** haben, daß diese nicht mehr „arm" iSd § 114 ist.

   Eine solche Besserg kann in EheS schon bei Rechtskr des Urt dch Wegfall der UnterhPflicht ggüber der Ehefrau eintreten. Fließen der zum AR zugelassenen Partei dagg dch den Proz-Ausgang Geldbeträge zu (zB UnterhBeiträge o. eine Unterhabfindg aGr Vergleichs im Verf nach §§ 627ff), so rechtfertigt dies eine NachzahlgAnordg nur, soweit diese nicht zweckgebunden sind (Koblenz NJW 55, 1116). Die Besserg muß zZt der Anordg noch bestehen, es sei denn, daß sich der Kostenschulner inzwischen absichtl arm gemacht hat (Neustadt DRpfl 52, 497).

2. wenn sich nachträgl herausstellt, daß Armut schon bei Bewilligg des AR nicht vorlag u. nur infolge **unwahrer Angaben** angenommen wurde.

   Soweit in diesem Falle Entziehg erfolgt, ist damit Nachzahlg-Anordg zu verbinden.

NachzahlgAnordg kann auch schon bei Bewilligg des AR unter gleichzeitiger Festsetzg von Ratenzahlgen ergehen (BGH MDR 53, 674, s. o. S. 46).

In entspr Anwendg des § 115 II kann die NachzahlgAnordg auf einen **Teil** o. Bruchteil der Kosten beschränkt werden. Sie kann sich auf die **Ger- u. AnwKosten** erstrecken. Der Beschluß muß dies aber eindeutig ergeben (KG JW 37, 252). Dabei ist zu beachten, daß dem **ArmAnw** wegen seines noch nicht gedeckten GebAnspr ein **Vorrang** vor der StKasse wegen der von ihr erstatteten ArmAnwKosten zusteht (Gaedecke DR 42, 816 u. StJSch N 7b zu § 125; aA Celle NJW 56, 1663).

Neuerg ab 1. 10. 57: Wird die Nachzahlg nicht in voller Höhe angeordnet o. werden Teilzahlgen bewilligt, so ist auszusprechen, daß auf die Fordergen der Staatskasse u. des beigeordneten Anw **je zur Hälfte** zu zahlen ist (§ 126 III[1]), eingefügt dch Ges z. Änderg u. Ergänzg kostenrechtl Vorschr v. 26. 7. 57 BGBl 861 Art. XI § 3 Nr. 5).

---

[1]) **Sic!** Gemeint dürfte sein § 125.

Vor der Entscheidg über die NachzPfl sind die zum AR zugelassene Partei, die Staatskasse u. der beigeordnete Anw zu hören (ebenda).

Die Anordg erfolgt dch **Beschluß** der Inst, wo der RStreit schwebt, u. nach Beendigg des UrtVerf (entspr § 103 II) dch das Gericht 1. Inst. Formlose Mitteilg genügt (§ 329 III S. 2).

Übertragg auf **RPfleger** s. § 19 I Nr. 5 RPflG.

Rechtsmittel: Gg Entscheidg des RPflegers Erinnerungen (§ 10 RPflG) an das Kollegium u. gg dessen Entscheidg einfache Beschwerde (§ 127).

Soweit der bisher Arme in die ProzKosten verurteilt ist, muß er die dem Gegner gestundeten Beträge (§ 120) der StKasse bezahlen (125 II) u. kann der Gegner seine Kosten von ihm gem § 117 beitreiben.

„Was während des Scheidungsprozesses rechtens“[1])

Einstweilige Anordnungen (= eAO)

§ 627

Lit: bes Cranz, 10 Jahre Rspr zu §§ 627ff ZPO (JR 49, 331).

Der Eheproz schafft unter den Eheg einen Ausnahmezustand u. damit häufig das Bedürfn nach einer Regelg dieses Zustandes. Das türkische BGB bestimmt hierzu in vorbildlicher Kürze: „Nach Einreichg der Klage ergreift der Richter die notwendigen vorl Maßnahmen, insbes hinsichtl der Wohng u. des Unterh der Frau, der finanziellen Interessen der Eheg u. des Schutzes der Kinder" (ähnl Art 145 Schweizer BGB). Der deutsche Eherichter hat nicht soviel Freiheit. Er kann nur auf Antrag tätig werden u. nur bestimmte, im Gesetz abschließend geregelte Maßnahmen treffen. Seine Stellg ist aber dabei freier als im Proz, denn er entscheidet hier ohne Bindg an das materielle Recht, allein nach Zweckmäßigk (Ausführl Begründg s. Cranz aaO).

Das Gericht kann für die Dauer des RStreits folgende Angelegenheiten zwischen den Parteien regeln:

das Getrenntleben der Eheg,
die Benutzg der ehel Wohng u. des Hausrats,
den gegenseitigen Unterh der Eheg,
ihre UnterhPfl ggüber gemeins minderj Kindern,
die Sorge für die Person derselben,
die Verpflichtg zur Leistg eines ProzKostenvorschusses.

Die **Staatsangehörigkeit** der Parteien ist für die Anwendung § 627 **unerhebl,** soferne nur das Gericht auch § 606 zuständig. Sie erfolgt **unabhängig von dem persönl Eherecht und dem Güterstande der Ehegatten** und daher auch gegenüber Ausländern nach deutschem Prozeßrecht (StJSch VIII zu 627, Stuttg NJW 56, 1404).

Das Verfahren

1. **Der Antrag.**

AntrBerechtigt sind beide Eheg.

Kein AnwZwang. Folge: kein Anspr auf Beiordng eines ArmAnw (§ 115 I Nr. 3). Beiordng des im Eheproz beigeordneten Anw aber idR zweckm, bes für den Abschluß von Vergleichen (München DRpfl 49,

[1]) Überschrift zu ALR Teil 2, 1. Titel.

569; Celle NJW 55, 67; KG DR 41, 1162, Gaedecke DR 41, 1711; aA Hamm JZ 51, 369).
Ausdrückl Beiordng erforderl (§ 122 III RAGebO).

Zeitpunkt der AntrStellg:
Der Antr ist zulässig, sobald die **Klage eingereicht** ist.
In Scheidg- u. HerstellgS genügt es, daß **ST** bestimmt ist.
Daß die Klage zugestellt ist, ist nicht erforderl. Vor Klagezustellg ergangene Anordngen sind aber wieder aufzuheben, wenn die Zustellg nicht alsbald erfolgt (StJSch V 5 aE zu § 627).
Einreichg der Klage als Anlage zu AR-Gesuch genügt nicht, ebensowenig bedingte Klageerhebg. Ist die Klage unbedingt erhoben u. um Bewillig des AR nachgesucht, so geht es nicht an, die Entscheidg bis zur Entscheidg über das AR-Gesuch zckzustellen (dies wäre uU Rechtsverweigerg), sondern ist auf Antrag vorweg über die Bewillig des AR für das AOVerf zu entscheiden. E AO sind auch während Aussetzg des Eheproz gem § 620 zulässig (Baumb 1 zu § 627). Nach Rechtskr des Urt können sie nicht mehr ergehen (HRR 42, 803).

Verfrühte Anträge nicht zckweisen, sondern zckstellen.
Der Antrag muß die **begehrten Maßnahmen** im einzelnen bezeichnen, denn nach § 308 I ist das Ger nicht befugt, einer Partei etwas zuzusprechen, was sie nicht beantragt hat.

Glaubhaftmachg der Voraussetzgen der beantragten AO regelm genügend.

Inwieweit das Ger Glaubhaftmachg verlangen u. ob es Beweis erheben will, steht in seinem Ermessen. Zu Ermittlgen von Amtswegen (zB Anhörg des Jugendamts, Prüfg der Unterh-Fähigk u. -bedürftigk) ist das Ger berechtigt, aber nicht verpflichtet. Im Falle mündl Verhandlg ist jedes Beweismittel zulässig. Keine Beschränkg auf parate Beweismittel wie in Verf nach §§ 916ff.

Anhörg des Gegners idR geboten, bes zur Prüfg des RSchutzbedürfnisses.

Gelegenh dazu kann sich bei Anhörg im AR-Verf o. im ST ergeben. Sonst Übersendg einer Abschrift des Antrags. Anhörg beider Teile bes vor Sorgerechtsregelg wünschenswert.

Mündl Verhandlg ist freigestellt. Anordng des persönl Erscheinens beider Parteien u. Versuch einer gütl Regelg regelm geboten. Ladgsfrist: 3 Tage (§ 217).

Förml mündl Verhandlg verursacht AnwKosten, erschwert dadurch gütl Regelg u. ist meist entbehrl, bes wenn in einem nahen Verhandlgstermin zur Hauptsache Gelegenh zur Anhörg beider Teile gegeben ist.

Armenrecht. Das für den Eheproz bewilligte AR erstreckt sich nicht ohne weiteres auf das AO-Verf (hM, s. MDR 54, 489); für dieses ist

gesonderte Bewillig erforderl. Auch die Beiordng eines ArmAnw im Eheproz erstreckt sich nicht ohne weiteres auf das AO-Verf.

Zur Entscheidg ist, solange der RStreit beim ER schwebt, dieser zuständig. Wird das AR erst für die Zwangsvollstreckg aus einer eAO beantragt, so hat hierüber das VollstreckgGer zu entscheiden (StJSch I 2d zu § 818 u. Pohle MDR 54, 385; str s. Hoffmann-Stephan 5 zu § 72 aE EheG).

2. **Die Entschdg** über den Antrag trifft während der 1. Inst die Kammer (ev der ER), während der BerufgInst das OLG, während der RevInst wieder das LG, zwischen 2 Instanzen jeweils das untere Ger (StJSch V 2a zu § 627).

Form der Entscheidg: Beschluß. Begr nicht obligatorisch, aber idR geboten (StJSch I 4 zu § 329).

Bekanntmachg: Der Beschluß ist, wenn er auf mündl Verhandlg ergeht, zu verkünden, andernfalls dem Beschwerdeberechtigten von Amts wegen zuzustellen (§ 329 I u. III S. 1).

Zustellg an den ProzBevollm genügt, auch wenn dieser den Antragsgegner nur im Hauptsacheproz vertritt (StJSch V 3). An den Obsiegenden genügt schriftl Mitteilg.

3. **Beschwerde** ist nur gg AO des LG gegeben u. bei diesem einzulegen. Keine BeschwFrist, kein AnwZwang.

Abhilfe. Die Kammer (ev der ER) entscheidet zunächst, ob der Beschw abzuhelfen ist. Sie kann hierzu mündl Verhandlg anordnen, auch wenn ddurch die Vorleggsfrist nach § 571 S. 2 überschritten wird.

Über ein AR-Gesuch für die Beschw hat auch idF der Nichtabhilfe des LG zu entscheiden (HRR 42, 323).
Ist der Proz bereits in die BerufgsInst gelangt, so ist die Beschw beim OLG einzulegen. Abhilfe durch LG kommt dann nicht mehr in Frage.
LG u. OLG können den Vollzug der angefochtenen AO **aussetzen** (§ 572 II). Ändergen mit rückw Kraft sind mögl, aber meist nicht zweckm.

4. **Auch ohne Beschw** kann das Ger eine AO, die sich als unzureichend o. unzweckm erweist, auf Antrag jederzeit ändern o. aufheben

u. zw nicht bloß wegen veränderter Umstände (Baumb 10 E gg StJSch V 5 u. Oldenbg MDR 53, 687).
Das LG kann sogar vom OLG erlassene o. bestätigte AO aufheben u. ändern (StJSch V 5).
Hat es der Beschw der einen Partei abgeholfen, so kann es selbstverständl der Beschw der anderen Partei nicht gleichfalls abhelfen u. nunmehr gegenteilig entscheiden, es sei denn, daß sich die Verhältnisse inzwischen geändert haben.

5. **Feriensache.** AO-Verf sind ohne weiteres FerienS, da § 200 II Nr. 2 GVG entspr anwendb (Bremen NJW 51, 607); desgl AR-Verf zu AO-Verf.

6. **Zwangsvollstreckg.** Zustellg gem § 750 I u. VollstrKlausel gem. § 724 erforderl (§ 929 auch nicht entspr anwendb).

   Für Zwangsmaßnahmen nach §§ 887 o. 890 ZPO ist, auch wenn die Sache in höherer Inst schwebt, die 1. Inst zuständig (Baumb 1 A zu § 887 u. 3 A zu § 890), ev der ER (BGH v. 30. 4. 52 autogr). Beitreibg v Unterh Rückständen s. u. S. 280.

7. **Aktenführg** s. § 38 IV AktO.

Die einzelnen Anordnungen

a) **Gestattg des Getrenntlebens,**

vor allem, wenn bei weiterem Zusammenleben ggseitige Tätlichken o. andere Unzuträglichken zu befürchten sind, ferner wenn Wohngsamt Zuweisg eigenen Wohnraums an Antragsteller von der Vorlage einer solchen AO abhängig macht, aber auch schon, wenn überhaupt anzunehmen ist, daß es zur Auflösg der Ehe durch Urt kommen wird. Leben die Streitsteile bereits getrennt, so ist diese AO regelm überflüssig u. abzulehnen,

bes wenn Gegner dem Getrenntleben nicht ernstl widerspricht. Droht er dagegen mit Klage (WKlage) auf Herstellg der Ehegemeinsch, so kann es zur Vermeidg einer solchen Klage zweckm sein, über die Berechtigg zum Getrenntleben vorl zu entscheiden. Häufig begehrt der Teil, der die häusl Gemeinsch aufgehoben hat, die Gestattg des Getrenntlebens in der Meing, diese AO sei notwendig, um den Vorwurf unberechtigten Getrenntlebens im ScheidgProz ausräumen u. UnterhRente nach § 1361 BGB beanspruchen zu können. Diese Meing ist irrig, denn die Gestattg des Getrenntlebens besagt noch nicht, daß die Voraussetzgen der §§ 1361, 1353 II, BGB vorliegen. Ob diese gegeben sind (bzw waren) ist im ScheidgProz u. einem UnterhProz unabhängig von etwaigen nach § 627 ZPO getroffenen AO zu entscheiden (vgl Palandt 4 zu § 1353 u. BGH FamRZ 54, 173).

Ferner kann zwischen den Eheg für die Dauer des RStreits geregelt werden:

b) **die Benutzg der Ehewohng** (§ 19 HausratsVO). Insbes kann die Wohng **geteilt** u. einem Eheg verboten werden, die dem anderen zugewiesenen Räume zu **betreten,** gleichviel wer Mieter ist. Ist Teilg unmögl o. untunl, so kann für die Dauer des RStreits einem Teil die

Wohng **ganz** zugewiesen u. dem andern die Räumg der Wohng aufgegeben u. deren Betreten verboten werden[1]),

dies bes dann, wenn letzterer leichter eine andere Unterkunft finden kann o. bereits gefunden hat (zB bei Verwandten o. in einem Gasthof). Hat die Frau Kinder zu betreuen, gehört ihr das Haus o. hat sie die Wohng allein gemietet, so wird ihr idR eine Räumg weniger zuzumuten sein als dem Mann.

Als Richtlinien können die Bestimmungen der §§ 3, 4 u. 6 HausrVO dienen.

Zur Regelg des Getrenntlebens kann einem Eheg auch aufgegeben werden, dem anderen das Betreten der ehel Wohng zu **gestatten,** sowie seiner Geliebten das Betreten der ehel Wohng zu untersagen (LG Bremen MDR 56, 111).

Nur die Benutzg der Ehewohng kann dch eAO geregelt werden. Daher keine Verfügungsverbote, auch kein Verbot der Mitarbeit im Geschäft des Antragstellers (Halle DRZ 49, 116).

c) **die Benutzg des Hausrats**[2]), sowie persönl Gebrauchsgegenstände wie Kleidgsstücke[3]). Das Ger kann jedem Teil die zur Führg eines abgesonderten Haush benötigten Gegenstände zur einstw Benutzg zuweisen. Richtlinie: § 1361 I S. 2 BGB (nF § 1361 a).

Gestattg des Getrenntlebens ist nicht Voraussetzg. Entscheidend ist nicht, wer von beiden die Gegenstände in die Ehe eingebracht o. sie in Besitz genommen hat, sondern wer sie am notwendigsten braucht. Kein Kapitulieren vor dem Faustrecht des Stärkeren! Hat ein Teil eigenmächtig Hausrat weggeschafft, so kann ihm die Rückschaffg aufgegeben werden. Auch Verteilg der Wintervorräte (zB Kartoffeln) ist mögl (Cranz aaO).

Maßnahmen zur Sicherg des **Eigentums,** zB Verfüggsverbote sind **nicht** Sache des EheGer (Kiel DRZ 47, 167). Sie können nur im Wege einer einstw Verfügg nach §§ 935, 940 ergehen. Eigentumsklage auf Herausgabe von Hausrat ist, solange die Ehe besteht, idR ausgeschlossen (Nürnbg BayJMBl 54, 122).

d) den **gegenseitig Unterhalt.**

Auch hier dient das materielle Recht nur als Richtlinie (StJSch III 2)

zB kann ein Verzicht entgg §§ 1360 III[4]), 1614 I BGB berücksichtigt werden. Auch kann es geboten sein, abw von § 1361 BGB der Frau die Gewährg einer UnterhRente zu versagen, wenn der unterhpfl Mann die Herstellg des ehel Lebens mit Grund ver-

---

[1]) § 18 MSchG steht dem nicht entgg, denn diese Vorschr verbietet nur, die Herausgabe von Mieträumen an den Vermieter durch einstw Verfgg anzuordnen.

[2]) Beispiele s. HSt S. 432, 461 u. Palandt 2 zu § 1 HausrVO.

[3]) StJSch III 1 zu § 627; Stuttg NJW 54, 1895; aA Baumb 1.

[4]) nF § 1360a III.

weigert, o. ihr abw von § 1360 III BGB (nF § 1360a II) eine UnterhRente zu gewähren o. bei Getrenntl von § 1361 IV BGB nF abzuweichen.

Kein Unterh für die Zeit vor Antragstellg (hM., aA Bergenroth MDR 51, 661; s. auch Metzger MDR 52, 87).

Art der UnterhGewährg:

Bei Getrenntl zweckm wöchentl o. monatl vorauszahlb Rente. Lebt die Frau in den deutschen Ostgebieten unter polnischer Verwaltg, so kann zu ihren Gunsten mit Genehmigg der LZB UnterhZahlg auf Sperrkonto angeordnet werden (BayOLG v. 30. 11. 51 autogr). In bäuerl Verhältnissen kann uU die AO von UnterhGewährg in Natur veranlaßt sein (nicht unzulässig, s. StJSch III 2 u. von Godin S. 449; aA Baumb 3). Für bes Aufwendgen bei Krankh o. dgl auch einmalige Zahlg (Bambg NJW 52, 207).

Höhe des Unterh:

Sie richtet sich nach der Erwerbsfähigk des UnterhPfl; er muß sie voll ausnützen. Sie ist glaubhaft zu machen. Beschränkg auf Notbedarf (§§ 1611 II, 2335 BGB) zulässig; uU kann Unterh ganz versagt werden, zB ggüber einer allein schuldigen Frau, die in Konkubinat lebt o. die den Proz verschleppt, um noch möglichst lange vom Ehemann Unterh zu beziehen (Beitzke JZ 52, 360). Praktisch wichtig! Darf aber nicht zur Abwälzung der UnterhLast auf die öffentl Fürsorge führen. Unterstützg, auf die die Frau gesetzl Anspr hat (zB ALU) ist zu berücksichtigen (Bremen NJW 52, 1102), desgl Mittel, die sie eigenmächtig mitgenommen hat (Recht 1931 Nr. 241). Mehrbedarf des UnterhPfl dch unberechtigtes Getrenntl kann nicht berücksichtigt werden (Palandt 3 zu § 1361 BGB).

Abzulehnen ist UnterhRegelg, wenn ausreichender Unterh geleistet wird u. für die Zukunft nicht gefährdet erscheint; ferner — wegen Gefahr einer Doppelvollstreckg — wenn bereits ein ausreichender Vollstreckgstitel vorliegt[1]; endl bei UnterhUnfähigk.

[Über Familienunterh nach dem GleichberG s. Brühl FamRZ 57, 277.

e) **die UnterhPfl ggüber den Kindern** im Verh der Eheg untereinander[2]). Ebenfalls ohne Bindg, aber in Anlehngg an das sachl Recht. Regelm lautet die AO, daß der Mann an die Frau vom Tage der Antragstellg an für den Unterh der Kinder einen bestimmten, wöchentl (ev. monatl, ev vierteljährl) vorauszahlb Betrag zu zahlen hat. Diese AO bildet nur für die Frau, nicht für die Kinder einen Vollstreckgstitel. Übertragg des Sorgerechts ist nicht Voraussetzg; es genügt, daß sich

[1]) Dieser verliert allerdings mit Auflösg der Ehe seine Wirkg (Palandt 1 zu § 1360). Bis zur Erlangg eines neuen Titels hilft § 627b.

[2]) Wegen Kindergeldregelg s. LG München I NJW 56, 795.

das Kind tatsächl beim Antragsteller befindet. Auch die Herausgabe der für die Kinder erforderl Hausrats- u. Kleidgsstücke kann angeordnet werden (Cranz aaO S. 333).

f) **die Sorge für die Person gemeins minderj Kinder.**
Das Ger kann das PersSorgerecht einem Elternteil entziehen u. dem andern o. einem Dritten übertragen, die Herausgabe der Kinder anordnen[1]) u. den Verkehr der Eltern mit den Kindern regeln[2]).

In erster Linie sind jedoch solche Maßnahmen Sache des zuständ VormundschGer, denn dieses kann die maßgebenden Verhältnisse unter Einschaltg des Kreisjugendamts meist besser ermitteln u. überblicken. Ein RSchutzbedürfn für Anträge aus § 627 kann nur anerkannt werden, wenn das VormundschGer nicht rasch erreichb u. bes Dringlichk gegeben ist[3]). Mitteilg an dieses s. § 38 V b AktO.

Das VormundschGer ist an AO des ProzGer nicht gebunden. Solche sind unzulässig, wenn das VormundschGer bereits eine Regelg nach § 1666 BGB getroffen hat.

g) **Die ProzKostenvorschußpflicht** (= ProzKostVorschPfl)

In Hinblick auf Art. 3 II, 117 I GG war seit 1. 4. 53 str., ob die VorschPfl des Mannes mit dem Grunds der Gleichber vereinb ist (s. ua NJW 54, 65; Arnold FamRZ 54, 39; Zusammenstellg s. Hodes, Kostenrechtspr seit 1945 S. 262). Aus zutreffenden Gründen bejahend München BayJMBl 53, 178. Nunmehr hat das GleichberG eine materiellrechtl Grundlage für eine **ggseitige VorschPfl** der Eheg in § 1360a IV BGB nF geschaffen:

„Ist ein Eheg nicht in der Lage, die Kosten eines RStreits zu tragen, der eine persönl Angelegenh betrifft, so ist der andere Eheg verpflichtet, ihm diese Kosten vorzuschießen, soweit dies der Billigk entspricht."

Wenngleich diese Bestimmg erst am 1. 7. 58 in Kraft tritt, dürften die Gerichte schon jetzt Gelegenh nehmen, sie zur Ausfüllg der Generalnorm der Art. 3 II GG heranzuziehen. Unter den Voraussetzgen des § 1360a IV kann also auch der Frau ein ProzKostVorsch auferlegt werden, insbes wenn sie hinreichend, der Mann dagg kein Einkommen hat. Auf den Güterstand kommt es nicht mehr an.

Abzulehnen ist ProzKostVorsch,

1. solange den Vorschr über den SV nicht genügt ist (kein RSchutz-Interesse),

---

[1]) Daß das PersSorgerecht ab 1. 4. 1953 auf Grund Art. 117 I GG beiden Eltern gemeins zusteht (Hamm NJW 53, 1354), steht dem nicht entgg.

[2]) Bambg BayJMBl 55, 157; bestr s. HSt 6 A zu § 75 EheG u. JRdsch 55, 104, Roth-Stielow NJW 55, 289, Nürnbg BayJMBl 56, 83.

[3]) Vgl StJSch III 3, Baumb 5 zu § 627, Palandt 6, von Godin 16, HSt 6 A zu § 75 EheG, Düsseldorf MDR 51, 45, Gerold 23 zu § 75 EheG, KG DR 40, 2006, Tübingen DRZ 47, 379.

2. für offensichtl aussichtslose Klage (s. Hodes aaO S. 264) bzw Verteidigg,
3. zugunsten einer Partei, die eines Vorsch **nicht bedarf,** weil sie genügend eigene Mittel zur Verfügg hat oder weil ihr das AR bewilligt ist (was allerdings nicht geschehen darf, solange sie einen realisierb VorschAnspr hat),
4. wenn der Gegner zur VorschLeistg **nicht imstande,** bes wenn ihm das AR bewilligt ist.

   Ist der Gegner zur VorschLeistg imstande, die Antragspartei dagg arm, so geht es nicht an, letztere auf die Möglichk, um da AR nachzusuchen, zu verweisen u. VorschAO abzulehnen (Nürnb Bay JMBl. 53, 205).

Internat u. interzonal PrivR:

Aus OrdgGründen beurteilt sich die VorschPfl nach der *lex fori*. Ob sie nach dem HeimatR der Parteien besteht, ist daher ohne Belang (Stuttg NJW 56, 1404; aA München NJW 53, 628 u. 55, 227).

Höhe des Vorsch:

500—600 DM regelm ausreichend (2—3 AnwGeb + Auslagen, für Kl außerdem 1 GerGeb).

VorschPfl umfaßt alle nach § 92 II erstattgsfähigen Kosten des Gegners. Ein berechtigtes Interesse des Gegners ist aber idR nur anzuerkennen, soweit er an seinen Anw o. an das Ger Vorsch leisten muß. Bei notwendigem AnwWechsel kann es auch hinsichtl der Kosten des 1. Anw gegeben sein (Dresden HRR 42, 773). Die Kosten eines VerkehrsAnw nur, soweit diese notwendig. Die Erfolgsaussichten der Rechtsverfolgg bzw -verteidigg u. damit die mutmaßl endültige Kostenverteilg kann bei Bemessg der Höhe des Vorsch billig berücksichtigt werden (München HRR 42, 28). Hat zB weder die Klage noch die Verteidigg einen Schuldausspr zum Ziel, ist also damit zu rechnen, daß die Kosten ggeinander aufgehoben werden (§ 93a), so kann es uU der Billigk entsprechen, die VorschPfl zu verneinen (zu weitgehend u. dch GleichberG überholt Düsseldf NJW 53, 309). Die Frage, ob ein Eheg kraft UnterhR verpflichtet sein kann, die ProzKosten endgültig zu tragen, blieb im GleichberG offen (Schriftl Ber. S. 38 zu BTDrucks 3409).

Ob dem VorschPflichtigen Ratenzahlgen bewilligt werden können, ist umstr (vgl Celle NJW 54, 1533 u. die dort zit Rspr u. Lit).

Um zu verhindern, daß der Vorsch für andere Zwecke verwendet wird, gibt das Ger zweckm dem VorschPfl auf, den Vorsch **an den Anw des Gegners** zu bezahlen.

Der Vorsch ist, wenn unstr, im KostenfestsetzgsVerf zu berücksichtigen (Stuttg NJW 53, 307). Soweit die Frau in die Kosten

verurteilt ist, hat sie den KostenVorsch dem Mann zurückzuerstatten (München NJW 56, 267). Dies ist im Kostenfestsetzg-Verf zu berücksichtigen (Frkf MDR 55, 367).
KostenVorsch kann auch für ein AO-Verf verlangt werden, aber nicht mehr nach Erledigg des AO-Verf; auf den Zeitpunkt der Antragstellg kommt es dabei nicht an (Düsseldorf DRiZ Rspr 54 Nr. 962).

Geltungsdauer

Sämtl AO treten, sofern sie nicht vorher aufgehoben werden, mit rechtskr **Abweisg** o. **Rücknahme** von Klage u. WKlage ohne weiteres außer Kraft. Führt der RStreit zur **Lösg** der Ehe, so bleiben AO bzügl der **Kinder** bis zu einer anderweitigen Regelg dch das VormundschGer (§ 627a), bezügl der **Ehewohng** u. des **Hausrats** bis zu einer anderw Regelg nach der HausrVO (s. dort § 19 II) wirksam. Hinsichtl des **Unterh** der Eheg u. der Kinder[1]), sowie hinsichtl der **VorschPfl** treten sie in jedem Fall mit Beendigg des RStreits außer Kraft.

Der RStreit muß aber formell beendet sein. Ist er ledigl zum Stillstand gekommen (zB weil Kl ProzGebVorsch nicht einbezahlt hat) so bleibt die eAO in Kraft, bis sie auf Antrag o. von Amts wegen ausdrückl aufgehoben wird (Nürnbg BayJMBl 54, 163).
Rückstände aus einer UnterhRegelg können nur noch für die Zeit bis zu dem Tag, an dem der RStreit endet, beigetrieben werden (Lipschitz DRiZ 53, 7). Die Zwangsvollstreckg für die spätere Zeit ist gem § 775 Nr. 1 bzw § 732 II einzustellen. Ihre Unzulässigk ist nach § 766 (nicht 767) geltend zu machen (StJSch IV 1a zu § 627).

Verhältn zum ordentl Proz und zur einstw Verfügg.

Ein zwischen den Eheg schwebender UnterhProz begründet ggüber Anträgen aus § 627 nicht die Einrede der Rechtshängigk.
Unterh- u. Herausgabeansprüche ggeinander im ordentl Proz geltend zu machen, ist den Eheg auch während des EheProz an sich nicht verwehrt.

Doch fehlt hierfür regelm das RSchutzInteresse, denn das Verf nach § 627 ist einfacher u. billiger (StJSch III).
Die Eigentumsklage auf Herausgabe von Hausrat ist überdies, solange das ScheidgsVerf läuft, ausgeschlossen (Nürnbg BayJMBl 54, 122). Einer Klage auf Herausgabe der Kinder wird

[1]) S. Lienen NJW 51, 471, LG M-Gladb MDR 54, 177, Rosenbg S. 782; aA StJSch IV u. Baumb Anm 2 zu § 627a, die beide diese Bestimmg auf AO betr Unterh der Kinder f sinngem anwendb halten.

dch Entziehg des Personensorgerechts nach § 627 der Boden entzogen.

Für einstw Verfüggen nach §§ 935ff ist auf den der Regelg nach § 627 vorbehaltenen Gebieten während der Dauer des EheProz kein Raum.

Auf anderen Gebieten können die ggseit RBeziehgen der Eheg auch während des EheProz dch einstw Verfügg geregelt werden (Freibg JZ 52, 309).

Bereits ergangene einstw Verfüggen stehen auf den der Regelg nach § 627 vorbehaltenen Gebieten einem Eingreifen des mit der Ehes befaßtem Ger nicht entgg (Staud DJ 38, 1414). Eine im UnterhProz vereinb Rente kann es nur erhöhen, nicht aber herabsetzen.

Herabsetzg kann der UnterhPflichtige nur dch ÄndergsKlage nach § 323 erreichen (München NJW 53, 1111 = MDR 53, 686).

Rechtskr UnterhUrteile können dch AO nach § 627 nicht geändert werden (Schlesw-H DRiZ Rspr 54 Nr. 963).

Goldene Worte

Für das gesamte AO-Verf gilt die beherzigenswerte Mahng bei StJSch:

„Es erfordert auf seiten des Ger einen bes, einfühlenden Takt, einerseits den Parteien schnell u. wirksam Hilfe zu gewähren, sie aber andrerseits nicht in einem die ggseit Beziehgen vergiftenden Kleinkrieg zu unterstützen. Daß die Bestrebgen der Parteien nicht selten in diese Richtg gehen, zeigt die Erfahrg."

Die Kosten.

1. **Die Kostenentscheidg.** § 627c (eingefügt dch § 29 DVO IV). Das AO-Verf ist kein selbständiger Abschnitt des EheProz, sondern ein NebenVerf. Daraus folgt, daß die Kosten eines AO-Verf zu den Kosten des RStreits gehören u. daß die Entscheidgen im AO-Verf **ohne Kostenentscheidg** ergehen.

Ausnahmen: Zckweisg unzulässiger Anträge (Baumb 1 A), Zckweisg o. Verwerfg einer Beschw (StJSch VI 2a zu § 627), ferner im AufhebVerf nach § 627b IV, desgl, wenn nach Erlaß der eAO die eingereichte Klage noch vor ihrer Zustellg zckgenommen worden ist (München NJW 57, 1156).

Im übrigen aber wird über die Kosten des AO-Verf **erst im Urteil** entschieden. Hierbei kann berücksichtigt werden, ob die AO-Anträge begründet waren (§ 627c mit § 96). Auch dem Sieger können also Kosten auferlegt werden, die er dch unbegründete AO-Anträge veranlaßt hat, — ein Gebot der Billigk, das leider oft übertreten wird. Die betr Kosten sind ziffern- o. quotenmäßig auszuscheiden (StJSch VI 2b).

Bei Rückn der Klage o. WKlage kann dies nicht geschehen, denn § 271 III gestattet keine individuelle Regelg. Nimmt aber nur eine Partei die Klage zurück u. setzt die andere den RStreit fort, so erscheint es billig u. angängig, den Zurücknehmenden nur mit den bis dahin erwachsenen Kosten zu belasten. Nimmt später auch die andere Partei ihre Klage zurück, so hat sie die übrigen AO-Kosten zu tragen.

Auch wenn der RStreit aus anderen Gründen ohne Entscheidg endet, folgen die Kosten des AO-Verf der Hauptsache.

Bei einem Vergleich, der über den Rahmen des § 627b hinausgeht u. keine Kostenregelg enthält, gilt nicht § 627c, sondern § 98 (s. o. S. 220).

§ 627c gilt nicht nur für Verf nach § 627, sondern auch für solche nach § 19 HausrVO (s. dort).

Bezügl eines zwischen Erlaß u. Rechtskr des Urt gestellten AO-Antrags muß nachträgl gesonderte Kostenentscheidg ergehen (s. auch Grund NJW 52, 263); desgl, wenn über Beschw gg eine eAO erst nach Rechtskr des Urt entschieden wird.

2. **Die Gebühren.**

$^1/_2$ **GerGeb** in 1. Inst, auch wenn mehrere AO-Verf anhängig waren (§§ 41 I, 43 II GKG),

desgl in der BerufgInst.

Keine GerGeb, wenn Antrag vor Erlaß der AO o. vor Terminsbestimmg zckgenommen (§ 41 II GKG).

$^1/_1$ GerGeb für Beschwerdeverf (§ 46 I GKG), auch bei Rückn.

AnwGeb nach § 31 RAGebO in jedem Rechtszug nur einmal für sämtl Anträge auf Anordg, Änderg o. Aufhebg (§ 41 I RAGebO).

3. **Der Streitwert.**

a) für **nichtvermögensrechtl** Ansprüche, näml

1. Recht auf Getrenntleben 2. Personensorgerecht einschl Anspr auf Herausgabe der Kinder u. Verkehr mit ihnen	regelm 500 DM (§ 14 I GKG), mag es sich auch um mehrere Kinder handeln (Celle NJW 53, 1516).

Betrifft der Antrag beide Rechte, so sind ihre Werte zusammenzurechnen (München HRR 39, 1424). Kommt Verbot, die Ehewohng zu betreten, hinzu, angemessene Erhöhg (Breslau DR 39, 330).

b) für **vermögensrechtl** Ansprüche, näml

1. ggseit UnterhAnspr 2. UnterhPfl ggüber den Kindern	3-Monatsbezug (§ 13 II S. 1 GKG)
Im Verf nach § 627b:	6-Monatsbezug (§ 13 II S. 2 GKG)

3. Recht auf Benutzg des ehel Hausrat u. der Ehewohng	Interesse der Beteiligten an der Benutzg für die Dauer des Proz (entspr § 21 II S. 2 Hausr VO); aA bezügl der Wohng Tschischgalle NJW 54, 1508.

Werden mehrere vermögensrechtl Anspr geltend gemacht, so sind ihre Werte zusammenzurechnen.

c) Bei Verbindg von Ansprüchen aus a) mit solchen aus b) ist der höhere maßgebend (§ 14 II GKG), denn b) 1 u. 3 leiten sich aus a) 1 ab; desgl b) 2 aus a) 2 (Celle NJW 53, 1516).

Ob die Ansprüche in einem o. in mehreren Anträgen enthalten sind, ist ohne Belang.

ANHANG

Ein Hilfsmittel für den Richter

Als GedächtnStütze für vielbeschäftigte ScheidgRichter hat sich die Anlegg eines Aktenauszugs nach nachstehendem Muster bewährt. Um ihn rasch in den Akten zu finden, wird er auf gelbem o. rötl Papier hergestellt u. stets als letztes Blatt eingelegt. Soweit mögl, wird er bereits zu Beginn des Verf ausgefüllt. Während des RStreits werden die Eintraggen laufend ergänzt. Nach jedem Einlauf, jeder Entscheidg, jeder Verhandlg macht der Richter entspr Einträge. Diese geringe Mühe lohnt sich, denn wenn die Einträge stets auf dem Laufenden gehalten werden, genügt für den Richter ein Blick auf dieses Blatt, um festzustellen:

Sind die erforderl Urk beigebracht?
Welche tatsächl Angaben fehlen noch?
Sind die erforderl Sachanträge gestellt?
Ist noch über ein AR-Gesuch zu entscheiden?
Ist ein Antrag aus § 627 noch unerledigt?
Welche BewAnträge sind noch zu erledigen?

Art der Eintragg.

Aus Platzmangel kann das Vorbringen der Parteien nur in Stichworten, Abkürzgen o. Kurzschrift eingetragen werden. Dabei kann bei umfangreichen Akten die Fundstelle des Vorbringens dch Angabe der Battzahl bezeichnet werden. Daß ein Zeuge nicht im Bezirk des ProzGer wohnt, kann dch Einklammerg seines Namens angedeutet werden. Die Unbehelflk eines BewAngebots kann dch eckige Klammern bezeichnet werden. Ist für eine Behauptg Bew dch Parteivernehmg angeboten, so kann dch einen Zusatz kenntl gemacht werden, ob sie bestr o. unbestr ist. Ist ein Zeuge beeidigt, so wird dies dch Unterstreichen seines Namens kenntl gemacht; hat er die Aussage verweigert, so wird eine entspr Abkürzg (zB AV) beigefügt. Ob das BewErgebn positiv, negativ o. zweifelh war, wird dch entspr Zeichen vermerkt.

Dem Berichterstatter dienen die Aufzeichngen zur Vorbereitg auf Sitzungen u. als Unterlage in der Sitzg, sowie beim Absetzen des Urt. Laufen Anträge ein, während die Akten verschickt sind, so kann dieser Auszug die Entscheidg, ob die Akten zckgefordert werden müssen, erleichtern.

Wie jedes Hilfsmittel nützt es nur bei richtigem Gebrauch.

R *99/56* **Von Akteneinsicht ausschließen!**

Huber / *Huber*

Kläger (*60* J. alt, *2.* Ehe)	**Beklagt.** (*36* J. alt, *1.* Ehe)
ProzGebVorschuß bez.	
Armenrechtszeugn. Bl. *3* AR **bew** Bl *9*	ARZeugnis Bl *13* AR **bewilligt** Bl *14*
ProzBevollmächtigter RA *Scharf*	RA *Schneidig*
Sondervollmacht Bl *2*	Sondervollmacht Bl 12
StAngeh. Ausweis Bl *16*	
Heiratsurkunde Bl *5*	Eheschließg am *7. 4. 48 München*
Fam.standszeugnis Bl *6*	Kinderzahl: — vollj, *2* minderj

Letzter gem gew Aufenthalt: *München*

Gegenw gew Aufenthalt des Mannes *Bamberg*, der Frau *Köln*

Letzter ehel Verkehr:

nach Angabe des Kl: *8. 10. 55* nach Angabe des Bekl: ***2. 4. 55***

Getrenntleben: nein — **ja** (dch Wegzug d. Mannes — d. **Frau** am *8. 10. 55*)

Sühneversuch erlassen: Bl *9*	gescheitert: Bl —
Einstw Anordg beantragt: Bl *11*	erlassen: Bl *18* Antr.zckgen. Bl. —
Klageantrag: Bl —	AbweisgAntrag: Bl *10*
§ 42, **43,** 48 EheG	Mit-Schuldantrag: Bl —
Klage zugestellt am *29. 3. 56*	Widerklage (§ **42, 43,** 48) Bl *10*
Antrag zur Widerklage: Bl *15*	
Vernehmg d. Bekl: Bl *22*	Vorakten:
„ d. Kl: Bl *17*	R *114/51* Klage d. Mannes — d. Frau
1. Verhandlg: Bl *17*	vom *2. 2. 51* am *8. 6. 51* zckgen — abgewiesen

Begrüdg d. Klage	Beweism	Vernehmg Bl	Ergebnis	Vorbringen d. Bekl	Beweis	Vern-Bl	Ergebnis
Bösl Verlassg	*P. (bestr)*	*22*	—	*7. 10. 55 Mißhandlg*	*Huber P.*	*18*	
Rückkehr verw	*Brief v. 15. 12. 55*	*7*	—	*Spt. 55 Ehebr m.*	*Schmidt*		
Ehew Bez zu (Kenntnis seit Jan. 56)	*(Meier Wolfg.)*	*19*	+		*Rosa*	*18*	+ *AV*

Wunschzettel eines Eherichters für Form und Inhalt von Schriftsätzen

1. Gut leserl Schrift. Kein „Augenpulver"!
2. Klare Gliederg, uU nach Punkten. Folgt auch der Gegner dieser Gliederg, so wird der beiderseitige Vortrag übersichtl.
3. Begründg der Zuständgk, StAngehörgk, Zeitpunkt des letzten ehel Verk, der Aufhebg der Ehegemeinsch u. dgl an den Anfang!
4. Keine Verweisg auf Vortrag in andern Akten (zB im OH-Akt oder Vorproz); unmittelb Vortrag ist wirkungsvoller u. gibt mehr Gewähr für volle Würdigg.
5. Bei gleichzeitiger Einreichg von Klage u. AR-Gesuch angeben, ob Klage bedingt o. unbedingt.
6. Deutl angeben, was als Eheverfehlg zur Entscheidg gestellt u. was nur zur Charakterisierg der Gegenpartei, des ehel Verhältn usw als illustratives Beiwerk vorgetragen wird.
7. Bei jeder Eheverfehlg angeben, wann sie begangen u. wann sie zur Kenntn des verletzten Eheg gelangt ist.
8. Eheverfehlgen, die nur unterstützend (§ 51 II EheG) vorgetragen werden, als solche kenntl machen.
9. Bei jedem BewAngebot den BewSatz angeben u. zw. knapp u. erschöpfend formuliert; bei Zeugenangebot, inwieweit u. wodch der Zeuge ein Wissen zur Sache hat.
10. Beschränkung auf das ProzErhebliche! Historische Darstellg des Verlaufs der Ehe ist meist überflüssig.
11. Bei jeder Behauptg berücksichtigen, daß der Gegner hierzu Stellg nehmen muß u. wird. Unsachl Angriffe fördern nie den Proz.
12. Keine Stimmungsmache dch Vorlage von Schreiben des Mandanten, Leumundszeugnissen, eidesstattl Versichergen u. dgl. Sie reizen den Gegner, dasselbe zu tun, u. können ja doch nicht berücksichtigt werden.

Legt sich der Anw bei seinem Vortrag stets die Frage vor: „Was würde ich als Richter dazu sagen?" so wird er mehr erreichen, als wenn er sich in erster Linie bemüht, seinem Mandanten „aus der Seele zu sprechen".

Mitteilungspflichten der Geschäftsstelle des Landgerichts

Gegenstand der Mitteilg	Adresse	Maßgebende Vorschr
Sühnetermin	Kath. bzw ev Pfarramt	BayBek v. 8. 4. 05 JMBl n F 1 S. 604
Einreichg von Klage gg gg Justizbeamte	Behördenvorstand	BayJME v. 17. 2. 51 Nr. 1435—I—5272/50
Rechtsanwälte, AnwAssessoren	AnwKammerpräs	AV v. 1. 10. 37 DJ 1570 u. BayBek v. 27. 3. 02 JMBl n F I S. 424
Notare, NotAssessoren	LGPräs	
Probeassessoren	OLGPräs	
1. VerhandlgTermin (sonstige Termine auf Antrag), Klagerücknahme, Erlaß eines Urteils in NichgkSachen	StAnw	§ 38 V a) AktO
EinstwAnordg, Rechtskr Urteile	VormGer, wenn gemeins minderj Kind vorhanden	§ 38 V b) AktO
Ladg von bayer. Beamten u. öffentl Bediensteten als Zeugen o. Sachverst	vorgesetzte Dienstbeh	BayBek v. 25. 9. 1879 JMBl n F I S. 30
Rechtskr Urteile auf Scheidg, Nichtgk, Aufhebg o. Feststellg des Nichtbestehens einer Ehe, sowie feststellende Beschl gem §§ 1, 7, 8, 9 DVO V	Wenn Ehe vor Standesbeamten im Inland geschl, an diesen;	§ 38 V c) AktO, § 23 AVO PStG v. 12. 8. 57 (BGBl. 1139).
Zählkarten über rechtskräftige Urteile	Statistisches Landesamt	AV v. 14.12.38 DJ 2011 (GGZ Nr. 178)

Hinweise
zur Förderung der Einnahmen an Gerichtskosten

Auszug aus der bayJME v. 7. 1. 1955 Nr. $\frac{5600}{5122}$ —5—11503/55.

a) Beim Erlassen von BewBeschlüssen die anzufordernden **AuslVorsch** so hoch zu bemessen, daß die voraussichtl entstehenden Kosten, die bes bei Erholg von SachverstGutachten mitunter sehr beträchtl sind, voll gedeckt werden.

b) Bei der **Beiziehg von Akten** o. Urk u. bei der **Vernehmg von Parteien** zur Erleichterg des Kostenansatzes in den Beschlüssen o. Prot zum Ausdruck bringen, ob die Beiziehg o. Vernehmg „**zu BewZwecken**" erfolgt.

c) Im Rahmen der richterl AufklärgPflicht (§ 139) zur Erleichterg des Ansatzes u. der Einziehg der Kosten **Stand u. Gewerbe der Parteien,** insbes bei Fehlen entspr Angaben in der Klageschr (§ 253), dch Befragen feststellen u. das Ergebn im Prot festzuhalten.

d) **Bewilligg des AR** nur in wirkl berücksichtiggwerten Fällen. Kritische Einstellg ggüber Bescheinig über Vermögens- u. Erwerbslosigk, die häufig ohne Prüfg der gegebenen Verhältn ausgestellt werden. Der Inhalt des **Armutszeugn** läßt in vielen Fällen ernstl Zweifel an der Richtigk u. Vollständgk der Angaben der Antragsteller zu. Bei Grundstücken werden zB häufig die hypothekar Belastgen unter Außerachtlassg zwischenzeitl erfolgter Rückzahlg mit dem Nennbetrag eingesetzt; Mieteinnahmen werden gerne „vergessen". Festbesoldete geben häufig unter Nichtanführg des Arbeitsgebers nur das Nettoeink an u. rechnen oft noch Beiträge zu freiw Versichergen, abgetretene o. gepfändete Beträge ab. Die Bescheiniggen der Gemeinde über das Unvermögen der Antrsteller sind zudem des öftern von dem offenb Wohlwollen für die Gemeindeangehörigen gekennzeichnet. So hat ein Bürgermeister einem Bauern mit einem schuldenfreien Anwesen im EinhWert von etwa 15000 DM Unvermögen zur Zahlg der GerKosten bescheinigt. Eine Klärg der Verhältnisse dch Vernehmgen u. Rückfragen wird verschiedentl geboten sein.

Im übrigen wird an die Möglk der Bewilligg des „**BruchteilsAR**" u. des „**Raten-AR**" erinnert.

Die Bewilligg des **AR zur Herbeiführg eines Vergleichs**abschlusses, bei dem die „arme" Partei die Kosten übernimmt, ist ein Mißbrauch der gesetzl Vorschr. Es ist schlechterdings unverständl, daß in einem derartigen Fall einer unverh Partei mit einem monatl Eink von 1050 DM das AR bewilligt wurde.

Auch die Möglk, die zum AR zugelassene Partei zur **Nachzahlg** anzuhalten (§ 125), sollte nicht übersehen werden.

Bibelworte zur Ehe

Ausgehend von der absoluten Vormachtstellg des Mannes gestand das Alte Testament dem Manne das Recht zu, die Frau zu verstoßen, „wenn er etwas Abstoßendes an ihr findet" (5. Moses 24, 1). Christus verwarf diese Praxis mit folgenden Worten:

„Der Mann verläßt Vater u. Mutter u. hängt seinem Weibe an u. werden die zwei ein Fleisch ... Was also Gott vereinigt hat, das soll der Mensch (*anthropos* = Mann?) nicht trennen" (Matth. 19, 5—6). Daraus folgt:

„Wer sich von seinem Weibe scheidet u. eine andere heiratet, begeht Ehebruch; desgl bricht das Weib die Ehe, wenn es sich von seinem Manne trennt u. einen andern heiratet" (Markus 10, 11—12).

In einer teils einschränkenden, teil erweiternden Fassg enthält Matth 5, 32 diesselbe Lehre:

„Jeder der sich von seiner Frau scheidet — es sei denn wegen einer (von ihr begangenen) Unzucht (*porneia*) —, der macht, daß sie die Ehe bricht; und wer die Entlassene heiratet, der bricht die Ehe."

Auf die Unauflösbk der Ehe weist auch Paulus 1. Kor. 7, 10—11 hin:

„Den Verheirateten gebiete nicht ich, sondern der Herr: Die Frau darf sich vom Manne nicht trennen; sollte sie sich aber doch trennen, so muß sie unvermählt bleiben oder sich mit ihrem Mann wieder versöhnen u. auch der Mann darf seine Frau nicht entlassen."

Als Abglanz des Verhältnisses zwischen Christus u. der Kirche erscheint die Ehe in Eph. 5, 22—23:

„Ihr Frauen seid untertan euern Männern wie dem Herrn. Denn der Mann ist das Haupt der Frau, wie auch Christus das Haupt der Kirche ist... Ihr Männer, liebet eure Frauen, wie auch Christus die Kirche geliebt u. sich für sie dahingegeben hat."

Kirchliches und weltliches Eherecht

Die christl Kirche befaßte sich in den älteren Zeiten nicht mit der rechtl Natur der Ehe u. erhob bis zum 13. Jh keinen Anspruch auf Mitwirkg bei der Eheschließg. Erst im 12. Jh beginnt sie eine eigene eherechtl Ordng aufzubauen, die im Corpus juris canonici niedergelegt wird, u. die Ehegerichtsbk in Anspruch zu nehmen. In der Folgezeit — namentl unter den Päpsten Innocenz II. u. Alexander III. — setzt sich dann die Auffassg der Ehe als Sakrament durch. Von der ev Kirche wird diese Lehre abgelehnt u. die Ehegerichtsbk dem Landesherrn überlassen, der allerdings idR Geistliche hierbei zuzieht. Das ALR (II 1) stellte dem kirchl EheR ein staatl EheR ggüber, regelte die Voraussetzgen der Eheschließg u. -scheidg u. behielt die Scheidg mit bürgerl Wirkg den staatl Gerichten vor. In ähnl Weise versuchten auch der Code civil u. das badische Gesetzbuch von 1809 ein rein staatl EheR zu schaffen. Reichsrechtl wurde die geistl Ehegerichtsbk dch § 76 PStG 1875 u. § 15 GVG der bürgerlrechtl Wirkg entkleidet. Zugleich wurde die standesamtl Trauung obligatorisch gemacht u. ab 1. 10. 1879 das Verfahren vor den staatl. Gerichten geregelt. Eine reichsrechtl Regelg des materiellen ScheidgsRechts brachte erst das BGB (Übergangsvorschr s. Art. 198—202 EG BGB). Damit verlor das kath, ev u. jüd. ScheidgR seine bürgerl Wirkg auch in den Teilen des Reichs, wo es bis dahin noch maßgebend war. Schon aGr § 77 PStG 1875 hatte allerdings das Ger in den Fällen, wo nach kirchl Recht ledigl auf beständige Trenng von Tisch u. Bett zu erkennen wäre, die Scheidg auch dem Bande nach auszusprechen.

Die kirchl Verpflichtgen in Ansehg der Ehe wurden dch die Einführg des staatl ScheidgsR nicht berührt (§ 1588 BGB). Auf rein kirchl Gebiete haben daher die kirchl Vorschr über Ehehindernisse, Eheschließg, Dispensation, Ehetrenng u. über das Eheverfahren heute noch Geltg. Beim Vorliegen eines kirchl, vom Staate nicht anerkannten Ehehindernisses kann also die Kirche einer standesamtl bereits geschlossenen Ehe die kirchl Trauung bis zur Erlangg des kirchl Dispenses versagen. Eine gerichtl geschiedene Ehe bleibt, wenn die Kirche die Scheidg nicht anerkennt, im religiösen Sinne bestehen.

Der Standpunkt der beiden Kirchen zum staatl EheR ist grundsätzlich verschieden. Während die ev Kirche die Zuständgk des Staates in EheS anerkennt, sieht die kath Kirche in der staatl Gesetzgebg einen Eingriff in ihre Zuständgk u. hält am kanonischen Recht fest. Demgemäß wird eine Scheidg dem Bande nach nur anerkannt, wenn die Ehe noch nicht dch *copula carnalis* vollzogen ist u. der Papst Dispens erteilt o. ein Ehegatte in einen geistl Orden eintritt. Dagg genügt zu einer Trenng von Tisch u. Bett die Einwilligg der kirchl Gerichtsbehörde. Die Zuständgk des Staates wird nur für die rein bürgerl Wirkgen der Eheschließg anerkannt (Canon 1016 EheG 1917).

Für den kath. Richter können sich aus dem Zwiespalt zwischen staatl u. kirchl EheR Gewissenskonflikte ergeben. Dch seinen Richtereid ist er verpflichtet, ausschl staatl Recht anzuwenden. Eine von ihm ausgesprochene Scheidg kann aber die Eheg zu der irrigen Meing verleiten, damit sei ihre Ehe auch nach kirchl Recht gelöst (vgl Gritschneder aaO S. 76).

Sachregister

FSC
www.fsc.org
MIX
Papier | Fördert
gute Waldnutzung
FSC® C083411

Kolibri 360 GmbH
Ferdinand-Jühlke-Straße 7
99095 Erfurt, Deutschland
produktsicherheit@kolibri360.de